Nomos Universitätsschriften

Recht

Band 1008

Lukas Zöllner

Die Abwicklung von Banken nach Art. 18 SRM-VO

Nomos

Onlineversion
Nomos eLibrary

Die Deutsche Nationalbibliothek verzeichnet diese Publikation in der Deutschen Nationalbibliografie; detaillierte bibliographische Daten sind im Internet über http://dnb.d-nb.de abrufbar.

Zugl.: Mainz, Univ., Diss., 2022

ISBN 978-3-7560-0046-3 (Print)
ISBN 978-3-7489-3623-7 (ePdf)

D77

1. Auflage 2023

Meiner Familie

Vorwort

Die vorliegende Arbeit wurde im Sommersemester 2022 vom Fachbereich Rechts- und Wirtschaftswissenschaften der Johannes Gutenberg-Universität Mainz als Dissertation angenommen. Das Manuskript wurde im Oktober 2021 abgeschlossen. Nachfolgende Literatur und Rechtsprechung konnten teilweise berücksichtigt werden.

Herzlich danken möchte ich meiner Doktormutter, Frau Professor Dr. Elke Gurlit, die mich zur eigenständigen Entwicklung der Fragestellung ermutigte und mich mit vielfältigen Anregungen unterstützte. An ihrem Lehrstuhl durfte ich viel lernen.

Besonderer Dank gilt Herrn Professor Dr. Curt Hergenröder für die bereitwillige Übernahme und unverzügliche Erstellung des Zweitgutachtens.

Großer Dank gilt schließlich den zahlreichen Kolleginnen und Kollegen, Freundinnen und Freunden, die mit ihrer Sachkunde, Hilfs- und Diskussionsbereitschaft sowie ihrem Humor einen großen Teil zum Gelingen des Promotionsvorhabens beigetragen haben. Besonders hervorzuheben sind Frau Angelica Ericsson, Frau Annika Frenz, Professor Dr. Albert Ingold und PD Dr. Eva Ellen Wagner.

Einen entscheidenden Beitrag zum Gelingen der Arbeit hat meine Familie geleistet. Meinen Eltern, Dr. Almut und Dr. Dieter Zöllner, meinem Bruder, Dr. Simon Zöllner, und vor allem meiner Frau, Dr. Eva Lautsch, danke ich von ganzem Herzen.

Berlin, im November 2022 *Lukas Zöllner*

Inhaltsverzeichnis

Erster Teil – Einführung

Was passiert, wenn eine große Bank plötzlich eingestehen muss, dass die von ihr vergebenen Kredite in großem Umfang nicht werthaltig sind? Oder wenn aufgrund entsprechender Gerüchte Einleger massenhaft ihre Mittel abziehen, sodass die Bank an den Rand der Zahlungsunfähigkeit kommt? Die wirtschaftliche Krise einer Bank kann heftige Verwerfungen auf den Finanzmärkten und in der Realwirtschaft nach sich ziehen. Regierungen gleich welcher Couleur können dies nicht ignorieren. In den Jahren nach der Finanzkrise ab 2008 haben daher nahezu alle großen Staaten ein spezielles Bankenabwicklungsrecht geschaffen, das in gravierenden Fällen eine schnelle und effektive Krisenbewältigung ermöglichen soll. Ausgehend von der Erkenntnis, dass die „reguläre" Insolvenz einer großen Bank unerwünschte Nebeneffekte zeitigen kann, soll mittels der Instrumente des Abwicklungsrechts die Bank restrukturiert und zumindest in wesentlichen Teilen fortgeführt werden. In der Europäischen Union basiert dieses neue Bankenabwicklungsrecht auf zwei Rechtsakten: Die Bankenabwicklungsrichtlinie[1], in der Regel nach ihrer englischen Bezeichnung („Banking Recovery and Resolution Directive") als „BRRD" abgekürzt, gibt den Mitgliedstaaten auf, ein Bankenabwicklungsrecht einzuführen. Darauf aufbauend sieht die SRM-VO[2] einen „Einheitlichen Abwicklungsmechanismus" („Single Resolution Mechanism", abgekürzt „SRM") für die Banken derjenigen Mitgliedstaaten vor, die an der „Bankenunion"

1 Richtlinie 2014/59/EU des Europäischen Parlaments und des Rates vom 15. Mai 2014 zur Festlegung eines Rahmens für die Sanierung und Abwicklung von Kreditinstituten und Wertpapierfirmen und zur Änderung der Richtlinie 82/891/EWG des Rates, der Richtlinien 2001/24/EG, 2002/47/EG, 2004/25/EG, 2005/56/EG, 2007/36/EG, 2011/35/EU, 2012/30/EU und 2013/36/EU sowie der Verordnungen (EU) Nr. 1093/2010 und (EU) Nr. 648/2012 des Europäischen Parlaments und des Rates.

2 Verordnung (EU) Nr. 806/2014 des Europäischen Parlaments und des Rates vom 15. Juli 2014 zur Festlegung einheitlicher Vorschriften und eines einheitlichen Verfahrens für die Abwicklung von Kreditinstituten und bestimmten Wertpapierfirmen im Rahmen eines einheitlichen Abwicklungsmechanismus und eines einheitlichen Abwicklungsfonds sowie zur Änderung der Verordnung (EU) Nr. 1093/2010.

teilnehmen. Beide Rechtsakte sind im Zuge des „Bankenpakets" bereits erheblich reformiert worden.[3]

Innerhalb des SRM schreitet seit 2016 im Fall einer Bankenkrise eine bislang wenig beachtete, neu geschaffene europäische Behörde ein. Diese trägt in der deutschen Sprachfassung den Namen „Ausschuss für die einheitliche Abwicklung", ist aber besser bekannt unter dem Akronym für den englischen Namen „Single Resolution Board", kurz „SRB". Das SRB soll die Krisenbewältigung von großen Banken innerhalb der Bankenunion administrieren. Ihm stehen zu diesem Zweck mehrere im Abwicklungsrecht geregelte Abwicklungsinstrumente zur Verfügung, mit denen das wirtschaftliche Ergebnis eines regulären gerichtlichen Insolvenzverfahrens innerhalb kurzer Zeit mit Mitteln des Verwaltungsrechts emuliert werden soll.

Das Verwaltungsverfahren, in dem das SRB und andere Beteiligte in solchen Krisensituationen das „Sonderinsolvenzrecht" des Abwicklungsrechts anwenden sollen, hat eine besondere Ausgestaltung erfahren. Es ist bisher nur am Rande Gegenstand rechtswissenschaftlicher Untersuchungen gewesen. Das Ziel dieser Arbeit ist es, dieses Verfahren systematisierend zu erfassen und einer Bewertung im Hinblick auf seine Eignung zu unterziehen.

A. *Gang der Darstellung*

Die Untersuchung beginnt mit einer Darstellung des europäischen Bankenabwicklungsrechts. Dazu werden die wesentlichen Regelungen der BRRD und des SRM zum besseren Verständnis zunächst überblicksartig dargestellt. Sodann werden die einzelnen Schritte des Abwicklungsverfahrens des Art. 18 SRM-VO, das den Untersuchungsgegenstand der vorliegenden Arbeit bildet, detailliert herausgearbeitet und teilweise einer ersten Einordnung unterzogen (Zweiter Teil).

---

3 Das Bankenpaket enthielt insbesondere eine Änderungsverordnung zur SRM-VO (Verordnung (EU) 2019/877 des Europäischen Parlaments und des Rates vom 20. Mai 2019 zur Änderung der Verordnung (EU) Nr. 806/2014 in Bezug auf die Verlustabsorptions- und Rekapitalisierungskapazität von Kreditinstituten und Wertpapierfirmen („SRM-VO II")) und eine Änderungsrichtlinie zur BRRD (Richtlinie (EU) 2019/879 des Europäischen Parlaments und des Rates vom 20. Mai 2019 zur Änderung der Richtlinie 2014/59/EU in Bezug auf die Verlustabsorptions- und Rekapitalisierungskapazität von Kreditinstituten und Wertpapierfirmen und der Richtlinie 98/26/EG („BRRD II")).

Die Untersuchung dieses Normkomplexes gliedert sich sodann in zwei gedankliche Schritte. Um den Normkomplex analysieren zu können, werden zunächst Ziele und Gelingensbedingungen der Bankenabwicklung herausgearbeitet (Dritter Teil). Die Ziele der Bankenabwicklung ergeben sich einerseits aus den Besonderheiten der Insolvenz einer Bank und sind andererseits auch in der SRM-VO positiviert (Dritter Teil – A.). Sodann werden – zur Veranschaulichung des Ablaufs der Krise einer Bank und der daraus folgenden Anforderungen an eine staatliche Reaktion – zunächst vier beispielhafte Situationen aus der Finanzkrise untersucht, in denen sich staatliche Stellen gezwungen sahen, zu intervenieren. Zwar unterscheiden sich Banken je nach Wirtschaftssystem, Rechtssystem und individuell nach Geschäftsmodell ganz erheblich. Auch hatten die Krisen einzelner Banken (im Rahmen der „übergreifenden" Banken- und Finanzkrise in den Jahren ab 2007) jeweils individuelle Voraussetzungen und Folgen. Dennoch lassen sich anhand dieser Fallbeispiele bestimmte Anforderungen veranschaulichen, die an die verfahrensmäßige Handhabung einer Bankenkrise zu stellen sind. Unter Bezugnahme auf diese Beispiele werden fünf „Gelingensbedingungen" herausgearbeitet, die bei einer Bankenabwicklung zu beachten sind (Dritter Teil – B.).

Im anschließenden zweiten Untersuchungsschritt soll dann untersucht werden, ob bzw. inwieweit das in Art. 18 SRM-VO geregelte Verfahren diese Kriterien erfüllt (Vierter Teil).

B. Forschungsstand

Das europäische Bankenabwicklungsrecht ist rechtswissenschaftlich bisher kaum aufgearbeitet. Dies liegt erstens daran, dass es sich um eine Spezialmaterie innerhalb der Spezialmaterie „Finanzmarktregulierung", mithin um eine rechtswissenschaftliche Nische handelt. Zweitens ist das Bankenabwicklungsrecht ein sehr junges Rechtsgebiet. Die zentralen Sekundärrechtsakte des europäischen Bankenabwicklungsrechts stammen beide aus dem Jahr 2014 und sind seit dem 1. Januar 2015 (große Teile der BRRD) bzw. dem 1. Januar 2016 (Teile der BRRD und die SRM-VO) anzuwenden. Seitdem sind nur vereinzelte Darstellungen und wissenschaftliche Untersuchungen des Bankenabwicklungsrechts und teilweise auch des SRM erschienen.

Eine in doppelter Hinsicht vergleichende Perspektive bietet *Schöneberger*.[4] Er vergleicht in seiner 2018 erschienenen Untersuchung einerseits Regelungen des „herkömmlichen" Insolvenzrechts mit denjenigen des Abwicklungsrechts als Sonderinsolvenzrecht für Banken und erweitert seine Analyse durch einen Rechtsvergleich des deutschen mit dem US-amerikanischen Recht. Auf die hier im Zentrum stehenden Fragen nach der verfahrensmäßigen Bewältigung einer Bankenkrise durch das SRB geht die Arbeit indes nur am Rande ein, insbesondere weil sich die Analyse des Abwicklungsrechts in der Regel auf die deutsche Umsetzung der BRRD beschränkt.[5]

Eine tiefgreifende Analyse des zentralen Instruments der Bankenabwicklung, des Bail-in-Instruments, stammt von *Kowolik* aus dem Jahr 2018.[6] Die Arbeit beantwortet schon *en passant* viele Fragen, die sich hinsichtlich dieses „Herzstücks" des materiellen Bankenabwicklungsrechts stellen. Sie setzt die Regelungen zur „hoheitlich angeordneten Gläubigerhaftung"[7] insbesondere detailliert in Bezug zur „Finanzstabilität" und den zahlreichen Ausnahmen von jener „hoheitlich angeordneten Gläubigerhaftung", die diese erfordert.[8]

Die Dissertation von *Friedrich*[9] aus dem Jahr 2019 behandelt ebenfalls die Beteiligung von Fremdkapitalgebern an Verlusten von Bankenkrisen mittels des „Bail-in-Instruments". Sie konzentriert sich auf die Möglichkeiten und Grenzen einer *„Debt Governance"* durch Fremdkapitalgeber, verstanden als „durch Fremdkapital vermittelte Marktdisziplin", und unterwirft diese einer Wirkungsanalyse.[10] Die Arbeit nimmt eine streng rechtsökonomische Perspektive ein und fragt damit vor allem nach *ex*

4 *Schöneberger*, Bankenrestrukturierung und Bankenabwicklung in Deutschland und den USA.

5 Siehe etwa die Ausführungen zum Bail-in bei *Schöneberger*, Bankenrestrukturierung und Bankenabwicklung in Deutschland und den USA, S. 315ff.; ebenso die Ausführungen zur deutschen Umsetzung des Kriteriums des „öffentlichen Interesses" bei *Schöneberger*, Bankenrestrukturierung und Bankenabwicklung in Deutschland und den USA, S. 173ff.

6 *Kowolik*, Das Bail-in-Instrument.

7 So die alternative Bezeichnung des Bail-in-Instruments von *Kowolik*, Das Bail-in-Instrument, S. 3.

8 *Kowolik*, Das Bail-in-Instrument, S. 83ff.

9 *Friedrich*, Die novellierte Debt Governance für Banken in der Europäischen Union.

10 *Friedrich*, Die novellierte Debt Governance für Banken in der Europäischen Union, S. 9.

ante-Effekten der Androhung der Haftungsverwirklichung auf die Inhaber von Fremdkapitaltiteln bzw. die Bank.

Bereits aus der Zeit vor der Finanzkrise stammt eine umfassende Untersuchung der Regelungen über Bankeninsolvenzen von *Binder*.[11] Die Arbeit ist, sofern sie sich auf das konkrete Instrumentarium der Behörden bezieht, heute weitgehend überholt, jedoch gelten vor allem ökonomische Betrachtungen, etwa über die Unterschiede zwischen einer Bankeninsolvenz und einer „normalen" Unternehmensinsolvenz bis heute fort.[12] *Binder* hat das Thema der Bankenkrise in einer Vielzahl von Publikationen in allen denkbaren Facetten weiter aufgearbeitet.

Die umfassendste systematische Gesamtdarstellung des Bankenabwicklungsrechts stammt von *Schillig*.[13] Sie wirft auch einen Blick auf die nationalen „Umsetzungen" des Abwicklungsrechts in den USA, im Vereinigten Königreich und in Deutschland. Eine weitere Gesamtdarstellung stammen von *Gleeson* und *Guynn*.[14] Zudem sei auf die Handbuchbeiträge von *Benzing*[15] und *Binder*[16] verwiesen.

Diesen Untersuchungen ist gemein, dass sie das Verfahren, in dem über die Abwicklung einer Bank entschieden wird, entweder nur streifen oder gar nicht behandeln. Diese Lücke will diese Untersuchung schließen.

C. Begrifflichkeiten

Das europäische Recht der Finanzmarktregulierung und auch das Bankabwicklungsrecht im Besonderen ist geprägt einerseits von einer schier unüberschaubaren Vielzahl von definierten Rechtsbegriffen, andererseits von Abkürzungen und Jargon,[17] die „Außenstehenden" gelegentlich den Eindruck einer Geheimsprache vermitteln. Das (anerkennenswerte) Bestreben des europäischen Normgebers, für terminologische Klarheit zu sorgen,

11 *Binder*, Bankeninsolvenzen im Spannungsfeld zwischen Bankaufsichts- und Insolvenzrecht.

12 Hervorzuheben ist der Abschnitt über wirtschafts- und rechtspolitische Vorgaben für das Bankeninsolvenzrecht, *Binder*, Bankeninsolvenzen im Spannungsfeld zwischen Bankaufsichts- und Insolvenzrecht, S. 90ff.

13 *Schillig*, Resolution and Insolvency of Banks and Financial Institutions.

14 *Gleeson/Guynn*, Bank Resolution and Crisis Management.

15 *Benzing*, in: Binder/Glos/Riepe, Handbuch Bankenaufsichtsrecht, § 14.

16 *Binder*, in: Binder/Glos/Riepe, Handbuch Bankenaufsichtsrecht, § 18

17 „SRB", „NRA", „NCA", „SI", „LSI", „CET1", „AT1", „T2", „MREL", „TLAC", um einige zu nennen.

kommt in der Regel in einem langen Katalog von Begriffsbestimmungen zu Beginn des jeweiligen Rechtsaktes zum Ausdruck.[18]

Allerdings gelingt es nicht immer, einen passenden und handlichen Begriff zu finden, der idealerweise selbst schon – auch intuitiv – das Definierte beschreibt.[19] Die SRM-VO spricht, wenn es um die in ihren Anwendungsbereich fallenden Banken geht, stets von „Unternehmen im Sinne des Artikel 2", da dort der Anwendungsbereich der SRM-VO geregelt ist. Banken, die in den unmittelbaren Zuständigkeitsbereich des SRB fallen, werden in Ermangelung einer Legaldefinition für „SRB-Banken" als „Unternehmen und Gruppen nach Artikel 7 Absatz 2 und Unternehmen und Gruppen nach Artikel 7 Absatz 4 Buchstabe b und Absatz 5" bezeichnet. In den genannten Normen finden sich die Zuständigkeitszuweisungen an das SRB.

Um die Lesbarkeit zu erhöhen, soll im Folgenden schlicht von „Banken" gesprochen werden.[20] Der Begriff ist – soweit ersichtlich – gesetzlich noch nicht „verbraucht". Damit sollen im Folgenden einerseits funktional Kreditintermediäre gemeint sein, die typischerweise Einlagen annehmen und Kredite vergeben. Im Zusammenhang mit konkreten Normen der SRM-VO bezieht sich der Begriff „Bank" im Folgenden auf diejenigen Banken, die in den unmittelbaren Zuständigkeitsbereich des SRB fallen.[21]

---

18 Vgl. die Kataloge in Art. 2 BRRD und in Art. 3 SRM-VO.

19 Manche bankaufsichtsrechtlichen Rechtsbegriffe sind geradezu kontraintuitiv und meinen das Gegenteil von dem, was sie zu bezeichnen scheinen. Dies gilt etwa für einige grundlegende Definitionen der Verordnung (EU) Nr. 575/2013 des Europäischen Parlaments und des Rates vom 26. Juni 2013 über Aufsichtsanforderungen an Kreditinstitute und Wertpapierfirmen und zur Änderung der Verordnung (EU) Nr. 646/2012 (Capital Requirements Regulation – CRR). So ist ein „Finanzinstitut" gemäß Art. 4 Abs. 1 Nr. 26 CRR gerade keine „Bank", da „Institute" (Art. 4 Abs. 1 Nr. 3 CRR) und damit „Kreditinstitute" (Art. 4 Abs. 1 Nr. 1 CRR) von der Definition ausgenommen sind.

20 Ähnlich verfährt eine Vielzahl von Autoren, vgl. etwa *Friedrich*, Die novellierte Debt Governance für Banken in der Europäischen Union, S. 11; *Binder*, Bankeninsolvenzen im Spannungsfeld zwischen Bankaufsichts- und Insolvenzrecht, S. 48; aus den Wirtschaftswissenschaften etwa *Ahnert/Georg*, Journal of Financial Stability 35 (2018), 159, („we adopt a broad notion of financial intermediaries and call them banks for short").

21 Das SRB veröffentlicht auf seiner Homepage regelmäßig eine Liste der Banken in seinem Zuständigkeitsbereich bzw. verweist auf die weitgehend deckungsgleiche Liste an Banken, die unmittelbar von der EZB beaufsichtigt werden, vgl. https://srb.europa.eu/en/content/banks-under-srbs-remit.

D. Zur Verwendung ökonomischer Erkenntnisse

Eine Studie über das Design des Abwicklungsverfahrens für Banken nach der SRM-VO kommt nicht ohne einen gewissen Grad an Interdisziplinarität aus. Interdisziplinarität ist schon lange ein Petitum der Rechtswissenschaft, ohne dass es einen Konsens über die Möglichkeiten und Grenzen interdisziplinären Arbeitens geben würde. Einen bedeutsamen Impuls hierzu gab auf dem Gebiet des öffentlichen Rechts etwa die „Neue Verwaltungsrechtswissenschaft".[22] Jedenfalls im Bereich der rechtswissenschaftlichen Befassung mit Finanzmarktregulierung kommt dem Seitenblick auf die ökonomische Forschung zu Banken und Finanzmärkten eine zentrale Bedeutung zu.[23] Die Kenntnis der tatsächlichen Wirkungszusammenhänge auf den Finanzmärkten ist Voraussetzung rechtswissenschaftlicher Auseinandersetzung mit Finanzmarktregulierung.[24]

Damit gerät die ökonomische Analyse des Rechts in den Blick. Finanzmarktregulierung lässt sich (auch) unter dem Blickwinkel der ökonomischen Wohlfahrtsmaximierung analysieren. Legte man jedoch nur die Methoden der Rechtsökonomik zugrunde, so hieße dies etwa, deskriptiv-analytisch die Anreizsituation der Beteiligten des Abwicklungsverfahrens zu betrachten und gegebenenfalls zu formalisieren.[25] Dies erscheint angesichts der Komplexität der Materie nur mittels starker Vereinfachung und damit unter Inkaufnahme einer deutlichen Reduktion der Aussagekraft möglich. Daneben ist auch denkbar, präskriptiv bestimmte effiziente Aus-

---

22 S. die Fundierung von *Voßkuhle*, in: Hoffmann-Riem/Schmidt-Aßmann/Voßkuhle, Grundlagen des Verwaltungsrechts, § 1; vgl. auch das Plädoyer für eine Ausweitung der Rechtstatsachenforschung und eine Rückkopplung der Verwaltungsdogmatik an deren Erkenntnisse von *Voßkuhle*, VerwArch 85 (1994), 567.

23 Zu eng und zu pessimistisch im Hinblick auf das Potenzial wirtschaftswissenschaftlich informierter Ansätze *Möllers*, in: Hoffmann-Riem/Schmidt-Aßmann/Voßkuhle, Grundlagen des Verwaltungsrechts, § 3, Rn. 45f.

24 Richtig daher die Betonung der „Realbereichsanalyse" durch die „Neue Verwaltungsrechtswissenschaft", vgl. *Voßkuhle*, in: Hoffmann-Riem/Schmidt-Aßmann/Voßkuhle, Grundlagen des Verwaltungsrechts, § 1, Rn. 29ff.

25 Auch „positive ökonomische Theorie des Rechts", *Petersen/Towfigh*, in: Towfigh/Petersen, Ökonomische Methoden im Recht, § 1, Rn. 6f.; vgl. zu diesem Erkenntnisinteresse der Rechtsökonomik auch *Tröger/Scheibenpflug*, Ad Legendum 2017, 273, 275f.

legungsergebnisse mit ökonomischen Methoden zu ermitteln oder gar Vorschläge *de lege ferenda* zu unterbreiten.[26]

Beides ist nicht Ziel dieser Untersuchung. Sie will vielmehr konkrete Aussagen über die Tauglichkeit des Abwicklungsverfahrens, so wie es in der SRM-VO rechtlich geregelt ist, treffen, nicht die Effekte dieses Verfahrens ökonomisch modellieren oder eine maximal effiziente Normierung des Verfahrens entwickeln. Das Forschungsvorhaben ist insofern ein deskriptiv-analytisches. Zur ökonomisch informierten Erfassung und Analyse der *lex lata* des Abwicklungsverfahrens bedarf es vor allem eines fundierten Verständnisses der wirtschaftlichen (tatsächlichen) Hintergründe des Ablaufs einer Bankenkrise. Diese Hintergründe können auf zwei Arten erfasst werden, nämlich einerseits durch theoretische Überlegungen und andererseits durch empirische Erfahrungen.[27]

Die ökonomische Forschung zu theoretisch begründeten Zusammenhängen einer Bankenkrise drückt diese in stilisierten Modellen aus.[28] Diese Modelle sind notwendigerweise immer unvollständig in ihrer Abbildung der Wirklichkeit. Insofern ist auch ihr Aussagegehalt für die Analyse einer empirisch vorfindlichen rechtlichen Regelung wie der des Art. 18 SRM-VO häufig begrenzt. Zudem ist die Forschungsmethode mittels ökonomischer Modelle oft eine additive: Selten widerlegen nachfolgende Modelle frühere, „schlechtere“ Modelle, vielmehr ergänzen sie diese in der Regel oder wandeln die Grundannahmen ab.[29] Es ist daher schwierig, einen klaren „ökonomischen Konsens“ oder „aktuellen Stand der Forschung“ auszumachen.[30] Nichtsdestoweniger lohnt sich die Befassung mit diesem

---

26 Sog. „normative“ oder „präskriptive ökonomische Theorie des Rechts“, *Petersen/Towfigh*, in: Towfigh/Petersen, Ökonomische Methoden im Recht, § 1, Rn. 8; vgl. auch *Tröger/Scheibenpflug*, Ad Legendum 2017, 273, 276f.

27 Vgl. *Petersen/Towfigh*, in: Towfigh/Petersen, Ökonomische Methoden im Recht, § 1, Rn. 54ff.; ähnlich auch, bezogen auf die Systemrisikoforschung, *Kaufhold*, Systemaufsicht, S. 21f.; vgl. auch aus der älteren Literatur zur empirischen Rechtstatsachenforschung *Voßkuhle*, VerwArch 85 (1994), 567.

28 Das bekannteste und bis heute einflussreichste Modell eines *bank run* etwa stammt von *Diamond/Dybvig*, Journal of Political Economy 91 (1983), 401.

29 In Bezug auf die ökonomische „Systemrisikoforschung“, aber verallgemeinerbar, *Kaufhold*, Systemaufsicht, S. 24, sowie *Kaufhold*, ZVglRWiss 116 (2017), 151, 155ff.

30 Erneut in Bezug auf die ökonomische Systemrisikoforschung, aber verallgemeinerbar, *Kaufhold*, ZVglRWiss 116 (2017), 151, 155; allgemein zum rechtswissenschaftlichen Umgang mit nicht-konsentierten Erkenntnissen anderer Disziplinen *Voßkuhle*, in: Hoffmann-Riem/Schmidt-Aßmann/Voßkuhle, Grundlagen des Verwaltungsrechts, § 1, Rn. 31.

Forschungsbereich. Aus der Zusammenschau mehrerer, weithin akzeptierter Modelle über die Zusammenhänge von Bankenkrisen lässt sich eine Vorstellung der grundlegenden Wirkmechanismen gewinnen.[31]

Das Ziel empirischer ökonomischer Untersuchungen zu Banken und Finanzmärkten ist es häufig, die Validität ökonomischer Modelle ökonometrisch zu verifizieren.[32] Dies mag für den Fortgang der ökonomischen Forschung von großem Wert sein, weil theoretisch an sich plausible Zusammenhänge empirisch widerlegt werden können. Das Ziel dieser Untersuchung ist jedoch nicht die Überprüfung theoretischer ökonomischer Modelle. Für die Zwecke dieser Untersuchung liegt der Fokus hinsichtlich der empirischen Erfassung des Hintergrunds von Bankenkrisen daher auf der Rezeption konkreter, ausreichend dokumentierter hoheitlicher Bewältigungsversuche von Bankenkrisen und deren Schwächen. Immerhin lässt sich konstatieren, dass nicht nur die wirtschaftswissenschaftliche Forschung zu Bankenkrisen oft in Reaktion auf einzelne, in einem jeweiligen historischen Kontext stehende Krisen aufblüht,[33] sondern auch gerade die Schaffung des neuen Bankenabwicklungsrechts ganz wesentlich auf der von den maßgeblichen Entscheidungsträgern empfundenen „Lücke" im Werkzeugkasten bei der Bewältigung der Finanzkrise ab 2007 beruht.[34] Dementsprechend sollen vor allem Beispiele aus der Finanzkrise dazu dienen, zu veranschaulichen, welche Defizite das Abwicklungsrecht ausgleichen soll.

---

31 Ähnlich wie hier *Binder*, Bankeninsolvenzen im Spannungsfeld zwischen Bankaufsichts- und Insolvenzrecht, S. 44f.; ähnlich („mittlere, eigenständig für die rechtswissenschaftliche Verwendung entwickelte Abstraktionsebene") auch *Kaufhold*, ZVglRWiss 116 (2017), 151, 156.

32 Vgl. *Petersen/Towfigh*, in: Towfigh/Petersen, Ökonomische Methoden im Recht, § 1, Rn. 59f.; ebenso, bezogen auf die Systemrisikoforschung, *Kaufhold*, Systemaufsicht, S. 22.

33 Bereits vor der Finanzkrise *Binder*, Bankeninsolvenzen im Spannungsfeld zwischen Bankaufsichts- und Insolvenzrecht, S. 44.

34 Vgl. nur paradigmatisch ErwGr 1 der BRRD: „Die Finanzkrise hat gezeigt, dass es auf der Ebene der Union eindeutig an angemessenen Instrumenten für den wirksamen Umgang mit unsoliden oder ausfallenden [Banken] mangelt. Derartige Instrumentarien werden vor allem zur Verhinderung einer Insolvenz benötigt oder, falls eine solche eintritt, zur Minimierung der negativen Auswirkungen, indem die systemisch wichtigen Funktionen [der] jeweiligen [Bank] aufrechterhalten werden. Während der Krise trugen diese Herausforderungen wesentlich dazu bei, dass die Mitgliedstaaten [Banken] unter Rückgriff auf das Geld der Steuerzahler retten mussten. Ziel eines glaubwürdigen Sanierungs- und Abwicklungsrahmens ist es, solchen Maßnahmen so weit wie möglich vorzubeugen."

Zweiter Teil – Annäherung an den Untersuchungsgegenstand

Als erster Untersuchungsschritt soll der Gegenstand der Untersuchung herausgearbeitet werden. Für eine Einordnung in den breiteren Kontext des in den Jahren nach der Finanzkrise neu entwickelten Bankenabwicklungsrecht werden zunächst der Rechtsrahmen sowie die wesentlichen Prinzipien und zentralen Regelungen des Abwicklungsrechts dargestellt (A.). Sodann folgt eine genaue Beschreibung des Abwicklungsverfahrens im SRM, auf das sich die nachfolgende Analyse fokussiert (B.). Das Abwicklungsverfahren steht vor dem Hintergrund primärrechtlicher Vorgaben (C.). Schließlich werden einige Nebenaspekte skizziert, die trotz ihrer Bedeutung für eine gelungene Abwicklung in dieser Untersuchung ausgeklammert werden sollen (D.).

A. Der Rechtsrahmen des europäischen Abwicklungsrechts

Wie bereits einleitend erwähnt, beruht das europäische Abwicklungsrecht auf der Bankenabwicklungsrichtlinie BRRD und innerhalb des SRM zudem auf der SRM-VO.

Die BRRD führt erstmals ein europäisches Bankenabwicklungsrecht für alle Mitgliedstaaten der Europäischen Union ein. Da diese über die BRRD hinausgehen können, handelt es sich um Mindestharmonisierung.[35] Die BRRD verpflichtet die Mitgliedstaaten, eine für die Bankenabwicklung zuständige Behörde zu benennen[36] (engl. „national resolution authority", abgekürzt „NRA") und dieser das in der Richtlinie vorgesehene Instrumentarium zur Abwicklung von Banken zur Verfügung zu stellen.

Die SRM-VO zentralisiert das Verfahren für die Abwicklung großer Banken bei der neu geschaffenen europäischen Abwicklungsbehörde, dem SRB.[37] Zudem schafft die SRM-VO einen „einheitlichen Abwicklungs-

---

35 Vgl. Art. 1 Abs. 2 sowie Art. 37 Abs. 9 BRRD; *Zagouras*, in: Bunte/Ellenberger, Bankrechts-Handbuch, § 109, Rn. 69; *Schillig*, in: Haentjens/Wessels, Research Handbook on Crisis Management in the Banking Sector, 81, 86.

36 Art. 3 BRRD.

37 Ähnlich (Zentralisierung der „Abwicklungszuständigkeit") *Lackhoff/Yoo/Bauerfeind*, WM 2019, 1677, 1681; ausführlich *Binder*, in: Binder/Gortsos/Lack-

fonds“ (engl. „Single Resolution Fund“, abgekürzt „SRF“), der, gespeist aus Beiträgen der Banken, die Abwicklung (mit-)finanzieren soll.

Die materiellen Abwicklungsregelungen der SRM-VO entsprechen weitgehend denjenigen der BRRD. Die Vorschriften der BRRD und der SRM-VO gleichen sich oftmals sogar wörtlich.[38] Im Folgenden sollen die wesentlichen Regelungen und Instrumente des in den beiden Rechtsakten geregelten materiellen Abwicklungsrechts vorgestellt und einer ersten Einordnung unterzogen werden (I.). Die Darstellung konzentriert sich dabei auf die Vorschriften der SRM-VO. Diese werden innerhalb des SRM vorrangig herangezogen, sind aber aufgrund der in der SRM-VO nicht geregelten Durchsetzungsbefugnisse[39] nicht abschließend. Im Anschluss werden die das materielle Abwicklungsrecht ergänzenden Regelungen des SRM vorgestellt (II.).

I. Das materielle Abwicklungsrecht

Nach einer kurzen Klärung der leicht abweichenden Anwendungsbereiche der BRRD und der SRM-VO (1.) soll im Folgenden das materielle Abwicklungsrecht dargelegt werden. Dieses unterscheidet zwischen einer Vorbereitungsphase (Art. 8–12 SRM-VO bzw. Art. 4–26 BRRD), einer Frühinterventionsphase (Art. 13 SRM-VO bzw. Art. 27–30 BRRD) und der eigentlichen Abwicklungsphase (Art. 14–29 SRM-VO bzw. Art. 31–86 BRRD). Die Vorbereitungsphase und die Frühinterventionsphase sollen hier nur der Vollständigkeit halber kurz zusammengefasst werden (2.). Die eigentliche Abwicklung besteht aus der Auswahl aus einer Reihe von „Abwicklungsinstrumenten“ (3.), die mittels einer Reihe von „Abwicklungsbefugnissen“ gegenüber den Adressaten durchgesetzt werden (4.). Schließlich sei kurz auf die in der BRRD vorgesehenen Abwicklungsfinanzierungsmechanismen hingewiesen (5.).[40]

---

hoff/Ohler, Art. 5 SRMR, Rn. 4ff.; „Abwicklungsbehörde“ meint im Folgenden die zuständige NRA oder das SRB, sofern dieses zuständig ist.

38 Siehe die Gegenüberstellung bei *Binder*, ZHR 179 (2015), 83, Fn. 28, 29, 34–37, sowie die Kritik zu unterschiedlichen Anwendungsadressaten von SRM und BRRD bei materiell gleichen Vorgaben *Binder*, ZHR 179 (2015), 83, 91. Dies gilt auch nach den umfassenden Änderungen der BRRD II.

39 Vgl. infra Zweiter Teil, A. I. 4.

40 Vgl. zum Folgenden auch die Zusammenfassung in *Deutsche Bundesbank*, Monatsbericht Juni 2014, S. 34ff.

1. Persönlicher und räumlicher Anwendungsbereich des Abwicklungsrechts

In persönlicher Hinsicht umfasst der Anwendungsbereich des SRM gem. Art. 2 SRM-VO grundsätzlich alle in einem teilnehmenden Mitgliedstaat niedergelassenen Kreditinstitute[41] sowie von der EZB im Rahmen des SSM[42] auf konsolidierter Basis beaufsichtigte Mutterunternehmen, Wertpapierfirmen und Finanzinstitute.[43] Der persönliche Anwendungsbereich der BRRD in Art. 1 Abs. 1 BRRD ist weiter und umfasst insbesondere bestimmte Wertpapierfirmen[44] sowie bestimmte Finanzinstitute, Holdinggesellschaften und Zweigstellen ausländischer Banken.[45]

Die BRRD gilt als unionsrechtliche Mindestharmonisierung in allen europäischen Mitgliedstaaten.[46] Die SRM-VO dagegen gilt nur in denjenigen Mitgliedstaaten, die am SRM teilnehmen. Art. 4 Abs. 1 und 2 SRM-VO ordnen einen Gleichlauf der Teilnahme am SRM mit der Teil-

41 Hiermit sind nur CRR-Kreditinstitute, nicht Kreditinstitute im Sinne des KWG gemeint, Art. 3 Abs. 2 SRM-VO i.V.m. Art. 2 Abs. 1 Nr. 2 BRRD i.V.m. Art. 4 Abs. 1 Nr. 1 CRR.

42 Der einheitliche Aufsichtsmechanismus (engl. „Single Supervisory Mechanism“, kurz „SSM“) stellt die „erste Säule“ der Bankenunion dar. Innerhalb dieses „Mechanismus“ ist die EZB für die Aufsicht über größere Banken, die nationalen Aufsichtsbehörden für die Aufsicht über kleinere Banken zuständig. Vgl. zum SSM den Beitrag von *Kaufhold*, in: Schmidt/Wollenschläger, Kompendium Öffentliches Wirtschaftsrecht, 697.

43 *Benzing*, in: Binder/Glos/Riepe, Handbuch Bankenaufsichtsrecht, § 14, Rn. 41; *Binder*, in: Binder/Gortsos/Lackhoff/Ohler, Art. 1 SRMR, Rn. 3.

44 Die in Art. 1 Abs. 1 lit. a) BRRD genannten „Institute“ umfassen gemäß Art. 2 Abs. 1 Nr. 2, 3 und 23 BRRD neben Kreditinstituten auch Wertpapierfirmen, deren Anfangskapital mindestens 750.000 Euro betragen muss.

45 *Deutsche Bundesbank*, Monatsbericht Juni 2014, S. 34f.; Problematisch an der Regelungstechnik sind die vielen, oft mehrstufigen und fehleranfälligen Querverweise in den Definitionsapparaten der zahllosen Rechtsakte. So verweist die BRRD in Art. 2 Abs. 1 Nr. 2 BRRD für den Begriff des „Kreditinstituts“ zwar auf die (grundlegende) Definition des Art. 4 Abs. 1 Nr. 1 CRR, nimmt aber Unternehmen im Sinne von Art. 2 „Nr. 5“ (gemeint ist Abs. 5) CRD IV, insbesondere die deutsche Kreditanstalt für Wiederaufbau, schon begrifflich aus. Somit sind die Begriffe „Kreditinstitut im Sinne der BRRD“ und „Kreditinstitut im Sinne der CRR“ nicht deckungsgleich. Vgl. zu den Ausnahmen nach Art. 2 Abs. 5 CRD IV *Schöneberger*, Bankenrestrukturierung und Bankenabwicklung in Deutschland und den USA, S. 145f.

46 Zudem wurde die BRRD in den EWR-Staaten Island, Liechtenstein und Norwegen übernommen, vgl. den Stand der Umsetzung, abrufbar unter http://www.efta.int/eea-lex/32014L0059.

nahme am SSM an. Gemäß Art. 2 Nr. 1 SSM-VO[47] nehmen am SSM – und damit auch am SRM – diejenigen Mitgliedstaaten teil, deren Währung der Euro ist. Zudem können weitere Mitgliedstaaten dem SSM und dem SRM beitreten, indem sie gemäß Art. 7 SSM-VO eine „enge Zusammenarbeit" vereinbaren. Seit dem 1. Oktober 2020 sind neben den ursprünglichen Eurostaaten auch Kroatien und Bulgarien Mitglieder der Bankenunion.

2. Vorbereitung und Krisenprävention

Das Abwicklungsrecht hält eine Reihe von präventiven Instrumenten bereit, die eine Bankenkrise von vornherein ausschließen oder zumindest abmildern sollen.

a) Sanierungsplanung und Abwicklungsplanung

So erstellen die Banken jeweils Sanierungspläne, die bereits zu einem frühen Zeitpunkt verhindern sollen, dass sich wirtschaftliche Probleme der Bank zu einer akuten Krise verschärfen.[48] Für das Verfahren zur Aufstellung von Sanierungsplänen sind die Aufsichtsbehörden[49] zuständig.[50]

Die Abwicklungsbehörden wiederum erstellen für den Krisenfall Abwicklungspläne, die die Abwicklung erleichtern sollen.[51] Sie können zu-

---

47 Verordnung (EU) Nr. 1024/2013 des Rates vom 15. Oktober 2013 zur Übertragung besonderer Aufgaben im Zusammenhang mit der Aufsicht über Kreditinstitute auf die Europäische Zentralbank.

48 Art. 5–9 BRRD; ausführlich zur Aufstellung von Sanierungsplänen bei Bankengruppen noch zu einer Entwurfsfassung der BRRD *Babis*, European Business Law Review 25 (2014), 459, 460ff.

49 Gemäß Art. 4 i.V.m. Art. 6 SSM-VO ist die EZB für „bedeutende" Banken und die „nationale zuständige Behörde" für „weniger bedeutende" Banken zuständig. Nationale zuständige Behörden werden in der Regel (und im Folgenden) nach der englischen Bezeichung („national competent authorities") als „NCA" abgekürzt. „Aufsichtsbehörde" meint im Folgenden die zuständige NCA oder die EZB, sofern diese zuständig ist. In Deutschland ist die Bundesanstalt für Finanzdienstleistungsaufsicht („BaFin") sowohl NCA als auch NRA.

50 Das SRB spielt bei der Aufstellung von Sanierungsplänen nur eine Nebenrolle, vgl. Art. 10 Abs. 2 SRM-VO. Vgl. näher zur Zuständigkeit *Cichy/Buchmüller/Igl*, in: Binder/Glos/Riepe, Handbuch Bankenaufsichtsrecht, Rn. 19.

51 Art. 10–14 BRRD bzw. Art. 8–12 SRM-VO; näher *Haentjens*, in: Binder/Gortsos/Lackhoff/Ohler, Art. 8 SRMR, Rn. 4.

dem bei einer Bewertung der Abwicklungsfähigkeit gegebenenfalls identifizierte Abwicklungshindernisse angehen. Zu diesem Zweck können die Abwicklungsbehörden die Banken auffordern, Maßnahmen zur Beseitigung der Abwicklungshindernisse vorzuschlagen. Genügen den Abwicklungsbehörden diese Vorschläge nicht, so steht ihnen ein Katalog an möglichen zwangsweisen Maßnahmen gegenüber der Bank – etwa die Verpflichtung, die Unternehmensstruktur zu vereinfachen, die Unternehmensfinanzierung umzugestalten oder bestimmte Geschäftsbereiche einzustellen – zur Verfügung.[52] Sofern die Bank eine Gruppenstruktur aufweist, können einzelne Konzerngesellschaften vereinbaren, sich im Fall einer drohenden Krise gegenseitig finanziell zu unterstützen.[53]

b) MREL-Festsetzungen

Ebenfalls eher in den Bereich der Krisenvorsorge fallen die durch das „Bankenpaket" umfassend überarbeiteten Vorschriften zur Vorhaltung von ausreichend „berücksichtigungsfähigen Verbindlichkeiten"[54] für die Zwecke des Bail-in. Das SRB legt für die Banken in seinem Zuständigkeitsbereich gem. Art. 12 Abs. 1 und 4 SRM-VO[55] bei der Fortschreibung des jeweiligen Abwicklungsplans auch individuelle Anforderungen, sog. „Minimum Requirements for Own Funds and Eligible Liabilities" („MREL"), fest.[56] Das SRB orientiert sich bei dieser Festsetzung an einem in Art. 12d SRM-VO

---

52 Art. 15–18 BRRD bzw. Art. 10 SRM-VO. *Binder*, in: Castañeda/Mayes/Wood, European Banking Union, 129 sieht darin den wesentlichen Nutzen der Abwicklungsplanung. Vgl. auch *Binder*, ZHR 179 (2015), 83, 131f.

53 Art. 19–26 BRRD. Dazu *Singh*, in: Binder/Singh, Bank Resolution, 1, Rn. 1.44ff.; ausführlich zum Hintergrund, noch zu einer Entwurfsfassung der BRRD *Babis*, European Business Law Review 25 (2014), 459, 463ff.

54 Begrifflich sind „berücksichtigungsfähige Verbindlichkeiten" (Art. 3 Abs. 1 Nr. 49a SRM-VO) solche Verbindlichkeiten, die bereits vorab im Rahmen der Prävention für den Bail-in vorgesehen werden. Demgegenüber umfasst der (weitere) Begriff der „bail-in-fähigen Verbindlichkeiten" (Art. 3 Abs. 1 Nr. 49 SRM-VO) alle Verbindlichkeiten (mit Ausnahme von Eigenmitteln), die in einer konkreten Bail-in-Situation herangezogen werden können, d.h. auch Verbindlichkeiten, die nicht von vornherein für einen Bail-in „gedacht" sind.

55 Vgl. Art. 45 BRRD; näher *Haentjens*, in: Binder/Gortsos/Lackhoff/Ohler, Art. 12 SRMR, Rn. 10ff.

56 Art. 12b, 12h und 12i SRM-VO sowie Art. 45a und 45g BRRD sehen Befreiungsmöglichkeiten vor.

normierten Kriterienkatalog.[57] Materielle Anforderungen an die „berücksichtigungsfähigen Verbindlichkeiten“ ergeben sich aus den Art. 72a ff. CRR, die wiederum in Art. 12c SRM-VO modifiziert werden.[58]

Zu berücksichtigen ist ferner, dass gemäß Art. 92a und 92b CRR für global systemrelevante Institute („G-SRI“)[59] bzw. deren Tochterunternehmen schon ex lege strengere sog. TLAC[60]-Anforderungen gelten,[61] die jedoch auch noch einmal individuell verschärft werden können.[62] Hinzu kommt als europäische Besonderheit in Abweichung internationaler Standards ab dem 1.1. 2024 eine – anders als MREL und TLAC auf Basis der gesamten Verbindlichkeiten zu berechnende – Anforderung an „Total Liabilities and Own Funds“, die „TLOF“.[63] Die Regelungen zu MREL, TLAC und TLOF sind so komplex, dass Zweifel an ihrer Wirksamkeit angebracht sind.[64]

c) Frühzeitiges Eingreifen

In einer späteren, krisennäheren Phase ist ein „frühzeitiges Eingreifen“ der Aufsichtsbehörden möglich, wenn das Institut bestimmte prudentielle Aufsichtsanforderungen nicht mehr oder voraussichtlich bald nicht mehr erfüllt.[65] Viele Regelungen der BRRD im Rahmen eines „frühzeitigen Eingreifens“ überschneiden sich mit Anforderungen und Befugnissen des Bankaufsichtsrechts, die im Wesentlichen in der CRR und der CRD IV[66] geregelt sind. In der Frühinterventionsphase sind weiterhin in der Regel

---

57 Vgl. Art. 45c BRRD; für bestimmte größere Banken („Top Tier-Banken“) sehen Art. 45b Abs. 5 BRRD bzw. Art. 12c Abs. 5 SRM-VO starre Mindestvorgaben für die MREL-Festsetzung vor, näher *Adolff/Häller*, ZBB 2019, 369, 374.

58 Vgl. Art. 45b BRRD; detailliert *Haentjens*, in: Binder/Gortsos/Lackhoff/Ohler, Art. 12 SRMR, Rn. 49ff.

59 Vgl. zur Abkürzung „G-SRI“ infra Dritter Teil, A. I. 2. a) aa).

60 „Total Loss-Absorbing Capacity”, zum Hintergrund *Adolff/Häller*, ZBB 2019, 369, 371.

61 Näher *Wellerdt*, WM 2020, 1856, 1859, sowie *Adolff/Häller*, ZBB 2019, 369, 372.

62 Art. 45d BRRD bzw. Art. 12e SRM-VO.

63 Dazu *Adolff/Häller*, ZBB 2019, 369, 373ff.

64 Optimistischer *Wellerdt*, WM 2020, 1856, 1862.

65 Art. 27–30 BRRD bzw. Art. 13 SRM-VO. Dazu *Singh*, in: Binder/Singh, Bank Resolution, 1, Rn. 1.48ff.; kritisch zur deutschen Umsetzung *Schöneberger*, Bankenrestrukturierung und Bankenabwicklung in Deutschland und den USA, S. 284f.

66 Richtlinie 2013/36/EU des Europäischen Parlaments und des Rates vom 26. Juni 2013 über den Zugang zur Tätigkeit von Kreditinstituten und die Beaufsichtigung von Kreditinstituten und Wertpapierfirmen, zur Änderung der Richtlinie 2002/87/EG und zur Aufhebung der Richtlinien 2006/48/EG und 2006/49/EG

die Aufsichtsbehörden zuständig. Daher kommt dem SRB hier gemäß Art. 13 SRM-VO nur eine beobachtende Rolle zu.[67] Es kann bereits in dieser Phase Abwicklungsmaßnahmen vorbereiten.

3. Abwicklungsinstrumente

Verschärft sich trotz dieser Vorsorgemaßnahmen die Krise einer Bank, so sieht das Abwicklungsrecht einen speziellen Krisenbewältigungsmechanismus – die eigentliche Abwicklung – vor. Damit eine Abwicklung eingeleitet wird, müssen drei Voraussetzungen vorliegen: Es wird festgestellt, dass die Bank ausfällt oder wahrscheinlich ausfällt, alternative Maßnahmen der Privatwirtschaft oder der Aufsichtsbehörden sind nicht erfolgversprechend und eine Abwicklungsmaßnahme ist im öffentlichen Interesse erforderlich.[68] Die Abwicklungsvoraussetzungen werden als Verfahrensvoraussetzung an späterer Stelle vertieft behandelt.[69]

In dieser Situation stehen dem SRB bzw. den NRAs verschiedene Handlungsoptionen, die „Abwicklungsinstrumente“, zur Verfügung. Diese Abwicklungsinstrumente sind die Unternehmensveräußerung, das Brückeninstitut, die Ausgliederung von Vermögenswerten und der Bail-in.[70] Mithilfe der Abwicklungsinstrumente kann die Bank im Hinblick auf ihr Geschäftsmodell, ihre Geschäftsorganisation und ihre finanzielle Situation in kurzer Zeit restrukturiert werden.

a) Unternehmensveräußerung

Bei einer Unternehmensveräußerung nach Art. 38 f. BRRD bzw. Art. 24 SRM-VO wird die ausfallgefährdete Bank auf einen (stabilen) Erwerber übertragen. Die Unternehmensveräußerung stellt eine hoheitlich vermittelte und geförderte privatwirtschaftliche Bewältigung der Krise einer

---

(Capital Requirements Directive IV – CRD IV). S. zum Verhältnis *Gortsos*, in: Binder/Gortsos/Lackhoff/Ohler, Art. 13 SRMR, Rn. 16ff.

67 Ebenso *Benzing*, in: Binder/Glos/Riepe, Handbuch Bankenaufsichtsrecht, § 14, Rn. 42; vgl. auch zur Frühintervention bei Bankengruppen, noch zu einer Entwurfsfassung der BRRD *Babis*, European Business Law Review 25 (2014), 459, 467f.

68 Art. 32 Abs. 1 BRRD bzw. Art. 18 Abs. 1 UAbs. 1 SRM-VO.

69 Siehe hierzu ausführlich infra Zweiter Teil, B. I. 2.

70 Art. 37 Abs. 3 BRRD bzw. Art. 22 Abs. 2 SRM-VO.

Bank dar.[71] In der „einfachen“ Variante nach Art. 38 Abs. 1 lit. a) BRRD bzw. Art. 24 Abs. 1 lit. a) SRM-VO wird das Eigentum an der Bank durch Hoheitsakt auf einen Erwerber übertragen, der diese in zunächst unveränderter Form fortführt und insbesondere den durch Einlagenabflüsse (zunächst) entstehenden Liquiditätsbedarf erfüllt. Alternativ kann die Abwicklungsbehörde nach Art. 38 Abs. 1 lit. b) BRRD bzw. Art. 24 Abs. 1 lit. b) SRM-VO auch bloß Teile – in der Regel die Einlagen sowie werthaltige Kreditengagements[72] – auf den Erwerber übertragen.[73] In diesem Fall wird die „Restbank“ in einem regulären Insolvenzverfahren liquidiert, Art. 37 Abs. 6 BRRD bzw. Art. 22 Abs. 5 SRM-VO.[74] Zur Unternehmensveräußerung bedarf es gemäß Art. 38 Abs. 1 UAbs. 2 BRRD nicht der Zustimmung der bisherigen Bankeigentümer oder Dritter, sondern lediglich derjenigen des Erwerbers.[75] Das Zivil-, Gesellschafts- und Kapitalmarktrecht ist hierbei weitgehend suspendiert.[76]

b) Brückeninstitut

Insbesondere in Fällen, in denen kein geeigneter Erwerber bereitsteht und eine Unternehmensveräußerung daher nicht möglich ist, kann die Bank stattdessen ganz oder teilweise auf ein „Brückeninstitut“ übertragen

---

71 *Schillig*, in: Haentjens/Wessels, Research Handbook on Crisis Management in the Banking Sector, 81, 91 Ausführlich insbesondere zur deutschen Umsetzung und kritisch zur Leistungsfähigkeit der Unternehmensveräußerung *Binder*, in: Binder/Glos/Riepe, Handbuch Bankenaufsichtsrecht, § 18, Rn. 59ff.

72 *Schillig*, in: Haentjens/Wessels, Research Handbook on Crisis Management in the Banking Sector, 81, 91f.

73 Diesen Anwendungsfall betonend *Binder*, in: Binder/Glos/Riepe, Handbuch Bankenaufsichtsrecht, § 18, Rn. 65; skeptisch hinsichtlich der Möglichkeit, in kurzer Zeit „gute“ und „schlechte“ Vermögensgegenstände und Verbindlichkeiten zu identifizieren *Schillig*, Resolution and Insolvency of Banks and Financial Institutions, Rn. 11.01; zu beiden Varianten auch *Binder*, in: Binder/Gortsos/Lackhoff/Ohler, Art. 24 SRMR, Rn. 3.

74 Näher *Binder*, in: Binder/Gortsos/Lackhoff/Ohler, Art. 22 SRMR, Rn. 14.

75 *Deutsche Bundesbank*, Monatsbericht Juni 2014, S. 38.

76 Näher, mit Hinweis auf den Fall Fortis *Schillig*, Resolution and Insolvency of Banks and Financial Institutions, Rn. 10.05; näher zum Fall Fortis auch infra Dritter Teil, B. I. 3; s. auch *Binder*, in: Binder/Gortsos/Lackhoff/Ohler, Art. 24 SRMR, Rn. 8.

werden, Art. 40 f. BRRD bzw. Art. 25 SRM-VO.[77] Das Instrument des Brückeninstituts ist mit dem Instrument der Unternehmensveräußerung verwandt.[78] Allerdings führt in einem Brückeninstitut die öffentliche Hand die Bank fort mit dem Ziel, diese zu reprivatisieren oder zu liquidieren. Art. 41 BRRD stellt nähere Anforderungen für den (zeitlich befristeten) Betrieb und den Verkaufsprozess des Brückeninstituts auf.[79]

c) Ausgliederung von Vermögenswerten

Das Instrument der „Ausgliederung von Vermögenswerten" (Art. 42 BRRD bzw. Art. 26 SRM-VO) entspricht der in der Finanzkrise bekannt gewordenen „Bad Bank".[80] Dabei werden insbesondere ausfallende Kreditforderungen auf eine Zweckgesellschaft übertragen, um diese zu einem späteren Zeitpunkt geordnet und damit – so die Hoffnung – verlustminimierend einzutreiben oder zu verkaufen. Das Instrument der „Ausgliederung von Vermögenswerten" stellt eine „frühe" Form der Krisenintervention dar und spielt sowohl in der internationalen Diskussion[81] als auch im geltenden Abwicklungsrecht nur noch eine untergeordnete Rolle.[82] Um mit der Möglichkeit der Ausgliederung von Vermögenswerten keine verzerrten Anreize zu setzen,[83] kann dieses Instrument nur zusammen mit einem anderen Abwicklungsinstrument angewandt werden, Art. 37 Abs. 5 BRRD bzw. Art. 22 Abs. 4 SRM-VO.[84] Zudem stellt Art. 42 Abs. 5 BRRD

---

77 Für die Anwendung des Instruments „Brückeninstitut" gerade in diesen Fällen, aber mit Zweifeln an der Finanzierung *Binder*, in: Binder/Glos/Riepe, Handbuch Bankenaufsichtsrecht, § 18, Rn. 68f.

78 Vgl. die Darstellung bei *Binder*, in: Binder/Glos/Riepe, Handbuch Bankenaufsichtsrecht, § 18, Rn. 56ff. und *Binder*, in: Binder/Singh, Bank Resolution, 25, Rn. 2.47 – 2.50; das wirtschaftliche Ergebnis kann jedoch – je nach Anwendung – dem Bail-in ähneln, *Schillig*, Resolution and Insolvency of Banks and Financial Institutions, Rn. 10.09, 11.01

79 Näher *Schillig*, Resolution and Insolvency of Banks and Financial Institutions, Rn. 10.10, sowie *Binder*, in: Binder/Gortsos/Lackhoff/Ohler, Art. 25 SRMR, Rn. 15ff.

80 Vgl. *Binder*, in: Binder/Glos/Riepe, Handbuch Bankenaufsichtsrecht, § 18, Rn. 73.

81 *Binder*, in: Binder/Singh, Bank Resolution, 25, Rn. 2.51.

82 Zu beidem *Binder*, in: Binder/Glos/Riepe, Handbuch Bankenaufsichtsrecht, § 18, Rn. 71 m.w.N.; vgl. aber zur Diskussion aus präventiver Perspektive im Aufsichtsrecht *Gurlit*, WM 2020, 57, 62f.

83 *Schillig*, Resolution and Insolvency of Banks and Financial Institutions, Rn. 10.13.

84 *Binder*, in: Binder/Gortsos/Lackhoff/Ohler, Art. 22 SRMR, Rn. 13.

bzw. Art. 26 Abs. 2 lit. a) SRM-VO weitere Voraussetzungen auf, die insbesondere auf eine spätere Verwertung abzielen, wenn in der akuten Krise Marktpreise für bestimmte Vermögenswerte gestört sind („fire sales").[85]

d) Bail-in

Das Herzstück des materiellen Abwicklungsrechts stellt der „Bail-in" dar. Der Begriff „Bail-in" bezeichnet – als Überbegriff im untechnischen Sinne[86] – im Gegensatz zum „Bail-out" allgemein die Heranziehung Privater für die Verlusttragung. Zu unterscheiden ist zwischen der Heranziehung von Inhabern von Eigenmittelinstrumenten einerseits und der Heranziehung von Gläubigern bestimmter, bail-in-fähiger Verbindlichkeiten – dem eigentlichen „Bail-in-Instrument" im technischen Sinne – andererseits. Das Abwicklungsrecht unterscheidet systematisch zumindest auf europäischer Ebene[87] zwischen diesen beiden eng verwandten Formen der Heranziehung Privater und bezeichnet in Art. 37 Abs. 3 BRRD bzw. Art. 22 Abs. 2 SRM-VO nur das Bail-in-Instrument als Abwicklungsinstrument.[88]

aa. Anwendungsmöglichkeiten

Der Bail-in dient der (Re)-Kapitalisierung der Bank in der Abwicklung.[89] Zu einer echten Rekapitalisierung der Bank kommt es, wenn die Bank eigenständig fortgeführt wird (Art. 43 Abs. 2 lit. a) BRRD bzw. Art. 27 Abs. 1 lit. a) SRM-VO). Dieser „selbständige Bail-in" ohne Übertragung zumindest von Teilen der Bank auf einen neuen (öffentlichen oder privaten)

---

85 *Binder*, in: Binder/Glos/Riepe, Handbuch Bankenaufsichtsrecht, § 18, Rn. 72f.; s. auch die Kritik an der Unbestimmtheit von Art. 26 SRM-VO bei *Binder*, in: Binder/Gortsos/Lackhoff/Ohler, Art. 26 SRMR, Rn. 6ff.

86 Vgl. zur Terminologie *Wojcik*, Common Market Law Review 53 (2016), 91, 106 sowie *Blaß*, Abwicklung von Banken, S. 342; wie hier („schillernder Begriff") auch *Kowolik*, Das Bail-in-Instrument, S. 3.

87 Zur Einordnung der Beteiligung von Inhabern relevanter Kapitalinstrumente als „Abwicklungsinstrument" in der deutschen Umsetzung siehe *Binder*, in: Binder/Glos/Riepe, Handbuch Bankenaufsichtsrecht, § 18, Rn. 82; ungenau zur Regelungstechnik der BRRD *Schillig*, Resolution and Insolvency of Banks and Financial Institutions, Rn. 11.10.

88 Kritisch zur in der Tat missglückten Terminologie *Blaß*, Abwicklung von Banken, S. 347.

89 *Hadjiemmanuil*, in: Binder/Gortsos/Lackhoff/Ohler, Art. 27 SRMR, Rn. 2f.

Eigentümer ist gemäß Art. 43 Abs. 3 BRRD bzw. Art. 27 Abs. 2 SRM-VO nur zulässig, wenn die Aussicht besteht, dass die Bank ein tragfähiges Geschäftsmodell findet. Zu diesem Zweck muss sie gemäß Art. 51 f. BRRD einen Reorganisationsplan erstellen.[90]

Wird die Bank ganz oder teilweise in den Händen eines Erwerbers, als Brückeninstitut oder nach Ausgliederung von Vermögenswerten auf eine Bad Bank fortgeführt, so kann ein „unselbständiger" Bail-in auch mit diesen Abwicklungsinstrumenten verbunden werden (Art. 43 Abs. 2 lit. b) BRRD bzw. Art. 27 Abs. 1 lit. b) SRM-VO).[91]

bb. Die Haftung von Inhabern von Eigenmittelinstrumenten

Das System der Heranziehung von Eigentümern und Gläubigern zur Verlusttragung in der Regelungstechnik der BRRD und der SRM-VO ist komplex.[92] Der erste Schritt der Haftungsverwirklichung in der Krise einer Bank ist die Heranziehung von Inhabern von Eigenmittelinstrumenten[93] in den Art. 59 f. BRRD bzw. Art. 21 SRM-VO.[94]

Die Eigenmittel der Bank bestehen gemäß Art. 72 CRR aus Kernkapital und Ergänzungskapital. Im internationalen Sprachgebrauch ist die Bezeichnung „tier 1 capital" für Kernkapital und „tier 2 capital" für Ergänzungskapital gebräuchlich.[95] Kernkapital ist gemäß Art. 25 CRR zusätzlich zu unterteilen in hartes Kernkapital (*core equity tier 1; CET1*)[96] und zusätz-

---

90 Innerhalb des SRM muss das SRB den Reorganisationsplan gemäß Art. 27 Abs. 16 SRM-VO genehmigen. Zusammenfassend, mit Kritik zum Zeithorizont *Schillig*, Resolution and Insolvency of Banks and Financial Institutions, Rn. 11.29 – 11.31.

91 Ausführlich zu beiden Varianten *Hadjiemmanuil*, in: Binder/Gortsos/Lackhoff/Ohler, Art. 27 SRMR, Rn. 10ff.

92 Als „missglückt" bezeichnet die Ausgestaltung *Blaß*, Abwicklung von Banken, S. 347.

93 „Eigenmittel" ist ein spezifisch bankaufsichtsrechtlicher Begriff für „Eigenkapital", der in der CRR eine spezielle Ausgestaltung erfährt. Ausführlich monographisch zu Entwicklung und Funktion von Eigenmitteln *J. F. Hellwig*, Verlustausgleich und Risikotragung.

94 Zum Zusammenhang von Art. 21 und Art. 27 SRM-VO s. *Hadjiemmanuil*, in: Binder/Gortsos/Lackhoff/Ohler, Art. 27 SRMR, Rn. 4.

95 Siehe etwa *Gleeson*, in: Lo Schiavo, The European Banking Union and the Role of Law, 216, 223.

96 CET1-Instrumente orientieren sich am Leitbild der Aktie. Die genauen Anerkennungsvoraussetzungen, geregelt in den Art. 26–50 CRR, sind jedoch durchaus komplex. Entscheidende Merkmale für die Anerkennung als CET1-Instrument

liches Kernkapital (*additional tier 1; AT1*).[97] Instrumente des Ergänzungskapitals (*tier 2; T2*) sind gegenüber dem Kernkapital nachrangig und dienen der Verlustabsorption im Insolvenzfall.[98] Darunter fallen etwa nachrangige Darlehen.[99] Aus den drei Elementen CET1, AT1 und T2 ergibt sich die Haftungskaskade der Eigenmittel einer Bank.

Die Leitidee des Abwicklungsrechts ist, dass in einer Krise zunächst die Inhaber von CET1-Instrumenten, sodann die Inhaber von AT1-Instrumenten und anschließend die Inhaber von T2-Instrumenten haften.[100] Diese Leitidee kommt in Art. 59 BRRD bzw. Art. 21 SRM-VO zunächst nur mittelbar zum Ausdruck, da dort lediglich von der Herabschreibung und Umwandlung von „relevanten Kapitalinstrumenten" die Rede ist. Diese umfassen gemäß Art. 2 Abs. 1 Nr. 74 BRRD bzw. Art. 3 Abs. 1 Nr. 51 SRM-VO jedoch nur AT1-Instrumente und T2-Instrumente. Selbstverständlich müssen jedoch vor deren Inanspruchnahme die Inhaber von CET1-Instrumenten, also die Eigentümer der Bank, ihre Anteile verlieren.[101] Diese Haftungsreihenfolge kommt auch in den Vorschriften über die Verfahrensweise bei der Herabschreibung und Umwandlung von Eigenmitteln in Art. 60 Abs. 1 lit. a)-c) BRRD bzw. Art. 21 Abs. 10 SRM-VO

---

sind die effektive Kapitaleinzahlung, die unbefristete Überlassung, die uneingeschränkte Verlustteilnahme sowie flexible Ausschüttungen, vgl. *Konesny/Glaser*, in: Boos/Fischer/Schulte-Mattler, Vorbemerkung Teil 2. Eigenmittel, Rn. 3; eingehend zu CET1-Instrumenten *J. F. Hellwig*, Verlustausgleich und Risikotragung, S. 463ff.

97 Die in Art. 51–61 CRR geregelten AT1-Instrumente ähneln den CET1-Instrumenten, die Anerkennungsvoraussetzungen des Art. 52 CRR sind jedoch weniger streng, da AT1-Instrumente etwa unter Umständen von der Bank gekündigt werden können, s. *Konesny/Glaser*, in: Boos/Fischer/Schulte-Mattler, Art. 52 CRR, Rn. 1; AT1-Instrumente müssen gegenüber den übrigen Verbindlichkeiten nachrangig sein, und es muss bei einem Abfall der CET1-Quote die Möglichkeit bestehen, die AT1-Instrumente herabzuschreiben oder in CET1-Instrumente umzuwandeln. Instruktiv zu AT1-Instrumenten und mit fundierter Kritik *J. F. Hellwig*, Verlustausgleich und Risikotragung, S. 481ff.; siehe auch mit ausführlicher Kritik am Governancepotential von AT1-Instrumenten *Friedrich*, Die novellierte Debt Governance für Banken in der Europäischen Union, S. 83ff.

98 *J. F. Hellwig*, Verlustausgleich und Risikotragung, S. 457 m.w.N.

99 Vgl. den Katalog in Art. 62 CRR; näher *J. F. Hellwig*, Verlustausgleich und Risikotragung, S. 460f.; den möglichen Nutzen von T2-Instrumenten für die Debt Governance von Banken betonend *Friedrich*, Die novellierte Debt Governance für Banken in der Europäischen Union, S. 87f.

100 Vgl. auch zur weiteren Haftung von Gläubigern *Binder*, in: Binder/Singh, Bank Resolution, 25, Rn. 2.56.

101 *Witte*, in: Binder/Gortsos/Lackhoff/Ohler, Art. 21 SRMR, Rn. 9.

zum Ausdruck. Die dieser „Ergebnisregelung" entsprechende Pflicht zur Löschung oder Verwässerung der Anteile ist in der BRRD – systematisch fragwürdig im Abschnitt über das Bail-in-Instrument – in Art. 47 BRRD geregelt. Innerhalb des SRM stellt Art. 17 SRM-VO sicher, dass die an das reguläre Insolvenzverfahren angelehnte Reihenfolge „erst CET1, dann AT1, dann T2" eingehalten wird.[102]

cc. Die Haftung von Gläubigern berücksichtigungsfähiger Verbindlichkeiten

Nach der Heranziehung der Inhaber von Eigenmittelinstrumenten gemäß Art. 59–60 BRRD bzw. Art. 21 SRM-VO sollen die Gläubiger von bail-in-fähigen Verbindlichkeiten mittels des Bail-in-Instruments ebenfalls zur Verlusttragung beitragen. Eine gesetzliche Definition des Bail-in-Instruments findet sich in Art. 2 Abs. 1 Nr. 57 BRRD bzw. Art. 3 Abs. 1 Nr. 33 SRM-VO. Diese Definitionen verweisen jedoch jeweils nur auf die Regelungen zum Bail-in-Instrument in Art. 43 BRRD bzw. Art. 27 SRM-VO.

Vom Anwendungsbereich des Bail-in-Instruments sind nur bail-in-fähige Verbindlichkeiten im Sinne des Art. 2 Abs. 1 Nr. 71 BRRD bzw. Art. 3 Abs. 1 Nr. 49 SRM-VO umfasst. Damit sind alle Eigenmittel (CET1, AT1 und T2) *per definitionem* vom Bail-in-Instrument ausgeschlossen, da diese bereits nach Art. 59 f. BRRD bzw. Art. 21 SRM-VO in Anspruch genommen werden.[103] Die bail-in-fähigen Verbindlichkeiten werden mittels des Bail-in-Instruments gemäß Art. 46 Abs. 1 BRRD bzw. Art. 27 Abs. 1 UAbs. 2 lit. a), Abs. 13 SRM-VO herabgeschrieben oder in CET1-Instrumente umgewandelt. Auf diese Weise werden die bisherigen Gläubiger der abzuwickelnden Bank die neuen Eigentümer. Das Bail-in-Instrument führt insofern zu einem „Debt Equity Swap".

---

102 Vgl. zum Ganzen auch *Binder*, in: Binder/Singh, Bank Resolution, 25, Rn. 2.56 sowie ausführlich *Binder*, in: Binder/Gortsos/Lackhoff/Ohler, Art. 17 SRMR, Rn. 1ff.

103 Detailliert zu sachlichen Anwendungsbereich *Hadjiemmanuil*, in: Binder/Gortsos/Lackhoff/Ohler, Art. 27 SRMR, Rn. 44ff.

dd. Ausnahmen vom Bail-in

Allerdings werden die Gläubiger zahlreicher Verbindlichkeiten der Bank von dem Bail-in-Instrument ausgenommen. Zu unterscheiden sind gesetzliche und diskretionäre Ausnahmen.

(1) Gesetzliche Ausnahmen

Art. 44 Abs. 2 BRRD bzw. Art. 27 Abs. 3 SRM-VO nimmt von Gesetzes wegen eine Reihe von Verbindlichkeiten vom Anwendungsbereich des Bail-in aus. Dies sind insbesondere gedeckte Einlagen, also gemäß Art. 2 Abs. 1 Nr. 94 BRRD bzw. Art. 3 Abs. 1 Nr. 11 SRM-VO i.V.m. Art. 2 Abs. 1 Nr. 5 DGSD[104] die von den Einlagensicherungssystemen geschützten Einlagen. Dieser Schutz ist bis zu einer in Art. 6 DGSD definierten Deckungssumme, im Regelfall 100.000 Euro, gewährleistet. Darüberhinausgehende Guthaben, sog. erstattungsfähige Einlagen,[105] unterliegen grundsätzlich dem Bail-in.[106] Dies ergibt sich schon aus der Verweisung auf Art. 2 Abs. 1 Nr. 5 i.V.m. Art. 6 DGSD und wird in Art. 44 Abs. 2 UAbs. 4 BRRD bzw. Art. 27 Abs. 4 UAbs. 1 Alt. 3 SRM-VO nochmals deklaratorisch klargestellt.

Auch besicherte Verbindlichkeiten, Verbindlichkeiten aus Treuhandverhältnissen, kurzfristige Interbankenverbindlichkeiten und bestimmte Verbindlichkeiten gegenüber Beschäftigten, Lieferanten und Dienstleistern, der öffentlichen Hand und den Einlagensicherungssystemen sind von Gesetzes wegen vom Bail-in ausgenommen.[107]

---

104 Richtlinie 2014/49/EU des Europäischen Parlaments und des Rates vom 16. April 2014 über Einlagensicherungssysteme (Deposit Guarantee Scheme Directive – DGSD).

105 Vgl. Art. 2 Abs. 1 Nr. 4 i.V.m. Art. 5 DGSD. Instruktiv zum Anteil der gedeckten Einlagen an den berücksichtigungsfähigen Einlagen, aufgeschlüsselt nach Mitgliedstaat, *Cannas/Cariboni/Kazemi Veisari/Pagano,* Updated estimates of EU eligible and covered deposits.

106 Vgl. hierzu ErwGr 81 der SRM-VO, sowie zum entsprechenden Fall bei der Übertragung von Einlagen im Zuge der Unternehmensveräußerung oder eines Brückeninstituts ErwGr 82 der SRM-VO. Kritisch zum möglichen Bail-in ungedeckter Einlagen unter Hinweis auf den Fall Zypern *Binder*, in: Binder/Singh, Bank Resolution, 25, Rn. 2.37.

107 Vgl. im Einzelnen Art. 44 Abs. 2 UAbs. 1 lit. b)-g) BRRD bzw. Art. 27 Abs. 3 Uabs. 1 lit. b)-g) SRM-VO. Detailliert hierzu *Hadjiemmanuil*, in: Binder/Gortsos/Lackhoff/Ohler, Art. 27 SRMR, Rn. 64ff.

(2) Ermessensausnahmen

Von besonderer Bedeutung sind die in vier Fallgruppen geregelten diskretionären Ausnahmen für bestimmte Verbindlichkeiten gemäß Art. 44 Abs. 3 BRRD bzw. Art. 27 Abs. 5 SRM-VO. Diese Ausnahmemöglichkeiten sind geprägt von unbestimmten Rechtsbegriffen.

Die vier in Art. 44 Abs. 3 BRRD bzw. Art. 27 Abs. 5 SRM-VO geregelten Fallgruppen des diskretionären Ausschlusses sind die Unmöglichkeit des Bail-in aus praktischen Gründen, die Sicherung der Fortführung kritischer Funktionen und Kerngeschäftsbereiche, die Abwendung von Ansteckungseffekten sowie die Vermeidung einer übermäßigen Wertvernichtung auf Seiten derer, die (weiterhin) dem Bail-in unterliegen.[108] Die zweite und dritte Kategorie ähneln sich und lassen sich unter dem Rubrum „Finanzstabilität" zusammenfassen.[109] Liegt eine der vier Fallgruppen vor, so kann die Abwicklungsbehörde von dem Bail-in bestimmter Verbindlichkeiten ganz oder teilweise absehen.[110]

Durch den Ausschluss bestimmter Verbindlichkeiten können Gläubiger, die an sich auf derselben Stufe stehen, abweichend von dem Grundsatz „par conditio creditorum" durchaus ungleich behandelt werden.[111] Gemäß Art. 44 Abs. 3 UAbs. 2 BRRD bzw. Art. 27 Abs. 5 UAbs. 2 SRM-VO kann der Anteil an der Verlusttragung, der eigentlich für die Gläubiger ausgeschlossener Verbindlichkeiten vorgesehen war, sogar auf den Verlusttragungsanteil der weiterhin dem Bail-in unterliegenden Gläubiger aufgeschlagen werden. Diese Gläubiger sind dann „nur" durch das Prinzip „no creditor worse off"[112] geschützt.

---

108 *Gardella*, in: Busch/Ferrarini, European Banking Union, 373, Rn. 11.40; zudem soll berücksichtigt werden, inwiefern natürliche Personen, Kleinstunternehmen und kleine und mittlere Unternehmen von dem Bail-in betroffen wären, vgl. ErwGr 77 der SRM-VO. Detailliert zu den vier Fallgruppen auch *Hadjiemmanuil*, in: Binder/Gortsos/Lackhoff/Ohler, Art. 27 SRMR, Rn. 120ff.

109 So *Tröger*, ZBB 2018, 20, 34.

110 Anders aber anscheinend *Wojcik*, Common Market Law Review 53 (2016), 91, 109, der davon auszugehen scheint, dass die Voraussetzungen des Art. 44 Abs. 3 UAbs. 1 lit. a)-d) BRRD bzw. Art. 27 Abs. 5 UAbs. 1 lit. a-d) SRM-VO kumulativ vorliegen müssen.

111 *Lackhoff/Yoo/Bauerfeind*, WM 2019, 1677, 1687; *Schillig*, Resolution and Insolvency of Banks and Financial Institutions, Rn. 11.16; *Hadjiemmanuil*, in: Binder/Gortsos/Lackhoff/Ohler, Art. 27 SRMR, Rn. 142ff.

112 Dieser in Art. 34 Abs. 1 lit. g) BRRD bzw. Art. 15 Abs. 1 lit. g) SRM-VO geregelte Grundsatz besagt, dass die Gläubiger in der Abwicklung nicht schlechter

Werden die übrigen Gläubiger nicht herangezogen, so kann der Fehlbetrag unter engen Voraussetzungen gemäß Art. 44 Abs. 4 bis 8 BRRD bzw. Art. 27 Abs. 6 bis 11 SRM-VO auch aus dem Abwicklungsfinanzierungsmechanismus[113] oder „alternativen Finanzierungsquellen"[114] ausgeglichen werden.[115] Gemäß Art. 44 Abs. 12 BRRD ist der diskretionäre Ausschluss von Verbindlichkeiten aus dem Bail-in außerhalb des SRM gegenüber der Kommission anzuzeigen. Dieser steht zudem ein Kontrollrecht zu, wenn der Fehlbetrag nicht auf die übrigen Gläubiger umgelegt, sondern aus dem Abwicklungsfinanzierungsmechanismus oder einer alternativen Finanzierungsquelle ausgeglichen wird. Innerhalb des SRM führt das Abwicklungsverfahren des Art. 18 SRM-VO stets zu einer allgemeinen Kontrolle durch die Kommission. Die Einspruchsmöglichkeit der Kommission ergibt sich hier aus Art. 18 Abs. 7 UAbs. 8 SRM-VO.[116]

Bei der Ermessensentscheidung über die Ausnahme vom Bail-in soll die Abwicklungsbehörde die in Art. 44 Abs. 9 BRRD bzw. Art. 27 Abs. 12 SRM-VO normierten Erwägungen berücksichtigen. Diese „ermessensleitenden" Erwägungen versprechen jedoch wenig normative Konkretisierung, denn dort wird letztlich nur der Grundsatz, dass Gläubiger (gleichberechtigt) in ausreichendem Maße zur Verlusttragung herangezogen werden müssen, wiederholt, von dem in den vier Fallgruppen gerade eine Ausnahme nötig ist.[117] Darüber hinaus soll die Delegierte Verordnung (EU)

---

gestellt werden dürfen, als sie in einem (hypothetischen) Insolvenzverfahren nach mitgliedstaatlichem Recht stünden.

113 Innerhalb des SRM ist dies der SRF, siehe ausführlich infra Zweiter Teil, A. II. 4. b). Zu den Einsatzmöglichkeiten des SRF ausführlich *Hadjiemmanuil*, in: Binder/Gortsos/Lackhoff/Ohler, Art. 27 SRMR, Rn. 150ff.

114 Der Begriff der „alternativen Finanzierungsquellen" ist in der SRM-VO nicht definiert. Gemeint ist der Rückgriff auf das separat geregelte „Direct Recapitalisation Instrument" des ESM, das als Letztsicherung bei Erschöpfung der Mittel des SRM zum Einsatz kommen soll. Zu den Voraussetzungen näher *Kowolik*, Das Bail-in-Instrument, S. 159f.; zu europa- und verfassungsrechtlichen Vorgaben für die direkte Rekapitalisierung durch den ESM *Calliess/Schoenfleisch*, JZ 70 (2015), 113, 114ff.; die direkte Rekapitalisierung wurde erst am 8. Dezember 2014 und damit nach der ESM-Entscheidung des BVerfG (Urt. v. 18. März 2014, 2 BvR 1390/12 u.a.) in den ESM-Vertrag eingefügt, näher *Manger-Nestler*, in: Jahn/Schmitt/Geier, Bankensanierung und -abwicklung, B. II., Rn. 98f.

115 Vgl. ErwGr 78 und 79 der SRM-VO.

116 Eingehend infra Zweiter Teil, B. II. 3. a) bb.

117 Ebenfalls skeptisch *Binder*, in: Binder/Glos/Riepe, Handbuch Bankenaufsichtsrecht, § 18, Rn. 95f. Optimistischer wohl (in Bezug auf die Ausnahmevorschrift des Art. 44 Abs. 3 lit. b) BRRD bzw. Art. 27 Abs. 5 lit. b) SRM-VO) *Kowolik*, Das Bail-in-Instrument, S. 146f.

2016/860[118] weitere Klarheit schaffen. Der Level-2-Rechtsakt stellt eine Reihe von Begründungsanforderungen für die Abwicklungsbehörde auf,[119] die im Hinblick auf den engen Zeitrahmen der Abwicklung durchaus zweifelhaft erscheinen. Darüber hinaus konkretisieren die Art. 5 bis 9 DelVO (EU) 2016/860 die einzelnen Gründe für die Ermessensausnahme weiter. So fächert Art. 8 DelVO (EU) 2016/860 den in Art. 44 Abs. 3 UAbs. 1 lit. c) BRRD bzw. Art. 27 Abs. 5 UAbs. 1 lit. c) SRM-VO normierten Ausschlussgrund der „Ansteckung" weiter auf. Art. 2 DelVO (EU) 2016/860 führt hierzu begrifflich die Unterscheidung von direkten und indirekten Ansteckungen ein.[120] Insgesamt bleiben die Vorgaben der DelVO (EU) 2016/860 jedoch – entgegen der Zielsetzung von Level-2-Rechtsakten – eher im Vagen.[121]

Insbesondere an den diskretionären Ausnahmemöglichkeiten vom Bail-in ist verschiedentlich Kritik geübt worden.[122] Der Kritik ist zuzugeben, dass sie den disziplinierenden Effekt der Erwartung eines Bail-in stark relativieren. Angesichts der Vielgestaltigkeit von Geschäftsmodellen, Marktsituationen und Krisenszenarien kann jedoch in der Abwicklung auf diskretionäre Elemente sicherlich nicht verzichtet werden. Am ehesten wäre eine sich verstetigende Verwaltungspraxis geeignet, die Unsicherheiten im

---

118 Delegierte Verordnung (EU) 2016/860 der Kommission vom 4. Februar 2016 zur Präzisierung der Umstände, unter denen ein Ausschluss aus dem Anwendungsbereich der Herabschreibungs- oder Umwandlungsbefugnisse gemäß Artikel 44 Absatz 3 der Richtlinie 2014/59/EU des Europäischen Parlaments und des Rates zur Festlegung eines Rahmens für die Sanierung und Abwicklung von Kreditinstituten und Wertpapierfirmen erforderlich ist („DelVO (EU) 2016/860").

119 S. insbesondere Art. 4 Abs. 6 bis 11 DelVO (EU) 2016/860; näher zur DelVO (EU) 2016/860 *Kowolik*, Das Bail-in-Instrument, S. 140f.

120 Näher *Kowolik*, Das Bail-in-Instrument, S. 148f.

121 Ebenso *Binder*, in: Binder/Glos/Riepe, Handbuch Bankenaufsichtsrecht, § 18, Rn. 94.

122 S. etwa *Philippon/Salord*, Bail-ins and Bank Resolution in Europe, S. 52; nuanciert *Schillig*, Resolution and Insolvency of Banks and Financial Institutions, Rn. 11.14. Deutlicher *Tröger*, ZBB 2018, 20, 34f., der die Unvorhersehbarkeit der letztlichen Bail-in-Entscheidung kritisiert, auch wenn im Einzelfall Ausnahmen gerechtfertigt seien. Optimistischer dagegen in Bezug auf die Bail-in-Ausnahme des Art. 44 Abs. 3 lit. b) BRRD bzw. Art. 27 Abs. 5 lit. b) SRM-VO *Kowolik*, Das Bail-in-Instrument, S. 140ff., mit der Begründung, die dort geregelte Verhältnismäßigkeit beschränke die Ausnahme auf Fälle, in denen keine dritten Gegenparteien bereit seien, an Stelle der vom Bail-in Betroffenen mit der Bank zu kontrahieren und so die Kontinuität der kritischen Funktionen sicherzustellen.

Zusammenhang mit dem Bail-in-Instrument abzumildern. Diese Verwaltungspraxis lässt indes noch auf sich warten.

ee. Bail-in außerhalb des Abwicklungsverfahrens

Nur am Rande ist hier auf die Möglichkeit der Aufsichts- oder Abwicklungsbehörden einzugehen, die Eigentümer und verschiedene Gläubiger auch außerhalb eines Abwicklungsverfahrens mit Verlusten zu belasten. Art. 59 Abs. 1 lit. a) BRRD ermöglicht explizit die Herabschreibung oder Umwandlung von Kapitalinstrumenten und berücksichtigungsfähigen Verbindlichkeiten auch unabhängig von einer Abwicklung. Auch nach Art. 21 SRM-VO ist dies möglich, da die Eingriffsvoraussetzung der mangelnden „Existenzfähigkeit" (Art. 21 Abs. 1 lit. b)-d), Abs. 3 SRM-VO) auf die Abwicklungsvoraussetzungen mit Ausnahme des öffentlichen Interesses abstellt und somit geringere Anforderungen aufstellt als Art. 18 Abs. 1 SRM-VO.[123]

Bei Inkrafttreten der BRRD und der SRM-VO war dieser „kleine Bail-in"[124] auf die Inhaber von Eigenmittelinstrumenten beschränkt. Dies wurde mit dem Argument kritisiert, dass die bloße Umwandlung von AT1-Instrumenten in CET1-Instrumente bzw. von T2-Instrumenten in AT1-Instrumente eine echte Kapitallücke nicht schließen könne.[125] Seit der SRM-VO II ist darüber hinaus die Herabschreibung bzw. Umwandlung von relevanten Verbindlichkeiten möglich, also ein „echter" Bail-in außerhalb eines Abwicklungsverfahrens.[126] Ob sich diese „kleine Abwicklung" als echte Handlungsalternative neben sowieso vielfältigen Eingriffsmöglichkeiten der Aufsichtsbehörden etablieren wird, bleibt abzuwarten.[127]

---

123 Näher *Witte*, in: Binder/Gortsos/Lackhoff/Ohler, Art. 21 SRMR, Rn. 18ff.

124 So die Formulierung bei *Hübner/Leunert*, ZIP 2015, 2259, 2263.

125 *Gleeson*, in: Lo Schiavo, The European Banking Union and the Role of Law, 216, 223, der aber eine sinnvolle Anwendungsmöglichkeit dieses Instruments in der Erleichterung einer marktbasierten Lösung sieht.

126 Art. Abs. Nr. 9 lit. a).

127 Optimistisch *Gleeson*, in: Lo Schiavo, The European Banking Union and the Role of Law, 216, 223ff.

e) Zwischenfazit

Der „Instrumentenkasten" des Abwicklungsrechts sieht eine Fülle von Handlungsoptionen vor. Diese Handlungsoptionen können zu sehr unterschiedlichen wirtschaftlichen Ergebnissen führen. Auch wenn der Bail-in und damit die Verlusttragung der Eigentümer und Gläubiger das „Leitbild" darstellt, so sind zumindest theoretisch auch Abwicklungen ganz ohne Gläubigerbeteiligung denkbar, etwa die mit den Mitteln des Abwicklungsrechts arrangierte Übernahme der abzuwickelnden Bank durch einen Konkurrenten. Durch die großen Spielräume, die das Abwicklungsrecht den Abwicklungsbehörden bei der Auswahl und Anwendung der Abwicklungsinstrumente einräumt, ist das wirtschaftliche Ergebnis eines Abwicklungsfalles schwer vorherzusagen. Der Spielraum ist jedoch gesetzgeberisch gewollt. Die Kritik daran ist daher eine rechtspolitische.

4. Abwicklungsbefugnisse

Die Abwicklungsinstrumente bestimmen das wirtschaftliche Ergebnis der bilanziellen und organisatorischen Restrukturierung der Bank. Die entsprechenden Normen bewirken jedoch nicht die dafür nötigen rechtsgestaltenden Herabschreibungen, Umwandlungen und Übertragungen gesellschaftsrechtlicher oder vertragsrechtlicher Natur. Diese ergeben sich vielmehr aus der Anwendung der in Art. 63 ff. BRRD bzw. deren nationaler Umsetzung geregelten umfangreichen Abwicklungsbefugnisse durch die NRA.[128] Der Katalog der Abwicklungsbefugnisse der BRRD umfasst eine große Bandbreite an behördlichen Ermächtigungen.[129] Sie reichen von Informations- und Kooperationspflichten[130] über die Möglichkeit für die Behörden, die Kontrolle über die Bank zu erlangen,[131] bis zu ausführlichen Möglichkeiten der Begründung, Gestaltung oder Beendigung von privaten Rechtsverhältnissen.[132] Da die im SAG enthaltenen Regelungen über die Ausgestaltung der Abwicklungsinstrumente angesichts der vorrangigen Anwendbarkeit der Vorschriften der SRM-VO kaum Bedeutung

---

128 Kritisch zur Regelungstechnik *Binder*, ZHR 179 (2015), 83, 97f.

129 *Binder*, in: Binder/Glos/Riepe, Handbuch Bankenaufsichtsrecht, § 18, Rn. 53, spricht von einem „heterogenen Katalog".

130 In Deutschland umgesetzt in § 78 Abs. 1 Nr. 1 und 2 SAG.

131 Vgl. §§ 86, 87 und 88 SAG.

132 In Deutschland insbesondere §§ 79 und 81 bis 85 SAG; näher *Binder*, in: Binder/Glos/Riepe, Handbuch Bankenaufsichtsrecht, § 18, Rn. 56ff.

haben, stellen die Regelungen des SAG zu den Abwicklungsbefugnissen dessen Hauptanwendungsbereich dar.[133]

5. Abwicklungsfinanzierungsmechanismen nach der BRRD

Die BRRD sieht zur (zusätzlichen) Finanzierung von Abwicklungen ein europäisches System von Finanzierungsmechanismen vor, Art. 99 BRRD. Dieses System besteht aus nationalen Finanzierungsmechanismen, auch als Abwicklungsfonds bezeichnet, die sich gegebenenfalls gegenseitig unterstützen können. Sie speisen sich aus Beiträgen der Banken. Die Mitgliedstaaten können ihre nationalen Finanzierungsmechanismen als eigenständige Fonds errichten, sie in die Struktur der jeweiligen Einlagensicherungssysteme integrieren oder die für den Abwicklungsfinanzierungsmechanismus erhobenen Beiträge in den Staatshaushalt eingehen lassen und in der Abwicklung entsprechende Beträge aus Haushaltsmitteln auszahlen.[134]

Innerhalb des SRM tritt der SRF an die Stelle der einzelnen nationalen Abwicklungsfinanzierungsmechanismen (Art. 96 SRM-VO). Auf den SRF wird im Rahmen der einzelnen Verlusttragungsmöglichkeiten innerhalb des SRM näher eingegangen.[135]

II. Der Einheitliche Abwicklungsmechanismus „SRM“

Das materielle Abwicklungsrecht wird in den am SRM teilnehmenden Mitgliedstaaten innerhalb eines „Einheitlichen Abwicklungsmechanismus“, dem SRM („Single Resolution Mechanism“), angewendet. Der SRM lässt sich als ein „hoch verdichteter Verwaltungsverbund“ aus einer europäischen Agentur und nationalen Behörden qualifizieren.[136] Der europäische Gesetzgeber hat zur Errichtung des SRM in der SRM-VO einen zentralen „Ausschuss für die einheitliche Abwicklung“ mit einem „einheit-

---

133 *Binder*, in: Binder/Glos/Riepe, Handbuch Bankenaufsichtsrecht, § 18, Rn. 54.

134 Art. 100 Abs. 2, 5 und 6 BRRD. Kritisch zur „fiskalischen Lösung“ *Deutsche Bundesbank*, Monatsbericht Juni 2014, S. 43f.

135 S. infra Zweiter Teil, B. I. 4. B).

136 So die Bundesregierung in BT-Drs. 18/5009, S. 43. Ähnlich („Abwicklungssystem“) *Benzing*, in: Binder/Glos/Riepe, Handbuch Bankenaufsichtsrecht, § 14, Rn. 7.

lichen Abwicklungsfonds" geschaffen.[137] Der Ausschuss firmiert üblicherweise unter der englischen Abkürzung SRB („Single Resolution Board"), der Fonds unter dem Kürzel SRF („Single Resolution Fund"). Das SRB und die NRAs wirken innerhalb des SRM bei der Abwicklung zusammen. Das SRB hat zur Konkretisierung der Zusammenarbeit zwischen dem SRB und den NRAs auf der Grundlage von Art. 31 Abs. 1 SRM-VO einen Rahmenbeschluss[138] erlassen.[139]

1. Aufgabenteilung im SRM

Art. 7 SRM-VO sieht eine Aufgabenteilung zwischen dem SRB und den NRAs vor. Art. 7 Abs. 1 SRM-VO weist zunächst dem SRB eine Gesamtverantwortlichkeit für das wirkungsvolle und einheitliche Funktionieren des SRM zu, ohne dass sich daraus jedoch konkrete Zuständigkeiten ergeben.[140] Nach Art. 7 Abs. 2 SRM-VO ist das SRB für die Abwicklung aller von der EZB direkt beaufsichtigten Banken sowie für alle grenzüberschreitenden Gruppen, d.h. für Banken, die in mehr als einem teilnehmenden Mitgliedstaat Niederlassungen unterhalten (Art. 3 Nr. 24 SRM-VO), zuständig.[141] Das SRB kann außerdem die Zuständigkeit für die Abwicklung einer Bank an sich ziehen, Art. 7 Abs. 4 lit. b) SRM-VO.[142] Die teilnehmenden Mitgliedstaaten können gemäß Art. 7 Abs. 5 SRM-VO dem SRB auch die Abwicklungszuständigkeit für eine Bank übertragen.[143] Zudem ist das

---

137 Siehe zum Gesetzgebungsprozess und dem Kompromisscharakter der Verordnung *Gordon/Ringe*, Columbia Law Review 115 (2015), 1297, 1343ff.

138 Decision of the Single Resolution Board of 17 December 2018 establishing the framework for the practical arrangements for the cooperation within the Single Resolution Mechanism between the Single Resolution Board and National Resolution Authorities (SRB/PS/2018/15), im Folgenden "SRM-RB". Der Beschluss ist nur auf Englisch verfügbar.

139 Näher zum SRM-RB *Benzing*, in: Binder/Glos/Riepe, Handbuch Bankenaufsichtsrecht, § 14, Rn. 9.

140 Ähnlich (mangels Rechtspersönlichkeit des SRM keine „Haftung" des SRB für den SRM) *Wojcik*, in: Binder/Gortsos/Lackhoff/Ohler, Art. 7 SRMR, Rn. 10ff.

141 *Wojcik*, in: Binder/Gortsos/Lackhoff/Ohler, Art. 7 SRMR, Rn. 20ff.

142 Näher *Wojcik*, in: Binder/Gortsos/Lackhoff/Ohler, Art. 1 SRMR, Rn. 43ff.

143 Zu beidem *Benzing*, in: Binder/Glos/Riepe, Handbuch Bankenaufsichtsrecht, § 14, Rn. 45; laut *Wojcik*, in: Binder/Gortsos/Lackhoff/Ohler, Art. 7 SRMR, Rn. 51 soll dies nur für eine Zuständigkeitsübertragung hinsichtlich aller Banken eines Mitgliedstaats gelten, um die Anforderungen des Art. 7 Abs. 4 lit. b) SRM-VO nicht zu unterlaufen.

SRB situativ für Abwicklungen zuständig, bei denen der SRF in Anspruch genommen werden soll, Art. 7 Abs. 3 UAbs. 2 SRM-VO.

Für alle anderen Banken sind gemäß Art. 7 Abs. 3 SRM-VO weiterhin die NRAs zuständig. Die Regelungstechnik des Art. 7 Abs. 3 SRM-VO ist kompliziert geraten. Der erste Unterabsatz weist den NRAs die Zuständigkeit für alle nicht in den Zuständigkeitsbereich des SRB fallenden Banken zu. Zu diesem Zweck sollen die NRAs nach dem vierten Unterabsatz das (mit der BRRD übereinstimmende) materielle Abwicklungsrecht der SRM-VO anwenden, insbesondere also die Abwicklungsinstrumente der Unternehmensveräußerung, des Brückeninstituts, der Ausgliederung von Vermögenswerten sowie das Bail-in-Instrument. Hinsichtlich der in der SRM nicht geregelten Abwicklungsbefugnisse,[144] mittels derer die Abwicklungsentscheidung umgesetzt wird, verweist Art. 7 Abs. 3 UAbs. 4 Satz 3 SRM-VO die NRAs wiederum auf das zur BRRD ergangene nationale Umsetzungsrecht. Dies bedeutet, dass etwa die deutsche NRA, die BaFin, bei der Abwicklung von SRM-Banken, die in ihre Zuständigkeit fallen, nicht etwa die Vorschriften des SAG, sondern vorrangig diejenigen der SRM-VO anwendet. Hinsichtlich der in der SRM-VO nicht geregelten Abwicklungsbefugnisse ist dagegen das SAG, insbesondere die §§ 78 ff. SAG, anwendbar. Ein eigenständiger Anwendungsbereich für die Abwicklungsvoraussetzungen und Abwicklungsinstrumente des SAG verbleibt vor allem für Wertpapierinstitute (vgl. § 1 Nr. 2 SAG), die nach Art. 2 SRM-VO grundsätzlich nicht unter den SRM fallen.[145]

Das Zusammenwirken von SRB und NRAs innerhalb des SRM ähnelt im Ansatz demjenigen zwischen EZB und NCA innerhalb des SSM.[146] Große Banken liegen im Zuständigkeitsbereich der zentralen europäischen Behörden, der EZB und dem SRB, mit dem Unterschied, dass nach Art. 7 Abs. 2 lit. b) SRM-VO grenzüberschreitende Gruppen der Zuständigkeit des SRB, nicht aber der Zuständigkeit der EZB unterfallen. Die nationalen Behörden (NCA bzw. NRA) unterstützen die europäischen Stellen (EZB bzw. SRB) bei deren Aufgaben und sind selbst im Rahmen des jeweiligen „Mechanismus“ für die weniger bedeutenden Banken zuständig. Ein we-

144 S. zur Notwendigkeit der Anwendung der Abwicklungsbefugnisse der NRAs infra Zweiter Teil, A. II. 3.

145 Zutreffend *Wojcik*, in: Binder/Gortsos/Lackhoff/Ohler, Art. 7 SRMR, Rn. 33; vgl. zum differierenden Anwendungsbereich von BRRD und SRM-VO supra Zweiter Teil, A. I. 1.; vgl. auch zusammenfassend die BT-Drs. 18/5009, S. 62.

146 *Benzing*, in: Binder/Glos/Riepe, Handbuch Bankenaufsichtsrecht, § 14, Rn. 40; *Manger-Nestler*, in: Jahn/Schmitt/Geier, Bankensanierung und -abwicklung, B. II., Rn. 27.

sentlicher Unterschied zwischen SSM und SRM ist jedoch, dass dem SRB – anders als der EZB – nur sehr eingeschränkt unmittelbare Eingriffsbefugnisse gegenüber den Adressaten zukommen. Das SRB ist viel stärker als die EZB auf die Umsetzung seiner Entscheidungen durch eine NRA angewiesen.

2. Das Single Resolution Board

Die institutionelle Ausgestaltung des SRB ist in den Art. 42 bis 66 SRM-VO geregelt. Das SRB wird durch Art. 42 SRM-VO als rechtsfähige Unionsagentur mit eigener Rechtspersönlichkeit geschaffen.[147] Das SRB besteht aus einem Vorsitzenden und vier weiteren Vollzeitmitgliedern sowie je einem Vertreter aus jedem teilnehmenden Mitgliedstaat, Art. 43 Abs. 1 SRM-VO. Der Vorsitzende wird im Falle der Abwesenheit oder begründeten Verhinderung von einem Stellvertreter vertreten, der nur in diesen Fällen stimmberechtigt ist, Art. 56 Abs. 3 SRM-VO. Die fünf bzw. (einschließlich des Stellvertreters) sechs Vollzeitmitglieder des SRB handeln unabhängig, Art. 47 SRM-VO.[148] Neben den stimmberechtigten Vollzeitmitgliedern und den Vertretern der teilnehmenden Mitgliedstaaten nehmen an den Sitzungen des SRB zudem gemäß Art. 43 Abs. 3 SRM-VO je ein Vertreter der Kommission und der EZB als „Beobachter“, d.h. ohne Stimmrecht,[149] teil.[150] Die Beobachter der Kommission und der EZB haben zudem gemäß Art. 43 Abs. 3 UAbs. 2 Hs. 2 SRM-VO Zugang zu den Unterlagen des SRB.

a) Plenarsitzung

Das SRB kennt mit der „Plenarsitzung“ und der „Präsidiumssitzung“ zwei verschiedene Konfigurationen. An den Plenarsitzungen sind alle Mitglieder des SRB – Vorsitzender bzw. dessen Stellvertreter, vier Vollzeitmit-

---

147 Dies begrüßend *Manger-Nestler*, in: Jahn/Schmitt/Geier, Bankensanierung und -abwicklung, B. II., Rn. 36f.

148 Ausführlich zu personeller und funktionaler Unabhängigkeit *Manger-Nestler*, in: Jahn/Schmitt/Geier, Bankensanierung und -abwicklung, B. II., 42, 49ff.; näher *Amtenbrink*, in: Binder/Gortsos/Lackhoff/Ohler, Art. 47 SRMR, Rn. 4ff.

149 *Benzing*, in: Binder/Glos/Riepe, Handbuch Bankenaufsichtsrecht, § 14, Rn. 13.

150 Der Beobachter muss jedoch nicht teilnehmen, *Manger-Nestler*, in: Jahn/Schmitt/Geier, Bankensanierung und -abwicklung, B. II., Rn. 39.

glieder sowie Vertreter jedes teilnehmenden Mitgliedstaats – beteiligt.[151] Art. 50 SRM-VO listet eine Reihe von vorrangig organisatorischen und strategischen Entscheidungen auf, die in den Plenarsitzungen getroffen werden.[152] Dazu gehört etwa die Verwaltung der Mittel des SRF (Art. 50 Abs. 1 lit. f) i.V.m. Art. 75 SRM-VO) oder die interne Organisation der Behörde (vgl. Art. 50 Abs. 1 lit. p) SRM-VO). Grundsätzlich gilt das Erfordernis einer einfachen Mehrheit der stimmberechtigten Mitglieder, wobei der Vorsitzende bei Stimmengleichheit einen Stichentscheid trifft, Art. 52 Abs. 1 SRM-VO[153]

In der akuten Krisenbewältigung spielt die Plenarsitzungskonfiguration dann eine Rolle, wenn der beabsichtigte Einsatz des SRF fünf Milliarden Euro überschreitet.[154] Gemäß Art. 50 Abs. 1 lit. c) SRM-VO fällt eine Abwicklungsmaßnahme, für die der Fonds mit mehr als fünf Milliarden Euro zur Finanzierung in Anspruch genommen wird, in den Zuständigkeitsbereich der Plenarsitzung des SRB. Dienen die eingesetzten Mittel des SRF zur Liquiditätsunterstützung der abzuwickelnden Bank, so werden die eingesetzten Mittel nur mit dem Faktor 0,5 gewichtet. Sind die Voraussetzungen des Art. 50 Abs. 1 lit. c) SRM-VO für die Zuständigkeit der Plenarsitzung des SRB erfüllt, so gilt für die Beschlussfassung die Sondervorschrift des Art. 50 Abs. 2 UAbs. 2 SRM-VO. Diese sieht eine *non-objection procedure*[155] mit einer besonders kurzen Einspruchsfrist vor. Ein von der Präsidiumssitzung ausgearbeitetes Abwicklungskonzept, das die Inanspruchnahme des SRF in Höhe von mehr als fünf Milliarden Euro vorsieht, gilt als angenommen, wenn nicht innerhalb von drei Stunden nach dessen Übermittlung ein Mitglied der Plenarsitzung eine gesonderte Beschlussfassung in der Plenarsitzung verlangt. Ist dies der Fall, so finden die Regelungen über die Beschlussfassung nach Art. 52 Abs. 2 SRM-VO Anwendung. Diese sehen für die Annahme eines Beschlusses eine einfache

---

151 Hinzu kommen Beobachter und ggf. Sachverständige, vgl. *Heinz*, in: Binder/Gortsos/Lackhoff/Ohler, Art. 49 SRMR, Rn. 12ff.

152 *Benzing*, in: Binder/Glos/Riepe, Handbuch Bankenaufsichtsrecht, § 14, Rn. 17.

153 *Manger-Nestler*, in: Jahn/Schmitt/Geier, Bankensanierung und -abwicklung, B. II., Rn. 63.

154 Vgl. zum Folgenden auch *Heinz*, in: Binder/Gortsos/Lackhoff/Ohler, Art. 50 SRMR, Rn. 14ff.

155 „Residualkompetenz" laut *Benzing*, in: Binder/Glos/Riepe, Handbuch Bankenaufsichtsrecht, § 14, Rn. 18.

Mehrheit der Mitglieder der Plenarsitzung vor, die jedoch mindestens 30 Prozent der Beiträge zum SRF repräsentieren muss.[156]

b) Präsidiumssitzung

Die „krisennähere" und für konkrete Abwicklungsmaßnahmen bedeutendere[157] Konfiguration ist die sogenannten „Präsidiumssitzung". Die Präsidiumssitzung besteht aus dem Vorsitzenden bzw. seinem Stellvertreter sowie den vier Vollzeitmitgliedern.[158] Diese besteht aus fünf Beamten, die gemäß Art. 56 Abs. 4 SRM-VO nach fachlichen Kriterien ausgewählt werden. Sie werden auf Vorschlag der Kommission vom Europäischen Parlament gewählt und vom Rat mit qualifizierter Mehrheit ernannt, Art. 56 Abs. 6 SRM-VO.[159] Ihre Amtszeit beträgt fünf Jahre und kann nicht verlängert werden, Art. 56 Abs. 5 UAbs. 1 SRM-VO. Die Vollzeitmitglieder des SRB müssen unabhängig im Interesse der Union handeln (Art. 47 Abs. 2 SRM-VO) und dürfen keine anderen Ämter bekleiden (Art. 56 Abs. 5 UAbs. 2 SRM-VO).

Sofern die Beschlussfassung nicht abweichend geregelt ist, fasst das SRB seine Beschlüsse grundsätzlich in der Konfiguration der Präsidiumssitzung, Art. 54 Abs. 1 lit. b) SRM-VO. Für Beratungen und Beschlussfassungen der Präsidiumssitzung des SRB, insbesondere die zentrale Aufgabe der Annahme des Abwicklungskonzepts nach Art. 18 Abs. 6 Satz 1 i.V.m. Art. 23 SRM-VO,[160] sieht die SRM-VO vor, dass neben den fünf stimmberechtigten Vollzeitmitglieder des SRB als Vertretern des Unionsinteresses auch die Behördenvertreter der Mitgliedstaaten, in denen die von einer Abwicklung betroffene Bank niedergelassen ist, teilnehmen, Art. 53 Abs. 2

---

156 Dazu *Manger-Nestler*, in: Jahn/Schmitt/Geier, Bankensanierung und -abwicklung, B. II., Rn. 65; *Heinz*, in: Binder/Gortsos/Lackhoff/Ohler, Art. 52 SRMR, Rn. 11f..

157 *Benzing*, in: Binder/Glos/Riepe, Handbuch Bankenaufsichtsrecht, § 14, Rn. 22; *Manger-Nestler*, in: Jahn/Schmitt/Geier, Bankensanierung und -abwicklung, B. II., Rn. 61.

158 Das SRB nennt diese Zusammensetzung auch „SRB in die Restricted Executive Session", Art. 2 lit. m) SRM-RB.

159 *Benzing*, in: Binder/Glos/Riepe, Handbuch Bankenaufsichtsrecht, § 14, Rn. 12; *Heinz*, in: Binder/Gortsos/Lackhoff/Ohler, Art. 56 SRMR, Rn. 16ff.

160 *Heinz*, in: Binder/Gortsos/Lackhoff/Ohler, Art. 54 SRMR, Rn. 16.

bis 4 SRM-VO.[161] Diese sollen sich zunächst einvernehmlich auf eine Vorgehensweise einigen, Art. 55 Abs. 1 und 2 SRM-VO. Ist eine einvernehmliche Lösung nicht möglich, so entscheiden die fünf hauptamtlichen Mitglieder des SRB mit einfacher Mehrheit, Art. 55 SRM-VO. Der Vertreter des betroffenen Mitgliedstaats kann also von den Vollzeitmitgliedern des SRB nicht nur überstimmt werden, er hat sogar bei einer streitigen Beschlussfassung überhaupt kein Stimmrecht.[162]

3. Materielles Abwicklungsrecht im SRM

Kommt es zur Abwicklung einer innerhalb des SRM ansässigen Bank, so finden die oben skizzierten Abwicklungsinstrumente „Unternehmensveräußerung", „Brückeninstitut", „Ausgliederung von Vermögenswerten" sowie „Bail-in", wie sie in den Art. 24 bis 27 SRM-VO geregelt sind, Anwendung. Die Herabschreibung und Umwandlung von relevanten Kapitalinstrumenten und berücksichtigungsfähigen Verbindlichkeiten nach Art. 21 SRM-VO ist – wie beschrieben – kein Abwicklungsinstrument im engeren Sinne, jedoch eng mit dem Bail-in verbunden.

Jedoch enthält die SRM-VO grundsätzlich keine Befugnisnormen, mittels derer die Abwicklungsinstrumente gegenüber den Adressaten der Abwicklung – also Bank, Aktionäre, Gläubiger, etc. – durchgesetzt werden können. Diese Befugnisse stehen den NRAs nach dem Umsetzungsrecht zur BRRD zu.[163]

4. Verlusttragung innerhalb des SRM

Bei einer Abwicklung weist die abzuwickelnde Bank typischerweise Verluste auf, etwa aufgrund von ausfallenden Kreditengagements. Im Abwicklungsverfahren wird die Bank dann so umstrukturiert, dass zumindest die für die Finanzstabilität bedeutenden Teilbereiche fortgeführt werden. Zu diesem Zweck muss der Bank bzw. dem fortzuführenden Teil der

161 In der Diktion des SRB „SRB dieits Extended Executive Session", Art. 2 lit. n) SRM-RB. Zu weiteren je nach Situation möglichen Teilnehmern *Benzing*, in: Binder/Glos/Riepe, Handbuch Bankenaufsichtsrecht, § 14, Rn. 21.

162 *Benzing*, in: Binder/Glos/Riepe, Handbuch Bankenaufsichtsrecht, § 14, Rn. 23; dies begrüßend *Heinz*, in: Binder/Gortsos/Lackhoff/Ohler, Art. 55 SRMR, Rn. 4.

163 Dazu supra Zweiter Teil, A. I. 4.

Bank neues Kapital zugeführt werden. Für diese Rekapitalisierung stehen grundsätzlich drei verschiedene Möglichkeiten – der Bail-in, der Abwicklungsfonds SRF sowie mitgliedstaatliche Beihilfen – zur Verfügung. Die Funktionsweise des Bail-in ist bereits erläutert worden, er wird hier nur der Übersicht halber aufgeführt (a)). Die Beschreibung des SRF als Abwicklungsfonds (b)) und der Möglichkeiten, Voraussetzungen und Grenzen mitgliedstaatlicher Rekapitalisierungsbeihilfen (c)) vervollständigen die Handlungsoptionen der unionalen und mitgliedstaatlichen Behörden.

a) Bail-in

Die „endogene" Möglichkeit der Rekapitalisierung stellt das Bail-in-Instrument dar. Wird die Bank ohne die Anwendung weiterer Abwicklungsinstrumente dem Bail-in-Instrument unterworfen, so verlieren die Inhaber von Eigenmittelinstrumenten – entsprechend hohe Verluste vorausgesetzt – ihre Beteiligungen und Ansprüche zu 100 %. Die Gläubiger derjenigen berücksichtigungsfähigen Verbindlichkeiten, die in Eigenkapital umgewandelt werden, werden die neuen Eigentümer. Die Verluste tragen also vorrangig Inhaber von Eigenmittelinstrumenten und teilweise auch Gläubiger berücksichtigungsfähiger Verbindlichkeiten.

b) SRF

Neben dieser Verlusttragung durch Private sieht das Abwicklungsrecht auch Formen der Sozialisierung der Verluste vor. In den Mitgliedstaaten, die nicht am SRM teilnehmen, sieht die BRRD hierfür die nationalen Abwicklungsfinanzierungsmechanismen vor. Innerhalb des SRM tritt an deren Stelle der SRF, mit dem die Kosten der Abwicklung einer Bank auf den Bankensektor insgesamt umgelegt werden sollen.

aa. Ausgestaltung des SRF

Rechtstechnisch ist der SRF als Teil des eigenen Haushalts des SRB ausgestaltet. Dieser besteht aus einem Verwaltungshaushalt für die laufenden Kosten des SRB (Art. 59 SRM-VO) und aus dem SRF (Art. 60 SRM-VO). Der SRF wird durch Art. 67 SRM-VO als Fonds im Eigentum des SRB geschaffen. Dieses verwaltet den SRF und ist bei der Mittelverwendung auf die in der SRM-VO festgelegten Zwecke beschränkt, Art. 67 Abs. 2 Satz 1 SRM-VO.[164]

bb. Finanzierung

Art. 69 SRM-VO regelt die Zielausstattung des Fonds. Grundsätzlich sollen dem Fonds nach Abschluss einer achtjährigen Aufbauphase Mittel in Höhe von 1 % der gedeckten Einlagen aller Banken im SRM zur Verfügung stehen.[165] Der Fonds speist sich vor allem aus Beiträgen der Banken. Diese werden grundsätzlich im Voraus erhoben, Art. 70 SRM-VO.[166] Reichen diese ex ante-Beiträge nicht aus, so können auch situativ nachträglich Beiträge erhoben werden, Art. 71 SRM-VO.[167] Darüber hinaus sind Darlehen bei nationalen Abwicklungsfinanzierungsmechanismen außerhalb des SRM nach Art. 72 SRM-VO möglich. Schließlich können nach Art. 73 SRM-VO auch Darlehen auf den Finanzmärkten oder bei „Dritten" aufgenommen werden. Diese Dritten werden nicht näher spezifiziert. Denkbar sind insbesondere auch Darlehen einzelner Mitgliedstaaten.[168] Ab 2022 wollten die Länder der Eurozone zudem einen sogenannten „Backstop" des SRF durch den ESM einführen.[169]

Die Primärrechtsgrundlage der SRM-VO ist Art. 114 AEUV. Bei Verabschiedung der SRM-VO bestand Unsicherheit darüber, ob auf dieser Grundlage eine europäische Agentur wie das SRB selbst Beiträge erheben

164 *Benzing*, in: Binder/Glos/Riepe, Handbuch Bankenaufsichtsrecht, § 14, Rn. 33, 37.

165 Näher *Wolfers/Voland*, in: Binder/Glos/Riepe, Handbuch Bankenaufsichtsrecht, § 21, Rn. 21ff.

166 Die komplexen Details der Berechnung der einzelnen Beiträge sind in einer Reihe von delegierten Verordnungen und Durchführungsverordnungen, die teilweise ursprünglich zur BRRD erlassen wurden, geregelt. Dabei wird zwischen kleinen und großen Banken unterschieden; zu den Details siehe *Wolfers/Voland*, in: Binder/Glos/Riepe, Handbuch Bankenaufsichtsrecht, § 21, Rn. 36ff. sowie *Gortsos*, in: Binder/Gortsos/Lackhoff/Ohler, Art. 70 SRMR, Rn. 5ff.

167 Näher *Wolfers/Voland*, in: Binder/Glos/Riepe, Handbuch Bankenaufsichtsrecht, § 21, Rn. 78ff.

168 *Deutsche Bundesbank*, Monatsbericht Juni 2014, S. 55; zur Parallelvorschrift in Art. 105 BRRD *Singh/Douglas/Guynn*, in: Olivares-Caminal/Douglas/Guynn/Kornberg/Paterson/Singh, Debt Restructuring, 597, Rn. 9.82; ähnlich („implicit state guarantee") *Schillig*, Resolution and Insolvency of Banks and Financial Institutions, Rn. 12.77.

169 Näher *Gurlit*, WM 2020, 57, 59. Dies wurde wiederholt verschoben.

dürfte.[170] Daher wurde die Erhebung der Beiträge selbst auf mitgliedstaatlicher Ebene belassen.[171] Sie werden aufgrund eines völkerrechtlichen Vertrags, des sogenannten „IGA",[172] auf den SRF übertragen. In der Aufbauphase bis 2023 erfolgt die Vergemeinschaftung der Fondsbeiträge schrittweise in einem System „nationaler Kammern".[173]

cc. Voraussetzungen für den Einsatz des SRF

Der SRF soll zur Anwendung kommen, wenn die „endogene" Rekapitalisierung durch den Bail-in der privaten Gläubiger nicht ausreicht oder nicht möglich ist. Die Voraussetzungen für den Einsatz des SRF sind eng ausgestaltet.[174]

Gemäß Art. 76 Abs. 1 SRM-VO kann das SRB den SRF nur insoweit heranziehen, als dies für die wirksame Anwendung der Abwicklungsinstrumente erforderlich ist. Die wichtigste Einschränkung sieht der in Art. 76 Abs. 3 SRM-VO nur angedeutete Verweis auf Art. 27 Abs. 7 SRM-VO vor. Gemäß Art. 76 Abs. 3 Satz 1 SRM-VO darf der SRF grundsätzlich nicht unmittelbar herangezogen werden, um die Verluste der abzuwickelnden Bank auszugleichen oder diese zu rekapitalisieren. Eine direkte Zuwendung ist aber in den Fällen der Ausnahme bestimmter Verbindlichkeiten aus dem Bail-in nach Art. 27 Abs. 5 SRM-VO unter den in Art. 27 Abs. 7 SRM-VO genannten Umständen möglich.[175] Eine „indirekte" Verlusttra-

---

170 Näher zu den diskutierten Ausgestaltungen und kritisch gegenüber Art. 114 AEUV als ausreichende Rechtsgrundlage für die Erhebung von Beiträgen durch das SRB *Calliess/Schoenfleisch*, JZ 70 (2015), 113, 119f.; kritisch etwa *Herdegen*, WM 2016, 1905, 1907.

171 Dies hat das BVerfG ausdrücklich gebilligt, BVerfG NJW 2019, 3204, Rn. 293ff.

172 Übereinkommen über die Übertragung von Beiträgen auf den einheitlichen Abwicklungsfonds und über die gemeinsame Nutzung dieser Beiträge („Intergovernmental Agreement" – „IGA"), von Deutschland ratifiziert durch Gesetz vom 17.12.2014, BGBl. II 2014, 1298.

173 Zur Konzeption *Benzing*, in: Binder/Glos/Riepe, Handbuch Bankenaufsichtsrecht, § 14, Rn. 32.

174 A.A. („quite broad terms") *Psaroudakis*, in: Binder/Gortsos/Lackhoff/Ohler, Art. 76 SRMR, Rn. 2.

175 Art. 27 Abs. 6 SRM-VO sowie ErwGr 78 der SRM-VO. Art. 76 Abs. 3 Satz 1 SRM-VO und Art. 27 Abs. 6 SRM-VO stehen hier in direktem Widerspruch zueinander. Art. 27 Abs. 6 SRM-VO geht als *lex specialis* vor. Art. 76 Abs. 3 Satz 1 SRM-VO verbietet demnach nur direkte Rekapitalisierungen außerhalb eines Bail-in mit Ermessensausnahmen; ähnlich *Schillig*, Resolution and Insol-

gung durch den SRF ist zudem gemäß Art. 76 Abs. 3 Satz 2 SRM-VO unter denselben Voraussetzungen möglich.[176]

Die in Art. 27 Abs. 7 SRM-VO genannten Voraussetzungen für den Einsatz des SRF, die wegen Art. 76 Abs. 3 SRM-VO für jede Form von Verlustausgleich der abzuwickelnden Bank durch den SRF gelten, sehen vor, dass zunächst die internen Verlusttragungsmöglichkeiten – der Bail-in – in Höhe von mindestes 8 % der Gesamtverbindlichkeiten ausgeschöpft worden sind.[177] Zudem darf der SRF-Beitrag 5 % der Gesamtverbindlichkeiten nicht überschreiten. Insbesondere die 8 %-Grenze ist Gegenstand anhaltender rechtspolitischer Kritik.[178]

dd. Einsatzmöglichkeiten des SRF

Art. 76 Abs. 1 SRM-VO sieht eine Reihe von Maßnahmen vor, die gemäß Art. 76 Abs. 1 lit. g) SRM-VO beliebig kombiniert werden können. Diese Einsatzmöglichkeiten des SRF können liquiditätsunterstützend oder (re-)kapitalisierend wirken.[179] Zudem kann zu Unrecht in Anspruch genommenen Investoren nachträglich eine Entschädigung aus Mitteln des SRF ausgezahlt werden. Letzteres ist keine Einsatzmöglichkeit „in der Krise“ und soll daher hier außer Betracht bleiben.

Die Liquiditätssicherung in der Abwicklung ist eng verwandt mit den Funktionen der Zentralbank und soll an dieser Stelle nur kurz skizziert werden.[180] Liquiditätsunterstützung kann das SRB leisten, indem es ge-

---

vency of Banks and Financial Institutions, Rn. 12.34, und *Hadjiemmanuil*, in: Binder/Gortsos/Lackhoff/Ohler, Art. 27 SRMR, Rn. 154.

176 Beispielsweise wenn ein Brückeninstitut oder die auf eine „Bad Bank“ übertragenen Kreditportfolios nur mit Verlusten privatisiert bzw. abverkauft werden können, *Psaroudakis*, in: Binder/Gortsos/Lackhoff/Ohler, Art. 76 SRMR, Rn. 4ff.; s. auch zur Parallelvorschrift in der BRRD *Schillig*, Resolution and Insolvency of Banks and Financial Institutions, Rn. 12.30.

177 Zutreffend *Psaroudakis*, in: Binder/Gortsos/Lackhoff/Ohler, Art. 76 SRMR, Rn. 14ff. Zur Frage, ob der Bail-in nicht, sofern möglich, noch mehr als 8 % Prozent betragen muss, um den Zugriff auf den SRF zuzulassen, vgl. *Kowolik*, Das Bail-in-Instrument, S. 154ff.

178 Für größere Ermessensspielräume der Abwicklungsbehörden plädiert *Brescia Morra*, ECFR 2019, 349; in diese Richtung auch *Psaroudakis*, in: Binder/Gortsos/Lackhoff/Ohler, Art. 76 SRMR, Rn. 19.

179 Instruktiv zum Unterschied *Demertzis/Gonçalves Raposo/Hüttl/Wolff*, How to provide liquidity to banks after resolution in 'urope's banking union, S. 6f.

180 Siehe auch infra Zweiter Teil, D. I.

mäß Art. 76 Abs. 1 lit. a) SRM-VO mit Mitteln des SRF Vermögenswerte oder Verbindlichkeiten der Bank, eines Brückeninstituts oder einer *bad bank* besichert und so diesen Begünstigten den Zugang zum Kapitalmarkt erleichtert oder indem es diesen Begünstigten unmittelbar Darlehen gewährt, Art. 76 Abs. 1 lit. b) SRM-VO.[181] Auch der Erwerb von Vermögenswerten – etwa notleidende Kredite – gemäß Art. 76 Abs. 1 lit. c) SRM-VO kann liquiditätsstärkend wirken. In begrenztem Umfang können auch die Kapitalbeiträge[182] an ein Brückeninstitut oder eine Vermögensverwaltungsgesellschaft nach Art. 76 Abs. 1 lit. d) SRM-VO bzw. an die abzuwickelnde Bank nach Art. 76 Abs. 1 lit. f) SRM-VO liquiditätsstärkend sein. Die Möglichkeiten des SRF, unmittelbar nach der Abwicklung ausreichend Liquidität zur Verfügung zu stellen, um den in dieser Situation auch bei einer erfolgreichen Abwicklung zu erwartenden Einlagenabflüssen zu begegnen, werden allgemein kritisch betrachtet.[183]

Die eben genannten Maßnahmen können auch zu einer Rekapitalisierung der Bank führen. Im Fall der Garantie ist dies etwa der Fall, wenn die Bank nicht bloß unter Hinweis auf die Garantie auf den Finanzmärkten Liquidität aufnimmt, sondern die Garantie tatsächlich in Anspruch nimmt und der Garantiegeber etwa Kreditausfälle kompensiert. Wirtschaftlich ähnlich wirkt der Erwerb von Vermögenswerten, wenn dies zu einem höheren Kaufpreis als dem Marktpreis geschieht. Die wichtigste Möglichkeit der Rekapitalisierung der Bank dürfte aber die direkte Kapitalisierung eines Brückeninstituts bzw. einer *bad bank* nach Art. 76 Abs. 1 lit. d) SRM-VO bzw. „Beitragsleistungen“ nach Art. 76 Abs. 1 lit. f) SRM-VO sein. Art. 76 SRM-VO sieht also diverse Einsatzmöglichkeiten des SRF zur Rekapitalisierung der Bank bei Anwendung des Bail-ins, zur Kapitalisierung eines Brückeninstituts oder einer Vermögensverwaltungsgesellschaft

---

181 Staatliche Garantien nationaler Regierungen waren das am meisten genutzten Instrument während der Finanzkrise und der anschließenden Staatsschuldenkrise 2008–2013, *Demertzis/Gonçalves Raposo/Hüttl/Wolff*, How to provide liquidity to banks after resolution in 'urope's banking union, S. 9f.

182 Die deutschen Formulierungen „Bereitstellung von Kapital“ bzw. „Beitragsleistungen“ meinen das gleiche, nämlich die Zuführung von Kapital. Entsprechend sprechen die englische und die französische Sprachfassung einheitlich von „to make contributions“ bzw. „to make a contribution“ und „fournir des contributions“ bzw. „fournir une contribution“.

183 S. nur *Schillig*, in: Haentjens/Wessels, Research Handbook on Crisis Management in the Banking Sector, 81, 12.35; *Demertzis/Gonçalves Raposo/Hüttl/Wolff*, How to provide liquidity to banks after resolution in 'urope's banking union, S. 7.

oder auch – gemäß Art. 76 Abs. 2 SRM-VO bei einer Unternehmensveräußerung – zur Kapitalunterstützung eines Erwerbers vor.[184]

c) Mitgliedstaatliche Beihilfen

Schließlich schließt das Abwicklungsrecht auch mitgliedstaatliche Beihilfen, also einen klassischen „Bail-out“, nicht grundsätzlich aus, sondern nimmt explizit darauf Bezug. Das Abwicklungsrecht verwendet für die Verzahnung mit dem Beihilfenrecht den Begriff der „außerordentlichen finanziellen Unterstützung aus öffentlichen Mitteln“.[185] Dieser umfasst als Oberbegriff sowohl mitgliedstaatliche Beihilfen als auch „supranationale“ Beihilfen, insbesondere Beiträge aus dem SRF. Diese sind als „Unionsbeihilfen“ nicht als Beihilfen im Sinne des Art. 107 AEUV zu qualifizieren.[186]

Diese Verzahnung zeigt sich zunächst daran, dass die Gewährung einer „außerordentlichen finanziellen Unterstützung aus öffentlichen Mitteln“ nach Art. 32 Abs. 4 lit. d) BRRD bzw. Art. 18 Abs. 4 lit. d) SRM-VO in der Regel zur Einleitung des Abwicklungsverfahrens führt (aa.). Daneben sieht die BRRD in der extremen Situation einer systemischen Krise sogenannte „staatlichen Stabilisierungsinstrumente“ vor (bb.).

Darüber hinaus bleiben die Möglichkeiten und Grenzen mitgliedstaatlicher Beihilfen als Teil einer Abwicklung allerdings erstaunlich vage. Die explizit im Abwicklungsrecht geregelten „staatlichen Stabilisierungsinstrumente“ sind nur unter in der BRRD geregelten besonderen Voraussetzungen zulässig. Die Regelungen des Abwicklungsrechts zu diesem spezifischen Bail-out legen die Frage nahe, ob daneben sonstige, „einfache“ Beihilfen durch das Abwicklungsrecht ausgeschlossen sind (cc.).

Die Frage ist im Ergebnis zu verneinen. Die Verlusttragung durch die öffentliche Hand in der Krise einer Bank unterliegt jedoch besonderen Beschränkungen durch das allgemeine Beihilfenrecht (dd.). Da sich die Anforderungen des Beihilfenrechts und des Abwicklungsrechts an die Beteiligung von Gläubigern unterscheiden, stellt sich die Frage nach dem Verhältnis der beiden Regelungsregime (ee.).

---

184 S. hierzu *Psaroudakis*, in: Binder/Gortsos/Lackhoff/Ohler, Art. 76 SRMR, Rn. 14f.

185 Art. 2 Abs. 1 Nr. 28 BRRD bzw. Art. 3 Abs. 1 Nr. 29 SRM-VO.

186 *Gray/Cecco*, in: Laprévote/Gray/Cecco, Research Handbook on State Aid in the Banking Sector, 20, 51.

aa. Außerordentliche finanzielle Unterstützung aus öffentlichen Mitteln als Abwicklungsvoraussetzung

Der Intention des Abwicklungsrechts folgend, Steuergelder zu schützen, soll gemäß Art. 32 Abs. 4 lit. d) BRRD bzw. Art. 18 Abs. 4 lit. d) SRM-VO grundsätzlich jede Gewährung einer außerordentlichen finanziellen Unterstützung aus öffentlichen Mitteln dazu führen, dass die Empfängerbank als *failing or likely to fail* gilt. Diese Qualifizierung eröffnet das Abwicklungsverfahren.[187] Das Abwicklungsrecht geht also davon aus, dass staatliche Beihilfen an eine Bank gewährt werden können, diese jedoch im Regelfall zur Einleitung des Abwicklungsverfahrens führen. Das Abwicklungsrecht lässt jedoch auch für vorsorgliche staatliche Stützungen Raum, indem es in Art. 32 Abs. 4 lit. d) sublit. i)-iii) BRRD bzw. Art. 18 Abs. 4 lit. d) sublit. i)-iii) SRM-VO Ausnahmen von dieser Rechtsfolge statuiert.[188]

Kommen die Maßnahmen nach sublit. i) oder ii) zur Anwendung, so muss die Abwicklungsbehörde nach Art. 59 Abs. 3 lit. e) BRRD bzw. Art. 21 Abs. 1 lit. e) SRM-VO zumindest eine „kleine Abwicklung“ einleiten.[189] Um gerade diese Rechtsfolge zu vermeiden, wurde in der Vergangenheit mehrfach die sogenannte „vorsorgliche Rekapitalisierung“ nach sublit. iii) angewandt.[190] Die vorsorgliche Rekapitalisierung spielt sich im Vorfeld der Abwicklung ab und soll die Einschaltung der Abwicklungsbehörde gerade verhindern. Daher ist auf diese Vorschrift hier nur am Rande einzugehen.

bb. Staatliche Stabilisierungsinstrumente

Daneben räumt die BRRD den Mitgliedstaaten ausdrücklich die Möglichkeit ein, „ihre“ Banken in der Ausnahmesituation einer systemischen Krise mit staatlichen Mitteln zu stützen. Die BRRD sieht hierfür in Art. 37 Abs. 10 bzw. Art. 56–58 BRRD „staatliche Stabilisierungsinstrumente“ in Form einer Eigenkapitalunterstützung oder einer vorübergehenden staatlichen Übernahme vor. Diese Stabilisierungsinstrumente dürfen nur in

187 Näher hierzu infra Zweiter Teil, B. I. 2. a) dd.

188 Näher zu den Voraussetzungen *Binder*, ZBB 2017, 57, 70.

189 Siehe dazu supra Zweiter Teil, A. I. 3. d) ee.

190 Zur Anwendung bei der italienischen Bank diete dei Paschi *Binder*, ZBB 2017, 57, 69ff.; krit. *Deutsche Bundesbank*, Finanzstabilitätsbericht 2017, S. 35f.

einer „Systemkrise“ als „letztes Mittel“[191] zur Wahrung der Finanzstabilität zum Einsatz kommen, wenn zuvor die Eigentümer und Gläubiger der Bank durch einen Bail-in in Höhe von mindestens 8 % der Gesamtverbindlichkeiten an den Verlusten beteiligt wurden.[192] Die „staatlichen Stabilisierungsinstrumente“ unterliegen zudem – deklaratorisch in Art. 37 Abs. 10 lit. b) BRRD geregelt – der Beihilfenkontrolle. Die „staatlichen Stabilisierungsinstrumente“ sind nach der Konzeption der BRRD nationalstaatlich geprägte *ultima ratio*.[193] Damit korrespondiert, dass die SRM-VO keinen unmittelbaren Bezug auf staatliche Stabilisierungsinstrumente nimmt.[194] Der SRM hält für die Zwecke der Abwicklungsfinanzierung (lediglich) den SRF bereit. Gleichwohl können die Mitgliedstaaten auch innerhalb des SRM staatliche Stabilisierungsinstrumente einsetzen. Dabei ist gem. Art. 56 Abs. 1 Satz 2 BRRD das jeweilige (Finanz-)Ministerium des Mitgliedstaates „in enger Zusammenarbeit mit der Abwicklungsbehörde“ federführend. Das SRB kann also aufgrund seiner Eigenschaft als Abwicklungsbehörde an dem Einsatz eines staatlichen Stabilisierungsinstruments innerhalb des SRM beteiligt sein.[195] In Deutschland wurde die Möglichkeit, „staatliche Stabilisierungsinstrumente“ einzuführen, bisher nicht genutzt.[196]

cc. Ausschluss „einfacher“ Beihilfen durch das Abwicklungsrecht?

Der Nutzen einer Regelung eines staatlichen Bail-outs in Systemkrisen als *ultima ratio* ist höchst zweifelhaft. Einerseits ist schon fraglich, inwiefern die Art. 37 Abs. 10 und Art. 56 bis 58 BRRD überhaupt besonders strenge Voraussetzungen für den Einsatz von staatlichen Stabilisierungsinstrumenten aufstellen. Die Tatbestandsvoraussetzungen sind geprägt von schwer

---

191 So die Formulierung in ErwGr 8 der BRRD und in Art. 56 Abs. 3 BRRD.

192 Zu den Voraussetzungen im Einzelnen *Binder*, ZBB 2017, 57, 68f.

193 Die Bundesbank kritisiert die Regelung als „einen von der BRRD legitimierten Bail-out mit öffentlichen Mitteln“, *Deutsche Bundesbank*, Monatsbericht Juni 2014, S. 38; ähnlich *Gortsos*, A poisonous (?) mix: Bail-out of credit institutions combined with bail-in of their liabilities under the BRRD, S. 5.

194 *Binder*, ZBB 2017, 57, 68; krit. *Gardella*, in: Busch/Ferrarini, European Banking Union, 373, Rn. 11.19 – 11.21.

195 *Gortsos*, A poisonous (?) mix: Bail-out of credit institutions combined with bail-in of their liabilities under the BRRD, 5, 9; vgl. darüber hinaus die Beteiligung der Abwicklungsbehörde nach Art. 56 Abs. 4 BRRD.

196 Vgl. dazu *Binder*, in: Binder/Glos/Riepe, Handbuch Bankenaufsichtsrecht, § 18, Rn. 21.

fassbaren, unbestimmten Rechtsbegriffen („In der sehr außergewöhnlichen Situation einer Systemkrise"; „unter Wahrung der Finanzstabilität"; „letztes Mittel [...], nachdem die übrigen Abwicklungsinstrumente so umfassend wie möglich erwogen und eingesetzt wurden").[197]

Vor allem aber ist festzuhalten, dass Art. 56 ff. BRRD zwar eine Regelung für einen Bail-out in einer Systemkrise schaffen, jedoch keine Aussage darüber treffen, ob außerhalb von Systemkrisen damit Bail-outs (sekundärrechtlich) ausgeschlossen sind.[198] Eine explizite Vorschrift, wonach Beihilfen in der Abwicklung außerhalb der skizzierten Fälle allgemein verboten sind, findet sich nicht. Auch Art. 19 SRM-VO enthält keine derartige Aussage. Einige Autoren legen dies jedoch nahe, indem sie die Möglichkeiten staatlicher Beihilfen ausschließlich und scheinbar abschließend im Zusammenhang mit staatlichen Stabilisierungsinstrumenten und mit vorsorglicher Rekapitalisierung diskutieren.[199] So formuliert *Gardella* sehr deutlich: „[...] resorting to public financing is envisaged as a secondary and residual option that can be exercised only after the use of private resources." Sie spricht von einer „prohibition of the use of public financing" und von „recourse to State aid as an exceptional measure".[200]

Systematisch spricht für ein sekundärrechtliches Beihilfenverbot immerhin, dass die BRRD vorschreibt, dass Beihilfen in Form von „staatlichen Stabilisierungsinstrumenten" auch im Extremfall einer systemischen Krise nur nach einem Mindest-Bail-in in Höhe von 8 % der Gesamtverbindlichkeiten möglich und dabei auch – sollten die Eigenmittel der Bank nicht ausreichen – vorrangige Gläubiger einschließlich Einlagegläubiger heran-

---

197 Kritisch *Schillig*, Resolution and Insolvency of Banks and Financial Institutions, Rn. 12.57.

198 In diese Richtung wohl *Schillig*, Resolution and Insolvency of Banks and Financial Institutions, Rn. 12.57; uneindeutig in dieser Hinsicht *Binder*, in: Binder/Glos/Riepe, Handbuch Bankenaufsichtsrecht, § 18, Rn. 21.

199 Insofern nicht eindeutig *Binder*, ZBB 2017, 57, 68ff.; in diese Richtung auch *Gortsos*, A poisonous (?) mix: Bail-out of credit institutions combined with bail-in of their liabilities under the BRRD, S. 6f., der die staatlichen Stabilisierungsinstrumente von der vorsorglichen Rekapitalisierung und dem „Direct Recapitalisation Instrument" des ESM abgrenzt, welches ebenfalls einen 8 %-Bail-in voraussetzt. Zutreffend dagegen *Grünewald/Gortsos*, in: Binder/Gortsos/Lackhoff/Ohler, Art. 19 SRMR, Rn. 1.

200 *Gardella*, in: European Central Bank, ECB Legal Conference 2015, 205, 208f.; unklar bleibt, ob der Hinweis auf S. 212, dass Art. 19 Abs. 1 SRM-VO Beihilfen in den Blick nimmt, hieran etwas ändern soll, oder ob es sich nach Ansicht von *Gardella* nur um einen „leeren" Verweis auf in der SRM-VO fehlende Regelungen zu staatlichen Stabilisierungsinstrumenten handelt.

zuziehen sind. Diese Vorgabe würde ins Leere laufen, wenn außerhalb einer systemischen Krise diese 8 %-Regel nicht gelten würde.

ErwGr 30 der SRM-VO scheint allerdings davon auszugehen, dass staatliche Beihilfen in der Abwicklung möglich sind, ohne dies auf staatliche Stabilisierungsinstrumente zu beschränken. ErwGr 55 der BRRD spricht bildhaft von einer „Kapitalspritze des öffentlichen Sektors“, die die Anwendung der Abwicklungsinstrumente als Voraussetzung haben soll. Der Modus der Abwicklungsinstrumente und insbesondere der Mindest-Bail-in von 8 % wird dabei nicht erwähnt. ErwGr 47 der BRRD erwähnt – als Beispiele für staatliche Beihilfen – Interventionen des Abwicklungsfonds oder des Einlagensicherungsfonds und enthält keine Aussage über die weitere Zulässigkeit mitgliedstaatlicher Beihilfen.

Auch die Regelung zur Behandlung von „außerordentlichen finanziellen Unterstützungen aus öffentlichen Mitteln“ im Rahmen des Bail-in lassen nicht darauf schließen, dass mitgliedstaatliche Beihilfen per se durch das Abwicklungsrecht ausgeschlossen sind. Um den Kapitalbedarf der abzuwickelnden Bank und damit den Betrag, in dessen Höhe Eigentümer und Gläubiger im Rahmen des Bail-in heranzuziehen sind, zu ermitteln, werden die Vermögenswerte und Verbindlichkeiten der Bank nach Art. 20 SRM-VO durch einen unabhängigen Wirtschaftsprüfer bewertet.[201] Bei dieser Bewertung darf nach Art. 20 Abs. 6 Satz 2 SRM-VO ein *künftiger* Verlustausgleich durch mitgliedstaatliche Beihilfen nicht zugrundegelegt werden. Die Vorschrift schließt damit aber mitgliedstaatliche Beihilfen *als Teil der Abwicklung* nicht aus.

Zudem spricht gegen ein allgemeines sekundärrechtliches Beihilfenverbot in der Abwicklung, dass diese in Konflikt mit den primärrechtlichen materiellen Beihilferegelungen des Art. 107 AEUV geriete. Danach sind mitgliedstaatliche Beihilfen grundsätzlich verboten, es sei denn, diese sind nach Art. 107 Abs. 2 AEUV mit den Binnenmarkt vereinbar oder werden von der Kommission nach Art. 107 Abs. 3 AEUV als vereinbar angesehen. Ein sekundärrechtliches allgemeines Beihilfenverbot des Abwicklungsrechts außerhalb der dort vorgesehenen staatlichen Stabilisierungsinstrumente würde das Beihilfenregime des Art. 107 AEUV zu Lasten der Mitgliedstaaten verschärfen.

---

201 Ausführlich zu dieser Bewertung infra Vierter Teil, B. II. 3. a) aa.

Zurecht hat sich daher der Unionsgesetzgeber darauf beschränkt, in Programmsätzen mitgliedstaatliche Beihilfen zu verteufeln.[202] Die iterative Bekräftigung, nunmehr seien private Gläubiger anstelle des Staates heranzuziehen, und die gleichzeitige offensichtliche normative Leerstelle der Sekundärrechtsakte muten zwar durchaus schizophren an. Es besteht jedoch auch innerhalb der Eurozone kein klarer Konsens über die Schädlichkeit und auch die Vermeidbarkeit staatlicher Beihilfen in der Bankenabwicklung.

dd. Beihilfenrecht und die Bankenmitteilung 2013

Sofern mitgliedstaatliche Beihilfen in der Abwicklung gewährt werden, unterliegen diese jedoch dem primärrechtlichen grundsätzlichen Beihilfenverbot des Art. 107 Abs. 1 AEUV mit den Vereinbarkeitsmöglichkeiten des Art. 107 Abs. 2 und 3 AEUV. Insbesondere zu Beginn der Finanzkrise der Jahre 2007 und 2008, aber auch im weiteren Verlauf, stützten die Mitgliedstaaten der Europäischen Union Banken auf vielfältige Weise. Die Europäische Kommission reagierte auf die Krise mit einer Reihe von Mitteilungen, in denen sie die beihilfenrechtliche Zulässigkeit von staatlichen Stützungsmaßnahmen konkretisierte.[203] Nachdem die Kommission anfänglich Beihilfen als Rettungs- und Umstrukturierungsbeihilfen nach Art. 107 Abs. 3 lit. c) AEUV genehmigte,[204] rückten ab dem Sommer 2008 zunehmend auch Hilfen für an sich gesunde Banken in den Vordergrund, für die der Vereinbarkeitsgrund des Art. 107 Abs. 3 lit. b) AEUV aktiviert wurde.[205] Ausgehend von der sogenannten „Bankenmitteilung 2008“[206],

---

202 Ähnlich („This ‚burden-sharing cascade‘ is conceptualized as mandatory.“) wie hier wohl auch *Schillig*, in: Haentjens/Wessels, Research Handbook on Crisis Management in the Banking Sector, 81, 12.78.

203 Ausführliche Zusammenfassung der Kommissionsmitteilungen von Oktober 2008 bis Januar 2012 bei *Quigley*, in: Ringe/P. M. Huber, Legal Challenges in the Global Financial Crisis, 131.

204 Näher *Bunte/Poelzig*, in: Bunte/Ellenberger, Bankrechts-Handbuch, § 128, Rn. 29ff.

205 *Bunte/Poelzig*, in: Bunte/Ellenberger, Bankrechts-Handbuch, § 128, Rn. 33; *Quigley*, in: Ringe/P. M. Huber, Legal Challenges in the Global Financial Crisis, 131, 132f.

206 Mitteilung der Kommission – Die Anwendung der Vorschriften für staatliche Beihilfen auf Maßnahmen zur Stützung von Finanzinstituten im Kontext der derzeitigen globalen Finanzkrise, Abl. EU Nr. C 270 vom 25. Oktober 2008, S. 8.

in der die staatliche Stützung insbesondere gesunder Banken grundsätzlich ermöglicht wurde, erließ die Kommission spezielle Vorgaben für die Rekapitalisierung von Banken („Rekapitalisierungsmitteilung"),[207] die Entlastung von Banken von „toxischen" Vermögenswerten („Impaired-Assets-Mitteilung")[208] und die erforderlichen Umstrukturierungen der Hilfenempfänger („Umstrukturierungsmitteilung").[209] Diese Krisenmitteilungen wurden zweimal mit einigen Änderungen verlängert.[210]

Die Bankenmitteilung 2008 wurde zum 1.8.2013 durch die aktuell gültige „Bankenmitteilung 2013"[211] ersetzt. Zwar wurde bereits vorher betont, dass die privaten Eigentümer und Gläubiger nachrangiger Verbindlichkeiten an den Kosten der Umstrukturierung beteiligt werden sollten.[212] In der Bankenmitteilung 2013 wurden die bis dahin geringen Anforderungen an die Heranziehung von Eigentümern und insbesondere Gläubigern zur Verlusttragung („burden-sharing") jedoch deutlich verschärft. Vor der Gewährung einer Umstrukturierungsbeihilfe in Form einer Rekapitalisierung oder Entlastung der Bank von wertgeminderten Vermögenswerten muss der beihilfegewährende Mitgliedstaat sicherstellen, dass Anteilseigner und nachrangige Gläubiger einen „Eigenbeitrag" leisten.[213] Dieser „Eigenbeitrag" wird durch die Verlustabsorption durch Eigentümer und durch Hybridkapitaleigner und Inhaber nachrangiger Schuldtitel geleistet.

---

207 Mitteilung der Kommission – Die Rekapitalisierung von Finanzinstituten in der derzeitigen Finanzkrise: Beschränkung der Hilfen auf das erforderliche Minimum und Vorkehrungen gegen unverhältnismäßige Wettbewerbsverzerrungen, Abl. EU Nr. C 10 vom 15. Januar 2009, S. 2.

208 Mitteilung der Kommission über die Behandlung wertgeminderter Aktiva im Bankensektor der Gemeinschaft, Abl. EU Nr. C 72 vom 26. März 2009, S. 1.

209 Mitteilung der Kommission über die Wiederherstellung der Rentabilität und die Bewertung von Umstrukturierungsmaßnahmen im Finanzsektor im Rahmen der derzeitigen Krise gemäß den Beihilfevorschriften, Abl. EU Nr. C 195 vom 19. August 2009, S. 9.

210 Mitteilung der Kommission über die Anwendung der Vorschriften für staatliche Beihilfen auf Maßnahmen zur Stützung von Finanzinstituten im Kontext der Finanzkrise ab dem 1. Januar 2011, Abl. EU Nr. C 329 vom 7. Dezember 2010, S. 7; Mitteilung der Kommission über die Anwendung der Vorschriften für staatliche Beihilfen auf Maßnahmen zur Stützung von Banken im Kontext der Finanzkrise ab dem 1. Januar 2012, Abl. EU Nr. C 356 vom 6. Dezember 2011, S. 7.

211 Mitteilung der Kommission über die Anwendung der Vorschriften für staatliche Beihilfen ab dem 1. August 2013 auf Maßnahmen zur Stützung von Banken im Kontext der Finanzkrise, Abl. EU Nr. C 216 vom 30. Juli 2013. S. 1.

212 Impaired-Assets-Mitteilung, Rn. 21ff.; Umstrukturierungsmitteilung, Rn. 22ff.

213 Bankenmitteilung 2013, Rn. 19.

Die Heranziehung von Hybridkapitaleignern und Inhabern nachrangiger Schuldtitel erfolgt jedoch nur „in der Regel".[214] Sonstige Gläubiger – vor allem Einlagengläubiger und Anleihegläubiger – müssen nicht herangezogen werden, bevor eine Beihilfe ausgereicht wird.[215] Dies steht in einem Gegensatz zu der oben beschriebenen starren 8 %-Grenze des Abwicklungsrechts als Voraussetzung für die Inanspruchnahme des SRF[216] oder „staatlicher Stabilisierungsinstrumente".[217]

Die Haftung von Hybridkapitaleignern und Nachranggläubigern nach der Bankenmitteilung 2013 soll weitgehend der Herabschreibung und Umwandlung von AT1- und T2-Instrumenten entsprechen.[218] Die Kommission hat jedoch gleich in mehrfacher Hinsicht Spielraum, diese Erfordernisse im Einzelfall aufzuweichen: Erstens sind die Festlegungen der Bankenmitteilung 2013 per se nicht verbindlich. Der EuGH hat in der Rechtssache *Kotnik* entschieden, dass die Kommission zugunsten einer großzügigeren Beihilfengenehmigung von der Bankenmitteilung 2013 abweichen darf.[219] Zweitens sind die Begriffe des Hybridkapitals und des Nachrangkapitals in der Bankenmitteilung nicht eindeutig definiert und insbesondere nicht identisch mit den in den Art. 51 ff. und Art. 62 ff. CRR definierten Eigenmittelinstrumenten. Drittens sieht die Bankenmitteilung 2013 selbst vor, dass von diesen Grundsätzen abgewichen werden kann, wenn ihre Anwendung zu unverhältnismäßigen Ergebnissen oder zu einer Gefährdung der Finanzstabilität führen würde.[220]

ee. Verhältnis von Bankenmitteilung 2013 und Abwicklungsrecht

Als teilweise ungeklärt muss das Verhältnis von Bankenmitteilung 2013 und den Vorgaben des Abwicklungsrechts gelten. Letzteres sieht zwei

---

214 Bankenmitteilung 2013, Rn. 41.
215 Bankenmitteilung 2013, Rn. 42.
216 Siehe supra Zweiter Teil, A. II. 4. b) cc.
217 Siehe supra Zweiter Teil, A. II. 4. c) bb.
218 So *Friedrich*, Die novellierte Debt Governance für Banken in der Europäischen Union, S. 133; denkbar ist, dass bestimmte Nachranginstrumente nicht als relevante Kapitalinstrumente i.S.d. Art. 3 Abs. 1 Nr. 51 SRM-VO einzustufen sind, vgl. *Iftinchi*, in: Laprévote/Gray/Cecco, Research Handbook on State Aid in the Banking Sector, 54, 78.
219 EuGH, Urt. v. 19. Juli 2016, Rs. C-526/14 – Kotnik, Rn. 43f.
220 Bankenmitteilung 2013, Rn. 45. Vorsichtig optimistisch zur geringen Auswirkung dieser Ausnahme *Friedrich*, Die novellierte Debt Governance für Banken in der Europäischen Union, S. 134f.

Möglichkeiten einer öffentlichen (Re-)Kapitalisierung der abzuwickelnden Bank vor, nämlich den Einsatz des Abwicklungsfonds, innerhalb des SRM der SRF, sowie staatliche Stabilisierungsinstrumente. Beide Instrumente setzen voraus, dass Gläubiger in Höhe von mindestens 8 % der Bilanzsumme an den Verlusten teilgenommen haben. Dies schließt die Haftung von Einlagengläubiger grundsätzlich mit ein. Die Bankenmitteilung 2013 hingegen sieht keine ebenso strikte Gläubigerbeteiligung vor, sondern schließt die Haftung von Einlagengläubigern gerade aus.[221]

Denkbar wäre, bei der beihilfenrechtlichen Prüfung von „einfachen" mitgliedstaatlichen Beihilfen innerhalb der Abwicklung anstelle der Vorgaben der Bankenmitteilung 2013 als Genehmigungsmaßstab auch an die strengeren Bedingungen des Abwicklungsrechts – insbesondere an den Mindest-Bail-in in Höhe von 8 % – anzuknüpfen und die schärferen Anforderungen des Abwicklungsrechts auf diese Weise in das Beihilfenrecht zu integrieren. Die Kommission legt dies in verschiedenen Stellungnahmen nahe.[222] Die Kommission hat bei der beihilfenrechtlichen Genehmigung von Abwicklungsprogrammen für kleinere Banken in Kroatien,[223] Polen[224] und Dänemark[225], in denen der Abwicklungsfonds in Anspruch genommen wird, explizit auf die Einhaltung der 8 %-Grenze gemäß Art. 44 Abs. 5 BRRD – der Entsprechung der BRRD zu Art. 27 Abs. 7 SRM-VO – als *intrinsically linked provision* Bezug genommen. Auch für die 8 %-Grenze bei staatlichen Stabilisierungsinstrumente sieht ErwGr 57 der BRRD dies ausdrücklich vor. Daraus folgt aber nicht zwingend, dass andere mitgliedstaatliche Beihilfen „außerhalb" des Abwicklungsrechts ebenfalls eine Gläubigerbeteiligung von 8 % voraussetzen.

In der bereits erwähnte Rechtssache *Kotnik* hat der EuGH zudem entschieden, dass die Bankenmitteilung 2013 eine „Selbstbeschränkung" der Kommission darstelle, so dass die Kommission mitgliedstaatliche Beihilfen, die die Bedingungen der Bankenmitteilung 2013 erfüllen, „grundsätz-

---

221 Bankenmitteilung 2013, Rn. 42.

222 *Europäische Kommission*, COM(2019) 213 final, Fn. 13; ebenso die EU-Beamtin *Iftinchi*, in: Laprévote/Gray/Cecco, Research Handbook on State Aid in the Banking Sector, 54, 78.

223 Beschluss der Kommission vom 5.10.2016, C(2016) 6417 final; seitdem mehrfach verlängert.

224 Beschluss der Kommission vom 20.12.2016, C(2016) 8780 final; seitdem mehrfach verlängert.

225 Beschluss der Kommission vom 2.8.2017, C(2017) 5458 final; seitdem mehrfach verlängert.

lich genehmigen muss".[226] Legt man diese Formulierung zugrunde, so darf die Kommission für die Genehmigung mitgliedstaatlicher Beihilfen aufgrund des Ausschlusses der Haftung von Einlagengläubigern in der Bankenmitteilung[227] gerade keine starre 8 %-Beteiligung der Eigentümer und Gläubiger fordern, sofern dies die Verlusttragung von vorrangigen Gläubigern wie insbesondere Einlagengläubigern beinhalten würde, zumindest soweit es sich um mitgliedstaatliche Beihilfen außerhalb des BRRD-Instrumentes der staatlichen Stabilisierungsinstrumente handelt.[228]

Allerdings betrifft die Rechtssache *Kotnik* eine staatliche Rekapitalisierung vor der Einführung des Abwicklungsrechts und der dortigen 8 %-Grenze. Daher ließe sich argumentieren, dass die (schwächeren) Vorgaben der Bankenmitteilung 2013 hinsichtlich der Gläubigerbeteiligung durch das danach in Kraft getretene Abwicklungsrecht verschärft wurden. Die Selbstbindung der Kommission durch Mitteilungen und Leitlinien gilt nicht dauerhaft, sondern kann durch eine Änderung der Verwaltungspraxis angepasst werden.

ff. Folgerungen für die weitere Untersuchung

Es lässt sich festhalten, dass der in der Bankenmitteilung 2013 niedergelegte „beihilfenrechtliche Bail-in" zwar den Regelungen zur Verlusttragung der Gläubiger des Abwicklungsrechts insofern entspricht, als Eigentümer, Hybridkapitalgläubiger und nachrangige Gläubiger herangezogen werden müssen. Die beihilfenrechtlichen Regelungen sind jedoch flexibler und zeichnen die Verlustverteilung zwischen privater und öffentlicher Hand nicht abschließend vor. Die Bankenmitteilung 2013 sieht keine Verlusttragung von vorrangigen Gläubigern, insbesondere Einlagengläubigern, vor. Das Abwicklungsrecht dagegen schreibt die Haftung von Eigentümern und Gläubigern, auch Einlagengläubigern, in Höhe von 8 % der Gesamtverbindlichkeiten vor, bevor der Abwicklungsfonds oder „staatliche Stabilisierungsinstrumente" zum Einsatz kommen dürfen.

Für die Zwecke dieser Untersuchung stellt sich angesichts dieser uneindeutigen Rechtslage hinsichtlich der Mindestbeteiligung von Gläubigern

---

226 EuGH, Urt. v. 19. Juli 2016, Rs. C-526/14 – Kotnik, Rn. 43.

227 Bankenmitteilung 2013, Rn. 42.

228 Für ein „Nebeneinander" der Vorgaben des Art. 37 Abs. 10 BRRD und der Bankenmitteilung 2013, ohne die unterschiedlichen Vorgaben der Verlusttragung von vorrangigen Gläubigern herauszuarbeiten *Binder*, ZBB 2017, 57, 69.

vor mitgliedstaatlichen Rekapitalisierungen die Frage, unter welchen Prämissen die Integration der beihilfenrechtlichen Prüfung in das Abwicklungsverfahren untersucht werden soll. Viel spricht dafür, dass mitgliedstaatliche Beihilfen für einzelne Banken als Teil der Abwicklung auch neben der im Abwicklungsrecht vorgesehenen öffentlichen Rekapitalisierung aus dem Abwicklungsfonds oder durch staatliche Stabilisierungsinstrumente zulässig sind. Es ist sodann eine materielle Rechtsfrage, keine Frage der hier im Zentrum stehenden Verfahrensausgestaltung, ob die Genehmigung solcher Beihilfen von der Verlustbeteiligung auch von vorrangigen Gläubigern abhängt.

Auch wenn man die Möglichkeiten der öffentlichen Rekapitalisierung der Bank innerhalb der Abwicklung enger sieht und nur die im Abwicklungsrecht geregelten Instrumente des Abwicklungsfonds und der staatlichen Stabilisierungsinstrumente für (ausschließlich) zulässig hält, stellt sich in gleicher Weise die Frage nach der verfahrensmäßigen Koordination der Beihilfengenehmigung (dieser Instrumente) mit dem eigentlichen Abwicklungsverfahren. Insofern bedarf die Frage, ob und unter welchen Voraussetzungen mitgliedstaatliche Beihilfen neben der Inanspruchnahme des Abwicklungsfonds und dem Einsatz staatlicher Stabilisierungsinstrumente zulässig sind, für die Zwecke dieser Untersuchung keiner abschließenden Bewertung.

B. Das Abwicklungsverfahren nach Art. 18 SRM-VO

Das zentrale Desiderat der SRM-VO ist die Zentralisierung und Konzentrierung der Abwicklung großer Banken in den teilnehmenden Mitgliedstaaten bei der neu geschaffenen europäischen Behörde SRB. Über die Anwendung der skizzierten Abwicklungsinstrumente und die Finanzierung der Abwicklung soll auf europäischer Ebene entschieden werden. Das eigentliche Herzstück der SRM-VO ist daher das Verfahren, das dem SRB die Abwicklung dieser Banken ermöglichen soll.

Das Abwicklungsverfahren ist kein einfaches, formloses Verwaltungsverfahren, sondern erfährt in Art. 18 SRM-VO eine spezielle, mehrstufige Ausgestaltung. Kennzeichnend für dieses Verfahren ist eine komplexe Verteilung von Zuständigkeiten und Entscheidungskompetenzen. Im Ausgangspunkt ist das SRB zuständig, beteiligt sind daneben aber auch die EZB, die Kommission und der Rat sowie im Anschluss die NRA.[229]

Im Folgenden Abschnitt soll das Abwicklungsverfahren ausreichend detailliert beschrieben werden, sodass es im Anschluss einer gründlichen Untersuchung unterzogen werden kann. Bei näherem Hinsehen lassen sich eine Vielzahl von Entscheidungsschritten unterscheiden, die sich wiederum in drei Phasen einteilen lassen. Am Beginn steht als erste Phase die Einleitung einer Abwicklung durch die Feststellung, dass eine Bank ausfällt oder wahrscheinlich ausfällt (sogleich I.). Nach dieser Feststellung entscheiden in einer zweiten Phase die beteiligten Behörden, ob die Bank nach der SRM-VO abgewickelt werden soll, und legen gegebenenfalls die Details der Abwicklung fest (II.). Schließlich wird das Ergebnis dieses Verfahrens – das Abwicklungskonzept – angenommen und umgesetzt (III.).

I. Die Einleitung des Abwicklungsverfahrens

Der Startschuss für das Abwicklungsverfahren ist die Feststellung, dass eine Bank ausfällt oder wahrscheinlich ausfällt. Diese Formulierung findet sich in Art. 18 Abs. 1 UAbs. 1 lit. a) SRM-VO. Der feststehende Ausdruck wird häufig nach seiner englischen Fassung (*failing or likely to fail*) als „FOLTF“ abgekürzt.

1. Die Zuständigkeit für die Einleitung des Abwicklungsverfahrens

Bedeutung kommt zunächst der Frage zu, wer diese Feststellung trifft. Die Formulierung in Art. 18 Abs. 1 SRM-VO ist komplex. Der Bezug der verschiedenen Satzteile und Einschübe ist nicht auf den ersten Blick verständlich. Klar ist nur, dass sowohl die EZB als auch das SRB grundsätzlich die FOLTF-Feststellung treffen können.

Im Ausgangspunkt legt das SRB nach Art. 18 Abs. 1 UAbs. 1 SRM-VO „nur dann ein Abwicklungskonzept […] fest“, wenn es „in seiner Präsidiumssitzung bei Erhalt einer Mitteilung gemäß Unterabsatz 4 oder von sich

229 Die Analyse behördeninterner, auch informeller Entscheidungsprozesse rückt etwa die Neue Verwaltungsrechtswissenschaft zu Recht in den Blickpunkt, vgl. zur „Verengung“ der „Juristischen Methode“ auf Rechtsakte *Voßkuhle*, in: Hoffmann-Riem/Schmidt-Aßmann/Voßkuhle, Grundlagen des Verwaltungsrechts, § 1, Rn. 3f.

aus zu der Einschätzung gelangt", dass eine Bank (neben den weiteren Voraussetzungen der Abwicklung) ausfällt oder wahrscheinlich ausfällt. Damit scheint es auf den ersten Blick Aufgabe des SRB zu sein, den (wahrscheinlichen) Ausfall festzustellen.

Dem widerspricht allerdings Art. 18 Abs. 1 UAbs. 2 Satz 1 SRM-VO. Danach erfolgt die „Bewertung" der Voraussetzung des „failing or likely to fail" durch die EZB nach Anhörung des SRB. Die Vorschrift beschränkt also zunächst den Kreis der für die FOLTF-Bewertung Zuständigen auf die EZB, während dem SRB lediglich ein Anhörungsrecht zukommt.

Art. 18 Abs. 1 UAbs. 2 Satz 2 SRM-VO erweitert den Kreis der Zuständigen jedoch wieder auf das SRB. Will dieses selbst die „Bewertung" vornehmen, so muss es zunächst die EZB darüber unterrichten. Es darf die „Bewertung" nur vornehmen, wenn die EZB drei Tage nach dieser Unterrichtung „die genannte Bewertung nicht vornimmt". Nach Art. 18 Abs. 1 UAbs. 2 Satz 3 SRM-VO muss die EZB dem SRB die dazu angeforderten Informationen zur Verfügung stellen.

Art. 18 Abs. 1 UAbs. 3 SRM-VO schließlich verpflichtet die EZB, umgehend der Kommission und dem SRB mitzuteilen, wenn sie zu der „Einschätzung" gelangt, dass die Voraussetzung „failing or likely to fail" in Bezug auf eine Bank vorliegt.

2. Die Voraussetzungen für die Einleitung des Abwicklungsverfahrens

In einem engen Zusammenhang mit der Zuständigkeitsverteilung steht die Frage, wie viel Spielraum den Behörden bei der Einleitung des Abwicklungsverfahrens zur Verfügung steht, mithin unter welchen Umständen eine Bank als *failing or likely to fail* anzusehen ist.

a) Die gesetzliche Definition in Art. 18 Abs. 4 SRM-VO

Das Tatbestandsmerkmal *„failing or likely to fail"* ist in Art. 18 Abs. 4 SRM-VO gesetzlich definiert. Danach muss hierfür mindestens eine der in Art. 18 Abs. 4 UAbs. 1 lit. a)-d) SRM-VO normierten Voraussetzungen erfüllt sein.

aa. (Drohender) Entzug der Zulassung

Nach Art. 18 Abs. 4 UAbs. 1 lit. a) SRM-VO gilt eine Bank als *failing or likely to fail*, wenn diese gegen die an eine dauerhafte Zulassung geknüpften Anforderungen in einer Weise verstößt, die den Entzug der Zulassung durch die EZB rechtfertigen würde, oder wenn objektive Anhaltspunkte dafür vorliegen, dass dies in naher Zukunft der Fall sein wird, unter anderem weil das Institut Verluste erlitten hat oder voraussichtlich erleiden wird, durch die sein gesamtes Eigenkapital oder ein wesentlicher Teil seines Eigenkapitals[230] aufgebraucht wird.

bb. (Drohende) Überschuldung

Nach Art. 18 Abs. 4 UAbs. 1 lit. b) SRM-VO ist eine Bank als ausfallend oder wahrscheinlich ausfallend anzusehen, wenn die Vermögenswerte die Höhe der Verbindlichkeiten unterschreiten oder objektive Anhaltspunkte vorliegen, dass dies in naher Zukunft der Fall sein wird. Die Vorschrift regelt also den Fall der (drohenden) Überschuldung einer Bank.

cc. (Drohende) Illiquidität

Art. 18 Abs. 4 UAbs. 1 lit. c) SRM-VO statuiert, dass eine Bank als „ausfallend oder wahrscheinlich ausfallend" anzusehen ist, wenn sie nicht in der Lage ist, ihre Schulden oder sonstigen Verbindlichkeiten bei Fälligkeit zu begleichen, oder wenn objektive Anhaltspunkte dafür vorliegen, dass dies in naher Zukunft der Fall sein wird. Die Vorschrift normiert also (drohende) Illiquidität einer Bank als Grund, die Abwicklung einzuleiten.

dd. Außerordentliche finanzielle Unterstützung

Nach Art. 18 Abs. 4 UAbs. 1 lit. d) SRM-VO schließlich gilt eine Bank grundsätzlich als ausfallend bzw. wahrscheinlich ausfallend, wenn sie eine

230 Gemeint sind Eigenmittel gemäß Art. 3 Abs. 1 Nr. 40 SRM-VO i.V.m. Art. 4 Abs. 1 Nr. 118 CRR, wie sich aus der Zusammenschau mit der französischen und der englischen Sprachfassung erschließt.

außerordentliche finanzielle Unterstützung aus öffentlichen Mitteln[231] benötigt.

Die außerordentliche finanzielle Unterstützung aus öffentlichen Mitteln führt jedoch gemäß Art. 18 Abs. 4 UAbs. 1 lit. d) SRM-VO nicht zur Qualifizierung der Bank als „ausfallend oder wahrscheinlich ausfallend", wenn sie zur Abhilfe bei einer schweren Störung der Volkswirtschaft eines Mitgliedstaats und zur Wahrung der Finanzstabilität in einer von drei näher bestimmten Formen gewährt wird. Diese Formen sind gem. Art. 18 Abs. 4 UAbs. 1 lit. d) sublit. i) bis iii) SRM-VO erstens staatliche Garantien für Liquiditätsfazilitäten, die von Zentralbanken zu deren Bedingungen bereitgestellt werden, zweitens eine „[staatliche] Garantie aus neu emittierten Verbindlichkeiten"[232] und schließlich drittens die Zufuhr von Eigenmitteln oder der Kauf von Kapitalinstrumenten zu das Unternehmen nicht begünstigenden Preisen und Bedingungen, wenn weder die übrigen Fallgruppen des Art. 18 Abs. 4 UAbs. 1 lit. a) bis c) SRM-VO noch die Voraussetzungen für eine Herabschreibung und Umwandlung von Kapitalinstrumenten nach Art. 21 SRM-VO vorliegen und die Bedingungen des Art. 18 Abs. 4 UAbs. 3 erfüllt sind, die Bank also an sich „lebensfähig" ist. Letztere Ausnahmevorschrift wird auch „vorbeugende Rekapitalisierung" genannt und wurde in den ersten Jahren der Bankenunion bereits mehrfach angewandt.[233] Sie stellt eine Übergangsvorschrift dar,[234] deren Abschaffung von Anfang an ins Auge gefasst, bisher aber stets verschoben wurde.[235]

Die außerordentliche finanzielle Unterstützung nach Art. 18 Abs. 4 UAbs. 1 lit. d) SRM-VO darf zudem gem. Art. 18 Abs. 4 UAbs. 2 SRM-VO nur solventen Unternehmen zuteilwerden und unterliegt dem EU-Beihilfenrecht. Sie muss verhältnismäßig sein und darf nicht dem Ausgleich von Verlusten der Bank dienen. Anderenfalls gilt die Bank als *failing or likely to fail*.

---

231 Zum Begriff supra Zweiter Teil, A. II. 4. c).

232 Gemeint ist nicht, dass die Garantie aus neu emittierten Verbindlichkeiten folgt. Vielmehr geht es um staatlich garantierte, neu emittierte Verbindlichkeiten der Bank. Dies ergibt sich aus der englischen („State guarantee of newly issued liabilities") und der französischen („une garantie de l'État pour des éléments de passif nouvellement émis") Sprachfassung. Art. 18 Abs. 4 UAbs. 1 lit. d) sublit. ii) SRM-VO muss also lauten: „einer staatlichen Garantie *für* neu emittierte Verbindlichkeiten [der Bank] oder".

233 Vgl. *Binder*, ZBB 2017, 57, 69ff.

234 *Deutsche Bundesbank*, Monatsbericht Juni 2014, Fn. 7.

235 Vgl. Art. 18 Abs. 4 UAbs. 4 SRM-VO i.V.m. Art. 32 Abs. 4 Uabs. 5 BRRD.

b) Konkretisierung durch Level-II-Akte und Level-III-Akte

Die SRM-VO selbst enthält keinen Auftrag für die EBA und die Kommission, technische Regulierungsstandards nach Art. 10 bis 14 EBA-VO[236] oder technische Durchführungsstandards nach Art. 15 EBA-VO zur Konkretisierung der Voraussetzungen für die Einleitung der Abwicklung zu erlassen. Ebenso wenig wird die EBA in der SRM-VO beauftragt, hierzu Leitlinien oder Empfehlungen nach Art. 16 EBA-VO zu entwickeln.

Die materiellen Maßstäbe des Art. 18 Abs. 4 SRM-VO entsprechen jedoch denjenigen des Art. 32 Abs. 4 BRRD. Die EBA hat hierzu gemäß Art. 32 Abs. 6 BRRD Leitlinien herausgegeben, um „die Konvergenz der Aufsichts- und Abwicklungspraktiken bezüglich der Interpretation der Umstände, unter denen ein Institut als ausfallend oder wahrscheinlich ausfallend zu betrachten ist, zu fördern".[237] Diese gelten gemäß Art. 5 Abs. 2 UAbs. 2 SRM-VO und ErwGr 18 der SRM-VO auch für die FOLTF-Entscheidung der EZB oder des SRB nach Art. 18 SRM-VO.[238] Die EZB hat im Rahmen des in Art. 16 Abs. 2 UAbs. 2 EBA-VO vorgesehenen *comply-or-explain*-Mechanismus erklärt, sich an die Leitlinien halten zu wollen.[239] Bei ihren bisherigen FOLTF-Entscheidungen hat die EZB jedoch soweit ersichtlich nicht auf die EBA-Leitlinien Bezug genommen.[240]

Darüber hinaus hat die EBA aufgrund des Art. 32 Abs. 4 UAbs. 4 BRRD Leitlinien zu den „Arten der zuvor genannten Tests, Bewertungen und Prüfungen" herausgeben, die eine „vorbeugende Rekapitalisierung" im Sinne des Art. 32 Abs. 4 UAbs. 1 lit. d) sublit. iii) BRRD rechtfertigen,

---

236 Verordnung (EU) Nr. 1093/2010 des Europäischen Parlaments und des Rates vom 24. November 2010 zur Errichtung einer Europäischen Aufsichtsbehörde (Europäische Bankenaufsichtsbehörde), zur Änderung des Beschlusses Nr. 716/2009/EG und zur Aufhebung des Beschlusses 2009/78/EG der Kommission.

237 *European Banking Authority*, Guidelines on the interpretation of the different circumstances when an institution shall be considered as failing or likely to fail under Article 32(6) of Directive 2014/59/EU, EBA/GL/2015/07.

238 Allgemein *Benzing*, in: Binder/Glos/Riepe, Handbuch Bankenaufsichtsrecht, § 14, Rn. 48.

239 https://www.bankingsupervision.europa.eu/legalframework/regulatory/compliance/html/index.en.html.

240 Die veröffentlichten nicht-vertraulichen Versionen der FOLTF-Entscheidungen der EZB zu den bisherigen Fällen Banco Popular, Banca Popolare di Vicenza, Veneto Banca, ABLV Bank, ABLV Bank Luxembourg und AS PNB Banka enthalten keinen Hinweis auf die Leitlinien.

ohne dass die Bank deshalb als *failing or likely to fail* qualifiziert wird.[241] Auch diese Leitlinien gelten gemäß Art. 5 Abs. 2 UAbs. 2 SRM-VO und ErwGr 18 der SRM-VO für die EZB und das SRB bei der Anwendung der SRM-VO.

3. Fragestellung

Die Vorschriften über die Einleitung des Abwicklungsverfahrens sind in mehrfacher Hinsicht auslegungs- und klärungsbedürftig. Essenziell ist einerseits die Frage, wer über die Einleitung eines Abwicklungsverfahrens entscheidet.[242] Die exakte Zuständigkeitsverteilung ist nach dem Wortlaut des Art. 18 Abs. 1 SRM-VO nicht unmissverständlich geregelt. Dies folgt schon daraus, dass anstelle von Formulierungen, die zweifelsfrei eine rechtlich verbindliche Entscheidung bezeichnen (etwa: „stellt (verbindlich) fest"), die weichen Formulierungen „Einschätzung" und „Bewertung"[243] verwendet werden. Der Wortlaut trifft insbesondere keine eindeutige Aussage darüber, was geschieht, wenn SRB und EZB zu unterschiedlichen Einschätzungen gelangen. Wer entscheidet letztverbindlich? Die Abgrenzung der Zuständigkeiten und das genaue Zusammenwirken von EZB und SRB bei der Einleitung des Abwicklungsverfahrens müssen unter Berücksichtigung der Ziele der Abwicklung und der ökonomischen Zusammenhänge einer Bankenkrise erfolgen.

Nicht weniger bedeutsam ist andererseits der Zeitpunkt, zu dem eine Abwicklung eingeleitet wird.[244] Die in Art. 18 Abs. 4 SRM-VO normierten Voraussetzungen für die Bewertung als „ausfallend oder wahrscheinlich ausfallend" knüpfen teilweise an eindeutig feststellbare Sachverhalte an. So sind sowohl die Überschuldung als auch die Illiquidität tatsächliche Anknüpfungspunkte, die sich an etablierten insolvenzrechtlichen Kriterien orientieren. Auch das Vorliegen einer Beihilfe ist eine subsumierbare Voraussetzung. Indes muss eine Bank gerade nicht die Schwelle der Überschuldung oder der Illiquidität erreichen, um als „ausfallend oder

241 *European Banking Authority*, Guidelines on the types of tests, reviews or exercises that may lead to support measures under Article 32(4)(d)(iii) of the Bank Recovery and Resolution Directive, EBA/GL/2014/09.

242 S. hierzu infra Dritter Teil, B. II. 1.

243 Die englische Sprachfassung verwendet die Begriffe „to assess" und „(to make an) assessment". Die französische Sprachfassung verwendet die Begriffe „estimer" und „(réaliser une) évaluation".

244 S. infra Dritter Teil, B. II. 2.

wahrscheinlich ausfallend“ qualifiziert zu werden. Vielmehr genügt der absehbare Eintritt dieser Voraussetzungen. Die Initiierung einer Abwicklung beruht also regelmäßig auf einer Prognoseentscheidung. Wie groß der Spielraum der handelnden Behörde hierbei sein sollte und inwiefern die Auslegung des Art. 18 Abs. 4 SRM-VO den Erfolg der Abwicklung begünstigen kann, soll im Hinblick auf die Ziele der Abwicklung untersucht werden.

II. Das Entscheidungsfindungsverfahren nach Art. 18 SRM-VO

Sobald eine Bank als *failing or likely to fail* klassifiziert ist, beginnt das Verfahren nach Art. 18 SRM-VO, in dem eine Entscheidung über die Abwicklung getroffen wird. Dabei bestimmt das SRB nicht allein über die Ausgestaltung der Abwicklung, auch wenn der Wortlaut des Art. 18 Abs. 6 Satz 1 SRM-VO zunächst eher auf das Gegenteil hindeutet („[...] legt der Ausschuss ein Abwicklungskonzept fest.“). Das Abwicklungskonzept des SRB stellt letztlich nicht viel mehr als einen Entwurf dar. Das Abwicklungsverfahren kennt eine Vielzahl von Verfahrensausgängen und sieht eine Reihe von Einspruchs- und Gestaltungsmöglichkeiten der verschiedenen Beteiligten vor. Dieses Einspruchs- und Gestaltungsmöglichkeiten lassen sich in „Abbruch des Abwicklungsverfahrens“, „Ermessensausübung im Abwicklungskonzept“ und „Finanzierung der Abwicklung“ unterteilen.

1. Abbruch des Abwicklungsverfahrens

Auch wenn durch die FOLTF-Feststellung die Abwicklung eingeleitet wurde, steht zu diesem Zeitpunkt noch nicht fest, ob das Abwicklungsrecht als Sonderinsolvenzrecht zum Einsatz kommt. Das „ob“ der Abwicklung hängt vielmehr von den beiden weiteren Voraussetzungen des Art. 18 Abs. 1 UAbs. 1 lit. b) und c) SRM-VO ab. Erst im Abwicklungsverfahren wird mit der Entscheidung über diese Voraussetzungen (endgültig) über das „ob“ der Abwicklung entschieden. Wird einer dieser beiden weiteren Voraussetzungen verneint, so kommt es zu keiner Abwicklung. Es stehen somit mehrere Möglichkeiten offen, das Abwicklungsverfahren abzubrechen und so die Anwendung des materiellen Abwicklungsrechts, insbesondere der Abwicklungsinstrumente, zu verhindern.

a) Alternative Maßnahmen

In Betracht kommen zunächst alternative Maßnahmen des privaten Sektors oder der Aufsichtsbehörden. Nach Art. 18 Abs. 1 UAbs. 1 lit. b) legt das SRB nur dann ein Abwicklungskonzept fest, wenn – neben den anderen Voraussetzungen – bei Berücksichtigung zeitlicher Zwänge und anderer relevanter Umstände nach vernünftigem Ermessen keine Aussicht besteht, dass der Ausfall der Bank innerhalb eines angemessenen Zeitrahmens durch alternative Maßnahmen des privaten Sektors oder der Aufsichtsbehörden abgewendet werden kann. In Betracht kommen nach der Vorschrift insbesondere Maßnahmen durch ein institutsbezogenes Sicherungssystem (Art. 3 Abs. 1 Nr. 28 SRM-VO), Frühinterventionsmaßnahmen oder die Herabschreibung oder Umwandlung von relevanten Kapitalinstrumenten[245] gemäß Art. 21 SRM-VO.

Die Entscheidung, ob alternative Maßnahmen zur Verfügung stehen, trifft gemäß Art. 18 Abs. 1 UAbs. 4 das SRB[246] in enger Zusammenarbeit mit der EZB. Die praktische Relevanz des Tatbestandsmerkmals dürfte gering sein. Stünden alternative Maßnahmen zur Verfügung, so lägen regelmäßig die Voraussetzungen nach Art. 18 Abs. 4 SRM-VO für die Qualifizierung der Bank als *failing or likely to fail* nicht vor. In Betracht kommt wohl allenfalls die „kleine Abwicklung" nach Art. 21 SRM-VO als alternative Maßnahme.

b) Das *public interest assessment*

Das Abwicklungsrecht kommt darüber hinaus nicht zur Anwendung, wenn das öffentliche Interesse an der Abwicklung verneint wird. Die Prüfung des Tatbestandsmerkmals des „öffentlichen Interesses" wird häufig nach dem englischen Ausdruck (*„public interest assessment"*) als „PIA" abgekürzt. Den sachlichen Maßstab für die Entscheidung gibt Art. 18 Abs. 5 SRM-VO vor. Danach liegt eine Abwicklungsmaßnahme im öffentlichen Interesse, wenn sie für das Erreichen eines oder mehrerer der Abwick-

---

245 Relevante Kapitalinstrumente sind gem. Art. 3 Abs. 1 Nr. 51 SRM-VO Instrumente des zusätzlichen Kernkapitals sowie des Ergänzungskapitals, also sog. AT1-Kapital oder T2-Kapital.

246 Die Zuständigkeit der NRA kommt zum Tragen, wenn diese nach Art. 7 Abs. 3 die SRM-Verordnung bei der Abwicklung eines weniger bedeutenden Instituts anwendet.

lungsziele[247] notwendig und mit Blick auf diese Ziele verhältnismäßig ist und wenn dies bei einer Liquidation des Unternehmens im Wege eines regulären Insolvenzverfahrens nicht im selben Umfang der Fall wäre.

aa. *Public interest assessment* durch das SRB

Zunächst obliegt die Feststellung, ob eine Abwicklungsmaßnahme im öffentlichen Interesse erforderlich ist, gemäß Art. 18 Abs. 1 UAbs. 1 lit. c) SRM-VO dem SRB. Das SRB hat seine Verwaltungspraxis hierzu im Juli 2019 in einem Papier dargelegt.[248]

Nach Ansicht des SRB ist eine einzelfallbasierte Vergleichsbetrachtung anzustellen.[249] Das SRB geht davon aus, dass die Anwendung des regulären Insolvenzverfahrens den Regelfall darstellt. Die Bejahung des öffentlichen Interesses ist demzufolge begründungsbedürftig.[250]

bb. *Public interest assessment* durch die Kommission und den Rat

Kommt das SRB zu dem Ergebnis, dass die Abwicklung einer Bank im öffentlichen Interesse erforderlich ist, so kann diese noch durch ein „Veto" der Kommission und des Rates gestoppt werden. Gemäß Art. 18 Abs. 7 UAbs. 3 lit. a) SRM-VO kann die Kommission dem Rat vorschlagen, den Einwand zu erheben, dass die Abwicklung nicht im öffentlichen Interesse liege. Die Kommission kann dem Rat diesen Vorschlag nur innerhalb von 12 Stunden nach Übermittlung des Abwicklungskonzepts durch das SRB unterbreiten. Der Rat entscheidet gemäß Art. 18 Abs. 7 UAbs. 4 SRM-VO mit einfacher Mehrheit und muss seine Entscheidung gemäß Art. 18 Abs. 7 UAbs. 6 SRM-VO begründen.

Weder der Rat noch die Kommission können also ausweislich des Wortlauts des Art. 18 Abs. 7 UAbs. 3 lit. a) SRM-VO alleine den Einwand des mangelnden öffentlichen Interesses an einer Abwicklung erheben. Nur im Zusammenwirken können sie die Anwendung des Abwicklungsrechts verhindern.

---

247 Zu den Abwicklungszielen infra Dritter Teil, A. II.

248 *Single Resolution Board,* Public Interest Assessment: SRB Approach.

249 *Single Resolution Board,* Public Interest Assessment: SRB Approach, Rn. 8.

250 *Single Resolution Board,* Public Interest Assessment: SRB Approach, 11, 16.

Umgekehrt können sie das SRB nicht überstimmen, wenn dieses zu der Einschätzung kommt, dass die Abwicklung nicht im öffentlichen Interesse erforderlich ist und dementsprechend kein Abwicklungskonzept festlegt. Kommission und Rat können also die Anwendung des Abwicklungsrechts nicht erzwingen, aber gemeinsam verhindern.

cc. Folgen eines negativen *public interest assessment*

Verneint das SRB oder die Kommission und der Rat das öffentliche Interesse an der Abwicklung, so dürfte die Fortführung der Geschäfte der Bank spätestens durch die Klassifizierung als *failing or likely to fail* faktisch verwehrt sein. Auch wenn Art. 18 Abs. 5 SRM-VO als Vergleichsmaßstab bei der Bewertung des öffentlichen Interesses eine Liquidation der Bank im Rahmen eines regulären Insolvenzverfahrens vorsieht, schreibt die SRM-VO diese Rechtsfolge nicht ausdrücklich vor. Allerdings ordnet der nachträglich eingefügte Art. 32b BRRD nunmehr an, dass die Mitgliedstaaten eine Regelung für den Fall eines negativen *public interest assessment* durch die Abwicklungsbehörde[251] dahingehend treffen müssen, dass die Bank nach nationalem Insolvenzrecht „geordnet liquidiert" wird. Dieselbe Rechtsfolge ordnet für den Fall eines negativen *public interest assessment* durch Kommission und Rat im Wege ihres Vetorechts Art. 18 Abs. 8 SRM-VO an. Die „Liquidation" ist definiert als „Veräußerung von Vermögenswerten" einer Bank (Art. 3 Abs. 1 Nr. 42 SRM-VO).

2. Ermessensausübung im Abwicklungskonzept

Sofern das SRB und die Kommission gemeinsam mit dem Rat die eben skizzierten Möglichkeiten zur Verhinderung eines Abwicklungsverfahrens nach Art. 18 SRM-VO nicht nutzen, wird das Abwicklungsverfahren nach Art. 18 SRM-VO fortgesetzt. Die Anwendung des Abwicklungsrechts steht fest.

Die inhaltliche Ausgestaltung der Abwicklung richtet sich zunächst nach dem Abwicklungskonzept. Das SRB bestimmt indes nicht abschließend über die Ausgestaltung der Abwicklung. Es handelt sich bei dem festgelegten Abwicklungskonzept vielmehr zunächst um einen Vorschlag.

---

251 Gemäß Art. 5 Abs. 1 SRM-VO tritt das SRB für die Banken in seiner Zuständigkeit an die Stelle der NRA.

a) Der Inhalt des Abwicklungskonzepts

Das Abwicklungskonzept enthält erstens die Festsetzung, dass die Bank abgewickelt wird, Art. 18 Abs. 6 lit. a) SRM-VO. Diese Festsetzung erfüllt für sich schon die Definition einer „Abwicklungsmaßnahme" nach Art. 3 Abs. 1 Nr. 10 SRM-VO und verändert den Status der Bank hin zu einem in Abwicklung befindlichen Institut gemäß Art. 3 Abs. 1 Nr. 14 SRM-VO.

Zweitens wird in dem Abwicklungskonzept über die Anwendung der Abwicklungsinstrumente entschieden, Art. 18 Abs. 6 Satz 1 lit. b) SRM-VO. Dies meint etwa die Festlegung, welche Vermögensgegenstände und Verbindlichkeiten auf ein Brückeninstitut oder einen Erwerber übertragen werden oder welche Verbindlichkeiten in welcher Höhe im Wege des Bail-in herabgeschrieben oder umgewandelt werden.[252] Führt die Abwicklungsmaßnahme zu Verlusten für die Gläubiger oder zu einer Umwandlung ihrer Forderungen, – etwa durch einen Bail-in –, so müssen gemäß Art. 22 Abs. 1 SRM-VO zunächst die Inhaber relevanter Kapitalinstrumente an den Verlusten durch Herabschreibung oder Umwandlung dieser Instrumente nach Art. 21 SRM-VO beteiligt werden.

Die Auswahl der Abwicklungsinstrumente (einschließlich der Befugnisse nach Art. 21 SRM-VO) und deren Ausgestaltung sind Entscheidungen mit weitem Ermessenspielraum. Hier entscheidet sich das „wie" der Abwicklung. Generell-abstrakte Vorgaben für die Anwendung der Abwicklungsinstrumente im Einzelfall sind wegen der Vielzahl der denkbaren Fallgestaltungen kaum möglich. Steht etwa, wie im Fall der spanischen *Banco Popular*, ein Käufer bereit, so ist das Instrument der Unternehmensveräußerung (Art. 24 SRM-VO) naheliegend. Mangels weiterer Anwendungsbeispiele ist bisher noch keine etablierte Verwaltungspraxis erkennbar.

Drittens wird im Abwicklungskonzept auch eine eventuelle Inanspruchnahme des SRF festgelegt, Art. 18 Abs. 6 Satz 1 lit. c) SRM-VO.

b) Abänderungen durch die Kommission

Das SRB übermittelt der Kommission das Abwicklungskonzept unmittelbar nach dessen Festlegung, Art. 18 Abs. 7 UAbs. 1 SRM-VO. Die Kommission hat daraufhin im Hinblick auf bestimmte Aspekte des Abwicklungs-

252 *Schillig*, Resolution and Insolvency of Banks and Financial Institutions, Rn. 9.18.

konzepts ein Abänderungsrecht. Andere Aspekte kann die Kommission gemeinsam mit dem Rat abändern.

Das in Art. 18 Abs. 7 UAbs. 2 SRM-VO geregelte Abänderungsrecht der Kommission bezieht sich auf „Aspekte des Abwicklungskonzepts, bei denen ein Ermessensspielraum besteht", also insbesondere die Auswahl und die Ausgestaltung der Abwicklungsinstrumente. Zur besseren Koordination haben das SRB und die Kommission ein rechtlich nicht bindendes *memorandum of understanding* abgeschlossen.[253] In diesem sind in Bezug auf das Abwicklungskonzept vor allem frühzeitige Informationspflichten des SRB geregelt.[254] Idealiter kann die Kommission also bereits vor Festlegung auf das Abwicklungskonzepts einwirken, ohne auf das Abänderungsrecht zurückgreifen zu müssen.

Technisch übt die Kommission ihr Abänderungsrecht aus, indem sie gemäß Art. 18 Abs. 7 UAbs. 2 SRM-VO innerhalb von 24 Stunden ab Übermittlung des (Entwurfs des) Abwicklungskonzepts „Einwände erhebt". Die Formulierung ist eine ungenaue Übersetzung des englischen Begriffs „to object" bzw. der französischen Formulierung „émettre des objections". Gemeint ist ein rechtsverbindlicher „Einspruch", der gemäß Art. 18 Abs. 7 UAbs. 6 SRM-VO begründet werden muss. Gemäß Art. 18 Abs. 7 UAbs. 7 Alt. 2 SRM-VO muss das SRB das Abwicklungskonzept innerhalb von acht Stunden nach Maßgabe dieser von der Kommission angegebenen Gründe ändern.

3. Finanzierung der Abwicklung durch öffentliche Mittel

Nach dem Leitbild der SRM-VO erfolgt die eigentliche Rekapitalisierung der abzuwickelnden Bank vorrangig durch die Verlustbeteiligung von Eigentümern und Gläubigern. Zusätzlich kommen ein Finanzierungsbeitrag durch den SRF sowie durch mitgliedstaatliche Beihilfen in Betracht. Beide Möglichkeiten unterliegen der Beihilfenkontrolle der Kommission. Die Inanspruchnahme öffentlicher Mittel führt zu einer deutlichen Erhöhung der Komplexität des Abwicklungsverfahrens.

---

253 Memorandum of understanding between the European Commission and the Single Resolution Board in respect of certain elements of cooperation and information exchange pursuant to the single resolution mechanism regulation vom 1. August 2019, abrufbar unter https://srb.europa.eu/sites/srbsite/files/mou_between_the_ec_and_the_srb.pdf. Im Folgenden wird das Dokument „MoU-COM-SRB" abgekürzt.

254 Paragraph 8.3 des MoU-COM-SRB.

a) Finanzierung durch den SRF

Sollte die Heranziehung von Eigentümern und Gläubigern nicht ausreichen, sieht die SRM-VO eine zusätzliche Finanzierung aus Mitteln des aus Beiträgen der Banken gespeisten SRF vor, Art. 76 SRM-VO. Ob der SRF in Anspruch genommen wird sowie den Umfang der Inanspruchnahme legt gemäß Art. 18 Abs. 6 lit. c) SRM-VO zunächst das SRB fest. Dieser Vorschlag unterliegt jedoch einer mehrfachen Kontrolle durch Organe der Europäischen Union.

aa. Änderung des eingesetzten Betrags

Die Kommission und der Rat haben eine gemeinsame Einspruchsmöglichkeit bezüglich der Höhe der Inanspruchnahme des SRF. Gemäß Art. 18 Abs. 7 UAbs. 3 lit. b) SRM-VO kann die Kommission dem Rat eine erhebliche Änderung des Betrags des SRF, der im Abwicklungskonzept des SRB vorgesehen ist, vorschlagen. Der Wortlaut des Art. 18 Abs. 7 UAbs. 3 lit. b) SRM-VO umfasst sowohl eine Erhöhung als auch eine Verringerung des eingesetzten Betrages. Eine Änderung des eingesetzten Betrages ist nach ErwGr 26 der SRM-VO ab 5 Prozent Abweichung „erheblich“.

Der Rat kann sodann den Vorschlag der Kommission für eine Abänderung annehmen oder ablehnen. Die deutsche Sprachfassung verwendet die an dieser Stelle unglückliche Formulierung „zu billigen oder Einwände zu erheben“. Gemeint ist, dass der Rat nur mit „Ja“ oder „Nein“ auf einen Vorschlag der Kommission reagieren kann. Er kann keinen Gegenvorschlag unterbreiten, auch wenn die Formulierung „Einwände erheben“ dies nahelegt. Das ergibt sich aus einem Vergleich mit der englischen[255] und der französischen[256] Sprachfassung sowie aus ErwGr 26 der SRM-VO.

Ähnlich wie bei Änderungen des Abwicklungskonzepts durch die Kommission nach Art. 18 Abs. 7 UAbs. 2 SRM-VO üben die Kommission und der Rat ihr Abänderungsrecht hinsichtlich des eingesetzten Betrags des SRF aus, indem sie ihrer Abänderungsentscheidung eine Begründung bei-

255 „[T]he Commission may propose to the Council [...] to approve or object to a material modification of the amount of the Fund provided for in the resolution scheme of the Board.”

256 “[L]a Commission peut proposer au Conseil [...] d'approuver ou de refuser une modification importante du montant du Fonds prévue dans le dispositif de résolution adopté par le CRU.”

fügen (Art. 18 Abs. 7 UAbs. 6 SRM-VO) auf deren Grundlage das SRB sodann innerhalb von acht Stunden sein Abwicklungskonzept ändert, Art. 18 Abs. 7 UAbs. 7 Alt. 1 SRM-VO.

Hinsichtlich des eingesetzten Betrags des SRF kann die Kommission also den Vorschlag des SRB nicht eigenständig abändern. Sie kann ihn nur billigen oder in Übereinstimmung mit dem Rat ändern. Insofern ist das Abänderungsrecht der Kommission schwächer ausgestaltet als bei den übrigen Teilen der Ermessensentscheidung der Abwicklung.

bb. Abänderungsrecht bei diskretionärem Ausschluss aus dem Bail-in

Eine weitere Einflussnahmemöglichkeit steht der Kommission zu, wenn Mittel des SRF zum Ausgleich eines diskretionären Ausschlusses bestimmter Verbindlichkeiten vom Bail-in herangezogen werden sollen. Wie beschrieben[257] sieht Art. 27 Abs. 5 SRM-VO die Möglichkeit vor, dass das SRB eine Ermessensentscheidung über die Ausnahme bestimmter Verbindlichkeiten vom Bail-in trifft. Die Verluste, die die Gläubiger der auf diese Weise vom Bail-in ausgenommenen Forderungen zu tragen gehabt hätten, können nach Art. 27 Abs. 5 UAbs. 2 SRM-VO auf die übrigen Gläubiger verteilt werden. Alternativ kommt gemäß Art. 27 Abs. 6–11 SRM-VO ein Einsatz des SRF oder alternativer Finanzierungsquellen in Betracht. Die Entscheidung über die diskretionäre Herausnahme einzelner Verbindlichkeiten richtet sich nach Art. 27 Abs. 12 SRM-VO und der DelVO (EU) 2016/860.

Schlägt das SRB hierbei den Einsatz des SRF oder alternativer Finanzierungsquellen in seinem Abwicklungskonzept vor, so kann die Kommission dies gemäß Art. 18 Abs. 7 UAbs. 8 SRM-VO ändern oder verbieten.[258] Der Bezug der einzelnen Satzteile in der deutschen Fassung des Art. 18 Abs. 7 UAbs. 8 SRM-VO ist missverständlich. Auf den ersten Blick scheint es darum zu gehen, einen Beitrag aus dem SRF zu verwenden, „um die Integrität des Binnenmarktes zu schützen". Der Einsatz des SRF in dieser Situation erfolgt indes aus den in Art. 27 Abs. 5 UAbs. 1 lit. a) bis d) SRM-VO aufgeführten Gründen, dient aber nicht (vorrangig) der Integrität des Binnenmarktes. Der Einsatz des SRF führt gerade zu einer einseitigen Bevorzugung bestimmter Gläubiger, die im jeweiligen Einzelfall be-

257 Siehe supra Zweiter Teil, A. I. 3. d) dd. (2).

258 Der dortige Verweis in der deutschen Sprachfassung auf Art. 24 Abs. 5 SRM-VO anstelle von Art. 27 Abs. 5 SRM-VO ist ein Redaktionsversehen.

gründet sein muss. Gemeint ist daher vielmehr, dass nicht der Einsatz des SRF, sondern dessen Kontrolle durch die Kommission dazu dienen soll, die Integrität des Binnenmarktes zu schützen.[259] Das Tatbestandsmerkmal „um die Integrität des Binnenmarktes zu schützen" beschreibt die Zielrichtung der Kontrolle der Kommission – die möglichst weitgehende Wahrung des *level playing field*.

Die „Mechanik" der Einspruchsmöglichkeit wird nicht weiter spezifiziert. Die Kommission muss lediglich gemäß Art. 18 Abs. 7 UAbs. 8 Hs. 2 SRM-VO eine Begründung vorlegen, warum nach ihrer Ansicht Art. 27 SRM-VO bzw. die Vorgaben der DelVO (EU) 2016/860 verletzt sind. Es spricht viel dafür, den Mechanismus des Art. 18 Abs. 7 UAbs. 7 SRM-VO analog anzuwenden, der dem SRB auf den begründeten Einwand der Kommission hin acht Stunden Zeit zur Änderung des Abwicklungskonzepts gibt.[260]

cc. Beihilfenrechtliche Prüfung

Neben diesen Einspruchsrechten prüft die Kommission auch die beihilfenrechtliche Zulässigkeit der vorgeschlagenen Verwendung des SRF. Das dazu vorgesehene Verfahren ist in Art. 19 Abs. 1, 3 und 10 SRM-VO geregelt. Zahlungen aus dem SRF unterliegen als Unionsbeihilfen grundsätzlich nicht dem allgemeinen Beihilfenverbot des Art. 107 AEUV.[261] Die Anwendbarkeit des Beihilfenrechts ergibt sich daher nicht aus Art. 107 AEUV, sondern nur aus dem sekundärrechtlichen Anwendungsbefehl aus Art. 19 SRM-VO.

---

259 Darauf deuten auch die englische und die französische Sprachfassung hin, in denen der angesprochene Halbsatz sich auf die Einspruchsmöglichkeit der Kommission bezieht: „[…] in order to protect the integrity of the internal market, the Commission may prohibit or require amendments […]" und „[…] afin de protéger l'intégrité du marché intérieur, la Commission peut interdire l'exclusion proposée ou exiger sa modification […]".

260 Ähnlich auch *Kowolik*, Das Bail-in-Instrument, S. 116.

261 *Gray/Cecco*, in: Laprévote/Gray/Cecco, Research Handbook on State Aid in the Banking Sector, 20, 51; *Grünewald/Gortsos*, in: Binder/Gortsos/Lackhoff/Ohler, Art. 19 SRMR, Rn. 9.

(1) Zuständigkeit

Die Europäische Kommission ist neben den oben beschriebenen Einspruchsmöglichkeiten auch für die beihilfenrechtliche Prüfung zuständig. Allerdings erklärt Art. 19 Abs. 1 UAbs. 2 SRM-VO die Regelung des Art. 3 Abs. 3 BRRD für anwendbar. Dieser betrifft die Organisation von Abwicklungsbehörden, Aufsichtsbehörden und sonstigen beteiligten Behörden. Danach muss zwar keine eigenständige, ausschließliche Abwicklungsbehörde geschaffen werden. Allerdings müssen „angemessene, strukturbezogene Regelungen bestehen, mit denen die operative Unabhängigkeit sichergestellt und Interessenkonflikte zwischen [...] anderen Funktionen der jeweiligen Behörde und den Funktionen von Abwicklungsbehörden [...] vermieden werden". Insbesondere bedarf es einer „operativen Unabhängigkeit" der Abwicklungsfunktion. Bezogen auf die Kommission bedeutet dies, dass innerhalb der Kommission für Abwicklungsentscheidungen nach Art. 18 SRM-VO grundsätzlich die Generaldirektion Finanzstabilität, Finanzdienstleistungen und Kapitalmarktunion zuständig ist.[262] Das Beihilfeverfahren im Rahmen der Abwicklung wird jedoch von der dafür zuständigen Generaldirektion Wettbewerb geführt.[263]

(2) Verfahren

In Art. 19 Abs. 3 SRM-VO ist für die Genehmigung des Einsatzes des SRF ein Beihilfenotifizierungsverfahren geregelt, das demjenigen aus Art. 108 AEUV für mitgliedstaatliche Beihilfen nachempfunden ist.[264]

Das SRB muss schon vor Festlegung des Abwicklungskonzepts der Kommission die Absicht der Inanspruchnahme des SRF anzeigen und die für die beihilfenrechtliche Bewertung notwendigen Informationen übermitteln, Art. 19 Abs. 3 UAbs. 1 SRM-VO. Die Kommission führt sodann gemäß Art. 19 Abs. 3 UAbs. 2 SRM-VO eine vorläufige Untersuchung durch, in der sie die Vereinbarkeit der Inanspruchnahme mit Art. 107 AEUV überprüft.

---

262 *Europäische Kommission,* Management Plan 2019, S. 8.

263 *Laprévote/Champsaur*, in: Laprévote/Gray/Cecco, Research Handbook on State Aid in the Banking Sector, 538, 540; vgl. auch *Véron,* Taking stock of the Single Resolution Board, S. 18.

264 *Gray/Cecco*, in: Laprévote/Gray/Cecco, Research Handbook on State Aid in the Banking Sector, 20, 51; *Grünewald/Gortsos*, in: Binder/Gortsos/Lackhoff/Ohler, Art. 19 SRMR, Rn. 14.

Hegt die Kommission erhebliche Zweifel an der Vereinbarkeit der vorgeschlagenen Inanspruchnahme des SRF mit dem Binnenmarkt oder hat das SRB keine ausreichenden Informationen übermittelt, so kann die Kommission die Beihilfeprüfung gemäß Art. 19 Abs. 3 UAbs. 3 Satz 1 SRM-VO zu einer „gründlichen Untersuchung" erweitern. Die Entscheidung über das Einleiten einer „gründlichen Untersuchung" ist zusammen mit einer Frist zur Stellungnahme für das SRB, die Mitgliedstaaten sowie Personen, Unternehmen oder Verbände, deren Interessen berührt sein könnten, im Amtsblatt zu veröffentlichen, Art. 19 Abs. 3 UAbs. 3 Sätze 2 und 3 SRM-VO. Das SRB erhält im Anschluss selbst wiederum Gelegenheit, zu den Anmerkungen von Mitgliedstaaten und interessierten Dritten Stellung zu nehmen, Art. 19 Abs. 3 UAbs. 3 Satz 4 SRM-VO. Erst danach nimmt die Kommission ihre Bewertung der Frage vor, ob die Inanspruchnahme des SRF mit dem Binnenmarkt vereinbar ist, Art. 19 Abs. 3 UAbs. 3 Satz 5 SRM-VO.

Abweichend von diesem Beihilfenverfahren kann der Rat – in Anlehnung an Art. 108 Abs. 2 UAbs. 3 Satz 1 AEUV – gemäß Art. 19 Abs. 10 SRM-VO auf Antrag eines Mitgliedstaats einstimmig beschließen, dass die Inanspruchnahme des SRF als mit dem Binnenmarkt vereinbar zu betrachten ist, wenn außergewöhnliche Umstände einen solchen Beschluss rechtfertigen. Die Kommission kann also bei ihrer beihilfenrechtlichen Bewertung der Inanspruchnahme des SRF überstimmt werden.[265]

(3) Materieller Maßstab

Der materielle Maßstab des Verfahrens nach Art. 19 Abs. 3 SRM-VO entspricht demjenigen des Art. 107 AEUV einschließlich des zum Beihilfenrecht erlassenen Sekundärrechts sowie der einschlägigen Beihilfenmitteilungen der Kommission. Art. 19 Abs. 3 UAbs. 2 Sätze 2 und 3, UAbs. 4 SRM-VO ordnet dies ausdrücklich an. Die Kommission hat ihre Verwaltungspraxis sukzessive in mehreren Mitteilungen, insbesondere der Bankenmitteilung 2013, zusammengefasst.[266] Diese ursprünglich zu mitgliedstaatlichen Beihilfen ergangenen Mitteilungen finden auch für den Einsatz des SRF Anwendung.[267]

---

265 Zum Ganzen s. *Grünewald/Gortsos*, in: Binder/Gortsos/Lackhoff/Ohler, Art. 19 SRMR, Rn. 15ff.

266 Siehe hierzu supra Zweiter Teil, A. II. 4. c) dd.

267 Bankenmitteilung 2013, Rn. 64.

(4) Verfahrensergebnis

Das Beihilfenverfahren hinsichtlich der Inanspruchnahme des SRF mündet immer in einen Beschluss, der von dem Beschluss über die Annahme des Abwicklungskonzepts im Abwicklungsverfahren nach Art. 18 Abs. 7 SRM-VO zu unterscheiden ist. Der Beschluss im Verfahren nach Art. 19 SRM-VO wird – wie auch der Beschluss im eigentlichen Abwicklungsverfahren – durch das Kollegialorgan Kommission mit der Mehrheit der Mitglieder gefasst (Art. 250 AEUV).

Kommt die Kommission schon bei der vorläufigen Untersuchung zu dem Ergebnis, dass die Inanspruchnahme des SRF unionsrechtskonform ist, so fasst sie einen Beschluss über die Vereinbarkeit mit dem Binnenmarkt nach Art. 19 Abs. 3 UAbs. 5 SRM-VO.

Leitet die Kommission die „gründliche Untersuchung" ein, so sind grundsätzlich zwei verschiedene Verfahrensergebnisse denkbar. Am Ende der „gründlichen Untersuchung" steht entweder ein Vereinbarkeitsbeschluss nach Art. 19 Abs. 3 UAbs. 5 SRM-VO, der auch mit Bedingungen, Verpflichtungen oder Zusagen sowie mit besonderen Pflichten zur Einhaltung des Beschlusses nach Art. 19 Abs. 3 UAbs. 6 SRM-VO verbunden werden kann. Trifft die Kommission dagegen einen ablehnenden Beschluss nach Art. 19 Abs. 3 UAbs. 8 SRM-VO, so muss das SRB sein Abwicklungskonzept entsprechend überarbeiten. Die Behörde erhält also – nachdem unter Umständen ein umfangreiches Beihilfeverfahren unter Einbeziehung einer Vielzahl von Dritten durchgeführt wurde und der verfahrenseinleitende Beschluss und der abschließende Negativbeschluss im Amtsblatt der Europäischen Union veröffentlicht wurden – einen „zweiten" Versuch.

b) Beihilfenaufsicht über mitgliedstaatliche Beihilfen

Neben der Inanspruchnahme der Mittel des SRF durch das SRB ist auch denkbar, dass ein Mitgliedstaat eine staatliche Beihilfe als Teil der Abwicklungsmaßnahme gewährt.[268] Die SRM-VO nimmt diesen Fall ausdrücklich in den Blick und regelt die zeitliche und organisatorische Koordination des Beihilfeverfahrens und des Abwicklungsverfahrens. Nach Art. 19 Abs. 1 UAbs. 1 SRM-VO darf das SRB in Fällen, in denen die

268 S. supra Zweiter Teil, A. II. 4. c) ee.

Abwicklungsmaßnahme die Gewährung staatlicher Beihilfen umfasst,[269] erst dann das Abwicklungskonzept festlegen, wenn das Beihilfeverfahren der Kommission hinsichtlich des Einsatzes der Beihilfen abgeschlossen ist. Die Beihilfenprüfung geht also der Verabschiedung des Entwurfs des Abwicklungskonzeptes durch das SRB zeitlich voraus. Sie ist – wie die beihilfenrechtliche Prüfung des Einsatzes des SRF – nicht Teil des eigentlichen Abwicklungsverfahrens, sondern verfahrensmäßig eigenständig. Das SRB ist jedoch gemäß Art. 19 Abs. 2 SRM-VO verpflichtet, die betroffenen Mitgliedstaaten zur Notifizierung etwaiger Beihilfen nach Art. 108 Abs. 3 AEUV aufzufordern.[270] Das sich anschließende Beihilfeverfahren folgt den allgemeinen Regeln, insbesondere der Beihilfenverfahrensverordnung („BVVO")[271]. Zuständig ist gemäß Art. 19 Abs. 1 UAbs. 2 SRM-VO – wie bei dem Beihilfenverfahren bei der Inanspruchnahme des SRM – innerhalb der Kommission die Generaldirektion Wettbewerb.

4. Fragestellung

Das Entscheidungsfindungsverfahren, dass sich an die Qualifizierung einer Bank als *failing or likely to fail* anschließt, erscheint komplex. Verschiedene Verfahrensbeteiligte können das Verfahren stoppen oder auf den Verfahrensausgang teils entscheidenden Einfluss nehmen. Im Hinblick auf die mit der Abwicklung verfolgten Zwecke wirft dies die Frage auf, ob dieses komplexe Entscheidungsfindungsverfahren geeignet ist, im Hinblick auf die Ziele und Gelingensbedingungen der Abwicklung adäquate Verfahrensergebnisse zu erzielen.

---

269 Inwiefern eine Abwicklungsmaßnahme eine Beihilfe „umfassen" kann, erschließt sich nicht unmittelbar aus der SRM-VO. Das SRB kann von den Mitgliedstaaten keine Beihilfengewährung verlangen. Gemeint ist der Fall, dass sich die Regierung eines Mitgliedstaates mit dem SRB vorab auf die Gewährung einer Beihilfe als Teil der Rekapitalisierung der abzuwickelnden Bank geeinigt hat.

270 *Grünewald/Gortsos*, in: Binder/Gortsos/Lackhoff/Ohler, Art. 19 SRMR, Rn. 11ff.

271 Verordnung (EU) 2015/1589 des Rates vom 13. Juli 2015 über besondere Vorschriften für die Anwendung von Artikel 108 des Vertrags über die Arbeitsweise der Europäischen Union.

III. Die Umsetzung des Abwicklungskonzepts

Am Ende des eigentlichen Abwicklungsverfahrens steht das Abwicklungskonzept. Dieses erlangt rechtliche Wirksamkeit als Beschluss im Sinne des Art. 288 Abs. 4 AEUV, wenn die Kommission und der Rat von den oben beschriebenen Einspruchsrechten nicht innerhalb von 24 Stunden Gebrauch machen oder indem die Kommission das Abwicklungskonzept – schon vor Ablauf der 24 Stunden – billigt. Die Formulierung des Art. 18 Abs. 7 UAbs. 5 SRM-VO ist in dieser Hinsicht missverständlich. Dort heißt es, das Abwicklungskonzept könne „nur in Kraft treten, wenn weder der Rat noch die Kommission innerhalb von 24 Stunden nach seiner Übermittlung durch den Ausschuss Einwände erheben." Dies legt nahe, dass sowohl die Kommission als auch der Rat auf eigene Initiative hin Einwände erheben könne. Aus Art. 18 Abs. 7 UAbs. 3 SRM-VO folgt jedoch eindeutig, dass der Rat nur auf Vorschlag der Kommission Einwände erheben kann.

Die eigentliche Wirkungsweise des Abwicklungskonzeptes ist aus Art. 18 Abs. 9 i.V.m. Art. 29 SRM-VO ersichtlich. Es entfaltet gegenüber der abzuwickelnden Bank zunächst keine Rechtswirkungen, sondern ist ein an die betreffenden nationalen Abwicklungsbehörden gerichteter Beschluss im Sinne des Art. 288 AEUV. Das SRB verfügt nach der SRM-VO selbst nur über wenige Eingriffsbefugnisse. Für die eigentliche Abwicklung ist es auf die NRAs und deren Befugnisse nach den jeweiligen BRRD-Umsetzungsgesetzen angewiesen. Dem SRB stehen dabei eine Reihe von Kontroll-, Weisungs- und Selbsteintrittsrechten zu.[272]

Gemäß Art. 18 Abs. 9 Satz 1 sorgt das SRB dafür, dass die NRAs die zur Durchführung des Abwicklungskonzepts notwendigen Abwicklungsmaßnahmen einleiten. In dem Abwicklungskonzept werden diese angewiesen, alle zur Umsetzung des Abwicklungskonzepts notwendigen Maßnahmen zu ergreifen und zu diesem Zweck die Abwicklungsbefugnisse auszuüben. Spiegelbildlich dazu regelt Art. 29 Abs. 1 SRM-VO die Verpflichtung der NRAs zur Umsetzung des Abwicklungskonzeptes und zur Ausübung der entsprechenden Abwicklungsbefugnisse. Gemäß Art. 29 Abs. 1 UAbs. 2 Satz 2 SRM-VO muss die NRA das SRB über die Ausübung der Befugnisse informieren.[273]

---

272 *Hadjiemmanuil*, in: Binder/Gortsos/Lackhoff/Ohler, Art. 29 SRMR, Rn. 3.

273 Zum Kooperationsverhältnis *Hadjiemmanuil*, in: Binder/Gortsos/Lackhoff/Ohler, Art. 29 SRMR, Rn. 5.

Ein Kontrollrecht des SRB gegenüber der NRA ergibt sich aus Art. 28 Abs. 1 SRM-VO. Danach sind die NRAs insbesondere verpflichtet, dem SRB in regelmäßigen, vom SRB festgelegten Abständen Informationen vorzulegen sowie einen Abschlussbericht zu erstatten. Art. 28 Abs. 2 SRM-VO räumt dem SRB das Recht ein, den NRAs Weisungen zu allen Aspekten der Umsetzung des Abwicklungskonzepts zu erteilen. Diese dürften, ähnlich wie etwa Weisungen nach Art. 18 Abs. 2 und Art. 19. Abs. 3 EBA-VO[274] als Beschlüsse im Sinne des Art. 288 Abs. 4 AEUV ergehen.

Art. 29 SRM-VO schließlich regelt ein Selbsteintrittsrecht des SRB.[275] Gemäß Art. 29 Abs. 2 UAbs. 1 SRM-VO darf das SRB, wenn die NRA einen Beschluss des SRB, also insbesondere ein Abwicklungskonzept, nicht durchgeführt oder nicht eingehalten oder ihn – insbesondere im Hinblick auf die Abwicklungsziele – nur unzureichend durchgeführt hat, die abzuwickelnde Bank anweisen, bestimmte Rechte, Vermögenswerte oder Verbindlichkeiten auf eine andere Person zu übertragen, die Umwandlung etwaiger[276] Schuldtitel zu verlangen, deren vertragliche Bedingungen unter den in Art. 21 SRM-VO genannten Umständen eine Umwandlung vorsehen, oder andere Maßnahmen zu treffen, die notwendig sind, um die Einhaltung des Abwicklungskonzeptes zu erwirken.[277] Art. 29 Abs. 2 UAbs. 2 SRM-VO unterwirft die zuletzt genannte, allgemeine Befugnis einem Wirksamkeitsvorbehalt. Sie darf nur ausgeübt werden, wenn dadurch auf die Gefährdung eines Abwicklungsziels oder die effiziente Umsetzung des Abwicklungskonzepts „in erheblichem Umfang [...] eingegangen" wird.[278] Das SRB muss die NRA und die Kommission hierüber

---

274 Hierzu *Kämmerer*, NVwZ 2011, 1281, 1284.

275 Hierzu *Hadjiemmanuil*, in: Binder/Gortsos/Lackhoff/Ohler, Art. 29 SRMR, Rn. 34ff.

276 Gemeint ist „jedweder"; die englische Sprachfassung spricht von „any debt instruments", die französische von „tout instrument de dette".

277 Kritisch *Hadjiemmanuil*, in: Binder/Gortsos/Lackhoff/Ohler, Art. 29 SRMR, Rn. 35.

278 Der Vergleich mit der englischen und insbesondere der französischen Sprachfassung legt nahe, dass es sich nicht, wie es die deutsche Sprachfassung nahelegt, um eine besondere Begründungspflicht handelt. Vielmehr muss eine Maßnahme nach Art. 29 Abs. 2 UAbs. 1 lit. c) SRM-VO besonders „wirksam" sein, damit sie zulässig ist. Die englische Sprachfassung lautet: „The Board shall adopt a decision [...] only if the measure significantly addresses the threat to the relevant resolution objective or to the efficient implementation of the resolution scheme. " Die französische Sprachfassung lautet „Le CRU n'adopte une décision [...] que si la mesure permet de parer de manière significative à la menace pesant

– in der Regel 24 Stunden vorher – informieren, Art. 29 Abs. 2 UAbs. 3 und 4 SRM-VO. Eine solche Maßnahme des SRB hat gemäß Art. 29 Abs. 3 SRM-VO Vorrang vor den Beschlüssen der NRA.

Hinsichtlich der Ausgestaltung des Zusammenwirkens von SRB und NRA bei der Umsetzung des Abwicklungskonzeptes stellt sich die Frage, wie die bestehenden Regelungen im Hinblick auf die Anforderungen an eine gelungene Abwicklung zu bewerten sind.

C. *Primärrechtlicher Hintergrund*

Das beschriebene Gefüge aus institutionellem Aufbau und verfahrensmäßiger Verschränkung der Beteiligten steht vor dem Hintergrund primärrechtlicher Vorgaben an die Delegation von Befugnissen auf Agenturen als „Geschöpfe des Sekundärrechts“[279]. Die Einrichtung von Agenturen mit eigener Rechtsfähigkeit wie dem SRB als solche ist unbestritten zulässig. Sie kann auch auf Grundlage des Art. 114 AEUV erfolgen.[280] In welchem Umfang EU-Agenturen Aufgaben und Befugnisse übertragen werden können, ist im Primärrecht indes nicht abschließend geklärt. Grenzen sollen sich insoweit aus der *Meroni*-Rechtsprechung aus der Anfangszeit des EuGH ergeben (I.). Seit der Leerverkaufsentscheidung des EuGH sind diese Grenzen jedoch zumindest für Einzelfallentscheidungen weitgehend relativiert (II. und III.).

---

sur l'objectif de la résolution en question ou sur la mise en œuvre efficiente du dispositif de résolution.“

279 Begriff bei *Gurlit*, WM 2020, 105, 106.

280 EuGH, Urt. v. 2.5. 2006, C-217/04 – Enisa; auch das Bundesverfassungsgericht hat dies im Grundsatz akzeptiert, BVerfG, NJW 2019, 3204, Rn. 232ff.; zur angesichts der eindeutigen europäischen Rechtsprechung zunehmend rechtspolitischen Kritik *Saurer*, DÖV 2014, 549. Nach *Ohler*, JZ 69 (2014), 249f. folgt seit dem Lissabonner Vertrag aus Art. 298 AEUV sogar eine „Organisationsgewalt“ des europäischen Gesetzgebers; ähnlich auch *Saurer*, in: Pechstein/Nowak/Häde, Art. 298 AEUV, Rn. 9; einschränkend allerdings aus neuerer Zeit *Sölter*, Rechtsgrundlagen europäischer Agenturen im Verhältnis vertikaler Gewaltenteilung, S. 148ff.

I. Grundlage: Die *Meroni*-Rechtsprechung

Wenige Jahre nach Gründung des EuGH im Jahre 1952 fällte dieser am 13. Juni 1958 die sogenannten *Meroni*-Urteile.[281] Diese bilden den Grundstein für eine seither andauernde Diskussion über die Möglichkeiten und Grenzen von administrativen Kompetenzverlagerungen auf Ebene der EU.

1. Sachverhalt

Die Meroni-Rechtsprechung und die daraus zu folgernden Vorgaben des Primärrechts haben sich in den seither vergangenen über sechzig Jahren in der rechtwissenschaftlichen Rezeption weitgehend verselbständigt. Um die Bedeutung dieser Rechtsprechung für das moderne Unionsrecht freizulegen, lohnt es, sich zunächst den spezifischen Sachverhalt vor Augen zu führen, der den Urteilen zugrunde lag.[282]

Die Hohe Behörde der EGKS hatte in zwei „allgemeinen Entscheidungen" 1954 und 1955[283] zwei privatrechtliche Einrichtungen mit der Berechnung und der Einziehung von Beiträgen für einen „Preisausgleich" für in die EGKS eingeführten Schrott sowie für die Einsparung von Schrott beauftragt. Diese beiden privatrechtlichen Einrichtungen – das „Gemeinsame Büro der Schrottverbraucher" und die „Ausgleichskasse für eingeführten Schrott" – bildeten zusammen die sogenannten „Brüsseler Organe". Die Brüsseler Organe dienten der Steuerung des Preises für Schrott innerhalb der EGKS.[284] Sie errechneten die von der Schwerindustrie für die Zwecke des „Preisausgleichs" zu zahlenden Beiträge und forderten diese Beiträge gegenüber den betroffenen Unternehmen ein. Die Brüsseler Orga-

281 EuGH, Urt. v. 13.6.1958, C-9/56 – Meroni I, Slg. 1958, S. 16; EuGH, Urt. v. 13.6.1958, C-10/56 – Meroni II, Slg. 1958, S. 57. Der EuGH nimmt etwa in der Leerverkaufsentscheidung nur noch auf die erstgenannte Entscheidung Bezug.

282 Dass sich die Rückbesinnung auf die historische Entscheidungssituation von Leitentscheidungen lohnt, zeigt etwa auch die Aufarbeitung von EuGH, Urt. v. 18. März 1970, Rs. 11/70 – Internationale Handelsgesellschaft, bei *Tischbirek*, Die Verhältnismäßigkeitsprüfung, S. 89ff.

283 Entscheidung Nr. 22/54 über die Schaffung einer finanziellen Einrichtung für den Ausgleich der Preise des aus dritten Ländern eingeführten Schrotts vom 26. März 1954 und Entscheidung Nr. 14/55 über die Schaffung einer finanziellen Einrichtung zur Sicherstellung einer gleichmäßigen Schrottversorgung des gemeinsamen Marktes vom 26. März 1955.

284 Zum Hintergrund dieser überaus dirigistischen Vorstellungen von Wirtschaftsverwaltung *Schüle*, ZaöRV 19 (1958), 464.

ne entschieden grundsätzlich eigenständig, die Hohe Behörde der EGKS hatte jedoch ein Vetorecht.[285] Der Erlass einer förmlichen Entscheidung als vollstreckbaren Titel zur Durchsetzung des Preisausgleichs schließlich war nach dem jeweiligen Art. 4 der allgemeinen Entscheidungen der Hohen Behörde vorbehalten. Die Hohe Behörde erließ zwei dieser Titulierungsentscheidungen gegenüber zwei Gruppen-Gesellschaften des italienischen Stahlunternehmens Meroni, die jeweils hiergegen Nichtigkeitsklagen zum EuGH erhoben.

2. Die Entscheidung des EuGH

Diese Klagen hatten Erfolg. Der EuGH erklärte die beiden Titulierungsentscheidungen zunächst schon aus formalen Gründen für rechtswidrig. Die Hohe Behörde hatte diesen keine eigene Begründung beigefügt, sondern lediglich auf die Berechnungen der Brüsseler Organe verwiesen. Auch diese Berechnungen waren für den EuGH jedoch nicht im Einzelnen nachzuvollziehen.[286] Anschließend – in einem für den Tenor an sich nicht notwendigen Begründungsstrang – nahm der EuGH den Fall zum Anlass, grundsätzlich zur Möglichkeit der Übertragung von Befugnissen auf Dritte Stellung zu nehmen.

Zunächst prüfte der EuGH, ob die Hohe Behörde tatsächlich Befugnisse auf die Brüsseler Organe übertragen hatte. Hierzu zog er zunächst die einzelnen Regelungen der allgemeinen Entscheidung Nr. 14/55 vom 26. März 1955 der Hohen Behörde heran, ohne jedoch auf dieser Grundlage zu subsumieren. Entscheidend für die Annahme einer Übertragung von Befugnissen war für den EuGH vielmehr die Einlassung der Hohen Behörde in der Klagebeantwortung, die Hohe Behörde habe keinen Einfluss auf die Entscheidung der Brüsseler Organe und gebe diese nur wieder.[287]

---

285 Art. 9 der Entscheidung Nr. 14/55 über die Schaffung einer finanziellen Einrichtung zur Sicherstellung einer gleichmäßigen Schrottversorgung des gemeinsamen Marktes vom 26. März 1955.

286 EuGH, Urt. v. 13. Juni 1958, C-9/56 – Meroni I; EuGH, Slg. 1958, S. 16, 29ff.

287 EuGH, Urt. v. 13. Juni 1958, C-9/56 – Meroni I; EuGH, Slg. 1958, S. 16, 36ff. Die Hohe Behörde hatte mit diesem Argument die Zulässigkeit der Nichtigkeitsklagen bestritten. Diese Verteidigung auf Ebene der Zulässigkeit entpuppte sich für die Hohe Behörde materiell insoweit als Bumerang. Methodisch bemerkenswert für eine Urteilsbegründung ist der Satz in der Urteilsbegründung: „Die Hohe Behörde hat sich für die erste Alternative [= Übertragung von Befugnissen] entschieden, wenn sie in ihrer Klagebeantwortung ausführt: [...]“.

In der Folge entwickelt der EuGH (mindestens)[288] drei Kriterien für die Übertragung von Befugnissen. Zunächst qualifizierte der EuGH schon die Art und Weise der Übertragung von Befugnissen auf die Brüsseler Organe als Vertragsverletzung, weil die Brüsseler Organe nicht denselben Bindungen unterlägen wie die Hohe Behörde. Es könnten aber keine weiterreichenden Befugnisse übertragen werden, als sie der übertragenden Behörde selbst zustünden.[289] Diese Erkenntnis kann als erster Grundsatz der Meroni-Rechtsprechung bezeichnet werden. Da Delegationen auf EU-Agenturen heute in spezifischen Verordnungen mit detailliert ausgearbeiteten Aufgaben und Befugnissen erfolgen, spielt dieser Grundsatz praktisch keine größere Rolle mehr.[290]

Auf dieser Grundlage erkannte der EuGH sodann die Möglichkeit der Übertragung von Hoheitsbefugnissen auf privatrechtlich organisierte Dritte an. Diese dürften jedoch keinen „weiten Ermessenspielraum" beinhalten, sondern müssten auf „genau umgrenzte Ausführungsbefugnisse" beschränkt sein, denn die Ausübung von Befugnissen nach „freiem Ermessen" ermögliche die „Verwirklichung einer ausgesprochenen Wirtschaftspolitik".[291] Dieser – zweite – Grundsatz der *Meroni*-Rechtsprechung steht im Zentrum nachfolgender Diskussionen um die Zulässigkeit vertikaler Befugnisübertragungen von Organen der EU auf Agenturen.[292]

Die Übertragung von „freiem Ermessen" auf Dritte kann, so der EuGH, das „für den organisatorischen Aufbau der Gemeinschaft kennzeichnende Gleichgewicht der Gewalten" beeinträchtigen.[293] Dieses Gleichgewicht sei insbesondere zugunsten der dem EGKS-Vertrag unterliegenden Unternehmen und Unternehmensverbände, also der Schwerindustrie, garantiert. Aus diesem dritten Grundsatz der Meroni-Rechtsprechung ist später das

---

288 In der Literatur werden aus der *Meroni*-Rechtsprechung teilweise auch vier oder fünf Kriterien gefolgert, vgl. *Orator*, Möglichkeiten und Grenzen der Einrichtung von Unionsagenturen, S. 230 m.w.N.

289 EuGH, Urt. v. 13. Juni 1958, C-9/56 – Meroni I; EuGH, Slg. 1958, S. 16, 40.

290 Vgl. den lapidaren Hinweis in EuGH, Urt. v. 22.1.2014, Rs. C-270/12 – Leerverkaufsverbot, Rn. 44; von einem „institutionellen Gesetzesvorbehalt" spricht *Michel*, Institutionelles Gleichgewicht und EU-Agenturen, S. 123f.

291 EuGH, Urt. v. 13. Juni 1958, C-9/56 – Meroni I; EuGH, Slg. 1958, S. 16, 42ff.

292 Vgl. etwa *Ohler*, JZ 69 (2014), 249.

293 Zum terminologischen Übergang vom „Gleichgewicht der Gewalten" zum „institutionellen Gleichgewicht" siehe *Michel*, Institutionelles Gleichgewicht und EU-Agenturen, S. 74.

unionsrechtliche Prinzip des institutionellen Gleichgewichts entwickelt worden.[294]

3. Fortentwicklung der *Meroni*-Rechtsprechung

Führt man sich die historische Entscheidungssituation der *Meroni*-Urteile vor Augen, verwundert die „Karriere", die diese in Rechtsprechung und Literatur bis heute gemacht haben.[295] Die EKGS der 1950er Jahre und die EU der 2020er Jahre sind schließlich politisch wie rechtlich kaum vergleichbar. Die Mitgliedstaaten haben auch kein Interesse gezeigt, die zahlreichen Vertragsänderungen seither für eine normative Verankerung der *Meroni*-Rechtsprechung im Primärrecht zu nutzen.[296] Dessen ungeachtet ist die *Meroni*-Rechtsprechung in den nachfolgenden Jahrzehnten in unterschiedlichen Konstellationen in Ansatz gebracht worden. Dabei werden die oben skizzierten Besonderheiten der *Meroni*-Urteile wie der „Beleihungsaspekt" bei der Beauftragung der privatrechtlich organisierten Brüsseler Organe heute weitgehend ausgeblendet.[297]

Vielmehr hat sich aus der *Meroni*-Rechtsprechung ein unionsrechtliches Prinzip des institutionellen Gleichgewichts herausgebildet. Der zentrale Anwendungsbereich dieses Prinzips ist seine Heranziehung als funktionales Gegenstück des Gewaltenteilungsgrundsatzes nationalstaatlicher Prägung.[298] In dieser Funktion bildet es vorrangig den Maßstab für die Beurteilung horizontaler Kompetenzkonflikte.[299] Dabei darf das Prinzip des institutionellen Gleichgewichts, anders als das Prinzip der Gewaltenteilung, allerdings nicht als ein vorfindliches, aus der europäischen Ideengeschichte entstandenes und in einen Verfassungstext gegossenes, verfassungstheore-

---

294 Als „eine Art Gesamtprüfung" bezeichnet von *Orator*, Möglichkeiten und Grenzen der Einrichtung von Unionsagenturen, S. 233.

295 In diese Richtung auch *Schemmel*, Europäische Finanzmarktverwaltung, S. 344.

296 *Nowak*, in: Pechstein/Nowak/Häde, Art. 13 EUV, Rn. 18.

297 Vgl. den ebenfalls lapidaren Hinweis in EuGH, Urt. v. 22.1.2014, Rs. C-270/12 – Leerverkaufsverbot, Rn. 43; vgl. auch die Ausführungen *en passant* des Generalanwalts *Jääskinen* in den Schlussanträgen vom 12.9.2013 zu Rs. C-270/12 – Leerverkaufsverbot, Rn. 69; genauer *Michel*, Institutionelles Gleichgewicht und EU-Agenturen, S. 127; vgl. auch EuG, Urt. v. 19.2.1998, T-369/94 u.a. – DIR International Film, Rn. 52f.

298 *Ohler*, JZ 69 (2014), 249; *Nowak*, in: Pechstein/Nowak/Häde, Art. 13 EUV, Rn. 18.

299 *Michel*, Institutionelles Gleichgewicht und EU-Agenturen, S. 75ff.

tisch fundiertes Prinzip aufgefasst werden.[300] Es ist vielmehr ein überaus dehnbares Werkzeug mit zahlreichen denkbaren, aber wenigen zwingenden Anwendungsfällen bei der Analyse der *polity* der EU. Der EuGH bediente sich des Prinzips des institutionellen Gleichgewichts etwa bei seinem Bemühen, die europäische Integration durch die Stärkung des Europäischen Parlaments voranzutreiben. Nicht anders kann die Entscheidung des EuGH aus dem Jahr 1990 verstanden werden, in der der EuGH dem Europäischen Parlament *contra legem scriptam* ein eigenes Klagerecht bei der Nichtigkeitsklage (nun Art. 263 AEUV) zubilligte.[301] Der EuGH erhob bei dieser Gelegenheit das institutionelle Gleichgewicht zu einem justiziablen Vertragsprinzip.

4. Vertikale Delegation normativer Entscheidungen vs. Einzelfallentscheidungen

Im Folgenden steht die Wirkung der *Meroni*-Rechtsprechung bei der *vertikalen* Übertragung von Kompetenzen von Organen auf nachgeordnete Einrichtungen der EU im Mittelpunkt. Eher am Rande sei dabei auf die Diskussion zur Einrichtung von Regulierungsagenturen des Unionsrechts nach dem Vorbild amerikanischer *independent agencies* hingewiesen.[302] In diesem Zusammenhang ist die im Jahr 1981 entschiedene Rechtssache *Romano* zu nennen. Dort urteilte der EuGH, dass eine durch Verordnung geschaffene „Verwaltungskommission der Europäischen Gemeinschaften für die soziale Sicherheit der Wanderarbeitnehmer“ keine „Rechtsakte mit normativem Charakter“ erlassen könne.[303] Zur Begründung zog er zwar nicht ausdrücklich das Prinzip des institutionellen Gleichgewichts heran. Der EuGH nannte aber zwei zentrale Kompetenzen von EU-Organen – die in Art. 155 EWG-Vertrag normierten Aufgaben der Kommission und die Rechtsschutzzuständigkeit des EuGH aus Art. 173 und 177 EWG-Vertrag – als Begründung für das Delegationsverbot. Zum Zeitpunkt der Entscheidung war die Rechtsschutzmöglichkeit gegen Handlungen von Einrichtungen und sonstigen Stellen der Union, wie sie nunmehr

---

300 Ähnlich wie hier *Orator*, Möglichkeiten und Grenzen der Einrichtung von Unionsagenturen, S. 220ff.

301 EuGH, Urt. v. 22.5.1990, Rs. C-70/88 – Tschernobyl; dies begrüßend etwa *Dauses*, Integration 17 (1994), 215, 219f.

302 *Craig*, EU Administrative Law, S. 163f., hält mittlerweile die Einrichtung solcher Regulierungsagenturen für möglich.

303 EuGH, Urt. v. 14.5.1981, Rs. C-98/80 – Romano, Rn. 20.

in Art. 263 Abs. 1 Satz 2 AEUV verankert ist, (noch) nicht ausdrücklich geregelt.[304] Durch die Ausweitung des Rechtsschutzes in Art. 263 AEUV und spätestens durch das sogleich zu beleuchtende Leerverkaufsurteil ist die Relevanz der Rechtssache *Romano* stark eingeschränkt. Gleichwohl ist eine Delegation von Befugnissen für den Erlass von „Rechtsakten mit normativem Charakter" primärrechtlich weiterhin mit deutlich größerem Begründungsaufwand verbunden als die Delegation von Einzelfallentscheidungen. Das *rule-making* spielt bei der Analyse des SRB jedoch nur eine untergeordnete Rolle. Das Verfahren nach Art. 18 SRM-VO ist immer auf die Krise einer konkreten Bank bezogen.

II. Die Übertragung von Einzelfallentscheidungen auf EU-Agenturen

Der durch die *Meroni*-Rechtsprechung gesetzte Rahmen ist hinsichtlich der Delegation von Einzelfallentscheidungen auf EU-Agenturen durch die bereits angesprochene Leerverkaufsentscheidung erheblich modifiziert worden.

1. Grundsätzliche Zulässigkeit der Übertragung von Einzelfallentscheidungen auf EU-Agenturen

Die Delegation von Einzelfallentscheidungen auf EU-Agenturen ist in der Praxis der EU schon lange weit verbreitet.[305] Zwar sehen die Verträge in Art. 291 Abs. 2 AEUV grundsätzlich nur die Übertragung von Durchführungsbefugnissen – ob normativer oder einzelfallbezogener Art – auf die Kommission bzw. den Rat vor. Daraus ist jedoch nicht zu folgern, dass EU-Agenturen keine Befugnisse zur verbindlichen Regelung von Einzelfällen übertragen werden können. Die Übertragung von Einzelfallentscheidungen auf EU-Agenturen ist vielmehr schon lange üblich[306] und

---

304 *Craig*, EU Administrative Law, S. 170.

305 Vgl. EuG, Urt. v. 1.6.2022, Rs. T-510/17 – Del Valle Ruiz/Kommission und SRB, Rn. 207f.; zurecht bilden die EU-Agenturen mit Einzelfallbefugnissen in den verschiedenen vorgeschlagenen EU-Agentur-Taxonomien regelmäßig eine eigene Kategorie. *Orator*, Möglichkeiten und Grenzen der Einrichtung von Unionsagenturen, S. 98, spricht von „entscheidungsbefugten Unionsagenturen". *Craig*, EU Administrative Law, S. 164, spricht von „decision-making agencies".

306 Der Prototyp der EU-Agentur mit Einzelfallbefugnissen ist das Amt der Europäischen Union für Geistiges Eigentum (EUIPO), 1994 als Harmonisierungsamt

hätte im Wege des Lissabonner Vertrags ausdrücklich beschränkt werden müssen, um in Zweifel gezogen werden zu können.[307] Die Übertragung von Einzelfallentscheidungen auf EU-Agenturen geht den Vorgaben für die Konkretisierung und den Vollzug des Unionsrechts der Art. 290, 291 AEUV zeitlich voraus und steht neben diesen.[308]

Der Europäischen Wertpapier- und Marktaufsichtsbehörde („ESMA"), aber auch anderen EU-Agenturen, werden in der Praxis der Europäischen Union zunehmend umfangreiche Einzelfallentscheidungen, und zwar mit unmittelbaren Befugnisse gegenüber Privaten, übertragen. So sind der ESMA in der EMIR[309] und der RatingagenturenVO[310] schon frühzeitig umfangreiche eher administrative Aufgaben zugewiesen worden.[311] Hinzu kamen in der MiFIR[312] zugewiesene Befugnisse zum zeitweisen Verbot bestimmter Finanzprodukte (Art. 40 MiFIR)[313] bzw. zum Positionsmanagement (Art. 45 MiFIR)[314]. Der EBA kommt durch Art. 41 MiFIR eine

---

für den Binnenmarkt (OHIM) gegründet. Detaillierter Überblick über EU-Agenturen mit Einzelfallbefugnissen bei *Orator*, Möglichkeiten und Grenzen der Einrichtung von Unionsagenturen, S. 154ff.

307 So zutreffend der Generalanwalt *Jääskinen* in den Schlussanträgen vom 12.9.2013 zu Rs. C-270/12 – Leerverkaufsverbot, Rn. 87; zur – praktisch seit Jahrzehnten nicht mehr vertretenen – Gegenauffassung *Calliess*, in: Calliess/Ruffert, Art. 13 EUV, Rn. 54.

308 *Gundel*, in: Pechstein/Nowak/Häde, Art. 291 AEUV, Rn. 13; ähnlich *Nettesheim*, in: Grabitz/Hilf/Nettesheim, Art. 291 AEUV, Rn. 38f.; *Michel*, Institutionelles Gleichgewicht und EU-Agenturen, S. 114ff.; vgl. auch EuGH, Urt. v. 22.1.2014, Rs. C-270/12 – Leerverkaufsverbot", Rn. 77ff.; kritisch *Orator*, Möglichkeiten und Grenzen der Einrichtung von Unionsagenturen, S. 248f.; während der Beratungen zur SRM-VO und damit vor der Leerverkaufsentscheidung war dies noch nicht endgültig geklärt – nur so lässt sich die Formulierung in ErwGr 24 der SRM-VO erklären.

309 Verordnung (EU) Nr. 648/2012 des Europäischen Parlaments und des Rates vom 4. Juli 2012 über OTC-Derivate, zentrale Gegenparteien und Transaktionsregister.

310 Verordnung (EG) Nr. 1060/2009 des Europäischen Parlaments und des Rates vom 16. September 2009 über Ratingagenturen.

311 Etwa die Anerkennung von Drittstaaten-CCPs (Art. 25 EMIR), die Registrierung von Transaktionsregistern (Art. 55 ff. EMIR) sowie die Registrierung (Art. 14 ff. RatingagenturenVO) und Aufsicht über (Art. 21 ff. RatingagenturenVO) Ratingagenturen. Näher zur Reform der Anerkennung von Drittstaaten-CCPs („EMIR 2.2") *Gurlit*, WM 2020, 57, 69f.

312 Verordnung (EU) Nr. 600/2014 des Europäischen Parlaments und des Rates vom 15. Mai 2014 über Märkte für Finanzinstrumente und zur Änderung der Verordnung (EU) Nr. 648/2012.

313 Näher *Gurlit*, in: Assmann/Schneider/Mülbert, Art. 40 MiFIR, Rn. 1ff.

314 Näher *Gurlit*, in: Assmann/Schneider/Mülbert, Art. 45 MiFIR, Rn. 3f.

ähnliche Interventionsbefugnis im Hinblick auf strukturierte Einlagen zu.[315] Dieser Aufgabenkreis wurde 2020 zuletzt spürbar erweitert, indem etwa der ESMA unmittelbare Eingriffsbefugnisse gegenüber Datenbereitstellungsdiensten,[316] Administratoren kritischer Benchmarks,[317] und Verbriefungsregistern[318] zugewiesen wurden.

Diese Aufzählung ist nicht vollständig und ließe sich fortsetzen. Auch wenn aus der Tatsache der zunehmenden Machtfülle insbesondere der ESMA nicht auf die Zulässigkeit der einzelnen Befugnisübertragungen geschlossen werden darf, besteht doch an der grundsätzlichen Primärrechtskonformität der Übertragung von Einzelfallbefugnissen auf EU-Agenturen kein Zweifel mehr.[319]

2. Die Handlungsform des Beschlusses

Eine Übertragung von Einzelfallbefugnissen auf EU-Agenturen scheitert auch nicht an den hierfür zur Verfügung stehenden Handlungsformen. Das Unionsrecht sieht zur Regelung von Einzelfällen in Art. 288 Abs. 4 AEUV die Handlungsform des Beschlusses vor. Diese Handlungsform

---

315 Näher *Gurlit*, in: Assmann/Schneider/Mülbert, Art. 41 MiFIR, Rn. 1.

316 Ab dem 1. Januar 2022: Art. 27a ff. und Art. 38a ff. MiFIR, näher *Gurlit*, WM 2020, 57, 70.

317 Ab dem 1. Januar 2022: Art. 32 Abs. 5 und 8, Art. 34 Abs. 1a, Art. 40 Abs. 1, Art. 48a ff. der Verordnung (EU) 2016/1011 des Europäischen Parlaments und des Rates vom 8. Juni 2016 über Indizes, die bei Finanzinstrumenten und Finanzkontrakten als Referenzwert oder zur Messung der Wertentwicklung eines Investmentfonds verwendet werden, und zur Änderung der Richtlinien 2008/48/EG und 2014/17/EU sowie der Verordnung (EU) Nr. 596/2014; näher *Gurlit*, WM 2020, 57, 70.

318 Art. 10 der Verordnung (EU) 2017/2402 des Europäischen Parlaments und des Rates vom 12. Dezember 2017 zur Festlegung eines allgemeinen Rahmens für Verbriefungen und zur Schaffung eines spezifischen Rahmens für einfache, transparente und standardisierte Verbriefung und zur Änderung der Richtlinien 2009/65/EG, 2009/138/EG, 2011/61/EU und der Verordnungen (EG) Nr. 1060/2009 und (EU) Nr. 648/2012, näher *Gurlit*, WM 2020, 57, 73.

319 Vgl. nur die Nachweise bei Fn. 305. Skeptisch hinsichtlich der primärrechtlichen Zulässigkeit der genannten Befugniszuwächse im Einzelfall *Gurlit*, WM 2020, 105, 106. Grundsätzlich a.A. hinsichtlich der Tauglichkeit des Art. 114 AEUV für Einzelfallentscheidungen *Sölter*, Rechtsgrundlagen europäischer Agenturen im Verhältnis vertikaler Gewaltenteilung, S. 148ff.

steht auch EU-Agenturen offen.[320] Ein Beschluss kann an bestimmte Adressaten gerichtet sein, Art. 288 Abs. 4 Satz 2 AEUV. Taugliche Adressaten sind sowohl Mitgliedstaaten und ihre Behörden[321] als auch (private) Dritte.[322] Ein nicht an bestimmte Adressaten gerichteter Beschluss gilt für „objektiv bestimmte Situationen" und erzeugt „Rechtswirkungen gegenüber einer allgemein und abstrakt umschriebenen Personengruppe".[323] Der adressatenlose Beschluss ähnelt wegen seiner Einzelfallbezogenheit der deutschen Allgemeinverfügung.[324] Die Verträge sehen mit dem adressatenbezogenen und dem adressatenlosen Beschluss folglich eine vielseitig einsetzbare Handlungsform vor, mittels derer EU-Agenturen Unionsrecht im Einzelfall vollziehen können.

3. Umfang der übertragbaren Einzelfallentscheidungen

Damit ist jedoch noch nicht die Frage beantwortet, *in welchem Umfang* Einzelfallentscheidungen auf EU-Agenturen übertragen werden können. Dies richtet sich zwar im Grundsatz nach der oben skizzierten *Meroni*-Rechtsprechung, im Einzelnen aber nunmehr nach den die *Meroni*-Rechtsprechung grundlegend modifizierenden Vorgaben des Leerverkaufsurteils.[325] Der EuGH befasst sich in dem zentralen Teil der Urteilsbegründung des Leerverkaufsurteils mit der in der *Meroni*-Rechtsprechung angelegten Unterscheidung zwischen der zulässigen Delegation von eng umgrenzten Ausführungsbefugnissen und der unzulässigen Delegation von freiem Er-

---

320 *Michel*, Institutionelles Gleichgewicht und EU-Agenturen, S. 139 mit Nachweisen auch zur Gegenauffassung; *Gurlit*, ZHR 177 (2013), 862, 881; a.A. („Beschlüsse" von Agenturen keine Beschlüsse im Sinne des Art. 288 Abs. 4 AEUV) *Sölter*, Rechtsgrundlagen europäischer Agenturen im Verhältnis vertikaler Gewaltenteilung, S. 56ff.

321 Mit überzeugendem Wortlautargument *Gurlit*, ZHR 177 (2013), 862, 883; a.A. ohne nähere Begründung *Ruffert*, in: Calliess/Ruffert, Art. 288 AEUV, Rn. 94.

322 *Gundel*, in: Pechstein/Nowak/Häde, Art. 288 AEUV, Rn. 84ff.

323 EuG, Urt. V. 7.3.2013, Rs. T-93/10 – Bilbaína de Alquitranes, SA u. a.. /. ECHA, Rn. 56.

324 *Ohler*, JZ 69 (2014), 249, 251; *Michel*, Institutionelles Gleichgewicht und EU-Agenturen, S. 141f.; ähnlich, aber die Nähe zu Rechtsnormen betonend, *Gurlit*, ZHR 177 (2013), 862, 873.

325 Von einer (bloßen) „Konkretisierung" bzw. einer „Präzisierung" sprechen *Gurlit*, WM 2020, 105, 106 und *Michel*, Institutionelles Gleichgewicht und EU-Agenturen, S. 128. Weitergehend („wesentliche Weiterentwicklung") *Orator*, Möglichkeiten und Grenzen der Einrichtung von Unionsagenturen, S. 241.

messen.[326] Die wichtigste Folge des Leerverkaufsurteils ist die Ausweitung der ersten Kategorie. Der Unionsgesetzgeber hat der ESMA[327] in Art. 28 LeerverkaufsVO[328] in erheblichem Umfang Befugnisse übertragen (hierzu a)). Der EuGH hat dies für primärrechtskonform erklärt, woraus sich wiederum allgemeine Schlussfolgerungen ziehen lassen (hierzu b)).

a) Die Leerverkaufsentscheidung

In der Leerverkaufsentscheidung nimmt der EuGH die Voraussetzungen für ein Leerverkaufsverbot der ESMA und dessen Reichweite im Detail in den Blick.

aa. Reichweite von Leerverkaufsverboten der ESMA

Die ESMA kann Marktteilnehmer mittels eines Leerverkaufsverbots zur Offenlegung von Leerverkaufspositionen zwingen oder Leerverkäufe ganz oder teilweise verbieten, Art. 28 Abs. 1 LeerverkaufsVO. In persönlicher Hinsicht gilt ein solches Leerverkaufsverbot, so der EuGH, für natürliche oder juristische Personen, die Besitzer bestimmter Finanzinstrumente sind oder bestimmte finanzielle Transaktionen tätigen.[329] Der betroffene Personenkreis ist damit zunächst nicht begrenzt. Der EuGH sieht hierin keinen Widerspruch zu dem Grundsatz der Rechtssache *Romano*, da der institutionelle Rahmen, insbesondere Art. 263 AEUV und Art. 277 AEUV, es EU-Agenturen wie der ESMA ausdrücklich erlaubten, Rechtsakte mit allgemeiner Geltung zu erlassen.[330] Die Vorgaben aus der *Meroni*-Recht-

---

326 EuGH, Urt. v. 22.1.2014, Rs. C-270/12 – Leerverkaufsverbot“, Rn. 41ff.

327 Europäische Wertpapier- und Marktaufsichtsbehörde („European Securities and Markets Authority“ – „ESMA“), gegründet durch Art. 1 Abs. 1 der Verordnung (EU) Nr. 1095/2010 des Europäischen Parlaments und des Rates vom 24. November 2010 zur Errichtung einer Europäischen Aufsichtsbehörde (Europäische Wertpapier- und Marktaufsichtsbehörde), zur Änderung des Beschlusses Nr. 716/2009/EG und zur Aufhebung des Beschlusses 2009/77/EG der Kommission (ESMA-VO).

328 Verordnung (EU) Nr. 236/2012 des Europäischen Parlaments und des Rates vom 14. März 2012 über Leerverkäufe und bestimmte Aspekte von Credit Default Swaps.

329 EuGH, Urt. v. 22.1.2014, Rs. C-270/12 – Leerverkaufsverbot“, Rn. 64.

330 EuGH, Urt. v. 22.1.2014, Rs. C-270/12 – Leerverkaufsverbot, Rn. 65; s. auch *Ohler*, JZ 69 (2014), 249, 250.

sprechung seien daher „für die Übertragung von Befugnissen auf eine Einrichtung wie die ESMA" allein verbindlich. Die (nach deutscher Diktion) *konkret-generelle* Regelungssituation des Art. 28 LeerverkaufsVO ist wohl, so lässt sich die Urteilspassage verstehen, von *abstrakt-generellen*, eben „normativen" Regelungen im Sinne der Rechtssache *Romano* abzugrenzen.[331] Nur letztere bleiben dem regulären Rechtssetzungsverfahren der EU oder den Verfahren nach Art. 290, 291 AEUV vorbehalten. Daraus folgt, dass die Rechtssache *Romano* für Einzelfallentscheidungen wie solche des SRB nach Art. 18 Abs. 5 SRM-VO nicht (mehr) von Bedeutung ist. Alle nichtlegislativen, einzelfallbezogenen Verwaltungsentscheidungen des Unionsrechts sind danach grundsätzlich auf EU-Agenturen delegierbar, sofern sie ausreichend normativ vorgeprägt sind.

bb. Die Voraussetzungen des Art. 28 LeerverkaufsVO

Eine solche Delegation von Einzelfallentscheidungen auf EU-Agenturen bedarf jedoch eines Mindestmaßes an normativer Vorstrukturierung. Um die vom EuGH in der Leerverkaufsentscheidung aufgestellten Vorgaben für den notwendigen Detailgrad der normativen Vorprägung herauszuarbeiten, sind die Voraussetzungen der streitgegenständlichen Norm in den Blick zu nehmen: Erstens setzt Art. 28 Abs. 2 lit. a) LeerverkaufsVO eine Bedrohung für die ordnungsgemäße Funktionsweise und die Integrität der Finanzmärkte oder die Stabilität des gesamten Finanzsystems oder eines Teils davon in der EU mit grenzübergreifenden Auswirkungen voraus. Dieses Tatbestandsmerkmal ist offenkundig ein hoch komplexes, von einer Vielzahl von Einzelaspekten abhängiges und letztlich wertungsoffenes Kriterium. Die Kommission hat gemäß Art. 30 LeerverkaufsVO dieses Tatbestandsmerkmal durch einen delegierten Rechtsakt in vier Fallgruppen ausdifferenziert, die aber ihrerseits wieder mit unbestimmten Begriffen operieren.[332] Zweitens stellt Art. 28 Abs. 2 lit. b) ein Subsidiaritätskriteri-

---

331 So auch *Orator*, Möglichkeiten und Grenzen der Einrichtung von Unionsagenturen, S. 254 m.w.N.; von „quasi-legislative measures of general application" spricht *Craig*, EU Administrative Law, S. 171; anders aber *Calliess*, in: Calliess/Ruffert, Art. 13 EUV, Rn. 52.

332 Art. 24 Abs. 3 der Delegierten Verordnung (EU) Nr. 918/2012 der Kommission vom 5. Juli 2012 zur Ergänzung der Verordnung (EU) Nr. 236/2012 des Europäischen Parlaments und des Rates über Leerverkäufe und bestimmte Aspekte von Credit Default Swaps im Hinblick auf Begriffsbestimmungen, die Berechnung von Netto-Leerverkaufspositionen, gedeckte Credit Default Swaps auf öffentli-

um auf: Mitgliedstaatliche Maßnahmen sind vorrangig. Drittens verlangt Art. 28 Abs. 3 LeerverkaufsVO eine Effektivitätsprüfung, die einer gesetzlich ausbuchstabierten Verhältnismäßigkeitsprüfung nahekommt. Viertens ist die Entscheidung der ESMA prozedural gemäß Art. 28 Abs. 4 und 5 LeerverkaufsVO zudem in eine Reihe von zwischenbehördlichen Konsultationen eingebettet.

Diese Tatbestandsvoraussetzungen sind aus Sicht des EuGH so detailliert, dass die ESMA nur noch eine „Tatsachenbeurteilung technischer Art" vornehmen müsse. Die Befugnisse seien genau eingegrenzt und zudem gerichtlich überprüfbar.[333] Damit liege kein nach der *Meroni*-Rechtsprechung unzulässiges freies Ermessen vor. Die normative Vorprägung ist ausreichend. Diese Bewertung mag insbesondere angesichts des ersten skizzierten Tatbestandsmerkmals überraschen. Sie zeigt aber in aller Deutlichkeit die Entschlossenheit des EuGH, der europäischen Eigenverwaltung Spielräume zu eröffnen.[334]

b) Folgerungen

Aus der Tatsache, dass der EuGH die auf die ESMA übertragenen Eingriffsbefugnisse aus den genannten Erwägungen gebilligt hat, lassen sich (modifizierte) allgemeine Anforderungen an die Übertragung von Einzelfallentscheidungen an EU-Agenturen ableiten.

Neu ist die Formel von „Tatsachenbeurteilungen technischer Art", die im Zentrum der Rezeption steht.[335] Sie allein hilft aber noch nicht weiter. Schließlich dürfte erhebliche Uneinigkeit darüber bestehen, was bloße (Verwaltungs-)Technik und was politische Entscheidung ist.[336] Viele technokratisch anmutenden Verwaltungsentscheidungen sind politisch.[337] Die in der Leerverkaufsverbotsentscheidung als technische Tatsachenbeurteilungen bezeichneten Voraussetzungen des Art. 28 LeerverkaufsVO

che Schuldtitel, Meldeschwellen, Liquiditätsschwellen für die vorübergehende Aufhebung von Beschränkungen, signifikante Wertminderungen bei Finanzinstrumenten und ungünstige Ereignisse.

333 EuGH, Urt. v. 22.1.2014, Rs. C-270/12 – Leerverkaufsverbot, Rn. 52f.

334 Mit demselben Befund und scharfer Kritik *Gärditz*, EuZW 2020, 505.

335 Vgl. etwa *Gurlit*, WM 2020, 105, 106.

336 Ebenso *Michel*, Institutionelles Gleichgewicht und EU-Agenturen, S. 132f.

337 *Michel*, Institutionelles Gleichgewicht und EU-Agenturen, S. 134, die allerdings für ein – nicht minder schwammiges – Evidenzkriterium („offensichtlich politisch") plädiert.

sind komplexe, stark von politischen Vorprägungen abhängige Beurteilungen,[338] deren gerichtliche Überprüfung schnell an die Funktionsgrenzen der Rechtsprechung stoßen dürfte.[339]

Die Leerverkaufsentscheidung selbst bietet aber Kriterien, um Einzelfallentscheidungen als bloße „Tatsachenbeurteilungen technischer Art" zu qualifizieren. Der EuGH zieht mehrere Aspekte bei der Prüfung des Art. 28 LeerverkaufsVO heran, die abstrahiert werden können.

aa. „Tatsachen" und „Technik"

Zunächst stellt sich die Frage, ob das zentrale Merkmal der „Tatsachenbeurteilung technischer Art" nicht doch aus sich heraus zu einem gewissen Grad bereits subsumtionsfähig ist. Insoweit ist darauf hinzuweisen, dass der Begriff der Tatsachenbeurteilung nicht „Subsumtion unter einen Tatbestand" meint und damit nicht als Gegenbegriff zur (Auswahl der) Rechtsfolge zu verstehen ist. Die klassische deutsche Unterteilung einer Ermessensnorm in Tatbestand und durch Ermessensausübung auszuwählende Rechtsfolge ist dem europäischen Verwaltungsrecht fremd.[340] Dies zeigt sich auch daran, dass der ESMA bei ihrer „Tatsachenbeurteilung" gemäß Art. 28 Abs. 1 LeerverkaufsVO unterschiedliche Maßnahmen zur Auswahl stehen. Sie reichen von einer Verpflichtung von Marktteilnehmern zur Offenlegung von Netto-Leerverkaufspositionen gegenüber Behörden oder der Öffentlichkeit bis zu einem teilweisen oder vollständigen Verbot von Leerverkäufen. Nach der Leerverkaufsentscheidung erlaubt ist also die De-

---

338 *Kohtamäki*, EuR 2014, 321, 328; zweifelnd *Ohler*, JZ 69 (2014), 249, 250.

339 Die Dynamiken auf den Finanzmärkten zu Beginn der COVID19-Pandemie, die die ESMA zum Einschreiten nach Art. 28 LeerverkaufsVO bewegten, etwa dürften in einem gerichtlichen Verfahren nur schwer ohne *hindsight bias* nachzuzeichnen sein, vgl. den Beschluss (EU) 2020/525 der Europäischen Wertpapier- und Marktaufsichtsbehörde vom 16. März 2020 zur gemäß Artikel 28 Absatz 1 Buchstabe a der Verordnung (EU) Nr. 236/2012 des Europäischen Parlaments und des Rates ergehenden Aufforderung an natürliche oder juristische Personen, die eine Netto-Leerverkaufsposition halten, die Meldeschwellen für Netto-Leerverkaufspositionen im ausgegebenen Aktienkapital eines Unternehmens, dessen Aktien zum Handel an einem geregelten Markt zugelassen sind, vorübergehend zu senken, um die zuständigen Behörden beim Überschreiten einer bestimmten Schwelle zu benachrichtigen.

340 Vgl. etwa EuGH, Urt. v. 17.9.1980, Rs. 730/79 – Philip Morris/Kommission, Rn. 24; ebenso *Orator*, Möglichkeiten und Grenzen der Einrichtung von Unionsagenturen, S. 275; instruktiv *Craig*, EU Administrative Law, S. 440.

legation von Entscheidungen sowohl auf Tatbestandsebene als auch auf Rechtsfolgenebene. Auch der Zusatz „technischer Art“ dürfte die Tätigkeit von EU-Agenturen kaum auf eine „technische“ Subsumtion unter von den Organen vorgegebene Tatbestandsvoraussetzungen beschränken.

bb. Weitere Indizien für eine „Tatsachenbeurteilung technischer Art“

Von Bedeutung sind für den EuGH sodann die weiteren Einhegungen des Ermessens der ESMA durch den Unionsgesetzgeber. Eine tertiärrechtliche Ausdifferenzierung der Eingriffsvoraussetzungen und Eingriffsmöglichkeiten ist danach ein Indiz für die primärrechtliche Zulässigkeit der Delegation einer Einzelfallentscheidungsbefugnis auf eine EU-Agentur, aber weder notwendige noch hinreichende Voraussetzung. Dies gilt in besonderer Weise für die Ausdifferenzierungen in delegierten Verordnungen.[341]

Ähnliches gilt für das Erfordernis, dass die Entscheidung durch eine EU-Agentur auf Ausnahmefälle beschränkt bleiben muss. Der Ausnahmecharakter von Leerverkaufsverboten nach Art. 28 LeerverkaufsVO lässt sich in zweifacher Hinsicht beschreiben: Erstens sind Leerverkaufsverbote nach Art. 28 Abs. 2 lit. b) LeerverkaufsVO als „letztes Mittel“ ausgestaltet, zu dem nur bei unzureichenden Maßnahmen mitgliedstaatlicher Behörden gegriffen werden darf. Zweitens sind die Maßnahmen auf maximal drei Monate befristet, auch wenn eine theoretisch unbegrenzte Verlängerungsmöglichkeit besteht, Art. 28 Abs. 10 LeerverkaufsVO. Die Beschränkung einer Kompetenz einer EU-Agentur zur Einzelfallentscheidung auf Ausnahmesituationen sowie die Befristung solcher Entscheidungen sind daher Indizien für eine primärrechtskonforme Delegation.[342]

Schließlich sprechen auch Konsultations- und Begründungspflichten vor und während einer Maßnahme einer EU-Agentur dafür, dass die Übertragung einer Einzelfallentscheidung mit dem Primärrecht vereinbar ist.

---

341 Ebenso *Orator*, Möglichkeiten und Grenzen der Einrichtung von Unionsagenturen, S. 245; ähnlich *Schemmel*, Europäische Finanzmarktverwaltung, S. 352f.

342 *Orator*, Möglichkeiten und Grenzen der Einrichtung von Unionsagenturen, S. 244f.; Ähnlich, in Bezug auf die Art. 17–19 der ESA-VO, *Schemmel*, Europäische Finanzmarktverwaltung, S. 353f.

4. Exkurs: Vorgaben des Grundgesetzes

Von diesen primärrechtlichen Vorgaben an die Ausgestaltung des Abwicklungsverfahrens nach Art. 18 SRM-VO sind die Vorgaben des deutschen Verfassungsrechts für die Übertragung von Hoheitsrechten auf die Europäische Union zu unterscheiden. Das Bundesverfassungsgericht hat hinsichtlich der Einrichtung des SRB im Bankenunionsurteil[343] Bedenken angemeldet, die Regelungen der SRM-VO jedoch im Ergebnis gebilligt.

Dabei ist auffällig, dass das Bundesverfassungsgerichts sich teilweise einer eigenen Lesart der unionsrechtlichen Vorgaben bedient, um die Übertragung von Hoheitsbefugnissen für „gerade noch" mit dem Grundgesetz vereinbar zu erklären.[344] So scheint das Bundesverfassungsgericht die prozedurale Einbettung durch Konsultations-, Unterrichtungs- und Überprüfungspflichten wie im Falle des Leerverkaufsverbots der ESMA für eine zwingende, allgemeine Vorgabe des Primärrechts zu halten.[345] Der EuGH hat die eben beschriebenen Indizien jedoch in einer Art Gesamtschau ausreichen lassen, um eine normativ ausreichend vorgeprägte Delegation anzunehmen, und nicht entschieden, dass die Konsultationspflichten des Art. 28 Abs. 4 und 5 LeerverkaufsVO, die im Übrigen nicht gegenüber einem Unionsorgan, sondern vorrangig gegenüber dem vertragsfremden Europäischen Ausschuss für Systemrisiken („ESRB") sowie nationalen Behörden bestehen, ein primärrechtliches Minimum an normativer Vorprägung darstellen. Das Leerverkaufsurteil ist vielmehr als eine bewusste Ausweitung der Möglichkeiten des europäischen Gesetzgebers zu verstehen, Verwaltungsentscheidungen in großem Umfang auf EU-Agenturen zu delegieren.[346] Das Bankenunionsurteil des Bundesverfassungsgerichts ist insofern eher ein (weiterer) erhobener Zeigefinger gegenüber dem EuGH, der vor allem institutionell-politisch zu verstehen ist.[347]

343 BverfG, NJW 2019, 3204.

344 So ausdrücklich BverfG, NJW 2019, 3204, Rn. 310: SRM-VO „in der hier zugrunde gelegten Auslegung".

345 BverfG, NJW 2019, 3204, Rn. 137.

346 So auch BverfG, NJW 2019, 3204, Rn. 236; mit scharfer Kritik an dieser (allgemeinen) Vorgehensweise des EuGH („Biotopschutz für autonome Exekutivtechnokratie") *Gärditz*, EuZW 2020, 505, 507.

347 Besonders deutlich wird der Selbstbehauptungscharakter des Bankenunionsurteils bei dem Versuch des Bundesverfassungsgerichts, eine enge Auslegung des Kompetenztitels des Art. 114 AEUV festzuschreiben, vgl. BverfG, NJW 2019, 3204, Rn. 232ff.; dies allgemein verteidigend *Gärditz*, EuZW 2020, 505.

III. Folgerungen für das Verfahren nach Art. 18 SRM-VO

Die Vorgaben des Primärrechts sind seit dem Leerverkaufsurteil sehr weit. Prägnant fasst Orator zusammen: „Je dringlicher die Ausübung der Befugnisse und je technischer ihr Charakter, desto eher gelten diese abstrakt gesehen in einen umfangreichen Regelungskomplex zahlreicher inhaltlicher wie prozeduraler Voraussetzungen eingebetteten und gerichtlich überprüfbaren Befugnisse als Meroni-konform."[348]

Überlegungen zu den Vorgaben der *Meroni*-Rechtsprechung für das Abwicklungsverfahren spielten im Gesetzgebungsverfahren der SRM-VO durchaus eine Rolle. In einer soweit ersichtlich nicht veröffentlichten rechtlichen Stellungnahme warnte der juristische Dienst des Rates während der Verhandlungen vor einer Verletzung der *Meroni*-Rechtsprechung durch die SRM-VO.[349] Die Stellungnahme bezieht sich jedoch einerseits offenbar auf den ursprünglichen Kommissionsentwurf der SRM-VO, der im Verlauf des Gesetzgebungsverfahrens erheblich abgeändert wurde[350] und zunächst eine Festlegung des „Abwicklungsrahmens" durch die Kommission und die genaue Ausgestaltung durch das SRB vorsah. Vor allem aber datiert die Stellungnahme, die wesentlich zur Ausgestaltung des Art. 18 SRM-VO beitrug, auf den 7. Oktober 2013 und nimmt daher die Modifizierung der *Meroni*-Rechtsprechung durch das Leerverkaufsurteil vom 22. Januar 2014 nicht in Betracht.[351]

Will man die primärrechtlichen Vorgaben applizieren, sind daher die Entscheidung des SRB nach Art. 18 SRM-VO und die Entscheidung der ESMA bei dem Erlass eines Leerverkaufsverbots nach Art. 28 Leerverkaufs-VO zu vergleichen. Es zeigen sich zahlreiche Parallelen, die die Einordnung als hoch komplexe, aber eben in erster Linie „technische" Vorgänge nahelegt.

Dies wird deutlich, wenn man die vom EuGH berücksichtigten Indizien für eine „Tatsachenbeurteilung technischer Art" heranzieht. Die Krise einer Bank ist schon kraft Natur der Sache eine Ausnahmesituation. Das SRB entscheidet zudem – abgesichert durch das *public interest assessment* und den Vorrang alternativer Maßnahmen – nur in schwerwiegenden

348 Prägnant *Orator*, Möglichkeiten und Grenzen der Einrichtung von Unionsagenturen, S. 247.

349 Vgl. u.a. die Wiedergabe der Stellungnahme in EuG, Urt. v. 1.6.2022, Rs. T-510/17 – Del Valle Ruiz/Kommission und SRB, Rn. 207f.

350 S. zum Gesetzgebungsverfahren *infra* Vierter Teil, A. I. 2.

351 Dies erkennt auch, in anderem Zusammenhang, *Hadjiemmanuil*, in: Binder/Gortsos/Lackhoff/Ohler, Art. 29 SRMR, Rn. 47.

Krisenfällen. Hinzu kommt, dass die Voraussetzungen des Art. 18 Abs. 4 SRM-VO jeweils in Tertiärrechtsakten näher definiert werden.

Dass anderen Organen der Europäischen Union im Verfahren nach Art. 18 SRM-VO erhebliche Mitspracherechte zugewiesen sind, erscheint zudem primärrechtlich nicht gefordert. Der EuGH hat die (bloßen) Konsultationspflichten des Art. 28 Abs. 4 und 5 LeerverkaufsVO als Indiz für die Primärrechtskonformität herangezogen, das „letzte Wort" der ESMA jedoch nicht beanstandet. Diese Indizien müssen nicht kumulativ vorliegen. Einzelne dieser Merkmale sind auch für sich genommen hinreichend für eine Tatsachenbeurteilung technischer Art.

Umso ärgerlicher ist es, dass die kurz nach ihrer Veröffentlichung überholte Stellungnahme des Juristischen Dienstes des Rates vom 7. Oktober 2013 bis heute erheblichen Einfluss auf die Anwendung der *Meroni*-Kriterien auf Art. 18 SRM-VO ausübt. So verwirft das *EuG* in den ersten materiellen Entscheidungen zur Abwicklung von *Banco Popular* das Argument der Kläger, die SRM-VO verstoße gegen die *Meroni*-Rechtsprechung,[352] mit dem Hinweis, der Gesetzgeber habe das Problem ja gesehen und die Entscheidung über die Abwicklung der Kommission überantwortet.[353] Ohne nähere Begründung behauptet das EuG hier, die Abwicklungsentscheidung sei eine wirtschaftspolitische Ermessensentscheidung, für die das Delegationsverbot gelte. Wie eben dargelegt, hält diese Annahme bei näherem Hinsehen nicht stand.

Im Ergebnis bleibt daher festzuhalten, dass die Delegation auf das SRB in Art. 18 SRM-VO grundsätzlich primärrechtskonform ist. Auf die Beurteilungen der einzelnen Verfahrensschritte des Art. 18 SRM-VO ist bei der Detailanalyse dieser Verfahrensschritte einzugehen.

---

352 EuG, Urt. v. 1.6.2022, Rs. T-510/17 – Del Valle Ruiz/Kommission und SRB, Rn. 204ff.

353 EuG, Urt. v. 1.6.2022, Rs. T-510/17 – Del Valle Ruiz/Kommission und SRB, Rn. 216ff.

D. Eingrenzung des Untersuchungsgegenstandes

Zwei Aspekte sollen bei der nachfolgenden Untersuchung weitgehend außer Betracht bleiben:

I. Liquidität in der Abwicklung und Zentralbankintervention

Ein zentrales Problem von Bankenkrisen ist die innerhalb von kürzester Zeit sich verflüchtigende Liquidität der Bank.[354] Der Staat kann insbesondere weitreichende, systemische Bankenkrisen auch „lösen", indem die Zentralbank der kriselnden Bank in großem Umfang Liquidität bereitstellt, gegebenenfalls mit ungünstigen Bedingungen, um den Zugriff der Bank auf die Zentralbankliquidität unattraktiver als die Liquiditätsversorgung auf dem Markt zu machen.[355] Das ist in der Finanzkrise 2007/2008 in bis dahin unvorstellbarem Ausmaß geschehen.[356] Auch die sog. ELA-Kredite (*emergency liquidity assistance*, eine Maßnahme der nationalen Zentralbanken innerhalb des Europäischen Systems der Zentralbanken) fallen in diese Kategorie. Bei vielen bisherigen Bankenrettungen insbesondere vor Inkrafttreten des Abwicklungsrechts haben die Zentralbanken mit Notkrediten in der einen oder anderen Form kriselnde Banken zumindest solange mit Liquidität versorgt, bis eine „politische Lösung" gefunden wurde oder die Behörden Abwicklungsmaßnahmen umsetzen konnten. Je nach Ausgestaltung des Auftrags der Zentralbank kann diese Notmaßnahme in Konflikt mit den geld- oder wirtschaftspolitischen Zielen geraten.[357] Da die Zentralbanken in der Regel unabhängig von politischer Kontrolle

---

354 Ausführlich hierzu infra Dritter Teil, A. I. 2. A) bb.

355 Diese bis heute einflussreiche, grundlegende Beschreibung der Funktion der Zentralbank als sog. *lender of last resort*, zusammengefasst „lend freely, at a penalty rate, against good collateral", stammt von *Bagehot*, vgl. den Auszug von *Bagehot*, in: Goodhart/Illing, Financial Crises, Contagion, and the Lender of Last Resort, 47; vgl. auch den Überblick bei *Binder*, Bankeninsolvenzen im Spannungsfeld zwischen Bankaufsichts- und Insolvenzrecht, S. 724ff.

356 So verkündeten im Dezember 2007 fünf Zentralbanken – die Federal Reserve, die EZB, die Bank of England, die Schweizerische Nationalbank und die Bank of Canada – eine konzertierte Aktion, um dem „erhöhten Druck auf den kurzfristigen Finanzierungsmärkten entgegenzuwirken", vgl. die Pressemitteilung der Federal Reserve, abrufbar unter https://www.federalreserve.gov/monetarypolicy/20071212a.htm.

357 S. zu den Umständen, unter denen die EZB nach ihrer Ansicht Liquidität in der Abwicklung bereitstellen darf, *Mersch*, EuZW 2018, 349.

entscheiden, können sie durch die Bereitstellung von Liquidität also mittelbar über die Initiierung oder Fortdauer von Abwicklungsmaßnahmen (mit-)entscheiden. Weigern sie sich, als *lender of last resort* zu agieren, kommt als Liquiditätsquelle regelmäßig nur noch der jeweilige Staatshaushalt in Betracht,[358] der jedoch wiederum selbst vom Zugang zum Kapitalmarkt abhängig ist.

Auch nach der Durchführung einer Abwicklung kann Zentralbankliquidität eine zentrale Rolle spielen. Dabei ist die kurzfristige Bereitstellung von Liquidität für die zu erwartenden Mittelabflüsse in den ersten Tagen nach der Abwicklung von der Rekapitalisierung der abzuwickelnden Bank zu unterscheiden.[359] Ersteres wird gelegentlich bildhaft „Monday morning liquidity“ genannt. Dieser Punkt ist ebenfalls eng mit der Konzeption der Zentralbankaufgaben in einer Bankenkrise verbunden.

Bei der Bewertung solcher Zentralbankinterventionen spielen ganz wesentlich volkswirtschaftliche (Vor-)Überlegungen und geldpolitische Vorverständnisse und Traditionen eine Rolle.[360] Die vorliegende Untersuchung soll aber die verwaltungsrechtliche Bankenabwicklung, nicht die Rolle der Geldpolitik behandeln. Deshalb wird der Aspekt der Zentralbankliquidität nur gestreift.

II. Rechtssicherheit und gerichtliche Überprüfung

Zweitens soll das Thema „Rechtssicherheit von Abwicklungsmaßnahmen“ aus der Untersuchung ausgeklammert werden. Dieses böte Stoff für eine eigenständige Untersuchung, was folgendes Beispiel verdeutlicht: Angenommen, das SRB weist die deutsche Abwicklungsbehörde BaFin an, eine Abwicklungsanordnung für eine große deutsche Privatbank zu erlassen. Die BaFin müsste daraufhin eine Abwicklungsanordnung in Form einer Allgemeinverfügung erlassen,[361] durch die alle (Aktien-)Anteile an der Bank auf Null herabgeschrieben und zudem ein wesentlicher Teil der ausstehenden Anleihen der Bank in Aktien umgewandelt werden, deren Wert höchst unsicher ist. In einer solchen Situation werden die (bishe-

358 Vgl. *Mersch*, EuZW 2018, 349, 350.

359 Instruktiv hierzu, speziell im Kontext der Bankenunion, *Demertzis/Gonçalves Raposo/Hüttl/Wolff*, How to provide liquidity to banks after resolution in Europe's banking union, S. 6f.

360 Siehe hierzu etwa die Nachweise bei *Binder/Gortsos*, The European Banking Union, S. 12f.

361 § 137 Abs. 1 Satz 1 SAG.

rigen) Aktionäre der Bank vor deutschen und europäischen Gerichten hiergegen klagen.[362] Die Inhaber der Anleihen werden unter Umständen vor einem privaten Schiedsgericht oder vor dem High Court of Justice in London oder einem Gericht des US-Bundesstaats New York klagen, denn möglicherweise finden sich in den Anleihebedingungen eine entsprechende Rechtswahlklausel und eine Gerichtsstandvereinbarung.[363] Inwiefern können deutsche oder europäische Gerichte, der High Court of Justice, ein US-amerikanisches Gericht oder ein privates Schiedsgericht über die Wirksamkeit der Beschlüsse und Verwaltungsakte des SRB und der BaFin entscheiden oder das wirtschaftliche Ergebnis der Abwicklung in Frage stellen?

Diese Frage ist äußerst komplex und dürfte nicht zuletzt durch den Brexit noch schwieriger geworden sein. Schon die juristische Aufarbeitung der bisher (Stand: Sommer 2022) einzigen „echten", das heißt wirtschaftlich bedingten[364] Abwicklung einer Bank, der Fall Banco Popular aus dem Jahr 2017, ist bis ins Jahr 2022 noch nicht abschließend gerichtlich aufgearbeitet.[365] Dies bietet Stoff für eine eigene Untersuchung. Auch wenn es für den Erfolg der Abwicklung entscheidend ist, dass die Märkte der Abwicklung „glauben", also die Wahrscheinlichkeit einer gerichtlichen Abänderung als gering einschätzen, soll das Thema daher ausgespart werden.

---

362 Gegen das Abwicklungskonzept des SRB für die Abwicklung der spanischen Banco Popular sind derzeit noch eine Vielzahl von Klagen anhängig, vgl. die Übersicht von *Smits/Della Negra*, The Banking Union and Union Courts, Stand 1. September 2021, abrufbar unter https://ebi-europa.eu/publications/eu-cases-or-jurisprudence/.

363 Die „Abwicklung" der portugiesischen Banco Espírito Santo durch die portugiesische Zentralbank, vor Inkrafttreten des europäischen Abwicklungsrechts, führte zu langwierigen Prozessen vor dem englischen High Court of Justice, dem Court of Appeal und dem britischen Supreme Court, vgl. dessen Entscheidung vom 4. Juli 2018, *Goldman Sachs v Banco Novo SA* [2018] UKSC 34.

364 Die Abwicklung zweier Tochtergesellschaften der russischen Sberbank steht in engem Zusammenhang mit den Russlandsanktionen, nicht mit einer (idiosynkratischen oder finanzmarktspezifischen) wirtschaftlichen Schieflage der Sberbank.

365 Im Sommer 2022 liegen nur einzelne materielle erstinstanzliche Entscheidungen, insbesondere die Urteile des EuG vom 1. Juni 2022 vor. Von den fünf durch das EuG entschiedenen Rechtssachen (T-481/17, T-510/17, T-523/17, T-570/17 und T-628/17) liegen die Urteilsgründe zu diesem Zeitpunkt nur in zwei Fällen auf Englisch vor (und von keiner Rechtssache auf Deutsch).

Dritter Teil – Ziele und Gelingensbedingungen der Bankenabwicklung

Das im Zweiten Teil beschriebene Verfahren, das das SRB und weitere Akteure in der Krise einer Bank anwenden sollen, ist offensichtlich komplex. Damit stellt sich gleichzeitig die Frage, ob es auch geeignet ist, das Versprechen einer hoheitlichen Bewältigung einer Bankenkrise einzulösen. Dieses Versprechen soll zunächst genauer untersucht werden: Welche Ziele verfolgt der Unionsgesetzgeber in der Bankenabwicklung (A.)?

Sodann stellt sich die Frage, ob das skizzierte Verfahren zur Erreichung dieser Ziele beitragen kann. Zu diesem Zweck sind die Gelingensbedingungen für eine erfolgreiche Bankenabwicklung herauszuarbeiten (B.).

A. Ziele der Bankenabwicklung

Um zu bewerten, ob das geschilderte Verfahren zur Erreichung der Ziele der Bankenabwicklung geeignet ist, sollen diese Ziele zunächst herausgearbeitet werden.[366] Die Ziele der Bankenabwicklung folgen aus den Besonderheiten der Bankeninsolvenz (I.) und sind vom europäischen Gesetzgeber sowohl in der BRRD als auch in der SRM-VO positiviert worden (II.).

I. Das Abwicklungsrecht als Sonderinsolvenzrecht für Banken

Das Abwicklungsrecht ist ein besonderes Insolvenzrecht für Banken.[367] Einerseits sollen die Ziele eines herkömmlichen Insolvenzverfahrens erreicht

---

366 Mit den Begrifflichkeiten der „Neuen Verwaltungsrechtswissenschaft" kann man von „Steuerungszielen" sprechen, vgl. *Voßkuhle*, in: Hoffmann-Riem/Schmidt-Aßmann/Voßkuhle, Grundlagen des Verwaltungsrechts, § 1, Rn. 20.

367 Allgemein zum Verhältnis von Abwicklungsrecht und Unternehmensinsolvenzrecht *Schillig*, in: Haentjens/Wessels, Research Handbook on Crisis Management in the Banking Sector, 81, 84f.; strukturell ähnlich wie hier, einen Bogen vom allgemeinen Insolvenzrecht zum Bankeninsolvenzrecht schlagend, *Schöneberger*, Bankenrestrukturierung und Bankenabwicklung in Deutschland und den USA, S. 70ff.; ebenso auch vor der Finanzkrise schon *Binder*, Bankeninsolvenzen im Spannungsfeld zwischen Bankaufsichts- und Insolvenzrecht, S. 90ff.

werden. Daneben treten jedoch bankspezifische Besonderheiten, die eine besondere Behandlung des insolvenzreifen bzw. insolvenznahen Unternehmens rechtfertigen. Aus diesem Grund sollen im Folgenden zunächst kurz die Ziele des allgemeinen Insolvenzrechts skizziert werden (1.), um daraufhin die Besonderheiten der Bankeninsolvenz in Abgrenzung dazu herauszuarbeiten (2.).

1. Die Ziele des allgemeinen Unternehmensinsolvenzrechts

Die Ziele des Insolvenzrechts, insbesondere die hier interessierenden Ziele des Insolvenzverfahrens für Unternehmen, unterscheiden sich teils erheblich in den verschiedenen Rechtsordnungen.

Dieser Befund gilt bei globaler Betrachtung ebenso wie innerhalb der Europäischen Union. Die Divergenz nationaler Insolvenzrechtsordnungen innerhalb der Europäischen Union ist ein Umstand, der im insolvenzrechtlichen Schrifttum schon lange debattiert wird.[368] Mit der EuInsVO[369] wurde im Jahr 2000 nach jahrzehntelanger Vorarbeit[370] ein einheitliches Regelungswerk über grenzüberschreitende Insolvenzen verabschiedet. Die Harmonisierungswirkung der EuInsVO beschränkt sich indes im Wesentlichen auf Verfahrensfragen. Das in Art. 3 EuInsVO zum Ausdruck kommende Prinzip der Verfahrenseinheit sichert eine Zentralisierung und EU-weite Anerkennung des Hauptinsolvenzverfahrens.[371] Eine erstmalige nennenswerte materielle Harmonisierung des Insolvenzrechts in Europa erfolgte erst kürzlich mit der Restrukturierungsrichtlinie[372]. Sie kodifiziert

368 Vgl. nur die zahlreichen Nachweise zu den verschiedenen Vorstößen auf europäischer und völkerrechtlicher Ebene bei *Reinhart*, in: Münchener Kommentar zur Insolvenzordnung, Vor Art. 1 EuInsVO, Rn. 4ff.

369 Verordnung (EG) Nr. 1346/2000 des Rates vom 29. Mai 2000 über Insolvenzverfahren, neugefasst durch Verordnung (EU) 2015/848 des Europäischen Parlaments und des Rates über Insolvenzverfahren.

370 Von 45 Jahren spricht *Bornemann*, NZI-Beilage 2019, 6; von über dreißig Jahren spricht *Reinhart*, in: Münchener Kommentar zur Insolvenzordnung, Vor Art. 1 EuInsVO, Rn. 1.

371 *Reinhart*, in: Münchener Kommentar zur Insolvenzordnung, Vor Art. 1 EuInsVO, Rn. 33ff.

372 Richtlinie (EU) 2019/1023 des Europäischen Parlaments und des Rates vom 20. Juni 2019 über präventive Restrukturierungsrahmen, über Entschuldung und über Tätigkeitsverbote sowie über Maßnahmen zur Steigerung der Effizienz von Restrukturierungs-, Insolvenz- und Entschuldungsverfahren und zur Änderung der Richtlinie (EU) 2017/1132.

jedoch nicht einheitliche europäischen Prinzipien des Insolvenzrechts und schon gar nicht ein einheitliches europäisches Insolvenzrecht. Sie ist vielmehr in ihrem materiellen Anwendungsbereich auf einen vorinsolvenzlichen „präventiven Restrukturierungsrahmen" (Art. 4 ff. Restrukturierungsrichtlinie) sowie Mindestvorgaben zur Möglichkeit der Restschuldbefreiung (Art. 20 ff. Restrukturierungsrichtlinie) beschränkt und enthält zudem eine Vielzahl an mitgliedstaatlichen Wahlrechten[373] bei der Umsetzung.[374] Die Harmonisierung des Insolvenzrechts in Europa steht mit der Restrukturierungsrichtlinie noch am Anfang.[375] Sie bedürfte der Bereitschaft der Mitgliedstaaten, ihre nationalen Insolvenzkulturen (teilweise) preiszugeben.

Der SRM umfasst daher weiterhin 21 verschiedene nationale Rechtsordnungen mit 21 verschiedenen Insolvenzrechten. Insofern können die Ziele etwa der deutschen Insolvenzordnung nicht ohne weiteres als Vergleichsmaßstab herangezogen werden, um die Ziele der Bankenabwicklung herauszuarbeiten. Andererseits würde eine vergleichende Betrachtung der 21 Insolvenzrechte innerhalb der Eurozone den Rahmen dieser Untersuchung sprengen.[376] Im Folgenden sollen exemplarisch und idealtypisch einige übergreifende Ziele des Insolvenzrechts, die sich in vielen Rechtsordnungen der Welt wiederfinden, dargestellt werden. Es lassen sich dabei als zentrale Dichotomie die Befriedigung der Gläubiger einerseits und ein gewisser Schuldnerschutz andererseits[377] sowie weitere, teilweise politisch begründete Ziele ausmachen.

---

373 Sehr kritisch zur Wirksamkeit der Restrukturierungsrichtlinie, gerade auch angesichts der mehr als 70 Wahlmöglichkeiten, *Freitag*, ZIP 2019, 541, 542, sowie *Klupsch/Schulz*, EuZW 2017, 85, 89.

374 Dies schließt „punktuelle" und teilweise richtlinienunabhängige Harmonisierung nicht aus: So untersucht *Gruber*, NZI 2021, 249 den deutschen und den französischen Rechtsrahmen der vorinsolvenzlichen Restrukturierung und konstatiert eine Annäherung, aber auch fortbestehende Diskrepanzen. Ähnlich auch *Paulus*, EuZW 2021, 238, 239.

375 Deutlich („ein Paradigmenwechsel dürfte niemandem abgetrotzt worden sein"), *Bornemann*, NZI-Beilage 2019, 6, 7; ebenso („[D]ie nationalstaatlichen Individualinteressen [haben] das Einheitskonzept massiv unterhöhlt") *Paulus*, NZI-Beilage 2019, 8.

376 Zum Stand der Rechtsvergleichung im Unternehmensinsolvenzrecht *Eidenmüller*, in: Gordon/Ringe, The Oxford Handbook of Corporate Law and Governance, 1003, 1004; vgl. auch die ältere empirische Arbeit von *La Porta/Lopez-de-Silanes*, in: Claessens/Djankov/Mody, Resolution of Financial Distress, 65.

377 Prägnant zu dieser Dichotomie *Westbrook*, in: Claessens/Djankov/Mody, Resolution of Financial Distress, 47, 56.

Dabei spielt die ökonomische Analyse des Insolvenzrechts eine, aber nicht die allein ausschlaggebende Rolle. Deren Untersuchungsansatz, die Anreizverteilung mit Blick auf die Eigentümer und Manager insolvenznaher Unternehmen sowie die unterschiedlichen Gläubiger herauszuarbeiten, mag ein wichtiges Analyseinstrument sein.[378] Mangels empirischer Überprüfbarkeit der „Effizienz“[379] eines Insolvenzrechtsregimes und angesichts der legitimen normativen Aufladung des Insolvenzverfahrens mit Nebenzielen führt eine ausschließlich an der Steuerungswirkung interessierte Betrachtung nicht weiter.[380]

a) Ziel der Befriedigung von Gläubigerinteressen

Einerseits sollen im und durch das Insolvenzverfahren die Gläubiger des insolventen Unternehmens befriedigt werden. Zu diesem Zweck soll der Wert des insolventen Unternehmens maximiert und damit den Gläubigern ermöglicht werden, einen möglichst großen Teil ihrer Forderungen realisieren zu können.[381] Für diese Maximierung stehen im Wesentlichen zwei Verfahren zur Auswahl:[382] Einerseits kann das Unternehmen liquidiert werden, indem alle Vermögensgegenstände verwertet und der Erlös

---

378 Hierzu und dies betonend *Eidenmüller*, in: Gordon/Ringe, The Oxford Handbook of Corporate Law and Governance, 1003, 1011f.; für eine rein ökonomische, teilweise spieltheoretische Betrachtung des allgemeinen Unternehmensinsolvenzrechts siehe *Schöneberger*, Bankenrestrukturierung und Bankenabwicklung in Deutschland und den USA, S. 71ff.

379 *Westbrook*, in: Claessens/Djankov/Mody, Resolution of Financial Distress, 47, 55; *Eidenmüller*, in: Gordon/Ringe, The Oxford Handbook of Corporate Law and Governance, 1003, 1011f. gibt zu bedenken, dass etwa der Vergleich der Erlösquoten unter verschiedenen Insolvenzregimen nur beschränkt aussagekräftig sei.

380 Differenzierend *Stiglitz*, in: Claessens/Djankov/Mody, Resolution of Financial Distress, 1, 3f.; auch *Eidenmüller*, in: Gordon/Ringe, The Oxford Handbook of Corporate Law and Governance, 1003, 1034f. erkennt an, dass die unterschiedliche Ausgestaltung des Insolvenzrechts auch auf „deep normative structures“ der verschiedenen Rechtsordnungen beruhen könnte.

381 Diesen Zweck herausstellend *Schöneberger*, Bankenrestrukturierung und Bankenabwicklung in Deutschland und den USA, S. 80; ebenfalls den Gläubigerschutz betonend *La Porta/Lopez-de-Silanes*, in: Claessens/Djankov/Mody, Resolution of Financial Distress, 65, 80f.

382 *Eidenmüller*, in: Gordon/Ringe, The Oxford Handbook of Corporate Law and Governance, 1003, 1006f.; *M. J. White*, in: Claessens/Djankov/Mody, Resolution of Financial Distress, 25, 31ff.

entsprechend der Gläubigerrangstellung verteilt wird. Eine zentrale Aufgabe des Insolvenzverfahrens ist es hierbei, einen Wettlauf der Gläubiger um die Vermögensgegenstände zu verhindern, um in einem geordneten Verfahren einen höheren Verwertungserlös zu erzielen.[383] Andererseits kommt auch eine Restrukturierung und die anschließende Fortführung des Unternehmens in Betracht. Letzteres soll – so die ökonomische Perspektive – insbesondere dann vorzugswürdig sein, wenn der Fortführungswert den Liquidationswert übersteigt.[384] Die Restrukturierung kann hierbei sowohl eine Neuordnung der Verbindlichkeiten als auch eine Anpassung des Geschäftsmodells umfassen.[385]

Das deutsche Insolvenzrecht betont traditionellerweise die Befriedigung der Gläubiger als Verfahrensziel.[386] Dies spiegelt sich in den in § 1 InsO normierten Zielen des deutschen Insolvenzverfahrens wider: Danach ist es das Ziel des Insolvenzverfahrens, die Gläubiger zu befriedigen, indem die verbliebene Haftungsmasse verwertet wird oder, gleichsam als Mittel zum Zweck der Gläubigerbefriedigung,[387] „in einem Insolvenzplan eine abweichende Regelung insbesondere zum Erhalt des Unternehmens getroffen wird".[388] Die in § 1 Satz 2 InsO vorgesehene Restschuldbefreiung für redliche Schuldner betrifft dagegen gemäß § 286 InsO nur natürliche Personen und kann hier außer Betracht bleiben. Auch das britische Insolvenzrecht ist – anders als das US-amerikanische – traditionell gläubigerfreundlich.[389]

---

383 Zu diesem *collective action problem* vgl. *Mucciarelli*, European Business Organization Law Review 14 (2013), 175, 179.

384 S. statt vieler *Eidenmüller*, in: Gordon/Ringe, The Oxford Handbook of Corporate Law and Governance, 1003, 1010.

385 Ausführlich zu unterschiedlichen Ausgestaltungen des „Rettungsverfahrens" *Eidenmüller*, in: Gordon/Ringe, The Oxford Handbook of Corporate Law and Governance, 1003, 1025ff.

386 Ausführlich *Korch*, ZHR 2018, 440. Die interessante Frage, inwiefern neben dieses traditionelle Verfahrensziel des deutschen Insolvenzrechts als weiteres Primärziel der Erhalt des Schuldner getreten ist, kann hier nicht weiter vertieft werden.

387 Dies betonend *Heese*, JZ 73 (2018), 179, 180.

388 Ob es durch die Restrukturierungsrichtlinie zu einem Paradigmenwechsel kommt, ist umstritten; dies tendenziell bejahend *Korch*, ZHR 2018, 440, 441f.; dagegen Paulus, *Paulus*, NZI-Beilage 2021, 9; vgl. auch kritisch aus ordnungspolitischer Perspektive *Schnabl/Siemon*, NZI-Beilage 2018, 913, 917f.

389 *Westbrook*, in: Claessens/Djankov/Mody, Resolution of Financial Distress, 47, 56.

b) Berücksichtigung von Schuldnerinteressen

Andererseits ermöglicht eine Insolvenz dem Schuldner einen „Neuanfang“. Das insbesondere im US-amerikanischen Recht verbreitete Insolvenzziel des „fresh start“[390] kann sowohl ökonomische als auch normative Argumente beanspruchen.[391] Aus ökonomischer Sicht spricht insbesondere in Fällen, in denen der Unternehmenserfolg stark vom persönlichen Einsatz des Eigentümers abhängt, viel für den „motivierenden“ Effekt einer Restrukturierung mit Fortführungsperspektive.[392] Auch abgesehen von Kleinunternehmen gilt die Möglichkeit für (große) Unternehmen, sich mit insolvenzrechtlichen Mitteln neu aufzustellen, vor allem in den USA als wohlfahrtsfördernd.[393] Die ökonomische Sicht geht einher mit einem normativen Vorverständnis, in dem das Scheitern als die „Kehrseite des wirtschaftlichen Erfolgs gesehen“[394] wird und keineswegs mit dem „Makel der Insolvenz“ behaftet ist.

Steht das Ziel des Schuldnerschutzes im Vordergrund, so beansprucht die Reorganisation und Fortführung des Unternehmens Vorrang vor der Liquidation. Insofern bezwecken Sanierungsverfahren teilweise zugleich die Gläubigerbefriedigung und den unternehmerischen Neuanfang.[395]

---

390 Als wegweisend gilt die Formulierung des U.S. Supreme Court in Local Loan Co. V. Hunt, 292 U.S. 234, 244 (1934): Der Zweck des Insolvenzrechts sei „to relieve the honest debtor from the weight of oppressive indebtedness, and permit him to start afresh free from the obligations and responsibilities consequent upon business misfortunes,“ Die vielzitierte Stelle nimmt selbst allerdings Bezug auf eine Formulierung in der Entscheidung Williams v. U.S. Fidelity & Guaranty Co., 236 U.S. 549, 554 (1915), wonach es – eine ganz andere Stoßrichtung – im Insolvenzverfahren zunächst darum gehe „to convert the assets ort h bankrupt into cash for distribution among creditors“ bevor ein *fresh start* angezeigt sei. Zu den Hintergründen s. auch *Heese*, JZ 73 (2018), 179, 181f.

391 *Eidenmüller*, in: Gordon/Ringe, The Oxford Handbook of Corporate Law and Governance, 1003, 1013; dies verkennend *Schöneberger*, Bankenrestrukturierung und Bankenabwicklung in Deutschland und den USA, S. 81.

392 In diesen Fällen sei es vorzugswürdig, vom strengen Vorrang der Fremdkapitalgläubiger abzurücken, so das Modell von *Ayotte*, Journal of Law, Economics, and Organization 23 (2006), 161.

393 *Stiglitz*, in: Claessens/Djankov/Mody, Resolution of Financial Distress, 1, 2f.; *Heese*, JZ 73 (2018), 179, 181f.

394 So die Formulierung von *Heese*, JZ 73 (2018), 179, 181; vgl. auch aus kulturgeschichtlicher Perspektive *Paulus*, ZinsO 2019, 1153.

395 Vgl. *Westbrook*, in: Claessens/Djankov/Mody, Resolution of Financial Distress, 47, 51.

c) Weitere Verfahrensziele

Abgesehen von der zentralen Dichotomie von Gläubiger- und Schuldnerinteressen weisen viele Insolvenzrechte zudem weitere (Neben-)Ziele auf. Unter diesen Zielen sind insbesondere die Berücksichtigung von Arbeitnehmerinteressen,[396] fiskalische Interessen sowie die „systemische" Bedeutung großer Unternehmen[397] hervorzuheben.

Neben diesen unmittelbar in jedem Verfahren zu verwirklichenden Zielen ist das Insolvenzrecht häufig mit wirtschaftspolitischen Ordnungsvorstellungen „aufgeladen", die auf einer Makroebene etwa die Funktion des Insolvenzrechts zur Marktbereinigung[398] oder zur Förderung der Fremdkapitalfinanzierung (und damit mittelbar des Wirtschaftswachstums)[399] in den Blick nehmen.

d) Zwischenergebnis

Die Abwägung zwischen Schuldner- und Gläubigerinteressen, die im Zentrum der Ausgestaltung des Insolvenzrechts steht, ist von vielen Faktoren abhängig. Auch wenn oftmals Nebenziele eine Rolle spielen, so ist das (allgemeine) Insolvenzrecht doch geprägt von den beiden Polen „Schuldner" und „Gläubiger".

---

396 S. zum Schutz von Arbeitnehmern in der Insolvenz, auch zum Verhältnis zwischen Insolvenzrecht und Sozialsystemen, *Mucciarelli*, European Business Organization Law Review 14 (2013), 175, 180ff.; der Schutz vor Arbeitsplatzverlusten wird auch in ErwGr 2–4 der Restrukturierungsrichtlinie betont.

397 Einen Vergleich zwischen der Insolvenz von Großunternehmen und Banken diskutiert *Binder*, Bankeninsolvenzen im Spannungsfeld zwischen Bankaufsichts- und Insolvenzrecht, S. 92ff. Im Ergebnis lehnt *Binder* – wohlgemerkt vor der Finanzkrise – eine grundsätzliche Abweichung von allgemeinen Prinzipien des Insolvenzrechts sowohl für Großunternehmen als auch für Banken ab.

398 Für das deutsche Recht deutlich *Heese*, JZ 73 (2018), 179, 180f.; ausführlich und mit Nachweisen zum Verständnis des deutschen Ordoliberalismus *Binder*, Bankeninsolvenzen im Spannungsfeld zwischen Bankaufsichts- und Insolvenzrecht, S. 90f.

399 Aus amerikanischer Perspektive *Stiglitz*, in: Claessens/Djankov/Mody, Resolution of Financial Distress, 1; ob die in Deutschland bzw. im deutschen Ordoliberalismus vorherrschenden Ansichten einen internationalen Konsens widerspiegeln, muss bezweifelt werden. So aber *Binder*, Bankeninsolvenzen im Spannungsfeld zwischen Bankaufsichts- und Insolvenzrecht, S. 92.

2. Besonderheiten der Insolvenz systemrelevanter Banken

Banken sind Wirtschaftsunternehmen, die ihre Dienstleistung gegen Entgelt am Markt anbieten und sich im Wettbewerb zueinander befinden. Daher stellt sich die Frage, weshalb es eines Sonderinsolvenzrechts für systemrelevante Banken bedarf. Weshalb ist das allgemeine Insolvenzverfahren mit den Zielen „Gläubigerbefriedigung" und „unternehmerischer Neuanfang", modifiziert durch vor allem sozialpolitisch motivierte Nebenziele, nicht geeignet für große Banken? Empirisch lässt sich jedenfalls beobachten, dass insolvente oder insolvenznahe Banken schon immer eine Sonderbehandlung erfuhren,[400] auch wenn die Herausbildung positivrechtlicher Sonderregelungen, von der Modifizierung einzelner insolvenzrechtlicher Vorschriften bis zur Herausbildung eines besonderen Abwicklungsrechts, eine relativ moderne Entwicklung ist.[401] Zwar wird heute kaum noch bestritten, dass die Anwendung des allgemeinen Insolvenzverfahrens auf systemrelevante Banken ungeeignet ist.[402] Diese Sonderbehandlung bedarf

---

400 Einen ausführlichen historischen Abriss über die verschiedenen Reaktionen auf Finanzkrisen in den USA ab dem frühen 19. Jahrhundert bietet *Gorton*, Misunderstanding financial crises, S. 98ff. In der Regel bedeuteten diese eine Privilegierung der Banken: „Typically, when holders of bank debt demand payment in fixed amounts, borrowing banks must legally honor these demands. But historically, during financial crises, debt contracts have not been enforced. Banks would suspend convertibility – refusing to honor demands for cash – and the government would help banks by upholding suspensions of convertibility and declaring bank holidays. Courts have ruled that failure to honor bank-debt contracts in a crisis did not mean banks were insolvent, so bank-debt holders simply couldn't collect what they were owed." Zu staatlich angeordneten „Bankfeiertagen" und staatlichen Garantien als Reaktion auf die deutsche Bankenkrise 1931 s. *Binder*, Bankeninsolvenzen im Spannungsfeld zwischen Bankaufsichts- und Insolvenzrecht, S. 54f.; zur langen englischen Tradition der Kriseninterventionder Bank of England als „Lender of Last Resort", *Milne/Wood*, Journal of Banking Regulation 10 (2009), 89, 108ff.

401 Siehe zur Rechtsentwicklung in Deutschland und Großbritannien vom 19. Jahrhundert bis in die Zeit kurz vor der Finanzkrise detailliert *Binder*, Bankeninsolvenzen im Spannungsfeld zwischen Bankaufsichts- und Insolvenzrecht, S. 51ff.; dies gilt jedoch nicht für die USA – dort ist schon seit 1933 die *Federal Deposit Insurance Corporation* (FDIC) für die Abwicklung einer Reihe von Banken zuständig. Siehe zur Geschichte des US-Bankeninsolvenzrechts *Bliss/Kaufman*, Virginia Law & Business Review 2 (2007), 143, 149ff.

402 Zum internationalen Konsens *Binder*, in: Binder/Singh, Bank Resolution, 25, Rn. 2.08 – 2.13; für die Anwendung des US-amerikanischen Chapter 11-Verfahrens auf bestimmte Banken jedoch *Ayotte/Skeel*, The Journal of Corporation Law 35 (2010), 469.

jedoch einer Begründung.[403] Der Kern dieser Begründung ist die Erkenntnis, dass die unkontrollierte Insolvenz[404] systemrelevanter Banken – anders als die Insolvenz eines „normalen" Unternehmens – schädliche Folgen für eine Vielzahl von Wirtschaftsteilnehmern oder gar für die Volkswirtschaft insgesamt haben kann. In volkswirtschaftlicher Diktion handelt es sich um „externe Kosten". Externe Kosten können einerseits durch Ansteckungseffekte auf den Finanzmärkten entstehen (a)). Andererseits kann der Ausfall einer Bank zu negativen Auswirkungen auf die (lokale) Realwirtschaft führen (b)).

a) Ansteckungseffekte auf den Finanzmärkten

Die spezifischen externen Kosten, die eine Bankeninsolvenz auf den Finanzmärkten auslösen können, folgen aus dem „Ansteckungseffekt". Fällt eine Bank aus, so ist unter Umständen eine Vielzahl von Banken und anderen Finanzmarktteilnehmern hiervon negativ betroffen. Der Ausfall mehrerer Banken aufgrund dieses Ansteckungseffekts kann zu einer systemischen Krise des Finanzsystems führen. Zu Erhellung dieses Zusammenhangs sind zunächst die hierbei gängigen Begriffe zu erläutern (aa.). Sodann soll der Ansteckungseffekt durch verschiedene Ansteckungskanäle näher beschrieben werden (bb.).

aa. Die Begriffe Systemrelevanz, *too big to fail* und Systemrisiko

Der Ansteckungseffekt kommt nicht in jedem Fall zum Tragen. Nur bestimmte, große Banken produzieren die beschriebenen externen Kosten. Als Oberbegriff für diese Banken ist der Ausdruck „systemrelevante Bank" geläufig. Systemrelevante Banken stellen – aufgrund des Ansteckungseffekts – ein systemisches Risiko bzw. „Systemrisiko" dar. Die Begriffe Systemrisiko und Systemrelevanz überschneiden sich weitgehend.[405]

---

403 Zur Begründungsbedürftigkeit einer insolvenzrechtlichen Sonderbehandlung von Banken, einen Vergleich zur Debatte um eine insolvenzrechtliche Sonderbehandlung von Großunternehmen ziehend, vgl. nochmals *Binder*, Bankeninsolvenzen im Spannungsfeld zwischen Bankaufsichts- und Insolvenzrecht, S. 92ff.

404 Häufig *disorderly wind-down* oder *disorderly resolution* genannt.

405 *Mülbert*, in: Burgard/Hadding/Mülbert/Nietsch/Welter, Festschrift für Uwe H. Schneider, 855, 858. Teilweise wird der Begriff des systemischen Risikos wei-

Gesetzliche Definitionen der Begriffe „Systemrelevanz“ und „Systemrisiko“ sind selten.[406] Entsprechende Definitionsversuche sind auch wenig aussichtsreich. Wann eine Bank systemrelevant ist, lässt sich abstrakt kaum bestimmen, auch wenn es durchaus Versuche gibt, allgemeine Kriterien für diese Qualifizierung aufzustellen.[407] So unterscheidet auf europäischer Ebene Art. 131 CRD IV zwischen global systemrelevanten Instituten („G-SRI“) und anderen systemrelevanten Instituten („A-SRI“). Für die Ermittlung der G-SRI hat die EBA gemäß Art. 131 Abs. 18 CRD IV mittels tech-

---

ter verstanden, so dass auch bestimmte Verbriefungspraktiken auf den Kapitalmärkten darunter gefasst werden, vgl. etwa *Günther*, WM 2010, 825, 826;

406 Eine Definition des Begriffs des Systemrisikos ist in Art. 2 lit. c) ESRB-VO normiert. Danach bezeichnet der Ausdruck „Systemrisiken“ die „Risiken einer Beeinträchtigung des Finanzsystems, die das Potenzial schwerwiegender negativer Folgen für die Realwirtschaft der Union oder eines oder mehrerer ihrer Mitgliedstaaten und für das Funktionieren des Binnenmarkts beinhalten. Alle Arten von Finanzmittlern, -märkten und -infrastrukturen können potenziell in gewissem Maße von systemischer Bedeutung sein.“ Die Pluralform „beinhalten“ ist missverständlich. Nicht die Risiken beinhalten das Potenzial schwerwiegender negativer Folgen, sondern die Beeinträchtigung des Finanzsystems beinhaltet dieses Potenzial. In der englischen Sprachfassung wird der Bezug klarer: “‘systemic risk’ means a risk of disruption in the financial system with the potential to have serious negative consequences ort he internal market and the real economy. All types of financial intermediaries, markets and infrastructure may be potentially systemically important to some degree.” Es geht also zunächst um die Stabilität auf Ebene der Finanzwirtschaft, in zweiter Ordnung jedoch um die negativen realwirtschaftlichen Auswirkungen einer Finanzkrise. Vgl. auch zur Definition in § 1 Abs. 4 Nr. 2 lit. a) RettungsG *Mülbert*, in: Burgard/Hadding/Mülbert/Nietsch/Welter, Festschrift für Uwe H. Schneider, 855, 860.

407 Zu verschiedenen abstrakten Definitionsversuchen s. *Grünewald*, The Resolution of Cross-Border Banking Crises in the European Union, S. 11ff.; aus verfassungsrechtlicher Perspektive, *Günther*, WM 2010, 825 („unbestimmter Rechtsbegriff mit Beurteilungsspielraum“); ausführlich *Mülbert*, in: Burgard/Hadding/Mülbert/Nietsch/Welter, Festschrift für Uwe H. Schneider, 855, 861ff.; vgl. aus der umfangreichen wirtschaftswissenschaftlichen Literatur zur Messung von Systemrisiken und zur dadurch ermöglichten Identifizierung systemrelevanter Banken die Überblicke bei *Kleinow*, Systemrelevante Finanzinstitute, S. 109ff. und *Benoit/Colliard/Hurlin/Pérignon*, Review of Finance 21 (2017), 109.

nischer Regulierungsstandards[408] und ergänzender Leitlinien[409] eine auch rechtsverbindliche Methode erarbeitet.

Eine grobe Taxonomie von Systemrelevanz bieten zudem die Kriterien *„too big to fail"*, *„too complex to fail"* oder *„too interconnected to fail"*. Diese Formulierungen lenken den Blick auf die Tatsache, dass der Ausfall einer systemrelevanten Bank so verheerend wäre, dass der Staat diesen Ausfall (*„fail"*) nicht zulassen kann und stattdessen diese Bank mit öffentlichen Mitteln „retten" muss.

Einen gewissen internationalen Konsens, welche Banken auf globaler Ebene systemrelevant sind, spiegelt die vom *Financial Stability Board* (FSB) geführte Liste der global systemrelevanten Banken, üblicherweise nach ihrer englischen Abkürzung G-SIBs (*global systemically important banks*) genannt, wider.[410] Diese Liste basiert auf – mehr oder weniger willkürlich festgelegten[411] – 13 Indikatoren[412] mit zahlreichen Unterindikatoren[413] und wird jährlich aktualisiert.

bb. Ansteckungskanäle

Der Ansteckungseffekt, der die Krise einer systemrelevanten Bank auf andere Banken ausweitet, kann mittels einer Unterscheidung verschiedener Ansteckungskanäle beschrieben werden. Über die Abgrenzung verschiedener Kanäle und die Ansteckungsmechanismen herrscht dabei kein klarer

---

408 Delegierte Verordnung (EU) Nr. 1222/2014 der Kommission vom 8. Oktober 2014 zur Ergänzung der Richtlinie 2013/36/EU des Europäischen Parlaments und des Rates durch technische Regulierungsstandards zur Festlegung der Methode zur Bestimmung global systemrelevanter Institute und zur Festlegung der Teilkategorien global systemrelevanter Institute.

409 *European Banking Authority*, Guidelines for the identification of global systemically important institutions (G-SIIs), EBA/GL/2020/14.

410 *Financial Stability Board*, 2021 list of global systemically important banks (G-SIBs).

411 Zur Kritik s. etwa *Kleinow*, Systemrelevante Finanzinstitute, S. 103, sowie *Benoit/Colliard/Hurlin/Pérignon*, Review of Finance 21 (2017), 109, 130.

412 S. die Liste bei *Basel Committee on Banking Supervision*, Global systemically important banks: revised assessment methodology and the higher loss absorbency requirement, Rn. 20 (Stand 2018).

413 Vgl. Das Template der EBA https://eba.europa.eu/documents/10180/829471/BCBS+end-2018+G-SIB+template.xlsx/4e97578e-84da-4ae4-8301-2f1fa129e713. (Stand 2018).

Konsens.[414] So unterscheidet *Binder* – vor der Finanzkrise – drei spezifische Gefahren der Insolvenz einer systemrelevanten Bank: Die Ansteckung durch die Ausweitung von *bank runs* auf weitere Banken, den durch eine Bankeninsolvenz verursachten Forderungsausfall im Interbankengeschäft und – als Unterfall dieser Gefahr – den Zusammenbruch des Zahlungsverkehrs, insbesondere aufgrund der Realisierung des sog. Herstatt-Risikos.[415] Eine ähnliche Unterscheidung trifft *Lastra*,[416] die zudem einen *psychological channel* als zusätzlichen Aspekt zum Phänomen des *bank runs* hinzufügt.[417] *Grünewald* hingegen fasst den Forderungsausfall zwischen Banken und den Zusammenbruch des Zahlungsverkehrs als *direct contagion* zusammen und bezeichnet das Risiko sich ausbreitender *bank runs* als *reputational contagion*.[418] Ähnlich ist die Unterscheidung von *Schöneberger*[419] in direkte und indirekte Ansteckung sowie das Begriffspaar „contagion" und „similarity" von *Gordon* und *Muller*[420]. Die wirtschaftswissenschaftliche Literatur zu Ansteckungseffekten und Ansteckungskanälen ist nahezu unüberschaubar.[421] Für die Bestimmung der Ziele des Abwicklungsrechts genügt es

---

414 Vgl. Nur den Überblick über den Stand der wirtschaftswissenschaftlichen Forschung zu *financial contagion* zu Beginn der Finanzkrise bei *Allen/Gale*, in: Allen/Gale, Financial Crises, ix, xxiiif.

415 *Binder*, Bankeninsolvenzen im Spannungsfeld zwischen Bankaufsichts- und Insolvenzrecht, S. 104ff.; daneben identifiziert er zwei nicht systemrelevante Gefahren einer Bankeninsolvenz: Den Verlust von Einlagen und die Gefährdung der Kreditversorgung der Kreditnehmer, *Binder*, Bankeninsolvenzen im Spannungsfeld zwischen Bankaufsichts- und Insolvenzrecht, S. 103.

416 *Lastra* unterscheidet zwischen einem *inter-bank, inter-institution, inter-instrument channel* (entspricht dem Stillstand des Interbankengeschäfts), einem *payment systems channel* (entspricht dem Risiko des Zusammenbruchs des Zahlungsverkehrs) und einem *information channel*, unter den sie insbesondere *bank runs* fasst.

417 *Lastra*, Capital Markets Law Journal 6 (2011), 197, 201ff.; vgl. Auch *Binder*, Bankeninsolvenzen im Spannungsfeld zwischen Bankaufsichts- und Insolvenzrecht, S. 723.

418 *Grünewald*, The Resolution of Cross-Border Banking Crises in the European Union, S. 20; ebenso *Sjöberg*, in: Ringe/P. M. Huber, Legal Challenges in the Global Financial Crisis, 187, 191.

419 *Schöneberger*, Bankenrestrukturierung und Bankenabwicklung in Deutschland und den USA, S. 89ff.

420 *Gordon/Muller*, Avoiding Eight-Alarm Fires in the Political Economy of Systemic Risk Management, S. 11, mit Beispielen.

421 Vgl. etwa die zahlreichen zitierten Studien bei *Calomiris/Gorton*, in: Hubbard, Financial Markets and Financial Crises, 109, 120ff. sowie den Überblick über den Stand der wirtschaftswissenschaftlichen Forschung zu *financial contagion* zu Beginn der Finanzkrise bei *Allen/Gale*, in: Allen/Gale, Financial Crises, ix,

jedoch, die grundlegende Mechanik des *bank run* zu beschreiben und die Anfälligkeit der Banken durch die Vernetzung auf dem Interbankenmarkt deutlich zu machen.[422]

(1) Ansteckung durch *bank runs*

„*Bank run*" bezeichnet die massenhafte Geltendmachung kurzfristig fälliger Forderungen der Einleger. Bankeinlagen sind typischerweise kurzfristig fällig, wohingegen die damit finanzierten Aktiva der Bank illiquide sind.[423] Banken halten typischerweise nur wenige liquide Aktiva, die gerade genügen, um die im normalen Geschäftsgang anfallenden Forderungen ihrer (Einlagen-)Kunden zu begleichen.

Ein *bank run* beginnt, wenn zunächst einzelne Gläubiger ihre Einlagenforderungen gegen die Bank aufgrund einer Erschütterung des Vertrauens in die Stabilität der Bank geltend machen. Werden ausreichend viele Einlagenforderungen geltend gemacht, so kann die Bank diese aus der vorgehaltenen Liquidität nicht mehr erfüllen. Sie muss – unter Druck und damit mit Abschlägen – langfristige und illiquide Aktiva liquidieren. Die dadurch entstehenden Verluste beschädigen das Vertrauen in die Stabilität der Bank weiter. Zusätzliche Einlagenabflüsse sind die Folge. Es entwickelt sich die Eigendynamik des *bank run*.

Der Auslöser für einen *bank run* kann ein externes Ereignis wie etwa eine negative Prognose für einen Teil des Kreditengagements der Bank

---

xxiiif.; aus neuerer Zeit siehe den umfangreichen Überblick, auch zu dem zusätzlichen Aspekt der Gleichartigkeit der Vermögensgegenstände („asset commonality") mehrerer Banken, bei *Benoit/Colliard/Hurlin/Pérignon*, Review of Finance 21 (2017), 109 sowie die Einteilung der wirtschaftswissenschaftlichen Literatur nach den Kategorien „Systemrisikobeitrag" und „Systemrisikoempfindlichkeit" bei *Kleinow*, Systemrelevante Finanzinstitute, S. 19ff.

422 Ähnlich wie hier auch knapp *Hartmann-Wendels/Pfingsten/Weber*, Bankbetriebslehre, S. 322.

423 Siehe nur *Binder*, Bankeninsolvenzen im Spannungsfeld zwischen Bankaufsichts- und Insolvenzrecht, S. 104f.; diese Analyse betrifft das klassische Geschäftsmodell von (Geschäfts-)Banken, im englischen Sprachraum oft *commercial banking* genannt. Die Verlagerung dieser Bankfunktion auf Kapitalmärkte, insbesondere auf den Markt für verbriefte Kredite, die als eine Hauptursache der Finanzkrise von 2007–2008 gilt, soll hier außen vor bleiben. Vgl. dazu grundlegend *Gorton/Metrick*, Journal of Financial Economics 104 (2012), 425.

sein.[424] Inwiefern ein sachlicher Grund für die plötzliche, massenhafte Geltendmachung von Forderungen vorliegen muss, ist dabei heftig umstritten. Einiges spricht dafür, dass es nicht entscheidend darauf ankommt, ob die betroffenen Banken wirtschaftlich tatsächlich vor einer Krise stehen, ob also das den *bank run* auslösende Ereignis den massiven Vertrauensverlust rechtfertigt. Denn bereits die Erwartung eines Gläubigers, andere Gläubiger würden ihre Einlagen abziehen, führt dazu, dass dieser Gläubiger „vor den anderen" tätig werden will.[425] In dieser Situation ist es unabhängig von der geschäftlichen Situation der Bank für einen Gläubiger rational, seine Forderung sofort geltend zu machen. Der massive Vertrauensentzug durch die Einleger bringt also auch eine wirtschaftlich an sich gesunde Bank zu Fall.[426] Der *bank run* auf die britische Bank Northern Rock ist ein Beispiel für den Zusammenbruch einer Bank, deren Aktiva an sich werthaltig waren.[427]

---

424 Nach der richtungsweisenden Arbeit von *Diamond* und *Dybvig* kann der Auslöser für einen *bank run* ein völlig zufälliges Ereignis sein (*Diamond/Dybvig*, Journal of Political Economy 91 (1983), 401, 410): "This could be a bad earnings report, a commonly observed run at some other bank, a negative government forecast, or even sunspots. It need not be anything fundamental about the bank's condition. The problem is that once they have deposited, anything that causes them to anticipate a run will lead to a run."

425 So die klassische Erklärung bei *Diamond/Dybvig*, Journal of Political Economy 91 (1983), 401; vgl. auch die weiteren Nachweise bei *Binder*, Bankeninsolvenzen im Spannungsfeld zwischen Bankaufsichts- und Insolvenzrecht, § 4 Fn. 293; etwa *Calomiris/Gorton*, in: Hubbard, Financial Markets and Financial Crises, 109, 142f., sehen jedoch – im Hinblick auf Finanzkrisen des 19. Und frühen 20. Jahrhunderts in den USA – einen Zusammenhang zwischen Fundamentaldaten (fallende Aktienkurse) und Finanzkrisen. Für einen Überblick über die Streitfrage, was einen *bank run* auslöst, siehe *Allen/Gale*, in: Allen/Gale, Financial Crises, ix, xviff.

426 Zusammenfassend *Gordon/Muller*, Avoiding Eight-Alarm Fires in the Political Economy of Systemic Risk Management, S. 10f.; zu Kritik und Weiterentwicklungen dieser „random withdrawal theory" von *Diamond* und *Dybvig* siehe etwa *Freixas/Giannini/Hoggarth/Soussa*, in: Goodhart/Illing, Financial Crises, Contagion, and the Lender of Last Resort, 27, 29 und *Calomiris/Gorton*, in: Hubbard, Financial Markets and Financial Crises, 109, 122ff. Insbesondere können Gläubiger über unterschiedlich genaue Informationen über den Zustand der Bank verfügen. Macht ein Gläubiger seine Forderung gegenüber der Bank geltend, so kann ein anderer Gläubiger daraus schließen, dass der „erste" Gläubiger über genauere, negative Informationen über die Geschäftssituation der Bank verfügt. Der „zweite" Gläubiger hat dann ebenfalls einen Anreiz, seine Forderung geltend zu machen.

427 Siehe dazu infra Dritter Teil, B. I. 1.

Die so beschriebene Dynamik eines *bank run* bezieht sich zunächst nur auf eine einzelne Bank. Tatsächlich sind isolierte *bank runs* auf einzelne Banken historisch nicht selten.[428] Zu einem Ansteckungskanal wird der *bank run* aber erst, wenn sich die Panik der Gläubiger auf andere Banken ausweitet.[429] Die Gründe dafür können unterschiedlicher Natur sein. Einerseits wird auf eine „allgemeine" Verunsicherung verwiesen, die sich insbesondere daraus ergebe, dass die Werthaltigkeit der Aktiva und damit die Solvenz der Bank für Einleger kaum zu überprüfen sei.[430] Dieser häufig „opacity" genannte Umstand gilt nicht nur für die einzelne, „erste" Bank. Vielmehr erschüttern Zweifel an der Solvenz einer Bank das Vertrauen in die Solvenz weiterer Banken,[431] insbesondere solcher Banken mit einem ähnlichen Geschäftsmodell.[432] Andererseits dürften neben diesen durchaus rationalen Beweggründen auch „bloße" psychologische Faktoren eine Rolle spielen. Auch wenn sich psychologische Ansteckungsfaktoren schwer messen lassen, ist ihre Existenz kaum bestreitbar.[433]

---

428 Der Bail-out der Bank Continental Illinois im Jahr 1984, die bis dato größte Bankenrettung der USA, verhinderte ein Übergreifen der Krise auf weitere Banken und isolierte damit den *bank run* auf Continental Illinois. Siehe dazu eingehend *Gorton*, Misunderstanding financial crises, S. 143ff.; vgl. auch *Woll*, The Power of Inaction, S. 70.

429 *Calomiris/Gorton*, in: Hubbard, Financial Markets and Financial Crises, 109, 112, bezeichnen einen *bank run* auf eine Mehrzahl von Banken als *banking panic*. Deutliche Unterscheidung auch bei *Freixas/Giannini/Hoggarth/Soussa*, in: Goodhart/Illing, Financial Crises, Contagion, and the Lender of Last Resort, 27, 34.

430 *Binder*, Bankeninsolvenzen im Spannungsfeld zwischen Bankaufsichts- und Insolvenzrecht, S. 104f., führt als Grund zudem die rechtliche Möglichkeit der kurzfristigen Geltendmachung der Einlagen an. S. zum Problem der Transparenz der Bilanz zudem *Schöneberger*, Bankenrestrukturierung und Bankenabwicklung in Deutschland und den USA, S. 92.

431 Siehe nur die Nachweise bei *Binder*, Bankeninsolvenzen im Spannungsfeld zwischen Bankaufsichts- und Insolvenzrecht, § 4 Fn. 293; *Gordon/Muller*, Avoiding Eight-Alarm Fires in the Political Economy of Systemic Risk Management, S. 11 nennen diesen Mechanismus „similarity" oder „common mode failure".

432 In diese Richtung deuten etwa die bei *Freixas/Giannini/Hoggarth/Soussa*, in: Goodhart/Illing, Financial Crises, Contagion, and the Lender of Last Resort, 27, 34 zitierten Studien; Vgl. auch in diese Richtung („Systemkorrelationsrisiko") *Kleinow*, Systemrelevante Finanzinstitute, S. 20f.

433 *Lastra*, Capital Markets Law Journal 6 (2011), 197, 206f.; s. zudem zusammenfassend *Grünewald*, The Resolution of Cross-Border Banking Crises in the European Union, S. 20; skeptisch jedoch die von *Freixas/Giannini/Hoggarth/Soussa*, in: Goodhart/Illing, Financial Crises, Contagion, and the Lender of Last Resort, 27, 35 zitierten Studien.

(2) Ansteckung durch Forderungsausfall auf dem Interbankenmarkt

Ein zweiter Ansteckungskanal folgt aus der Verflechtung von Banken untereinander. Um ihre Liquiditätsbedarfe zu decken, leihen sich Banken untereinander – ebenso wie weitere Teilnehmer des Geldmarkts – hohe Summen bei kurzen Fälligkeitszeiträumen. Fällt eine Bank aus, so sind die Forderungen gegen diese Bank auf einen Schlag wertlos. Ist eine andere Bank Gläubigerin der ausfallenden Bank, so verzeichnet jene also ihrerseits Verluste und gerät unter Umständen selbst in eine Krise.[434] In der wirtschaftswissenschaftlichen Literatur gibt es sowohl Versuche, diesen Zusammenhang in Modellen zu formalisieren,[435] als auch Bemühungen, die Verflechtung von Banken auf dem Interbankenmarkt empirisch zu messen.[436]

Damit verwandt ist der Ansteckungseffekt aufgrund der Beeinträchtigung von Zahlungssystemen[437] durch den Ausfall einer Bank. Der Zahlungsverkehr bzw. die Abrechnungen gegenseitiger Forderungen zwischen Banken kann innerhalb eines Geschäftstages oder über einen längeren Zeitraum hohe „offene“, d.h. noch nicht abgerechnete Positionen mit sich bringen.[438] Fällt eine Bank als Teilnehmerin und Schuldnerin eines Zahlungssystems aus, so müssen die Gläubigerbanken die offenen Positionen gegebenenfalls abschreiben.[439]

434 *Hartmann-Wendels/Pfingsten/Weber*, Bankbetriebslehre, S. 327f.; ähnlich *Schöneberger*, Bankenrestrukturierung und Bankenabwicklung in Deutschland und den USA, S. 89ff., der zudem das typischerweise geringe Eigenkapital von Banken und die daraus folgende geringe Verlustabsorptionsfähigkeit als wesentliche Ursache für direkte Ansteckung ansieht.

435 Ein grundlegendes Modell dieser Form von *financial contagion*, jedoch unter Ausklammerung der Zentralbank als *lender of last resort*, entwickeln *Allen/Gale*, Journal of Political Economy 108 (2000), 1.

436 Aus der Vielzahl von Versuchen, *interbank exposures* zu messen, siehe etwa *Mistrulli*, Journal of Banking & Finance 35 (2011), 1114, und die dort aufgeführten weiteren Studien.

437 Zahlungssysteme können unterteilt werden in „Nettoabrechnungssysteme“, in denen Zahlungen über einen gewissen Zeitraum saldiert und anschließend abgerechnet werden, und „Echtzeit-Bruttoabwicklungssysteme“, in denen in der Regel große Zahlungen unmittelbar ausgeführt werden. Instruktiv *Binder*, Bankeninsolvenzen im Spannungsfeld zwischen Bankaufsichts- und Insolvenzrecht, S. 322f.

438 *Bandt/Hartmann*, in: Goodhart/Illing, Financial Crises, Contagion, and the Lender of Last Resort, 249, 257.

439 Ausführlich zu Zahlungssystemen in der Bankeninsolvenz *Binder*, Bankeninsolvenzen im Spannungsfeld zwischen Bankaufsichts- und Insolvenzrecht,

Sobald zu befürchten ist, dass eine Bank ihre Verbindlichkeiten aus einem kurzfristigen Darlehen zur Deckung des Liquiditätsbedarfs nicht zurückzahlen wird, werden die anderen Marktteilnehmer dieser Bank keine kurzfristigen Kredite auf dem Interbankenmarkt gewähren. Ist für die Marktteilnehmer nicht transparent, welche Banken in Zahlungsschwierigkeiten geraten sind oder geraten könnten, so leihen sich Banken gegenseitig überhaupt kein Geld mehr und der gesamte Interbankenmarkt bricht zusammen.[440] Dies war einer der wesentlichen Gründe für die Finanzkrise 2008.

b) Auswirkungen auf die Realwirtschaft

Die beschriebenen Folgen einer Bankenkrise sind nicht auf die Finanzmärkte beschränkt. Da Banken als Kreditintermediäre eine zentrale Rolle in jeder entwickelten Volkswirtschaft spielen, sind von einer Bankenkrise letztlich auch Unternehmen der sogenannten „Realwirtschaft" negativ betroffen. Der Konjunktureinbruch nach der Finanzkrise dient hierfür als anschauliches Beispiel. Diese Wechselbeziehung zwischen dem Finanzsystem und der Realwirtschaft basiert vor allem auf der Kreditversorgungsfunktion des Finanzsystems.[441]

Ein Grund für die Beeinträchtigung der Kreditversorgung der Realwirtschaft liegt darin, dass durch den Zusammenbruch einer „Hausbank" eine gewachsene Kundenbeziehung zwischen der Bank und einem (Unternehmens-)Kunden verloren geht. Ein wesentlicher Teil der Wertschöpfung von Banken liegt in der Sammlung von Informationen über einen Schuldner, was die genaue Einschätzung der Bonität ermöglicht („relationship

---

S. 321ff.; zu wirtschaftswissenschaftlichen Versuchen, die sich daraus ergebenden Systemrisiken zu erfassen, siehe die Überblicke bei *Freixas/Giannini/Hoggarth/Soussa*, in: Goodhart/Illing, Financial Crises, Contagion, and the Lender of Last Resort, 27, 33f. und *Allen/Gale*, in: Allen/Gale, Financial Crises, ix, xxiiif.

440 Dies war im Grundsatz schon lange vor der Finanzkrise bekannt, vgl. zusammenfassend *Freixas/Giannini/Hoggarth/Soussa*, in: Goodhart/Illing, Financial Crises, Contagion, and the Lender of Last Resort, 27, 30f.

441 Daneben wird teilweise angenommen, der Ausfall einer Bank könne zu einer Einschränkung des Zahlungsverkehrs führen, die für sich genommen Schäden der Realwirtschaft verursachen könne, vgl. *Schöneberger*, Bankenrestrukturierung und Bankenabwicklung in Deutschland und den USA, S. 94. Inwiefern die teilweise Entkoppelung von Zahlungsverkehr und Bankgeschäft durch neue Informationstechnologien hieran etwas ändert, bleibt abzuwarten.

banking").[442] Diese „Informationssammlung" geht mit dem Untergang der Hausbank verloren. Ein neuer Kreditgeber muss sich erst wieder Informationen über den Schuldner beschaffen. In der Zwischenzeit sind dessen Möglichkeiten, an Kredite zu gelangen, eingeschränkt.[443] Eine Bank kann daher auch ohne globale Bedeutung „regional systemrelevant" sein, wenn sie ein bedeutender Kreditgeber für eine bestimmte Region ist.

Hinzu kommt, dass die Bereitschaft der Banken, Kredite auszureichen, im Fall einer Finanzkrise auch generell zurückgeht. Folge einer Finanzkrise kann daher eine wachstumshemmende Kreditklemme sein. In diese Richtung deutet etwa die Studie von *Huber*.[444] Er analysiert exemplarisch die Kreditvergabepraxis der Commerzbank, die während der Finanzkrise auf den internationalen Finanzmärkten Verluste verzeichnete. In der Folge reduzierte die Bank ihre Kreditvergabe. *Huber* kommt zu dem Ergebnis, dass Regionen und Unternehmen, die besonders auf die Commerzbank als Kreditgeber vertrauten, sowohl direkte als auch indirekte dauerhafte Wachstumseinbußen hinnehmen mussten.

Die volkswirtschaftlichen Kosten einer Finanzkrise sind schwer zu messen. Kostenschätzungen geben zudem sehr breite Korridore an.[445] Eine Studie der Federal Reserve Bank of San Francisco kommt etwa zu dem Ergebnis, dass die Finanzkrise 2007/2008 und die nachfolgende Rezession in den USA einen Einkommensverlust von ca. 70.000 US-Dollar pro Kopf verursachte.[446]

c) Zusammenfassung

Eine Bank, deren Ausfall den Ausfall weiterer Banken nach sich zieht, stellt ein Systemrisiko für den Finanzsektor und mittelbar für die Realwirtschaft dar. Hervorzuheben ist aber, dass auch der isolierte Ausfall einer Bank bedeutende volkswirtschaftliche Einbußen nach sich ziehen kann,

---

442 Ausführlich zur theoretischen Fundierung des *relationship banking* siehe *Hartmann-Wendels/Pfingsten/Weber*, Bankbetriebslehre, S. 145ff.

443 S. *Freixas/Giannini/Hoggarth/Soussa*, in: Goodhart/Illing, Financial Crises, Contagion, and the Lender of Last Resort, 27, 32 und die dort zitierten Studien.

444 *K. Huber*, The American Economic Review 108 (2018), 868.

445 Siehe zu Versuchen aus der Zeit vor 2008, die Kosten von Finanzkrisen zu messen, den Überblick bei *Allen/Gale*, in: Allen/Gale, Financial Crises, ix, xvf.

446 *Barnichon/Matthes/Ziegenbein*, The Financial Crisis at 10: Will We Ever Recover?, auch zu den möglichen Mechanismen, durch die sich Störungen der Finanzmärkte auf die Realwirtschaft auswirken.

wenn diese für eine bestimmte Region oder Branche von entscheidender Bedeutung ist.

Der Ansteckungseffekt, der über verschiedene Ansteckungskanäle vermittelt werden kann, kann zu verheerenden volkswirtschaftlichen Schäden führen. Daher besteht ein öffentliches Interesse daran, den Ausfall einer systemrelevanten Bank zu verhindern. Dem dient die mikroprudentielle präventive Aufsicht über Banken. Fällt eine solche Bank dennoch aus, so gilt es, sowohl den Ansteckungseffekt auf weitere Banken als auch die Folgen für die Realwirtschaft zu minimieren. Dem dient das Abwicklungsrecht.

3. Zusammenfassung

Die Insolvenzziele erfahren im Bereich der Bankenabwicklung eine Modifikation. Neben die (kollektive) Befriedigung der Gläubiger entsprechend ihrer Rangstellung und Absicherung und das Ausscheiden nicht (mehr) wirtschaftlicher Unternehmen aus dem Markt tritt die Verhinderung von Ansteckungseffekten und der Schutz der Realwirtschaft vor den negativen Auswirkungen einer Bankenkrise.

II. Normierte Ziele der Abwicklung

Der europäische Gesetzgeber hat diese Ziele der Bankenabwicklung in Art. 31 BRRD und in Art. 14 SRM-VO in Gesetzesform gegossen. In dieser Untersuchung soll es nur um das Abwicklungsverfahren nach der SRM-VO gehen, sodass Art. 14 SRM-VO im Zentrum steht. Da die beiden Vorschriften jedoch praktisch inhaltsgleich sind, kann ergänzend auf die Literatur zu Art. 31 BRRD und die dazugehörige Umsetzungsgesetzgebung[447] zurückgegriffen werden.

---

447 Zur wortlautgetreuen Umsetzung im deutschen SAG *Binder*, in: Binder/Glos/Riepe, Handbuch Bankenaufsichtsrecht, § 18, Rn. 24.

1. Die Abwicklungsziele des Art. 14 Abs. 2 UAbs. 1 lit. a) bis e) SRM-VO

Die fünf handlungsleitenden Abwicklungsziele werden wortgleich[448] in Art. 31 Abs. 2 UAbs. 1 lit. a) bis e) BRRD bzw. Art. 14 Abs. 2 UAbs. 1 lit. a) bis e) SRM-VO aufgezählt:

- die Sicherstellung der Kontinuität kritischer Funktionen;
- die Vermeidung erheblicher negativer Auswirkungen auf die Finanzstabilität, vor allem durch die Verhinderung einer Ansteckung, beispielsweise von Marktinfrastrukturen, und durch die Erhaltung der Marktdisziplin;
- der Schutz öffentlicher Mittel durch geringere Inanspruchnahme außerordentlicher finanzieller Unterstützung aus öffentlichen Mitteln;
- der Schutz der unter die Richtlinie 2014/49/EU fallenden Einleger und der unter die Richtlinie 97/9/EG fallenden Anleger;
- der Schutz der Gelder und Vermögenswerte der Kunden.

Diese fünf formulierten Abwicklungsziele sind in Gesetzestext gegossene Erkenntnisse und Schlussfolgerungen aus den soeben beschriebenen Zusammenhängen einer Bankenkrise und aus den konkreten Erfahrungen der Finanzkrise ab 2007.[449] Sie sind daher nicht trennscharf voneinander abgrenzbar, sondern überschneiden sich teils erheblich.[450]

a) Die „Kontinuität kritischer Funktionen"

Der Begriff der in Art. 14 Abs. 2 UAbs. 1 lit. a) SRM-VO genannten „kritischen Funktionen"[451] geht auf internationale Vorgaben des *Financial Stability Board* zurück.[452] Er ist in Art. 2 Abs. 1 Nr. 35 BRRD näher definiert,

---

448 Dies gilt für die deutsche Sprachfassung. S. aber zur leichten Abweichung in der englischen Sprachfassung Fn. 436.

449 Ähnlich, noch zum ursprünglichen Kommissionsentwurf der BRRD *Bliesener*, in: Dombret/P. Kenadjian, The Bank Recovery and Resolution Directive, 189, 195.

450 So zur (inhaltsgleichen) deutschen Umsetzung in § 67 SAG *Binder*, in: Binder/Glos/Riepe, Handbuch Bankenaufsichtsrecht, § 18, Rn. 24.

451 Vgl. auch die ähnlichen Formulierungen in ErwGr 10 der SRM-VO („Fortbestand der kritischen Finanz- und Wirtschaftsfunktionen des Instituts" und zu vermeidende „Auswirkungen des Ausfalls eines Instituts auf die Wirtschaft und das Finanzsystem") sowie in ErwGr 58 der SRM-VO („Kontinuität wesentlicher Finanzdienstleistungen").

452 S. die Veröffentlichung "Recovery and Resolution Planning for Systemically Important Financial Institutions: Guidance on Identification of Critical Functions

der nach Art. 3 Abs. 2 Satz 1 SRM-VO ergänzend zu den Definitionen der SRM-VO Anwendung findet. Danach sind kritische Funktionen Tätigkeiten, Dienstleistungen oder Geschäfte, deren Einstellung aufgrund der Größe, des Marktanteils, der externen und internen Verflechtungen, der Komplexität oder der grenzüberschreitenden Tätigkeiten einer Bank wahrscheinlich in einem oder mehreren Mitgliedstaaten die Unterbrechung von für die Realwirtschaft wesentlichen Dienstleistungen oder eine Störung der Finanzstabilität zur Folge hat, besonders mit Blick auf die Substituierbarkeit dieser Tätigkeiten, Dienstleistungen oder Geschäfte. Die im Abwicklungsrecht geregelte Identifikation kritischer Funktionen hat Ähnlichkeit mit der Einstufung als global systemrelevantes Institut nach Art. 131 CRD IV.[453]

Die Definition nimmt zwei Gefahren in den Blick, die bei einer Unterbrechung der „Kontinuität kritischer Funktionen" drohen: Erstens bezieht sich das Definitionselement „Unterbrechung von für die Realwirtschaft wesentlichen Dienstleistungen" auf die besonderen volkswirtschaftlichen Funktionen, die den Banken in entwickelten Volkswirtschaften regelmäßig zukommen.[454] Zweitens nimmt die Gefahr einer „Störung der Finanzstabilität" die besondere Anfälligkeit des Finanzsystems für systemweite Krisen in Bezug.[455] Schon mit dem Abwicklungsziel der „Kontinuität kritischer Funktionen" werden also die beiden oben herausgearbeiteten zentralen Besonderheiten der Insolvenz systemrelevanter Banken adressiert.

Die Definition in Art. 2 Abs. 1 Nr. 35 BRRD wird gem. Art. 2 Abs. 2 i. V. m. Art. 115 BRRD durch die Delegierte Verordnung (EU) 2016/778[456]

---

and Critical Shared Services" (http://www.fsb.org/wp-content/uploads/r_130716a.pdf) vom 16. Juli 2013, die zwischen *critical functions* und *critical shared services* unterscheidet.

453 *Stiefmüller*, in: World Bank Group, Understanding Bank Recovery and Resolution in the EU, 35, 40.

454 S. supra Dritter Teil, A. I. 2. B); Vgl. auch den Überblick mit der Unterscheidung zwischen Allokationsfunktion, Transformationsfunktion und Zahlungsverkehrsfunktion bei *Kaufhold*, in: Schmidt/Wollenschläger, Kompendium Öffentliches Wirtschaftsrecht, 697, Rn. 2ff..

455 S. supra Dritter Teil, A. I. 2. A); auch in ErwGr 8 und 12 der SRM-VO finden sich Bezugnahmen auf die Finanzstabilität, insbesondere mit Blick auf grenzüberschreitende Tätigkeiten im Binnenmarkt.

456 Delegierte Verordnung (EU) 2016/778 der Kommission vom 2. Februar 2016 zur Ergänzung der Richtlinie 2014/59/EU des Europäischen Parlaments und des Rates in Bezug auf die Umstände und Bedingungen, unter denen die Entrichtung von außerordentlichen nachträglich erhobenen Beiträgen teilweise oder vollständig aufgeschoben werden kann, und auf die Kriterien für die Bestimmung der Tätigkeiten, Dienstleistungen und Geschäfte im Zusammenhang mit

konkretisiert. Die Regelungstechnik der Level-2-Verordnung ist komplex und teilweise redundant. So werden die beiden Elemente „kritisch“ und „Funktion“ des an sich schon in Art. 2 Abs. 1 Nr. 35 BRRD definierten Ausdrucks „kritische Funktionen“ erneut getrennt voneinander definiert.[457] In Art. 6 Abs. 2 UAbs. 1 DelVO (EU) 2016/778 werden im Wesentlichen Kriterien der Definition aus Art. 2 Abs. 1 Nr. 35 BRRD wiederholt. Der eigenständige Regelungsgehalt der in der DelVO (EU) 2016/778 konkretisierten Kriterien besteht vor allem in der Betonung der Drittbezogenheit kritischer Funktionen, die in dieser Deutlichkeit in Art. 2 Abs. 1 Nr. 35 BRRD nicht zum Ausdruck kommt.[458] Zudem nennt ErwGr 4 der DelVO (EU) 2016/778 beispielhaft einige denkbare kritische Funktionen: Einlagengeschäft, Kredit- und Darlehensvergabe, Zahlungs-, Clearing-, Verwahrungs- und Abrechnungsdienstleistungen und schließlich Tätigkeiten auf dem Interbankenmarkt, den Kapitalmärkten sowie im Bereich Investitionen. Für die Auslegung des Begriffs „kritische Funktion“ kann schließlich auch auf den die DelVO (EU) 2016/778 vorbereitenden „Technical Advice“ der EBA[459] sowie auf die Zusammenfassung seiner Verwaltungspraxis durch das SRB[460] zurückgegriffen werden.

Das Abwicklungsziel der „Kontinuität kritischer Funktionen“ spielt im Abwicklungsverfahren bei den diskretionären Ausnahmen vom Bail-in

„kritischen Funktionen“ und zur Präzisierung der Kriterien für die Bestimmung der Geschäftsbereiche und damit verbundenen Dienste im Zusammenhang mit den Kerngeschäftsbereichen.

457 Gem. Art. 2 Nr. 2 DelVO (EU) 2016/778 ist eine Funktion „eine Kombination aus Tätigkeiten, Dienstleistungen oder Geschäften, die durch das Institut oder eine Gruppe an Dritte erbracht werden, unabhängig von der internen Organisation des Instituts“. Kritisch ist diese gem. Art. 6 Abs. 1 DelVO (EU) 2016/778, wenn „a) die Funktion von einem Institut für Dritte erbracht [wird] und b) der plötzliche Ausfall dieser Funktion […] wahrscheinlich wesentliche negative Auswirkungen auf die Dritten [hätte,] zu Ansteckung führen oder das allgemeine Vertrauen der Marktteilnehmer untergraben [würde], da die Funktion für Dritte systemrelevant ist und das Ausüben der Funktion durch [die abzuwickelnde Bank] systemrelevant ist.“ Ausführlich zur Begriffsdefinition *Kowolik*, Das Bail-in-Instrument, S. 118ff.

458 *Kowolik*, Das Bail-in-Instrument, S. 120; ähnlich auch *Binder*, in: Binder/Gortsos/Lackhoff/Ohler, Art. 14 SRMR, Rn. 8; dies entspricht auch der Unterscheidung der internationalen Vorgaben nach internen *critical shared services* und externen *critical functions*, s. oben Fn. 452.

459 *European Banking Authority*, Technical advice on the delegated acts on critical functions and core business lines, EBA/Op/2015/05.

460 *Single Resolution Board*, Critical Functions : SRB Approach.

eine zentrale Rolle.[461] Nach Art. 27 Abs. 5 lit. b) SRM-VO können Verbindlichkeiten zur Sicherstellung der Kontinuität der kritischen Funktionen und Kerngeschäftsbereiche vom Bail-in ausgeschlossen werden. Die „kritischen Funktionen" sind von dem in Art. 2 Abs. 1 Nr. 36 BRRD definierten Begriff des „Kerngeschäftsbereichs" zu unterscheiden.[462] Kerngeschäftsbereiche sind danach Geschäftsbereiche und damit verbundene Dienste, die für eine Bank wesentliche Quellen der Einnahmen, der Gewinne oder des Franchise-Werts darstellen. Während Kerngeschäftsbereiche also vor allem für die Profitabilität der Bank entscheidend sind, ist die Kontinuität der „kritischen Funktionen" zuvörderst für andere Finanzmarktteilnehmer oder die Realwirtschaft von Bedeutung.[463] Nur die Erhaltung letzterer ist ein Abwicklungsziel.

Im Ergebnis bietet der Begriff der „kritischen Funktionen" enorme Subsumtionsspielräume für die Aufsichts- und Abwicklungsbehörden.[464] Es erscheint zudem zweifelhaft, ob die zahlreichen, oft redundanten Definitionsbemühungen zur Klarheit beitragen können.

b) Die „Vermeidung erheblicher negativer Auswirkungen auf die Finanzstabilität"

Nach Art. 14 Abs. 2 UAbs. 1 lit. b) SRM-VO sollen erhebliche negative Auswirkungen auf die Finanzstabilität vermieden werden.[465] Der Begriff der „Finanzstabilität" ist im europäischen Sekundärrecht nicht gesetzlich

---

461 Ausführlich hierzu supra Zweiter Teil, A. I. 3. D) dd. (2).

462 Auch der Begriff „Kerngeschäftsbereiche" ist in der Level-2-Verordnung näher definiert, Art. 7 DelVO (EU) 2016/778.

463 *Stiefmüller*, in: World Bank Group, Understanding Bank Recovery and Resolution in the EU, 35; anders jedoch *Kowolik*, Das Bail-in-Instrument, S. 137ff., der aufgrund der Vorgaben in der DelVO (EU) 2016/860 keinen eigenständigen Anwendungsbereich für den Begriff „Kerngeschäftsbereiche" bei der Entscheidung über die Ausnahme bestimmter Verbindlichkeiten aus dem Bail-in sieht.

464 Aus diesem Grund kritisch *Binder*, in: Binder/Singh, Bank Resolution, 25, Rn. 2.30 – 2.31, der politische Einflussnahmemöglichkeiten befürchtet; optimistischer jedoch *Binder*, in: Binder/Gortsos/Lackhoff/Ohler, Art. 14 SRMR, Rn. 12.

465 Die Formulierungen in den englischen Sprachfassungen der BRRD und der SRM-VO weichen leicht voneinander ab: Nach der SRM-VO sollen „significant adverse effects on financial stability" vermieden werden, während nach der BRRD ein „significant adverse effect on the financial system" zu vermeiden ist. Eine bewusste inhaltliche Abweichung ist auch hier fernliegend, die Ungenauigkeit ist jedoch misslich, vgl. *Kleftouri*, ERA Forum 18 (2017), 263, 277.

definiert.[466] In den Erwägungsgründen der SRM-VO finden sich verschiedene Bezugnahmen auf die Finanzstabilität, insbesondere mit Blick auf grenzüberschreitende Tätigkeiten im Binnenmarkt.[467] Nach Aussage der EZB kann Finanzstabilität als „Zustand definiert werden, in dem das Finanzsystem – also die Finanzintermediäre, Finanzmärkte und Marktinfrastrukturen – widerstandsfähig gegenüber Schocks sowie unerwarteten Entwicklungen in Bezug auf finanzielle Ungleichgewichte ist." Finanzstabilität reduziere „die Wahrscheinlichkeit einer Störung des Finanzintermediationsprozesses, die so schwerwiegend ausfällt, dass es zu einer Beeinträchtigung der realwirtschaftlichen Aktivität kommt."[468]

Finanzstabilität als zweites vom europäischen Gesetzgeber formuliertes Ziel der Bankenabwicklung ist mit der soeben beschriebenen „Kontinuität kritischer Funktionen" verwandt, wie schon die Bezugnahme in der Definition „kritischer Funktionen" auf die Finanzstabilität zeigt.[469] Während bei dem Ziel der „Kontinuität kritischer Funktionen" Geschäftsaktivitäten einzelner Banken in den Blick genommen werden,[470] deren Einstellung sich negativ auf die Finanzstabilität auswirken kann, ist das zweite positivierte Abwicklungsziel auf eine allgemeinere, von einzelnen Akteuren unabhängige Betrachtung angelegt.[471] Negative Auswirkungen auf die Finanzstabilität können sich auch aufgrund einer „allgemeinen" Unsicherheit unabhängig von den Geschäftsaktivitäten einer bestimmten Bank ergeben. Dieses Abwicklungsziel nimmt also eine breitere Marktperspektive ein.[472] Dies bringt der Gesetzgeber auch durch die Hervorhebung

---

466 Wenig hilfreich ist auch die Legaldefinition in § 1 FinStabG, wonach Finanzstabilität „Stabilität des Finanzsystems" bedeutet. Ebenfalls recht allgemein ist die Definition von *Selmayr*, in: Groeben/Schwarze/Hatje, Art. 282 AEUV, Rn. 60: „Unter Finanzstabilität lässt sich die allgemeine Stabilität des Finanzsystems verstehen, die dauerhafte Aufrechterhaltung der Geldversorgung der Wirtschaft und die Widerstandsfähigkeit von Banken und Finanzinstituten gegenüber Systemkrisen." Vgl. auch zu den ähnlich schwer fassbaren Begriffen „Systemrelevanz" und „Systemrisiko" supra Dritter Teil, A. I. 2. A) aa.

467 Vgl. etwa die ErwGr 12, 39 und 58. In ErwGr 46 wird die Finanzstabilität zur Begründung von Eingriffen in die Organisationsautonomie von Banken zur Herstellung der „Abwicklungsfähigkeit" herangezogen, in ErwGr 61 zur Rechtfertigung von Einschränkungen der Anteilseigner- und Gläubigerrechte.

468 *European Central Bank*, Financial Stability Review 2018, S. 3.

469 Weitergehend („more or less the same thing"), noch zum Entwurf der BRRD *Sjöberg*, in: Ringe/P. M. Huber, Legal Challenges in the Global Financial Crisis, 187, 196.

470 *Binder*, in: Binder/Glos/Riepe, Handbuch Bankenaufsichtsrecht, § 18, Rn. 25.

471 *Binder*, in: Binder/Gortsos/Lackhoff/Ohler, Art. 14 SRMR, Rn. 17.

472 Ähnlich *Binder*, in: Binder/Singh, Bank Resolution, 25, Rn. 2.33.

zweier Gefahren in Banken- bzw. Finanzkrisen zum Ausdruck: Durch Ansteckungseffekte[473] kann sich die Krise einer Bank auf weitere Banken oder andere Finanzintermediäre ausweiten. Die „Erhaltung der Marktdisziplin" nimmt das Phänomen des *moral hazard*, in diesem Zusammenhang also das übermäßige Eingehen von Risiken aufgrund impliziter Staatsgarantien in Bezug.[474]

c) Der „Schutz öffentlicher Mittel durch geringere Inanspruchnahme außerordentlicher finanzieller Unterstützung aus öffentlichen Mitteln"

Das dritte Ziel der Bankenabwicklung ist in Art. 14 Abs. 2 UAbs. 1 lit. c) SRM-VO normiert. Öffentliche Mittel sollen durch eine geringere Inanspruchnahme außerordentlicher finanzieller Unterstützung aus öffentlichen Mitteln geschützt werden.

Die zweifache Nennung des Wortpaares „öffentliche Mittel" irritiert zunächst. Sie beruht auf einem Übersetzungsproblem. Tatsächlich werden etwa in der englischen Sprachfassung zwei verschiedene Ausdrücke verwendet. Die zu schützenden „öffentlichen Mittel" werden in der englischen Sprachfassung als „public funds" bezeichnet. In der französischen Sprachfassung sollen nach Art. 14 Abs. 2 UAbs. 1 lit. c) SRM-VO „les ressources de l'État" geschützt werden. Der „Schutz öffentlicher Mittel" meint die Schonung der mitgliedstaatlichen Staatshaushalte. Diese ist ein Ziel der Abwicklung.

Dieser Schutz soll durch eine geringere Inanspruchnahme „außerordentlicher finanzieller Unterstützung aus öffentlichen Mitteln" bewirkt werden. Der Ausdruck nimmt Bezug auf den „abwicklungsrechtlichen Beihilfebegriff" des Art. 3 Abs. 1 Nr. 29 SRM-VO, der sowohl mitgliedstaatliche als auch SRF-Beihilfen umfasst. In der englischen Sprachfassung wird dies als „extraordinary public financial support" bezeichnet, in der französischen „soutien financier public exceptionnel". Im Ergebnis ist dieses Abwicklungsziel also darauf gerichtet, die Staatshaushalte durch eine Minimierung von mitgliedstaatlichen Beihilfen sowie von Zahlungen aus dem

473 Hierzu supra Dritter Teil, A. I. 2. A).

474 Krit. Zu der Zuordnung des *moral hazard* zum Topos Finanzstabilität *Binder*, in: Binder/Glos/Riepe, Handbuch Bankenaufsichtsrecht, § 18, Rn. 26f., der eher einen Zusammenhang mit dem Schutz öffentlicher Mittel sieht; vgl. auch *Sjöberg*, in: Ringe/P. M. Huber, Legal Challenges in the Global Financial Crisis, 187, 194ff.

SRF zu schonen. Letzteres ist angesichts der Finanzierung des SRF durch die Banken selbst und der mangelnden Nachschusspflichten der Mitgliedstaaten in den SRF nicht unmittelbar einleuchtend.[475]

Die Gewährung „außerordentlicher finanzieller Unterstützung aus öffentlichen Mitteln" wird im Abwicklungsrecht in verschiedenen Situationen relevant: Die Gewährung einer solchen Beihilfe führt gem. Art. 18 Abs. 4 lit. d) SRM-VO grundsätzlich zur Qualifizierung der Empfängerbank als ausfallend oder wahrscheinlich ausfallend, auch wenn bedeutende Ausnahmeregelungen hiervon bestehen. Zudem stellen staatliche „Stabilisierungsinstrumente" gemäß Art. 56 BRRD eine außerordentliche finanzielle Unterstützung aus öffentlichen Mitteln dar.[476] In dieser Situation ist das SRB gehalten, auf eine Minimierung der Beihilfen hinzuwirken.[477] Auch „einfache" mitgliedstaatliche Beihilfen sind nicht ausgeschlossen.[478] Schließlich dient der SRF der Rekapitalisierung oder – in begrenztem Umfang – der Bereitstellung von Liquidität in der Abwicklung.[479]

Es fällt auf, dass die Vermeidung eines Bail-outs zum Schutz der Staatshaushalte nicht apodiktisch zum zentralen Ziel der Abwicklung erklärt wird. Vielmehr sollen die Staatshaushalte durch eine „geringere Inanspruchnahme"[480] von mitgliedstaatlichen Beihilfen und SRF-Beihilfen

---

475 Vgl. Art. 67 Abs. 2 Satz 2 SRM-VO.

476 Vgl. zur Rolle des SRB bei staatlichen Stabilisierungsinstrumenten supra Zweiter Teil, A. II. 4. C) bb.

477 Die Abwicklungsbehörde wird angehört, wenn es um den Einsatz staatlicher Stabilisierungsinstrumente als letztes Mittel geht, Art. 56 Abs. 3 BRRD. Darüber hinaus ist die Abwicklungsbehörde im Fall des Art. 56 Abs. 4 lit. c) BRRD (weitere Stützung einer Bank, die bereits staatliche Hilfen erhalten hat) anzuhören. In den Fällen des Art. 56 Abs. 4 lit. a) und b) BRRD muss (u.a.) die Abwicklungsbehörde feststellen, dass die Anwendung der Abwicklungsinstrumente alleine nicht genügen würde, um erhebliche nachteilige Auswirkungen auf die Finanzstabilität zu verhindern bzw. um das öffentliche Interesse zu schützen, nachdem der Bank bereits eine außerordentliche Liquiditätshilfe der Zentralbank gewährt wurde.

478 Vgl. hierzu supra Zweiter Teil, A. II. 4. C) cc.

479 *Demertzis/Gonçalves Raposo/Hüttl/Wolff*, How to provide liquidity to banks after resolution in Europe's banking union, S. 6f.

480 In der englischen Sprachfassung lautet die Formulierung „minimising reliance"; in der französischen Sprachfassung lautet die Formulierung „une réduction maximale du recours".

geschützt werden. Die Schonung der Staatshaushalte als Ziel der Bankenabwicklung ist damit überraschend zurückhaltend normiert.[481]

d) Einleger- und Anlegerschutz

Als viertes Ziel sieht Art. 14 Abs. 2 UAbs. 1 lit. d) SRM-VO den Schutz der unter die DGSD fallenden Einleger und der unter die Richtlinie 97/9/EG[482] fallenden Anleger vor.[483] Einleger und Anleger sind nochmals in Art. 3 Abs. 1 Nr. 53 und 54 SRM-VO definiert. Diese Definitionen verweisen wiederum auf die DGSD bzw. auf die Richtlinie 97/9/EG. Nach Art. 2 Abs. 1 Nr. 6 DGSD ist ein Einleger[484] der Inhaber oder, im Falle eines Gemeinschaftskontos, jeder Inhaber einer Einlage, wobei der Begriff „Einlage" in Art. 2 Abs. 1 Nr. 3 DGSD definiert ist. Ein Anleger[485] ist nach Art. 1 Nr. 4 der Richtlinie 97/9/EG eine Person, die einer Wertpapierfirma im Zusammenhang mit Wertpapiergeschäften Gelder oder Instrumente anvertraut hat.

Das in Art. 14 Abs. 2 UAbs. 1 lit. d) SRM-VO definierte Ziel des Einleger- und Anlegerschutzes ist in der SRM-VO verschiedentlich verankert. Dabei stehen Einleger- und Anlegerschutz auch in einem Zusammenhang mit den oben skizzierten übergreifenden Zielen des Schutzes der Realwirtschaft und der Vermeidung von Ansteckungseffekten. Obwohl gemeinsam definiert, verfolgen Einlegerschutz und Anlegerschutz durchaus unterschiedliche (End-)Ziele.

aa. Einlegerschutz

Der Einlegerschutz in Art. 14 Abs. 2 UAbs. 1 lit. d) SRM-VO bezieht sich nach dem Wortlaut auf gedeckte Einlagen nach Art. 2 Abs. 1 Nr. 5 DGSD,

---

481 So auch, dies begrüßend, *Binder*, in: Binder/Singh, Bank Resolution, 25, Rn. 2.34 – 2.36; *Binder*, in: Binder/Gortsos/Lackhoff/Ohler, Art. 14 SRMR, Rn. 21f.

482 Richtlinie 97/9/EG des Europäischen Parlaments und des Rates vom 3. März 1997 über Systeme für die Entschädigung der Anleger.

483 Auffällig ist, dass in einer Aufzählung der Abwicklungsziele in ErwGr 58 der SRM-VO lediglich der Schutz der Einleger, nicht aber der Anleger vorkommt.

484 Die deutsche Umsetzung in § 3 Abs. 1 EinSiG definiert Einleger als Gläubiger eines CRR-Kreditinstituts, die Inhaber einer Einlage sind.

485 Die deutsche Umsetzung im AnlEntG verzichtet auf eine Legaldefinition.

aber auch auf die die Deckungssumme übersteigenden „erstattungsfähigen Einlagen" nach Art. 2 Abs. 1 Nr. 6 DGSD und sogar auf Einlagen, die nach Art. 5 DGSD von der Einlagensicherung *a priori* ausgenommen sind. Die SRM-VO schützt in der Abwicklung vor allem gedeckte Einlagen durch die gesetzliche Ausnahme vom Bail-in nach Art. 27 Abs. 3 UAbs. 1 lit. a) SRM-VO.[486] Andere Einlagen können und sollen grundsätzlich dem Bail-in unterliegen.[487] Die MREL- und TLAC-Anforderungen zielen jedoch darauf ab, dass im Abwicklungsfall ausreichend berücksichtigungsfähige Verbindlichkeiten bereitstehen, so dass solche Einlagen nur im Extremfall dem Bail-in unterliegen. Insofern lässt sich von einem abgestuften Schutz von Einlagen sprechen.

Der Schutz insbesondere gedeckter Einlagen dient einerseits mittelbar auch der Finanzstabilität. Indem zumindest Gläubiger gedeckter Einlagen von der Verlusttragung ausgenommen werden, wird ihr Anreiz beseitigt, ihre Einlagen frühzeitig abzuziehen. Die Ausnahme gedeckter Einlagen vom Bail-in dient also der Vermeidung von Ansteckungseffekten durch *bank runs*.[488] Daneben spielt auch eine verbraucherschützende Stoßrichtung eine gewisse Rolle.[489]

bb. Anlegerschutz

Auch dem Anlegerschutz tragen bereits die Bail-in-Regelungen Rechnung. So sind gem. Art. 27 Abs. 3 UAbs. 1 lit. b) SRM-VO besicherte Verbindlichkeiten, insbesondere gedeckte Schuldverschreibungen, vom Bail-in ausgenommen. Eine besicherte Verbindlichkeit ist gem. Art. 2 Abs. 1 Nr. 67 BRRD, auf den Art. 3 Abs. 2 Satz 1 SRM-VO verweist, eine Verbindlichkeit, bei der der Anspruch des Gläubigers auf Zahlung oder auf eine

---

486 Siehe dazu supra Zweiter Teil, A. I. 3. D) dd. (1). Der Schutz gedeckter Einlagen ist zudem als allgemeiner Grundsatz in Art. 15 Abs. 1 lit. h) SRM-VO normiert.

487 Ebenso *Binder*, in: Binder/Glos/Riepe, Handbuch Bankenaufsichtsrecht, § 18, Rn. 28, sowie *Gortsos*, A poisonous (?) mix: Bail-out of credit institutions combined with bail-in of their liabilities under the BRRD, S. 8; kritisch zur gesetzlichen Ausnahme bestimmter Verbindlichkeiten aus dem Anwendungsbereich des Bail-in mit dem Gegenvorschlag, stattdessen die bail-in-fähigen Verbindlichkeiten positiv zu bestimmen *Tröger*, ZBB 2018, 20, 33ff.

488 *Bliesener*, in: Dombret/P. Kenadjian, The Bank Recovery and Resolution Directive, 189, 201f.

489 Vgl. *Gardella*, in: Busch/Ferrarini, European Banking Union, 373, Rn. 11.39, die die Ausnahme gedeckter Einlagen vom Bail-in damit rechtfertigt, es handele sich um „weaker creditors".

andere Form der Leistung durch ein Pfand oder pfandrechtsähnliches Zurückbehaltungsrecht oder durch eine Sicherungsvereinbarung abgesichert ist, einschließlich Verbindlichkeiten aus Pensionsgeschäften und anderen Sicherungsvereinbarungen in Form der Eigentumsübertragung. Diese Ausnahme umfasst vor allem gedeckte Schuldverschreibungen[490] wie etwa Pfandbriefe[491]. Die Ausnahme vom Bail-in gilt jedoch nur für den „besicherten Teil" der Verbindlichkeit. Soweit die Verbindlichkeit über den Wert der Sicherheit hinausgeht, unterliegt sie dem Bail-in, Art. 27 Abs. 4 UAbs. 1 Alt. 1 SRM-VO.[492]

Die Ausnahme besicherter Verbindlichkeiten vom Bail-in zum Schutz der Anleger dient weniger der Vermeidung von Ansteckungseffekten als

490 Die Definition der gedeckten Schuldverschreibung in Art. 2 Abs. 1 Nr. 96 BRRD verweist auf Art. 52 Abs. 4 der Richtlinie 2009/65/EG des Europäischen Parlaments und des Rates vom 13. Juli 2009 zur Koordinierung der Rechts- und Verwaltungsvorschriften betreffend bestimmte Organismen für gemeinsame Anlagen in Wertpapieren (OGAW), nach der englischen Bezeichnung (*Undertakings ort he Collective Investment in Transferable Securities*) abgekürzt „UCITSD". Danach handelt es sich um Schuldverschreibungen, die von einem Kreditinstitut mit Sitz in einem Mitgliedstaat begeben werden, das aufgrund gesetzlicher Vorschriften zum Schutz der Inhaber dieser Schuldverschreibungen einer besonderen öffentlichen Aufsicht unterliegt, wobei die Erträge aus der Emission dieser Schuldverschreibungen gemäß den gesetzlichen Vorschriften in Vermögenswerten angelegt werden, die während der gesamten Laufzeit der Schuldverschreibungen die sich daraus ergebenden Verbindlichkeiten ausreichend decken und vorrangig für die beim Ausfall des Emittenten fällig werdende Rückzahlung des Kapitals und der Zinsen bestimmt sind. Gedeckte Schuldverschreibungen erfahren gem. Art. 129 CRR eine aufsichtsrechtliche Privilegierung. Für nach dem 8. Juli 2022 emittierte gedeckte Schuldverschreibungen gilt die Richtlinie (EU) 2019/2162 des Europäischen Parlaments und des Rates vom 27. November 2019 über die Emission gedeckter Schuldverschreibungen und die öffentliche Aufsicht über gedeckte Schuldverschreibungen und zur Änderung der Richtlinien 2009/65/EG und 2014/59/EU, nach der englischen Bezeichnung (*Covered Bonds Directive*) abgekürzt „CBD". Diese führt in Art. 3 Nr. 1 CBD einen neuen Rechtsbegriff „gedeckte Schuldverschreibung" ein, auf den Art. 2 Abs. 1 Nr. 96 BRRD nunmehr ebenfalls verweist. Vgl. zur Rechtsentwicklung der gedeckten Schuldverschreibung in Europa *Stöcker*, EuZW 2018, 617.

491 Ausführlich zur historischen Entwicklung von Pfandbriefen in Deutschland *Stöcker*, EuZW 2018, 565.

492 Kritisch zu dieser Regelung im Hinblick auf die deutsche Umsetzung in § 91 Abs. 2 Nr. 2 SAG *Thole*, ZBB 2016, 57, 62; kritisch zur Ausnahme besicherter Verbindlichkeiten aus dem Bail-in *Tröger*, ZBB 2018, 20, Fn. 126; skeptisch auch, noch zum Kommissionsentwurf der BRRD, *Bliesener*, in: Dombret/P. Kenadjian, The Bank Recovery and Resolution Directive, 189, 200.

vielmehr der Rechtssicherheit[493] und soll sicherstellen, dass die Gläubigerhierarchie der Insolvenz in der Abwicklung widergespiegelt ist.[494]

e) Schutz der Gelder und Vermögenswerte der Kunden

Schließlich formuliert Art. 14 Abs. 2 UAbs. 1 lit. e) SRM-VO den Schutz der Gelder und Vermögenswerte der Kunden als Abwicklungsziel.[495] Eine Definition von „Gelder und Vermögenswerte der Kunden" findet sich weder in der SRM-VO noch in der BRRD. Die gesetzgeberische Intention wird jedoch wiederum anhand der gesetzlichen Ausnahmen vom Bail-in deutlich.[496] Nach Art. 27 Abs. 3 UAbs. 1 lit. c) SRM-VO sind Verbindlichkeiten aus einer von einer abzuwickelnden Bank wahrgenommenen Verwaltung von Kundenvermögen oder Kundengeldern, darunter Kundenvermögen oder Kundengelder, die im Namen von OGAW oder AIF hinterlegt wurden, vom Bail-in ausgenommen, sofern der jeweilige Kunde nach dem geltenden Insolvenzrecht geschützt ist. Nach Art. 27 Abs. 3 UAbs. 1 lit. d) SRM-VO sind zudem Verbindlichkeiten aus einem Treuhandverhältnis vom Bail-in ausgenommen, sofern der Begünstigte nach dem geltenden Insolvenz- oder Zivilrecht geschützt ist.[497]

Das in Art. 14 Abs. 2 UAbs. 1 lit. e) SRM-VO definierte Abwicklungsziel dient also dem Schutz der von der abzuwickelnden Bank verwalteten, fremden Gelder und Vermögenswerte und damit mittelbar der Sicherung der insolvenzrechtlichen Befriedigungshierarchie, in Deutschland also der Absonderungs- und Aussonderungsrechte (§§ 45, 47 InsO).[498] Die wirtschaftlichen Eigentümer dieser Gelder und Vermögenswerte wären in der

---

493 *Gardella*, in: Busch/Ferrarini, European Banking Union, 373, Rn. 11.39.

494 So auch *Bliesener*, in: Dombret/P. Kenadjian, The Bank Recovery and Resolution Directive, 189, 199ff.

495 Auffällig ist, dass in einer Aufzählung der Abwicklungsziele in ErwGr 58 der SRM-VO der Schutz der Gelder und Vermögenswerte der Kunden nicht vorkommt.

496 A.A. anscheinend *Binder*, in: Binder/Glos/Riepe, Handbuch Bankenaufsichtsrecht, § 18, Rn. 28, der davon ausgeht, dass Gelder und Vermögenswerte der Kunden vollständig dem Bail-in unterliegen. Anders aber wohl *Binder*, in: Binder/Glos/Riepe, Handbuch Bankenaufsichtsrecht, § 18, Rn. 89f.

497 Kritisch zur deutschen Umsetzung in § 91 Abs. 2 Nr. 4 SAG *Thole*, ZBB 2016, 57, 62.

498 Bei der Verwahrung von Kundengeldern bzw. Kundenvermögen können dem Kunden je nach Vertragsbeziehung Absonderungs- oder Aussonderungsrechte zustehen, vgl. § 91 Abs. 2 Nr. 3 und 4 SAG.

Insolvenz regelmäßig vorrangig. Daher ist auch diese Gläubigergruppe in der Abwicklung schutzwürdig.[499]

2. Verpflichtung zur Kosteneffizienz, Art. 14 Abs. 2 UAbs. 2 SRM-VO

Die skizzierten fünf Abwicklungsziele werden in Art. 14 Abs. 2 UAbs. 2 durch eine allgemeine Verpflichtung zur Kosteneffizienz komplementiert. Die beteiligten Behörden müssen danach bei der Verfolgung der Abwicklungsziele bemüht sein, die Kosten der Abwicklung möglichst gering zu halten und die Vernichtung von Werten zu vermeiden, wenn sie nicht zur Verwirklichung der Abwicklungsziele erforderlich ist. Dabei wird nicht näher definiert, *wessen* Kosten zu minimieren sind. In Betracht kommen die Kosten für die öffentliche Hand, für den SRF, für Einlagensicherungssysteme, für Kunden und Einleger, für sonstige Gläubiger oder, in einem weiten Sinne, die volkswirtschaftlichen Kosten.[500] Ähnlich unklar ist, was mit der „Vernichtung von Werten" gemeint ist. Auch hier kommen individuelle Vermögenspositionen, etwa der Aktienwert der abzuwickelnden Bank, aber auch gesamtwirtschaftliche Kennzahlen oder gar „Werte" in einem allgemeinen, moralphilosophischen Sinne als „Wertvorstellungen" in Betracht. Die Vorgabe dürfte ebenfalls in Beziehung zu den Vorschriften über die Ausnahmen vom Bail-in stehen. Nach Art. 27 Abs. 5 lit. d) SRM-VO ist eine Ausnahme bestimmter Verbindlichkeiten vom Bail-in möglich, wenn dieser zu einer Wertvernichtung führen würde, bei der die von anderen Gläubigern zu tragenden Verluste höher wären, als wenn diese Verbindlichkeiten vom Bail-in ausgeschlossen würden.[501] Die Wirkung der in Art. 14 Abs. 2 UAbs. 2 SRM-VO sehr allgemein normierten Verpflichtung zur Kosteneffizienz dürfte sich in einem bloßen Programmsatz erschöpfen.

---

499 *Gardella*, in: Busch/Ferrarini, European Banking Union, 373, Rn. 11.39; noch zum Kommissionsentwurf der BRRD *Bliesener*, in: Dombret/P. Kenadjian, The Bank Recovery and Resolution Directive, 189, 201.

500 Für einen Fokus auf Kosten Gesellschafter- und Gläubigerrechte *Binder*, in: Binder/Gortsos/Lackhoff/Ohler, Art. 14 SRMR, Rn. 26ff.

501 Vgl. zu den diskretionären Ausnahmen vom Bail-in supra Zweiter Teil, A. I. 3. d) dd. (2).

3. Die Effektivierung der Abwicklungsziele

Nach Art. 14 Abs. 1 SRM-VO tragen das SRB, der Rat, die Kommission und gegebenenfalls die NRA bei ihrer Tätigkeit in einem Abwicklungsverfahren gem. Art. 18 SRM-VO in Bezug auf ihre jeweiligen Zuständigkeiten den Abwicklungszielen Rechnung und wählen die Abwicklungsinstrumente und die Abwicklungsbefugnisse aus, mit denen sich ihrer Ansicht nach die unter den Umständen des Einzelfalls relevanten Abwicklungsziele am besten erreichen lassen. Die Abwicklungsziele sind also positivierte ermessensleitende Kriterien. Durch die Formulierung mehrerer Kriterien lässt sich aus Art. 14 Abs. 2 UAbs. 1 UAbs. 1 SRM-VO kein einfaches Maximierungsgebot ableiten. Vielmehr legt Art. 14 Abs. 3 fest, dass vorbehaltlich anderweitiger Bestimmungen der SRM-VO die Abwicklungsziele gleichrangig und entsprechend der Art und den Umständen des jeweiligen Falls in angemessener Weise abzuwägen sind. Dabei liegt auf der Hand, dass nicht alle Abwicklungsziele in gleichem Maße erreicht werden können.[502] Dies gilt schon deshalb, weil manche der Ziele nicht quantitativ „messbar" sind. Vor allem aber können die einzelnen Abwicklungsziele nicht selten miteinander konfligieren: Der Bail-in nicht versicherter Einleger konfligiert offensichtlich mit dem Schutz der Einleger und dürfte regelmäßig auch in direktem Widerspruch zur Finanzstabilität stehen, die wiederum in bestimmten Fällen einen Bail-out erfordern mag.[503]

B. Gelingensbedingungen der Bankenabwicklung

Nachdem die Ziele der Bankenabwicklung skizziert wurden, stellt sich die Frage, ob diese durch das in der Praxis bisher kaum erprobte Verfahren nach Art. 18 SRM-VO erreicht werden können.[504] Dazu müssen zunächst die Bedingungen untersucht werden, unter denen eine behördliche Ban-

502 *Binder*, in: Binder/Singh, Bank Resolution, 25, Rn. 2.27; *Binder*, in: Binder/Gortsos/Lackhoff/Ohler, Art. 14 SRMR, Rn. 29; besonders kritisch *Sjöberg*, in: Ringe/P. M. Huber, Legal Challenges in the Global Financial Crisis, 187, 196.

503 Sehr kritisch daher, allerdings mit Fokus auf die in den Abwicklungszielen nur mittelbar widergespiegelte „Marktdisziplin" *Schillig*, in: Haentjens/Wessels, Research Handbook on Crisis Management in the Banking Sector, 81, 88.

504 Mit den Begrifflichkeiten der „Neuen Verwaltungsrechtswissenschaft" kann man von „Steuerungsbedingungen" sprechen, vgl. *Voßkuhle*, in: Hoffmann-Riem/Schmidt-Aßmann/Voßkuhle, Grundlagen des Verwaltungsrechts, § 1, Rn. 20.

kenabwicklung funktionieren kann. Dabei sollen zunächst – *colorandi causa*, aber vor allem, um eine konkrete Vorstellung von einer Bankenkrise zu gewinnen – signifikante Fallbeispiele aus der Finanzkrise dargestellt werden (I.). In einem zweiten Schritt können dann – mit Blick auch auf die damals gewonnenen Erfahrungen – konkrete Vorgaben für die Ausgestaltung des Abwicklungsverfahrens formuliert werden (II.).

I. Ausgewählte Fallbeispiele aus der Finanzkrise

In vielen europäischen und nordamerikanischen Ländern sahen sich Behörden und Regierungen in der Finanzkrise gezwungen, zu intervenieren, private Lösungen zu koordinieren oder Banken mit Steuergeldern zu stützen. Die genaue Ausgestaltung der Finanzhilfen, überhaupt die Herangehensweise an die Krisenbewältigung, unterschied sich dabei zwischen den einzelnen Staaten ganz erheblich, auch innerhalb der Europäischen Union. Komplementiert wurden die Hilfen aus Steuergeldern zudem von massiven Notmaßnahmen der Zentralbanken. Eine vollständige Beschreibung der zur Bewältigung der Finanzkrise ab dem Jahr 2007 ergriffenen Maßnahmen würde den Rahmen dieser Arbeit sprengen. Gleichwohl sollen vier zentrale – und gut dokumentierte[505] – Beispiele für staatliche Interventionen, vorwiegend aus der frühen Phase der Finanzkrise, herausgegriffen und näher erläutert werden, um die Motive, Möglichkeiten und Grenzen staatlicher Rettungshandlungen aufzuzeigen. Die gewählten Beispiele weisen jeweils besondere Aspekte der staatlichen Krisenreaktion auf.

Die Krise um die britische Bank „Northern Rock“ zeigt eindringlich, wie unvorbereitet die Behörden auf eine Rettungsmaßnahme waren und wie die unzureichenden prozeduralen und kompetenziellen rechtlichen Rahmenbedingungen die staatliche Intervention unnötig verkomplizierten (1.).

Die US-amerikanische Bank „IndyMac“ ist einerseits ein typisches Beispiel für die Ursachen und den Verlauf einer Bankenkrise, andererseits aber auch ein markantes Beispiel für einen besonders schweren Verlauf aufgrund ungenügender Krisenkommunikation (2.).

505 So sind die Beweggründe der beteiligten Akteure bei dem einzigen „echten“ bisherigen Anwendungsfall der SRM-VO, der Abwicklung der spanischen „Banco Popular“ – auch Jahre danach noch nicht systematisch offengelegt und zudem Gegenstand streitiger Verfahren.

Die Krise der Bank „Fortis" auf dem Höhepunkt der Finanzkrise kurz nach dem Zusammenbruch der US-Investmentbank *Lehman Brothers* im September 2008 verdeutlicht, wie viel schwieriger eine Bankenrettung ist, wenn sich nicht nur die verschiedenen Behörden eines Staates auf geeignete Maßnahmen einigen müssen, sondern darüber hinaus auch noch Behörden verschiedener Staaten zur Zusammenarbeit gezwungen sind (3.).

Schließlich markiert das Beispiel der deutschen IKB den ersten Zusammenbruch einer Bank in der Finanzkrise und zeigt auf, wie unvorbereitet staatliche wie private Akteure darauf waren. In Reaktion auf die Probleme bei der IKB erließ der deutsche Gesetzgeber ein erstes, rudimentäres Interventionsregime, das sich innerhalb weniger Jahre zum heutigen Abwicklungsrecht hin entwickelt hat (4.).

1. Northern Rock

Im Sommer und Herbst des Jahres 2007 kam es in Großbritannien mit der Krise um Northern Rock zum ersten (öffentlich sichtbaren) *bank run* der Finanzkrise und zum ersten größeren, in der breiten Öffentlichkeit registrierten *bank run* in Großbritannien seit dem Zusammenbruch der Bank Overend, Gurney, and Company im Jahre 1866.[506] Im Herbst und Winter 2007/2008 unternahm das Treasury Committee des House of Commons eine eingehende Untersuchung der Ereignisse um Northern Rock, die in einen ausführlichen Bericht mündete.[507] Die Krise um Northern Rock hat zu einer umfassenden Diskussion über Ursachen und Verläufe von Krisen, aber auch über die institutionelle Architektur der Bankenaufsicht geführt.

a) Entwicklung, Geschäftsmodell und Aufsichtsstruktur bei Northern Rock

Northern Rock wurde ursprünglich als *building society*, eine Art genossenschaftliche Bausparkasse, gegründet. Im Jahr 1997 änderte Northern Rock, einem allgemeinen Trend folgend, sein Geschäftsmodell und wurde zu

506 S. hierzu sowie zu kleineren *bank runs* im Jahre 1878 *House of Commons Treasury Committee,* The run on the Rock, Volume I, S. 8f.; S. auch *Milne/Wood*, Journal of Banking Regulation 10 (2009), 89, 110.

507 *House of Commons Treasury Committee,* The run on the Rock, Volume I.

einer börsennotierten Bank. In den Folgejahren wuchs das Institut stark.[508] Auf der Aktivseite dominierten weiterhin private Immobilienfinanzierungen. Die Bank vergab Hypothekenkredite, verbriefte diese und verkaufte die neu geschaffenen Wertpapiere auf dem Kapitalmarkt. Dieser „originate to distribute"-Ansatz unterschied Northern Rock von vielen anderen britischen Banken.[509] Northern Rock finanzierte sich nunmehr nicht mehr überwiegend durch die Einlagen von Kleinkunden, sondern auf dem Kapitalmarkt (*wholesale funding*). Die Verbindlichkeiten von Northern Rock hatten in der Regel kurze Laufzeiten und mussten daher in kurzen Abständen refinanziert (*rolling over*) werden.[510] Durch diese Form der Refinanzierung auf dem Kapitalmarkt war Northern Rock besonders auf die Liquidität des Marktes für hypothekenbesicherte Wertpapiere angewiesen.[511]

Eine wichtige Rolle bei der Krise von Northern Rock spielte die institutionelle Aufsichtsarchitektur. Von staatlicher Seite waren dabei drei Akteure beteiligt: Die *Financial Services Authority* (FSA) war für die laufende Bankenaufsicht zuständig. Die Bank of England hatte die Aufgabe, die Finanzstabilität zu gewährleisten. *Her Majesty's Treasury* als Finanzministerium verkündete schlussendlich eine Garantie der Einlagen mit Steuergeldern.[512] Diese drei Akteure hatten Ende der 1990er Jahre in einem *memorandum of understanding* (das sog. *Tripartite Arrangement*) eine Aufgabenteilung zur Wahrung der Finanzstabilität vereinbart.[513] Danach sollte die laufende Bankenaufsicht von der FSA übernommen werden, während die Bank of England die Funktion des *lender of last resort* in einer Krise erfüllte und eine allgemeine Zuständigkeit für Finanzstabilität behalten sollte. Das Finanzministerium erarbeitete nach der Konzeption des *Tripartite Arrangement* die internationalen und nationalen regulatorischen Vorgaben und nahm die politische Verantwortung wahr.[514] Die Aufgabenteilung zwischen diesen drei *Tripartite Authorities* war darauf gerichtet, die Unab-

---

508 *Shin*, Journal of Economic Perspectives 23 (2009), 101, 103f.

509 Ausführlich zur Entwicklung von Northern Rock *Milne/Wood*, Journal of Banking Regulation 10 (2009), 89, 90f.

510 Anschaulich dazu *Onado*, in: Bruni/Llewellyn, The failure of Northern Rock, 99, 104f.; s.a. *Eisenbeis/Kaufman*, in: Bruni/Llewellyn, The failure of Northern Rock, 73, 75; *Milne/Wood*, Journal of Banking Regulation 10 (2009), 89, 92.

511 S. zum Ganzen auch *Llewellyn*, in: Bliss/Kaufman, Financial Institutions and Markets, 101, 110f.

512 *Milne/Wood*, Journal of Banking Regulation 10 (2009), 89, 97.

513 Memorandum of Understanding between HM Treasury, the Bank of England and the Financial Services Authority, abrufbar unter https://www.finextra.com/finextra-downloads/prdocs/fsa_hmt_boe.pdf.

514 Vgl. Ziff. 5 des Memorandum of Understanding.

hängigkeit der drei staatlichen Akteure zu wahren und sie vor dem politischen Druck, bestimmte Rettungsmaßnahmen zu ergreifen, abzuschirmen.[515] Gleichzeitig sollten sie zur Kooperation angehalten werden.

b) Die Krise von Northern Rock

Der erwähnte Markt für hypothekenbesicherte Wertpapiere trocknete im Sommer 2007 infolge zunehmender Ausfälle auf dem US-Hypothekenmarkt und daraus resultierender Unsicherheit weitgehend aus und wurde illiquide. Spätestens ab dem 9. August 2007 konnte Northern Rock viele kurzfristige *wholesale*-Verbindlichkeiten nicht erneuern, das *rolling over* war der Bank versperrt.[516] Dies kam aus Sicht der Bank einem *wholesale bank run* gleich, Wochen bevor auch Privatkunden ihre Einlagen abzogen.[517] Es ist bemerkenswert, dass die Refinanzierungsprobleme von Northern Rock nicht auf einer zu laxen Kreditvergabe beruhten. Northern Rock wies kaum Risikoexposition gegenüber dem US-amerikanischen Hypothekenmarkt auf.[518] Das Kreditportfolio von Northern Rock war werthaltig, es gelang Northern Rock lediglich nicht, die verbrieften Kredite am Markt zu platzieren und fällig werdende Verbindlichkeiten abzulösen.

Diese Probleme waren auch für das Management von Northern Rock offensichtlich. In den folgenden Wochen bis Mitte September 2007 beriet es über mögliche Stützungsmaßnahmen mit den *Tripartite Authorities*. Dabei standen insbesondere die privatwirtschaftliche Übernahme von Northern Rock durch eine andere Bank oder eine direkte oder indirekte finanzielle Unterstützung durch die Regierung zur Diskussion.[519] Diese Stützungsmaßnahmen wurden aus verschiedenen Gründen verworfen. So konnte etwa kein geeigneter Käufer gefunden werden, der die für Northern Rock nunmehr nötige zusätzliche Liquidität bereitgestellt hätte. Zudem zögerten die Behörden, eine solche Marktlösung durch die Bereitstellung von Krediten zu erleichtern, unter anderem aufgrund der Sorge, damit

515 Vgl. *Goodhart*, in: Bruni/Llewellyn, The failure of Northern Rock, 157, 168; Vgl. auch *Llewellyn*, in: Bliss/Kaufman, Financial Institutions and Markets, 101, 119.

516 S. ausführlich *Llewellyn*, in: Bliss/Kaufman, Financial Institutions and Markets, 101, 105f.; detailliert zur Struktur der Verbindlichkeiten von Northern Rock *Shin*, Journal of Economic Perspectives 23 (2009), 101, 107ff.

517 *Shin*, Journal of Economic Perspectives 23 (2009), 101, 109.

518 *Woll*, The Power of Inaction, S. 18.

519 *Milne/Wood*, Journal of Banking Regulation 10 (2009), 89, 100.

gegen EU-Beihilfenrecht zu verstoßen.[520] Außerdem schreibt das britische Übernahmerecht ein zeitraubendes Bieterverfahren vor, in dessen Verlauf die Einleger ihre Gelder hätten abziehen und dadurch die Krise verschlimmern können.[521]

Ab Montag, dem 10. September 2007 bereiteten Northern Rock und die *Tripartite Authorities* eine direkte Liquiditätsspritze für Northern Rock durch die Bank of England vor. Die Stützungsmaßnahme sollte am Montag, den 17. September verkündet werden und bis dahin geheim bleiben. In der bis dahin verbleibenden Woche sollte, neben rechtlichen Vorarbeiten, etwa die Bandbreite der Homepage von Northern Rock angesichts des erwarteten Ansturms vergrößert werden.[522] Dieser Plan ging jedoch nicht auf: Die geplante Stützungsmaßnahme wurde gerüchteweise im Markt bekannt. Am Donnerstag, den 13. September 2007, berichtete die BBC in den Abendnachrichten von der bevorstehenden Liquiditätshilfe. Aufgrund dieser Entwicklung sahen sich die Behörden gezwungen, die Verkündung der Hilfen auf Freitag, den 14. September 2007, 7 Uhr, vorzuziehen.[523] Die Stützungsmaßnahme verlor durch diese Entscheidung jedoch ihre Wirkung: In den Augen der Öffentlichkeit und insbesondere der übrigen Marktteilnehmer wandelte sie sich von einer geplanten, kontrollierten Liquiditätshilfe zu einer Panikreaktion der Behörden. Sowohl das Management von Northern Rock als auch die staatlichen Behördenleiter gaben hinterher an, ein ***bank run*** wäre nicht in dieser Form vorgekommen, wenn die Kommunikation nach Plan verlaufen wäre.[524]

Die eigentlich nur als Auffangnetz zur Beruhigung der Einleger gedachte Liquiditätshilfe wurde tatsächlich in erheblichem Umfang in Anspruch genommen. Das Vertrauen in die Überlebensfähigkeit von Northern Rock sank angesichts der in den Medien zirkulierenden Bilder von langen

---

520 *Milne/Wood*, Journal of Banking Regulation 10 (2009), 89, 102f.; die *Tripartite Authorities* waren hinsichtlich der Liquiditätsunterstützung für Northern Rock lange unterschiedlicher Auffassung. Während *Her Majesty's Treasury* und die FSA diese schon frühzeitig bereitstellen wollten, befürchtete die Bank of England daraus resultierenden *moral hazard*, s. *Woll*, The Power of Inaction, S. 76.

521 So der Gouverneur der Bank of England, Mervyn King, in der Anhörung vor dem Treasury Committee des House of Commons, zitiert nach *House of Commons Treasury Committee*, The run on the Rock, Volume I, S. 52.

522 *Milne/Wood*, Journal of Banking Regulation 10 (2009), 89, 104.

523 *Milne/Wood*, Journal of Banking Regulation 10 (2009), 89, 104f.; die Stellungnahme der *Tripartite Authorities* ist abrufbar unter https://www.bankofengland.co.uk/-/media/boe/files/news/2007/september/liquidity-support-facility-for-northern-rock-plc.

524 *Milne/Wood*, Journal of Banking Regulation 10 (2009), 89, 105.

Schlangen an den Geldautomaten. Die Internetseite von Northern Rock brach zusammen, was die Unsicherheit und damit den *bank run* noch verstärkte. Zudem wurde den (privaten) Einlegern zu diesem Zeitpunkt erstmals voll bewusst, dass die britische Einlagensicherung Guthaben über einen (voll abgesicherten) Sockelbetrag von 2000 £ hinaus nur zu 90 % garantierte.[525] Über das gesamte Wochenende zogen Einleger massenhaft ihre Einlagen ab. Währenddessen reifte bei den Akteuren der Bankenaufsicht die Überzeugung, dass über die Liquiditätshilfe hinaus auch eine staatliche Garantie der Einlagen vonnöten war. Die genaue Ausgestaltung dieser Garantie bedurfte jedoch einigen zeitlichen Vorlaufs, so dass der Schatzkanzler erst am Abend des 17. September nach Börsenschluss die Garantie der Rückzahlung der Einlagen verkündete.[526] Diese zweite öffentlich kommunizierte Hilfsmaßnahme hatte schließlich den erwünschten Effekt. Die Einlagenabflüsse nahmen ab, die Krise übertrug sich nicht unmittelbar auf andere Banken, sondern konnte eingedämmt werden.[527] In den nachfolgenden Wochen und Monaten suchten die Behörden einen Käufer für Northern Rock. Zwar gaben verschiedene Interessenten Angebote ab. Die britische Regierung hielt die Angebote jedoch für unzureichend und verstaatlichte Northern Rock schließlich im Februar 2008.[528]

c) Zusammenfassung

Als Fazit lässt sich festhalten, dass die Krise von Northern Rock verschiedene Schwachstellen der Bankenaufsicht offenbarte. Eine treffende Beschreibung dieser Defizite liefert *Llewellyn*:[529] "There were several ways in which the crisis was managed badly: there were public disputes between the three agencies, communication arrangements were clearly problematic, there

---

525 Art. 7 Abs. 4 der Richtlinie 94/19/EG des Europäischen Parlaments und des Rates vom 30. Mai 1994 über Einlagensicherungssysteme (eine Vorgängerrichtlinie der DGSD) räumte den Mitgliedstaaten die Möglichkeit ein, die Einlagensicherung auf 90 % (bzw. bei einer über die Mindestanforderungen hinausgehender Einlagensicherung auf einen noch niedrigeren Prozentsatz) zu beschränken. Anschaulich zur unzureichenden Einlagensicherung als Grund für den *bank run* auf Northern Rock *Mayes/Wood*, in: Bruni/Llewellyn, The failure of Northern Rock, 35, 37f. sowie *Eisenbeis/Kaufman*, in: Bruni/Llewellyn, The failure of Northern Rock, 73, 81f.

526 *Milne/Wood*, Journal of Banking Regulation 10 (2009), 89, 108.

527 *Milne/Wood*, in: Bliss/Kaufman, Financial Institutions and Markets, 3, 19.

528 *Milne/Wood*, in: Bliss/Kaufman, Financial Institutions and Markets, 3, 21f.

529 *Llewellyn*, in: Bliss/Kaufman, Financial Institutions and Markets, 101, 119.

was no clear definition about which agency was responsible for initiating action, and the government delayed announcing its guarantee of Northern Rock deposits until after it was announced that the bank would receive the Bank's support."

2. IndyMac

Wenige Monate nach der Krise von Northern Rock brach sich die Finanzkrise in vollem Umfang Bahn. Nachdem ursprünglich vor allem das Marktsegment zusammengebrochen war, auf dem zu Wertpapieren gebündelte US-amerikanische Schrottimmobilienhypotheken mit Schuldnern niedriger Bonität gehandelt wurden (subprime-Segment), breitete sich die allgemeine Unsicherheit auch auf weitere Segmente der Wertpapiermärkte aus. Zunehmend wurden auch die Marktsegmente für Verbriefungen von Hypothekenkrediten mittlerer und höherer Qualität in Mitleidenschaft gezogen.

Hiervon war insbesondere auch die kalifornische Bank IndyMac betroffen. Diese reichte vor allem Hypothekenkredite an Verbraucher aus und spezialisierte sich dabei auf sog. Alt-A-Hypotheken. Deren Risikoprofil liegt zwischen dem subprime-Segment, in dem die Bonität des Schuldners kaum geprüft wird, und dem höherwertigen prime-Segment mit umfassenderer Schuldnerdokumentation.[530]

Ab der zweiten Jahreshälfte 2007 trocknete der Sekundärmarkt für (verbriefte) Immobilienkredite nicht nur im subprime-Segment aus. Die Liquiditätskrise betraf immer stärker auch das auf eigentlich höherwertigen Immobilienkrediten basierende sog. Alt-A-Segment. IndyMac konnte die ausgereichten Alt-A-Hypotheken nicht mehr wie früher verbriefen und auf dem Sekundärmarkt verkaufen. Dadurch wuchs die eigene Risikoexposition gegenüber den Hypothekenschuldnern.[531] Ausbleibende Zins- und Tilgungszahlungen dieser Hypothekenschuldner verschlechterten die Situation von IndyMac zusehends.

---

530 Zur Entwicklung und zum Geschäftsmodell von IndyMac s. *Moran-Bates*, North Carolina Banking Institute 13 (2009), 515, 517f., *Eisenbeis/Kaufman*, in: Bruni/Llewellyn, The failure of Northern Rock, 73, 77, sowie den ausführlichen Bericht des US-Finanzministeriums *Office of Inspector General*, Safety and Soundness: Material Loss Review of IndyMac Bank, FSB.

531 *Office of Inspector General*, Safety and Soundness: Material Loss Review of IndyMac Bank, FSB, S. 41.

IndyMac musste sich daher zur Refinanzierung zunehmend auf sog. *brokered deposits*, i.e. durch einen Makler vermittelte Sammeleinlagen, stützen. *Brokered deposits* haben typischerweise ein hohes Volumen und können kurzfristig abgezogen werden.[532] In dieser Situation veröffentlichte der US-Senator Charles Schumer am 26. Juni 2008 einen Brief, den er an verschiedene Aufsichtsbehörden, insbesondere die US-amerikanische Einlagensicherungsbehörde FDIC („Federal Deposit Insurance Corporation") und die prudentielle Aufsichtsbehörde OTS („Office of Thrift Supervision"), versandt hatte. Darin äußerte er Bedenken, dass die zunehmenden Ausfälle ihrer Hypothekenschuldner zu einer Verschlechterung der finanziellen Situation von IndyMac geführt hätten. Insbesondere die Refinanzierung über *brokered deposits* sei zu kurzfristig und begünstige einen *bank run*. Die Aufsichtsbehörden müssten dringend tätig werden, denn IndyMac stehe am Rande des Zusammenbruchs.[533] Tatsächlich zogen Einleger in den auf die Veröffentlichung des Briefes folgenden zwei Wochen über 1,5 Milliarden US-Dollar ab, was 8,4 % der Einlagen entsprach.[534] Der *bank run* verschärfte die ohnehin akute Liquiditätskrise von IndyMac erheblich. Am Freitag, den 11. Juli 2008 schloss die Aufsichtsbehörde OTS die Bank IndyMac. Über das folgende Wochenende übernahm die FDIC die Bank. Unter staatlicher Kontrolle und nach einer erheblichen staatlichen Liquiditätshilfe wurde die Bank am Montag, den 14. Juli 2008 wiedereröffnet.[535]

3. Fortis

Ein weiteres eindrucksvolles Beispiel für die Schwierigkeit, in einer akuten Krisensituation adäquat zu reagieren, bietet schließlich die in der Finanzkrise zusammengebrochene Bank Fortis.

Fortis war zu Beginn der Finanzkrise eine in den Benelux-Staaten bedeutende Universalbank mit einer großen Versicherungssparte. Die Bank war aus der Fusion verschiedener niederländischer und belgischer Vorgängerunternehmen entstanden und als komplexe belgisch-niederländische

532 Zu Begriff und Funktion von *brokered deposits* und *core deposits* siehe die ausführliche Studie *FDIC*, Study on Core Deposits and Brokered Deposits.

533 *Moran-Bates*, North Carolina Banking Institute 13 (2009), 515, 532ff.

534 *Rose*, Old-Fashioned Deposit Runs, S. 30.

535 Siehe die detaillierte Chronologie bei *Office of Inspector General*, Safety and Soundness: Material Loss Review of IndyMac Bank, FSB, S. 55ff.; vgl. auch, insbesondere zu den Kosten, *Eisenbeis/Kaufman*, in: Bruni/Llewellyn, The failure of Northern Rock, 73, 78.

Doppelholding mit einer Vielzahl an Tochtergesellschaften strukturiert. Die belgischen und die niederländischen Behörden beaufsichtigten Fortis gemeinsam, wobei die belgische Bankenaufsichtsbehörde CBFA die konsolidierende Aufseherin war.[536] Die Aufsichtsbehörden Belgiens und der Niederlande hatten ihre Kooperation in einem nicht-bindenden *memorandum of understanding* geregelt.[537] Fortis galt aufgrund ihres Marktanteils und ihrer Stellung als Clearing-Mitglied verschiedener Börsen in allen drei Benelux-Staaten als systemrelevant.[538]

Im Oktober 2007 übernahm die Fortis-Gruppe gemeinsam mit der Royal Bank of Scotland und der Banco Santander die zweitgrößte niederländische Bank ABN Amro. Diese sollte im Zuge der Übernahme innerhalb von zwei bis drei Jahren zerschlagen und zwischen den drei Konsorten aufgeteilt werden. Die Fortis-Gruppe finanzierte die Übernahme durch eine Kapitalerhöhung in Höhe von 13,4 Mrd. Euro. Die niederländische Bankenaufsicht machte zwar Bedenken gegen die dadurch verstärkte Konzentration auf dem niederländischen Bankenmarkt geltend, fand jedoch keine ausreichenden Gründe, den Zusammenschluss zu untersagen. Die EU-Kommission erlaubte der Fortis-Gruppe die Übernahme unter der Auflage, Teile ihres Bankgeschäfts zu verkaufen.[539]

Der Zeitpunkt für diese Akquisition war denkbar ungünstig gewählt: Kurz nach der Übernahme von ABN Amro musste die Fortis-Gruppe ihre Risikoexposition auf dem kriselnden US-amerikanischen subprime-Hypothekenmarkt einräumen. Im Juni 2008 musste die Bankengruppe erneut eine Kapitalerhöhung vornehmen und ihre Dividende streichen. Dessen ungeachtet zogen Anleger über den Sommer hinweg Gelder ab. Im September 2008, parallel zur Krise von Lehman Brothers in den USA, spitzte sich die Liquiditätskrise zu.[540] Am Donnerstag, den 25. September 2008,

536 Ausführlich zur Ausgangssituation *Wiggins/Tente/Metrick*, European Banking Union C: Cross-Border Resolution-Fortis Group, S. 2ff.

537 *EU Economic and Financial Committee*, Report on financial crisis management, S. 16; *Kudrna*, Journal of Common Market Studies 50 (2012), 283, 288.

538 *Basel Committee on Banking Supervision*, Report and Recommendations of the Cross-border Bank Resolution Group, Ziff. 28. Im Jahr 2008 entsprach die Bilanzsumme der Fortis-Gruppe 285 % des belgischen bzw. 166 % des niederländischen BIP, s. *Wiggins/Tente/Metrick*, European Banking Union C: Cross-Border Resolution-Fortis Group, S. 5.

539 *Wiggins/Tente/Metrick*, European Banking Union C: Cross-Border Resolution-Fortis Group, S. 5ff.

540 *Basel Committee on Banking Supervision*, Report and Recommendations of the Cross-border Bank Resolution Group, Ziff. 30; *Marinč/Vlahu*, The Economics of Bank Bankruptcy Law, S. 143.

trat der CEO angesichts des abstürzenden Aktienkurses der Fortis-Gruppe zurück.[541] Währenddessen begann sich ein *bank run* abzuzeichnen.[542]

Am darauffolgenden Wochenende vereinbarten die Regierungen Belgiens, Luxemburgs und der Niederlande, Fortis teilweise zu verstaatlichen: Die Niederlande und Luxemburg sollten jeweils 49 % des niederländischen bzw. luxemburgischen Teils des Bankgeschäfts erwerben. Die Niederlande sollten dafür 4 Mrd. Euro, Luxemburg 2,5 Mrd. Euro bezahlen. Belgien sollte für 4,7 Mrd. Euro 49 % des belgischen Bankgeschäfts von Fortis sowie das gesamte (profitable) Versicherungsgeschäft erhalten.[543]

Dieser ursprüngliche Rettungsplan wurde von der niederländischen Regierung kurze Zeit später verworfen. Am 3. Oktober 2008 gab sie stattdessen bekannt, 92,6 % der niederländischen Fortis Holding sowie 100 % des niederländischen Teils des Versicherungsgeschäfts für 16,8 Mrd. Euro zu übernehmen. Zudem übernahmen die Niederlande Verbindlichkeiten von Fortis in Höhe von mehreren Milliarden Euro. Die belgische und die luxemburgische Regierung reagierten hierauf am 5. Oktober mit einem aufgestockten Rettungspaket für den belgischen bzw. luxemburgischen Teil der Fortis-Gruppe. Belgien stockte seinen Anteil an dem belgischen Teil von Fortis auf 99,93 % auf. Belgien und Luxemburg verkauften in der Folge den überwiegenden Teil ihrer Anteile an die französische Bank BNP Paribas. Zudem musste Belgien auf Drängen von BNP Paribas einen erheblichen Teil der notleidenden Kredite von Fortis übernehmen.[544]

541 Siehe zur Zuspitzung der Krise *Fassin/Gosselin*, Journal of Business Ethics 102 (2011), 169, 171 sowie *Wiggins/Tente/Metrick*, European Banking Union C: Cross-Border Resolution-Fortis Group, S. 7f.

542 *Fassin/Gosselin*, Journal of Business Ethics 102 (2011), 169, 171; *Beck/Coyle/Dewatripont/Freixas/Seabright*, Bailing out the Banks, S. 73.

543 *Wiggins/Tente/Metrick*, European Banking Union C: Cross-Border Resolution-Fortis Group, S. 8f.; insgesamt zu den Rettungsbemühungen vgl. auch *Kudrna*, Journal of Common Market Studies 50 (2012), 283, 288.

544 Siehe zu diesem „zweiten" Abwicklungsplan die Übersicht bei *Wiggins/Tente/Metrick*, European Banking Union C: Cross-Border Resolution-Fortis Group, S. 11; vgl. auch *Marinč/Vlahu*, The Economics of Bank Bankruptcy Law, S. 144. Einige Aktionäre der Fortis-Gruppe waren mit dieser Rettungsaktion nicht einverstanden und erhoben Klage vor belgischen Gerichten. Im Dezember 2008 urteilte der Brüsseler Appellationshof, dass sowohl der Verkauf von Fortis an den niederländischen bzw. belgischen Staat als auch die anschließende Übernahme wesentlicher Teile durch BNP Paribas von den Aktionären hätte genehmigt werden müssen. Erst im März 2009 einigten sich die Aktionäre, der belgische Staat und BNP Paribas u.a. auf einen höheren Kaufpreis und auf einen höheren Anteil des belgischen Staates an den ausgelagerten non-performing loans.

Fortis ist ein anschauliches Beispiel für das dem langjährigen Gouverneur der Bank of England, Mervyn King zugeschriebene Zitat: „Banks are global in life and national in death.“ In der Tat war die grenzüberschreitende Integration der Fortis-Gruppe weit vorangeschritten. Im Moment der Krise stellt jedoch die Entscheidung der niederländischen Regierung, nur den „niederländischen“ Teil der Gruppe zu verstaatlichen und damit zu retten, einen Rückfall in überwunden geglaubtes nationalstaatliches Denken dar. Die Rettung der Gruppe als Ganzes wäre – so die Einschätzung der EU-Kommission – im Ergebnis wirtschaftlich günstiger gewesen.[545]

Dabei bestand zwischen den niederländischen und den belgischen Behörden schon spätestens seit der Entscheidung, dass die niederländische „Vorzeigebank“ ABN AMRO durch das Bankenkonsortium aus RBS, Santander und Fortis übernommen und schrittweise zerschlagen werden sollte, eine (unausgesprochene) Konkurrenz. Im Hinblick auf die Fortis-Gruppe war zwischen den niederländischen und den belgischen Aufsichtsbehörden umkämpft, wer als konsolidierende Aufsichtsbehörde fungieren sollte.[546]

Zudem werden die Verhandlungen während des „ersten“ Rettungswochenendes Ende September 2008 von den Beteiligten recht unterschiedlich beurteilt. Nach Darstellung der niederländischen Seite waren die belgischen Entscheidungsträger in der Ausarbeitung eines Rettungsplanes schon weit fortgeschritten, bevor die niederländische Seite überhaupt involviert wurde. Die Niederländer fühlten sich daher überrumpelt. Die nachfolgende einseitige Aufkündigung der Einigung vom 28. September durch die niederländische Seite hat wiederum die Belgier verärgert.[547] Es kann festgehalten werden, dass sich die Parteien nur schwer und nicht dauerhaft zu einem kooperativen Verhalten durchringen konnten. Die

---

545 *Europäische Kommission*, Commission staff working document SEC(2009) 1389 final, S. 16.

546 *Dewatripont/Rochet*, Financial Stability Review 2009, 65, 71; *Fassin/Gosselin*, Journal of Business Ethics 102 (2011), 169, 180; *Beck/Coyle/Dewatripont/Freixas/Seabright*, Bailing out the Banks, S. 73.

547 *Fassin/Gosselin*, Journal of Business Ethics 102 (2011), 169, 180; *Wiggins/Tente/Metrick,* European Banking Union C: Cross-Border Resolution-Fortis Group, S. 8f.; der niederländische Finanzminister behauptete öffentlich, die Niederlande hätten den besseren Teil von Fortis erhalten und Belgien den schlechteren gelassen, *Beck/Coyle/Dewatripont/Freixas/Seabright*, Bailing out the Banks, S. 73. S. zudem *Kudrna*, Journal of Common Market Studies 50 (2012), 283, 289, der versucht, die Verhandlungssituation spieltheoretisch zu beschreiben.

anschließende Verstaatlichung und Aufteilung der Gruppe entlang der Staatsgrenzen dürfte auch eine Folge des fehlenden Vertrauensverhältnisses zwischen den staatlichen Akteuren gewesen sein.

4. IKB

In Deutschland erreichte die Finanzkrise bereits Ende Juli 2007 mit der Krise der IKB Deutsche Industriebank AG einen ersten Höhepunkt. Auch wenn die Krise auf dem US-amerikanischen Hypothekenmarkt ihren Ausgang nahm, so ist bemerkenswert, dass die IKB die weltweit erste Bank war, die aufgrund der Entwicklungen in den USA zusammenbrach.[548]

a) Vorgeschichte und Geschäftsmodell

Die IKB Deutsche Industriebank AG war in der Zwischenkriegszeit entstanden und betätigte sich nach dem 2. Weltkrieg zunächst vor allem als Bank zur Finanzierung des Mittelstands. Sie spielte eine tragende Rolle bei der Vergabe von KfW-Förderkrediten. Die KfW war zudem ihr Hauptaktionär.

Die IKB hatte in großem Ausmaß in den US-amerikanischen Subprime-Hypothekenmarkt investiert.[549] Diese Investments erfolgten im Wesentlichen über ausländische Zweckgesellschaften (‚Conduits'), u.a. das SPV „Rhineland Funding", die sich auf dem Geldmarkt sowie über eine Liquiditätsgarantie der IKB refinanzierten.[550]

b) Krise und Stützungsmaßnahme

Die Zahlungsausfälle der Hypothekenschuldner nahmen im ersten Halbjahr 2007 zu. Zudem trockneten zunehmend die Möglichkeiten der Re-

548 *Woll*, The Power of Inaction, S. 18.

549 Laut *Fleischer*, European Company Law 12 (2015), 69, 71, hatte die IKB 46 % ihres Kapitals in US-amerikanische strukturierte Wertpapiere investiert.

550 *Krawinkel*, Grenzen der Aktionärsautonomie bei der Notrekapitalisierung systemrelevanter Banken, S. 146f.; *Fehr*, Frankfurter Allgemeine Zeitung vom 03.08.2007, https://www.faz.net/aktuell/wirtschaft/die-krise-5-rhineland-funding-1461984.html; zur unterschiedlichen Refinanzierung von Northern Rock und IKB *Shin*, Journal of Economic Perspectives 23 (2009), 101, 104ff.

finanzierung auf den Geldmärkten aus. Die Conduits konnten ihre auslaufenden Verbindlichkeiten dort nicht mehr erneuern und mussten auf die von der IKB zugesagten Kreditlinien zurückgreifen. In der Folge zweifelten Investoren an der Kreditwürdigkeit der IKB.[551] Die Deutsche Bank, eine bedeutende Gläubigerin der IKB, kündigte eine Kreditlinie der IKB und informierte am 27. Juli 2007 die Bankenaufsicht über diesen Schritt.[552]

Während des Wochenendes am 28. und 29. Juli 2007 folgte eine Krisensitzung, in der der deutsche Bundesfinanzminister, Vertreter der BaFin und der Deutschen Bundesbank, die Vorstandsvorsitzenden bzw. -sprecher der Deutschen Bank, der Commerzbank und der KfW sowie die Präsidenten des Deutschen Sparkassen- und Giroverbandes und des Bundesverbands der Volks- und Raiffeisenbanken über eine Rettung der IKB berieten.[553] Der Bundesfinanzminister Peer Steinbrück zeigte sich nach eigenen Angaben zunächst widerwillig, die Marktregeln durch die gemeinsame Verhinderung einer Insolvenz der IKB teilweise außer Kraft zu setzen. Die übrigen Teilnehmer des Treffens hätten ihn jedoch davon überzeugt, dass der Untergang der IKB einen Dominoeffekt nach sich ziehen und dem Finanzplatz Deutschland schaden würde.[554] Schließlich waren sich die Teilnehmer einig über die Notwendigkeit der Rettung und vereinbarten eine Beteiligung der deutschen (privaten) Kreditwirtschaft an den Kosten.[555] Am Montag, den 30. Juli 2007 veröffentlichte die IKB eine entsprechende Ad-hoc-Mitteilung, wonach ihr Hauptaktionär, die staatliche Kreditanstalt für Wiederaufbau (KfW), in die Refinanzierung der „Rhineland Funding“ eintreten werde und der Sprecher des Vorstands ausgetauscht würde.[556]

In den Monaten nach diesem dramatischen Rettungswochenende trat die IKB zunächst in den Hintergrund. Es folgten die Stützungen etwa

---

551 *Krawinkel*, Grenzen der Aktionärsautonomie bei der Notrekapitalisierung systemrelevanter Banken, S. 147.

552 *Scholtes*, Deutsche Welle vom 28.07.2017, https://p.dw.com/p/2hAVH; *Simensen*, Financial Times vom 03.08.2007, https://www.ft.com/content/38cadc06-41e1-11dc-8328-0000779fd2ac („There is a golden rule in the industry that says the first call to make when a company realises it is in trouble is to its regulator. Jochen Sanio, president of the Bafin, Germany’s financial regulator, will probably not look kindly upon the fact that it was Josef Ackermann, chief executive of Deutsche Bank, who rang him last Friday to alert him about the crisis.“).

553 *Woll*, The Power of Inaction, S. 128f.

554 Zitiert nach *Woll*, The Power of Inaction, S. 75.

555 *Woll*, The Power of Inaction, S. 129.

556 Ad-hoc-Mitteilung der IKB, abrufbar unter https://www.ikb.de/uploads/media/07_07_30_Ad-hoc-Mitteilung.pdf.

der WestLB und der BayernLB, bevor im Sommer und Herbst 2008 die Finanzkrise auch in Deutschland ihren Höhepunkt erreichte. Doch auch nach der Ankündigung der Kapitalerhöhung der IKB am 30. Juli 2007 war das Überleben der IKB nicht gesichert. Sie musste in den Folgemonaten Bewertungsverluste hinnehmen und sah sich im Frühjahr 2008 gezwungen, eine weitere Kapitalerhöhung vorzunehmen.[557] Der entsprechende Hauptversammlungsbeschluss, der auch als für die Finanzstabilität insgesamt von entscheidender Bedeutung angesehen wurde, wurde mit überwältigender Mehrheit gefasst,[558] auch weil die KfW zu diesem Zeitpunkt bereits über mehr als 90 % der Anteile verfügte.[559] In der Folge fochten allerdings zehn Aktionäre, die zusammen nur einen kleinen Bruchteil des Kapitals hielten, den Beschluss gerichtlich an. Erst im Juli 2008 gelang es dem Management der Bank, einen Vergleich mit den klagenden Aktionären zu erzielen. Im Oktober 2008 schließlich wurde die Eintragung der Kapitalerhöhung bekanntgemacht – zu einem Zeitpunkt, zu dem sich die Krise bereits erheblich verschärft hatte.[560] Die IKB wurde schließlich an einen US-Investor verkauft. Das Bundesfinanzministerium schätzt die Gesamtkosten der Rettung auf 10 Mrd. Euro für die öffentlichen Haushalte und 1,4 Mrd. Euro für die Bankenverbände.[561]

c) Zusammenfassung

Auch an der IKB lassen sich einige Problemfelder exemplifizieren, mit denen die Behörden in der Finanzkrise konfrontiert waren. Zunächst erscheint der Beginn der Rettungsaktion frappant: Die Entscheidung der privaten Deutsche Bank AG, der IKB keine weitere Liquidität zur Verfügung zu stellen, katapultierte diese in eine Notsituation. Auch wenn die zunehmenden Krisenerscheinungen auf den Finanzmärkten zu diesem Zeitpunkt den Aufsehern nicht entgangen waren, so erstaunt doch, dass

557 *Woll*, Gov. & oppos. 49 (2014), 426, 443.

558 *Krawinkel*, Grenzen der Aktionärsautonomie bei der Notrekapitalisierung systemrelevanter Banken, S. 148.

559 *Woll*, The Power of Inaction, S. 129.

560 Vgl. ausführlich zu den Rekapitalisierungen *Krawinkel*, Grenzen der Aktionärsautonomie bei der Notrekapitalisierung systemrelevanter Banken, S. 148ff.

561 So die Angaben von *Woll*, The Power of Inaction, 129 Fn. 66; vgl. auch zum Strafverfahren gegen den Vorstandsvorsitzenden sowie zu Anlegerklagen *Fleischer*, European Company Law 12 (2015), 69.

die Initiative für die Rettungsaktion letztlich nicht auf der kritischen Beobachtung der Bank durch die Behörden fußte.

Zudem ist die IKB ein Beispiel für eine Verhandlungslösung unter Einbeziehung des gesamten Bankensektors.[562] Der Versuch, den privaten Sektor von Anfang an zu beteiligen, brachte die Gefahr mit sich, dass die Zuständigkeiten für die Bewältigung der Krise verwischen und die Rettungsversuche verschleppt werden. Im Ergebnis konnte innerhalb eines Wochenendes eine Lösung gefunden werden, die sich im Nachhinein jedoch nicht als vollständig tragfähig erwiesen hat.

II. Anforderungen an das Abwicklungsrecht

Schon zu Beginn der Finanzkrise wurde also deutlich, dass die verschiedenen staatlichen und privaten Akteure nicht ausreichend auf die Schieflage einer Bank vorbereitet waren. Die oft sehr kurzfristig geplanten und durchgeführten Rettungsmaßnahmen geben Anlass zur kritischen Reflexion der Mechanismen und Instrumente, die zur verfahrensmäßigen Bewältigung von Finanzkrisen zur Verfügung stehen müssen.

Im Folgenden sollen die Anforderungen, die an Krisenbewältigungsverfahren zu stellen sind, dargestellt werden. Für diese Untersuchung sollen nur diejenigen Aspekte berücksichtigt werden, die unmittelbar Entscheidungsalternativen der beteiligten Behörden in der akuten Abwicklungssituation betreffen. Die „laufende" präventive Aufsicht und die daraus erwachsenden Möglichkeiten, Krisen zu verhindern, werden hier ausgeklammert.

Zudem lässt sich eine (vorrangig ökonomische) Beurteilung des *institutional design* nur vornehmen, wenn die an Abwicklungen beteiligten Akteure sowie die einzusetzenden Instrumente in abstrahierter Form betrachtet werden. Daher soll im Folgenden nicht das institutionelle Gefüge Deutschlands, des Vereinigten Königreichs, der USA oder des SRM und auch nicht das materielle Abwicklungsrecht eines dieser Systeme zugrunde gelegt werden. Um allgemeingültige Aussagen über die Aufgabenverteilung und den Ablauf des Entscheidungsprozesses treffen zu können, bedarf es vielmehr einer Abstraktion von konkreten Behördenstrukturen hin zu funktional unterschiedenen, idealtypischen Akteuren sowie von konkret vorgesehenen Abwicklungsinstrumenten einzelner Rechtsordnun-

562 Ausführlich dazu mit einem Vergleich zur französischen Rettungspolitik *Woll*, The Power of Inaction, S. 112ff.

gen hin zu typisierten Maßnahmen. Dies erscheint vor allem deshalb möglich, weil sich für das Bankabwicklungsrecht, ebenso wie für das Bankaufsichtsrecht, in den vergangenen Jahren und Jahrzehnten institutionell wie materiell eine deutliche Tendenz zur Konvergenz beobachten lässt. Auch wenn die Bankensektoren verschiedener Volkswirtschaften ganz erhebliche strukturelle Unterschiede aufweisen,[563] so nähern sich die Aufsichtsstrukturen spätestens seit den 1990er Jahren international einander an. Die treibende Kraft dahinter sind der Basler Bankenausschuss, ein Forum von 45 Aufsichtsbehörden und Zentralbanken aller bedeutenden Volkswirtschaften,[564] sowie das daran angeschlossene *Financial Stability Board.*[565] Das moderne Abwicklungsrecht geht wesentlich auf die *Key Attributes of Effective Resolution Regimes for Financial Institutions*[566] aus dem Oktober 2011, ergänzt durch ein Papier aus dem Oktober 2014[567], zurück. Diese internationalen Standards sind zwar *soft law*, entfalten aber eine enorme normative Kraft.[568] Sie werden stetig ergänzt, ausdifferenziert und angepasst.[569]

Unter diesen Prämissen lassen sich fünf Anforderungen formulieren, die der Entscheidungsprozess, in dem über das „Ob" und das „Wie" einer Bankenabwicklung entschieden wird, erfüllen muss: In dem Verfahren müssen die Zuständigkeiten zwischen den beteiligten Behörden klar und eindeutig verteilt sein (1.). Die Eingriffsschwellen für die Initiierung einer

---

563 Siehe etwa zur historischen Entwicklung des US-Finanzsystems und seiner Krisen seit dem frühen 19. Jahrhundert monographisch *Gorton*, Misunderstanding financial crises; vgl. zu den unterschiedlichen Konzernstrukturen in den USA und Kontinentaleuropa *Binder*, ZBB 2015, 153, 156, sowie dort die Nachweise in Fn. 30.

564 Vgl. schon vor der Finanzkrise, auch zu ähnlichen Entwicklungen in der Versicherungs- und Wertpapieraufsicht, *van Aaken*, in: Möllers/Voßkuhle/C. Walter, Internationales Verwaltungsrecht, 219, 226ff.; zur Beteiligung der Deutschen Bundesbank im Basler Bankenausschuss *Möllers*, ZaöRV 65 (2005), 351.

565 Hierzu *Alexander*, ZBB 2011, 337–344, 342–343.

566 http://www.fsb.org/wp-content/uploads/r_111104cc.pdf.

567 http://www.fsb.org/wp-content/uploads/r_141015.pdf.

568 Allgemein zum „Durchsetzungsmechanismus" vgl. *Alexander*, ZBB 2011, 337–344, 340; kritisch zur angeblich mangelnden Reichweite und Verbindlichkeit der vom Basler Ausschuss erarbeiteten Standards (vor der Finanzkrise) *Ohler*, in: Möllers/Voßkuhle/C. Walter, Internationales Verwaltungsrecht, 259, 266f.

569 S. etwa die *Principles for Cross-border Effectiveness of Resolution Actions* aus dem November 2015, abrufbar unter http://www.fsb.org/wp-content/uploads/Principles-for-Cross-border-Effectiveness-of-Resolution-Actions.pdf, oder die *Principles on Bail-in Execution* aus dem Juni 2018, abrufbar unter http://www.fsb.org/wp-content/uploads/P210618-1.pdf.

Bankenabwicklung müssen adäquat sein (2.). Der Entscheidungsprozess muss zügig vonstatten gehen (3.), und er muss bis zur Bekanntgabe des Ergebnisses möglichst geheim bleiben (4.). Schließlich dürfen nicht Dritte, die an der Abwicklung nicht unmittelbar beteiligt sind, den Prozess obstruieren können (5.).

1. Klare Zuständigkeiten

Eine klare und eindeutige Zuständigkeitsverteilung zwischen den Behörden ist in Krisensituationen für eine erfolgreiche Abwicklung unerlässlich. Eine uneindeutige Aufgabenteilung dagegen kann zu Blockaden oder Verzögerungen führen und das Vertrauen der Märkte weiter erschüttern.

a) Zuständigkeitsverteilung innerhalb der Exekutive

Die Exekutivgewalt, soweit sie die Aufsicht und Regulierung der Finanzmärkte und ihrer Akteure betrifft, ist aus verschiedenen Gründen ausdifferenziert. Einerseits sind in einigen Staaten die Aufsichtsstrukturen organisch gewachsen.[570] Zudem unterliegen einige staatliche Akteure eigenen Gesetzmäßigkeiten. So sind Zentralbanken häufig unabhängig von der Einflussnahme durch Regierungen.[571] Sofern sie aber Aufgaben der Bankenaufsicht oder -abwicklung übernehmen, gerät die (geldpolitische) Begründung der Unabhängigkeit unter Druck. In einer Krisensituation ergibt sich eine klare Zuständigkeitsaufteilung also nicht automatisch. Generalisierend lässt sich feststellen, dass die Gubernative (in Gestalt des Finanzministeriums), die häufig zu einem gewissen Grad unabhängige (prudentielle) Aufsichtsbehörde und die Zentralbank sowie in manchen Jurisdiktionen eine separate Abwicklungsbehörde in der Regel die wichtigsten Akteure sind. Nationale Besonderheiten sind jedoch Legion.

Dabei sind die einer derartigen Aufgabenteilung inhärenten Interessenkonflikte offensichtlich: Eine Bankenkrise, die womöglich Rettungsmaß-

570 Vgl. etwa für einen Überblick über die Vielzahl an Aufsichtsbehörden in den USA *Congressional Research Service*, Who Regulates Whom?, S. 7ff. sowie, für eine Vielzahl von Rechtsordnungen, *Calvo/Crisanto/Hohl/Gutiérrez*, Financial supervisory architecture.

571 Ein wichtiges Gegenbeispiel ist die Chinesische Volksbank, die Zentralbank der Volksrepublik China.

nahmen erforderlich macht, wirft ein schlechtes Licht auf die Aufsichtsbehörde. Zentralbanken dagegen müssen zwischen Finanzstabilität und geldpolitischen Zielen abwägen.[572] Finanzministerien tragen die politische Verantwortung und müssen einen Ausgleich zwischen dem Schutz von Spareinlagen und der Schonung von Steuermitteln finden.

Besonders bedeutend ist die Frage der Zuständigkeitsverteilung bei der Einleitung von Abwicklungsmaßnahmen. Zu Beginn einer Bankenkrise stellt sich zunächst die Frage, welche Behörde für Entscheidungen über die Initiierung von Abwicklungsmaßnahmen geeignet ist. Hierauf soll im Folgenden der Fokus liegen. Es kommen mehrere Behörden in Betracht. Trotz des von Land zu Land höchst unterschiedlichen Aufbaus lassen sich grundlegend zwei „Modelle“ unterscheiden. Einerseits kann die Bankaufsichtsbehörde, die in der Regel mit der Zulassung und laufenden Überwachung der Banken betraut ist, als Initiatorin der Abwicklung fungieren. Andererseits wird häufig die Durchführung der Abwicklung einer anderen Behörde als der Aufsichtsbehörde überantwortet. Dies kann eine spezielle Abwicklungsbehörde oder auch die Zentralbank sein. In diesen Fällen stellt sich die Frage, ob die Abwicklungsbehörde (oder Zentralbank, sofern sie diese Funktion übernimmt) auch selbst über den Beginn von Abwicklungsmaßnahmen bestimmen können soll.

b) Die prudentielle Aufsichtsbehörde als Initiatorin der Abwicklung?

Einerseits spricht einiges dafür, die Zuständigkeit für die Initiierung einer Abwicklung bei der Aufsichtsbehörde zu konzentrieren.

Ein Argument hierfür ist die Vermeidung von Reibungsverlusten. Die Schaffung einer eigenständigen Abwicklungsbehörde und die Aufteilung der Zuständigkeiten zwischen den beiden Behörden kann möglicherweise

---

572 *Mayes/Wood*, in: Bruni/Llewellyn, The failure of Northern Rock, 35, 44.; vgl. zu den Vor- und Nachteilen verschiedener Behördenkonfigurationen *Calvo/Crisanto/Hohl/Gutiérrez*, Financial supervisory architecture, Ziff. 14ff. Empirisch übernehmen die Zentralbanken sogar in den meisten Rechtsordnungen die wesentlichen Abwicklungsfunktionen, vgl. *Calvo/Crisanto/Hohl/Gutiérrez*, Financial supervisory architecture, Ziff. 44ff.; innerhalb der Eurozone kommen der EZB sowohl geldpolitische Ziele (Art. 127 Abs. 1 und 2 AEUV) als auch Aufgaben der Bankenaufsicht und der Wahrung der Finanzstabilität (Art. 127 Abs. 5 und 6 AEUV) zu.

zu Verzögerungen führen.[573] Behinderungen sind etwa durch einen zu zögerlichen oder technisch aufwendigen Informationsaustausch denkbar.[574] Zudem lässt sich die nötige Vertraulichkeit während der Vorbereitung von Abwicklungsmaßnahmen effektiver wahren, wenn nur wenige Akteure an der Vorbereitung beteiligt sind.

Für die Zuweisung der Abwicklungsinitiierungskompetenz an die Aufsichtsbehörde könnte außerdem ein Vergleich mit dem allgemeinen Insolvenzrecht sprechen, das zur Anwendung kommt, wenn eine Abwicklung nicht angezeigt erscheint. Auch schon vor der Finanzkrise war das Insolvenzantragsrecht für Banken aufsichtsrechtlich überformt[575] – sofern nicht, wie in den USA, Banken schon von vornherein nicht in den Anwendungsbereich des Insolvenzrechts fielen.[576] Auch nach der Ausformung des Abwicklungsrechts als Sonderinsolvenzrechts für Banken ist ein Anwendungsbereich für das allgemeine Insolvenzrecht geblieben.[577] Häufig besitzt die prudentielle Aufsichtsbehörde eine Zuständigkeit für die Initiierung des Insolvenzverfahrens.[578] So ist etwa in Deutschland gem. § 46b Abs. 1 Satz 4 KWG ausschließlich die BaFin befugt, für ein Institut oder dessen Holding einen Insolvenzantrag zu stellen.[579] Die BaFin kann und muss bei der Insolvenzantragstellung auch (makro-)prudentielle Über-

573 Insbesondere bei Anhörungs- und Stellungnahmerechten weiterer Aufsichtsbehörden; vgl. für die Behördenarchitektur in Großbritannien und in den USA *Randell*, in: P. S. Kenadjian, Too big to fail – brauchen wir ein Sonderinsolvenzrecht für Banken?, 105, 120f.; s. auch die Beispiele bei *Glaessner/Mas*, The World Bank Research Observer 10 (1995), 53, 64.

574 In diese Richtung *Čihák/Nier*, Harvard Business Law Review 2 (2012), 395, 407f.

575 Siehe hierzu rechtsvergleichend ausführlich *Hüpkes*, in: International Monetary Fund, Current Developments in Monetary and Financial Law, Volume 3, 471.

576 Schon seit den 1930er Jahren unterlagen *deposit-taking institutions*, also Einlageninstitute, dem Anwendungsbereich des an die Einlagensicherung gekoppelten US-Abwicklungsregimes. Investmentbanken wie Lehman Brothers waren jedoch als *corporation* organisiert. Auf sie war bis zur Ausweitung des Abwicklungsregimes im Nachgang der Finanzkrise das reguläre Insolvenzverfahren anwendbar. S. *Armour*, in: Moloney/Ferran/Payne, The Oxford Handbook of Financial Regulation, 453, 465, sowie die ausführliche Analyse bei *Bliss/Kaufman*, Virginia Law & Business Review 2 (2007), 143.

577 Vgl. supra Zweiter Teil, B. II. 1. b).

578 Vgl. den Länderüberblick bei *Buckingham/Atanasova/Frazzani/Véron*, Study on the differences between bank insolvency laws and on their potential harmonisation, S. 26.

579 Diese Rechtslage galt schon vor der Finanzkrise. Zur Entwicklung der Norm *Lindemann*, in: Boos/Fischer/Schulte-Mattler, § 46b KWG Rn. 1ff. und *Gondert*, WM 2018, 845, 846.

legungen einfließen lassen. So könnte etwa ein (zu) früher Zeitpunkt der Antragstellung, wie ihn möglicherweise Gläubiger der Bank bevorzugen,[580] Sanierungsbemühungen konterkarieren[581] und dadurch mittelbar die Finanzstabilität gefährden.

Das reguläre Insolvenzverfahren unterscheidet sich zwar erheblich von einer Bankenabwicklung. So liegen etwa die Voraussetzungen für eine Abwicklung schon deutlich früher vor als die herkömmlichen Insolvenzgründe.[582] Die Überlegungen zur Insolvenzeinleitung lassen sich dennoch auf die Einleitung von Abwicklungsmaßnahmen übertragen.[583] Wie im Vorfeld der Insolvenz einer Bank steht den Aufsichtsbehörden auch im Vorfeld einer Abwicklung eine Reihe von Instrumenten zur Verhinderung einer Krise der Bank zur Verfügung,[584] deren Anwendung nicht in Konflikt mit einer (verfrühten) Abwicklungsmaßnahme geraten darf.[585]

Damit verwandt ist das häufig geäußerte Argument, die Aufsichtsbehörden kennten die Bank genauer als Finanzmarktteilnehmer oder andere Behörden und könnten daher Abwicklungsreife und Insolvenzreife am besten einschätzen.[586] Spezielle Abwicklungsbehörden hingegen sind auf Informationen aus den Aufsichtsbehörden angewiesen, sofern man den Banken nicht doppelte Reportingpflichten auferlegen will. Auch die Gläu-

---

580 Vgl. *Schöneberger*, Bankenrestrukturierung und Bankenabwicklung in Deutschland und den USA, S. 235f.; ob Gläubiger aufgrund eines Insolvenzantragsrechts aber ein „Erpressungspotential" gegenüber der Bank hätten, wie *Schöneberger* meint, erscheint angesichts moderner Informationsintermediäre wie etwa Ratingagenturen zweifelhaft.

581 So explizit *Dombret*, in: P. S. Kenadjian, Too big to fail – brauchen wir ein Sonderinsolvenzrecht für Banken?, 27, 30.

582 Kritisch aus insolvenzrechtlicher Perspektive *Thole*, ZBB 2016, 57, 59; Vor der Finanzkrise schon *Hüpkes*, in: International Monetary Fund, Current Developments in Monetary and Financial Law, Volume 3, 471, 476f.

583 *Randell*, in: P. S. Kenadjian, Too big to fail – brauchen wir ein Sonderinsolvenzrecht für Banken?, 105, 119.

584 Insbesondere sehen etwa die Art. 27–30 BRRD bzw. Art. 13 SRM-VO ein „frühzeitiges Eingreifen" der Aufsichtsbehörden vor, vgl. dazu supra Zweiter Teil, A. I. 2.; daneben treten in Deutschland Maßnahmen nach §§ 45 ff. KWG; umfassend zu den Möglichkeiten der Aufsichtsbehörden *Bauer-Weiler/Struckmann*, in: Binder/Glos/Riepe, Handbuch Bankenaufsichtsrecht, § 16.

585 Vgl. schon frühzeitig *Čihák/Nier*, Harvard Business Law Review 2 (2012), 395, 407f.

586 *Schöneberger*, Bankenrestrukturierung und Bankenabwicklung in Deutschland und den USA, S. 236f.; *Dombret*, in: P. S. Kenadjian, Too big to fail – brauchen wir ein Sonderinsolvenzrecht für Banken?, 27, 30; *Armour*, in: Moloney/Ferran/Payne, The Oxford Handbook of Financial Regulation, 453, 477; kritisch *Thole*, ZBB 2016, 57, 59.

biger (und selbst Aktionäre) der Bank erkennen existenzgefährdende Risiken möglicherweise zu spät,[587] denn die Qualität von Bankaktiva ist für Gläubiger nur schwer zu beurteilen.[588] Daher spricht einiges dafür, die Aufsichtsbehörden mit der Entscheidung zu betrauen, wann ein Abwicklungsverfahren einzuleiten ist.[589]

c) Initiierung durch eine Abwicklungsbehörde?

Allerdings sprechen auch gewichtige Argumente für die Trennung von Aufsichts- und Abwicklungskompetenz und für die Etablierung einer eigenständigen Abwicklungsbehörde mit einer eigenständigen Initiationsbefugnis.

Das wichtigste Argument für eine von der Aufsicht getrennte Zuständigkeit der Abwicklungsbehörde ist der Interessenkonflikt, der bei der Entscheidung über das Einleiten von Abwicklungsmaßnahmen bei den Aufsichtsbehörden entstehen kann. Spitzt sich die Lage einer beaufsichtigten Bank zu, so erscheint es nicht unwahrscheinlich, dass die Aufsichtsbehörde aufgrund politischen Drucks,[590] oder um eigene Aufsichtsdefizite nicht offenzulegen, die Einleitung von Abwicklungsmaßnahmen verzögert oder

---

587 Im Ergebnis ähnlich *Schöneberger*, Bankenrestrukturierung und Bankenabwicklung in Deutschland und den USA, S. 235f., der den Ausschluss des Gläubigerantragsrechts mit der Gefahr eines dadurch ausgelösten *bank run* begründet.

588 *Lastra*, Capital Markets Law Journal 6 (2011), 197, 205 sowie *Schöneberger*, Bankenrestrukturierung und Bankenabwicklung in Deutschland und den USA, S. 92; ausführlich auch zu dem Versuch seit den neunziger Jahren, die Transparenz durch regulatorische Maßnahmen zu erhöhen *Hamalainen*, in: Bruni/Llewellyn, The failure of Northern Rock, 51, 61ff.

589 Ebenso, ohne nähere Begründung, *Huertas*, in: P. S. Kenadjian, Too big to fail – brauchen wir ein Sonderinsolvenzrecht für Banken?, 63, 70.

590 Siehe zu den Anreizstrukturen mit Blick auf südamerikanische Staaten, aber verallgemeinerbar *Glaessner/Mas*, The World Bank Research Observer 10 (1995), 53, 63ff. sowie im Hinblick auf kleine und mittelgroße Bankenpleiten in den USA in den Jahren 2007–2009 *Garcia*, Journal of Banking Regulation 11 (2010), 171, 185f.

ganz unterlässt.[591] Um diesen „*forbearance*"[592] genannten Effekt zu vermeiden, erscheint es naheliegend, die Kompetenz für die Initiierung der Abwicklung einer eigenständigen Abwicklungsbehörde zuzuordnen.[593]

aa. *Forbearance* in der *Savings and Loan Crisis*

Für die negativen Folgen von *forbearance* der Aufsichtsbehörden gibt es zahlreiche Beispiele. Der Effekt rückte vor allem im Nachgang der US-amerikanischen *savings and loan crisis* der achtziger und frühen neunziger Jahre des vorigen Jahrhunderts in den Fokus. In den 1980er Jahren waren hunderte US-amerikanische *savings and loan associations* („S&Ls") zusammengebrochen. Dabei handelt es sich um Banken, deren Geschäftsmodell ursprünglich auf der Entgegennahme von Einlagen und der Ausreichung von Darlehen, vorrangig zur Baufinanzierung, beruhte. Sie sind in etwa vergleichbar mit deutschen Sparkassen. Einhergehend mit einer laxen Aufsicht vervielfachte sich in dem genannten Zeitraum die Kreditvergabe der S&Ls in wenigen Jahren. Das ursprünglich streng regulierte Geschäftsmodell der S&Ls wurde Anfang der 80er Jahre zunehmend liberalisiert. Als die Inflation in den USA stark anstieg und sich das Wirtschaftswachstum verlangsamte, boten die S&Ls immer höhere Einlagenzinsen, um sich zu refinanzieren. Gleichzeitig vergaben die S&Ls immer mehr Kredite. In der Mitte der 80er Jahre erwiesen sich viele Kreditengagements als notleidend. Die damals zuständige Aufsichtsbehörde *Federal Home Loan*

---

591 *Armour*, in: Moloney/Ferran/Payne, The Oxford Handbook of Financial Regulation, 453, 477; aus der ökonomischen Literatur grundlegend *Boot/Thakor*, The American Economic Review 83 (1993), 206; Vgl. auch *Randell*, in: P. S. Kenadjian, Too big to fail – brauchen wir ein Sonderinsolvenzrecht für Banken?, 105, 118f.; zweifelhaft allerdings *Dombret*, in: P. S. Kenadjian, Too big to fail – brauchen wir ein Sonderinsolvenzrecht für Banken?, 27, 33, der einen Interessenkonflikt zwischen der "wettbewerbsneutralen" laufenden Aufsicht und der „wettbewerbsverzerrenden" Abwicklung sieht, weshalb letztere einer besonderen Abwicklungsbehörde zugewiesen werden solle. Eines der Hauptziele des Abwicklungsrechts ist jedoch gerade, wettbewerbsverzerrende (implizite) Staatsgarantien zu vermeiden.

592 In eine ähnliche Richtung zielt der Ausdruck „gambling for resurrection", also die Hoffnung auf eine zufällige Stabilisierung einer unterkapitalisierten Bank.

593 So der Vorschlag von *Morrison/L. White*, Journal of Financial Economics 110 (2013), 642, 656; ebenso schon *Boot/Thakor*, The American Economic Review 83 (1993), 206, 211; dafür auch *Dewatripont/Freixas*, Oxford Review of Economic Policy 27 (2011), 411, 424.

Bank Board („FHLBB") intervenierte jedoch aus verschiedenen Gründen nur schrittweise.[594] Nur in wenigen Fällen wurden insolvente S&Ls liquidiert. Oft entschied sich das FHLBB dafür, eine *savings and loan association* mit Mitteln des Einlagensicherungsfonds zu rekapitalisieren und an einen Wettbewerber zu veräußern.[595] Diese Form der *regulatory forbearance* soll – neben anderen unerwünschten Effekten – auch das Gesamtvolumen der staatlichen Stützungsmaßnahmen in der *savings and loan crisis* unnötig in die Höhe getrieben haben.[596]

bb. Kosten und möglicher Nutzen von *forbearance*

Allerdings ist in der ökonomischen Literatur nicht unumstritten, ob ein gewisses Maß an *forbearance* nicht sogar wünschenswert ist. So argumentieren *Morrison* und *L. White*, dass das für das Funktionieren der Finanzmärkte entscheidende Vertrauen in die Finanzstabilität zumindest auch auf dem Vertrauen auf die Qualität der Bankenaufsicht beruht. Die Finanzmarktteilnehmer gehen nach dieser Vorstellung davon aus, dass instabile Banken von der Aufsichtsbehörde geschlossen werden. Eine Aufsichtsbehörde hat unter diesen Umständen ein Interesse daran, ihre eigene Reputation als effektive Aufsichtsbehörde nicht durch die Offenbarung der Krise einer von ihr beaufsichtigten Bank zu schädigen. Dieser Reputationsverlust der Aufsichtsbehörde würde nämlich nach dieser Auffassung wiederum selbst das Vertrauen der Anleger in andere, von derselben Behörde beaufsichtigte Banken erschüttern. Diese hätten plötzlich einen Grund für die Annahme, dass auch andere beaufsichtigte Banken in Wahrheit instabil seien, und zögen daher ihre Einlagen auch von diesen anderen Banken ab („*regulatory contagion*"). Unter bestimmten Umständen kann es nach *Morrison* und *L. White* daher volkswirtschaftlich vorteilhaft sein, instabile Banken mit nicht-öffentlichen Maßnahmen „am Leben" zu halten, um

---

594 Für eine detaillierte Schilderung der Hintergründe der S&L-Krise s. etwa *L. J. White*, in: Barth/Trimbath/Yago, The Savings and Loan Crisis, 15, und die weiteren Beiträge in diesem Sammelband; s. außerdem *Benston/Kaufman*, Journal of Economic Perspectives 11 (1997), 139, sowie *Feldstein*, in: Feldstein, The Risk of Economic Crisis, 1, 9ff.

595 *L. J. White*, in: Barth/Trimbath/Yago, The Savings and Loan Crisis, 15, 23.

596 *Degennaro/Thomson*, Journal of Financial Services Research 10 (1996), 199, schätzen die (auf das Jahr 1979 diskontierten) Kosten der *forbearance* in der S&L-Krise auf mindestens 16 Mrd. US-Dollar.

nicht das Finanzsystem als Ganzes zu gefährden. Sie nennen dies *optimal regulatory forbearance*.[597]

Diesem Gedankengang kann u.a. eine Studie zu den Gefahren bzw. Kosten von *forbearance* während der Finanzkrise entgegengehalten werden.[598] Laut den Autoren *Cole* und *L. J. White* musste der US-amerikanische Einlagensicherungsfonds FDIC in den Jahren 2007–2014 für die Abwicklung von insgesamt 433 Banken eine Summe von 49,8 Mrd. US-Dollar ausgeben. Die Autoren der Studie argumentieren, dass die Kosten höher als nötig waren, weil die FDIC zu lange abwartete, bevor sie die Schließung einer Bank verfügte. Sie schlagen daher zwei striktere, am Anteil der notleidenden Kredite in der Bankbilanz orientierte Kriterien als Eingriffsschwellen für eine Abwicklung vor.[599] Sodann vergleichen sie die Kosten der Abwicklung, die tatsächlich angefallen sind, mit den Kosten, die angefallen wären, wenn die FDIC die von den Autoren vorgeschlagenen, strikteren Eingriffsschwellen angewandt hätte. *Cole* und *White* taxieren die durch eine frühere Abwicklung möglichen Einsparungen der FDIC hinsichtlich der *commercial banks* auf bis zu 18,5 Mrd. US-Dollar oder 37 % der Abwicklungskosten. Die Studie deutet also auf ganz erhebliche Kosten von *forbearance* hin.[600] Im Ergebnis erscheint es naheliegend, dass ein regulatorisches Ziel die Vermeidung bzw. Verminderung von *forbearance* sein muss.[601]

cc. Mögliche Minimierung des *forbearance*-Effekts

Versucht man also, den *forbearance*-Effekt zu minimieren, so rückt in der wirtschaftswissenschaftlichen Forschung häufig die Analyse der An-

---

597 Siehe die ökonomische Begründung von *optimal regulatory forbearance* bei *Morrison/L. White*, Journal of Financial Economics 110 (2013), 642. Dagegen (und für ein frühzeitiges Einschreiten) aber *ESRB Advisory Scientific Committee*, Forbearance, resolution and deposit insurance, Ziff. 33ff.

598 *Cole/L. J. White*, Journal of Banking & Finance 80 (2017), 235.

599 Vgl. auch zu den Eingriffsschwellen des Systems von *prompt corrective action infra* Dritter Teil, B. II. 2. c).

600 Vgl. zu *forbearance* in der Finanzkrise auch die Studie von *Loveland*, Journal of Financial Stability 25 (2016), 16, wonach insbesondere Banken, die im Zuge der Finanzkrise ausfielen, die Qualität ihrer Kreditportfolien und damit auch ihre Kapitalausstattung regelmäßig zu positiv darstellten und die Aufsichtsbehörden sie dabei gewähren ließen.

601 Vehement gegen *forbearance* und für ein frühzeitiges Eingreifen auch *Gorton*, Misunderstanding financial crises, S. 174ff.

reizstrukturen von Aufsichtsbehörden, Bankmanagement, Einlegern und anderen Akteuren in den Fokus.[602] So unternimmt *Kane* einen Versuch, die individuellen Anreize von Mitarbeitern eines Einlagensicherungsfonds bzw. einer Abwicklungsbehörde wie der FDIC im Hinblick auf die S&L-Krise zu analysieren. Er geht davon aus, dass ein Manager des Einlagensicherungsfonds sich bei der Wahl zwischen Verschleierung („*cover up*") einer sich abzeichnenden Krise einerseits und der (auch politisch) kostspieligen Intervention andererseits davon leiten lässt, ob er sich zum erwarteten späteren Zeitpunkt der Eskalation der Krise noch im Amt befindet oder bereits eine gut bezahlte Stellung in der Privatwirtschaft übernommen hat.[603]

Schöneberger versucht, aus der Zusammenlegung von Abwicklungsinitiierungskompetenz und Einlagensicherung einen Anreiz für ein rechtzeitiges Einschreiten der Behörde zu konstruieren.[604] Demnach werde eine Aufsichtsbehörde, die nicht gleichzeitig Trägerin der Einlagensicherung ist, im Falle einer Krise zu spät oder gar nicht einschreiten, da sie anders als etwa Gläubiger der Bank selbst keine finanziellen Verluste bei einem verzögerten Einschreiten zu befürchten habe.[605] Daher müsse die Aufsichtsbehörde auch den Einlagensicherungsfonds verwalten, Dann werde sie auch rechtzeitig eine Abwicklung einleiten.

Diese theoretischen Fundierungen, die im weiteren Sinne als *public choice*-Theorien bezeichnet werden können, sind jedoch nur eingeschränkt dazu geeignet, ein bestimmtes institutionelles Setup als effektivste Variante zu identifizieren. Die Einsichten und Vorschläge von *Morrison* und *L. White* sowie von *Kane* beruhen auf ökonomischen Modellen, die wie alle Modelle notwendigerweise die Wirklichkeit nicht vollständig abbilden

602 Grundlegend *Boot/Thakor*, The American Economic Review 83 (1993), 206, die die Vorstellung formulieren, einem Aufseher könne nicht nur am öffentlichen Interesse, sondern auch an seiner eigenen Reputation gelegen sein.

603 *Kane*, Journal of Financial Services Research 2 (1989), 265. In diese Richtung auch die Interpretation der *regulatory capture* in Bezug auf kleine und mittelgroße Bankenpleiten in den USA in den Jahren 2007–2009 *Garcia*, Journal of Banking Regulation 11 (2010), 171, 186.

604 *Schöneberger*, Bankenrestrukturierung und Bankenabwicklung in Deutschland und den USA, S. 237.

605 Vgl. hierzu EuGH, Urt. v. 4. Oktober 2018, Rs. C-571/16 – Kantarev, wonach ein Mitgliedstaat nach den unionsrechtlichen Grundsätzen über die mitgliedstaatliche Haftung für eine (unionsrechtswidrig) verspätete Feststellung des Sicherungsfalles haften kann; ausführlich dazu *Wojcik*, WM 2019, 1046.

können.[606] Die klare Policy-Empfehlung von *Morrison* und *L. White*, die Zuständigkeit für Aufsicht und (Initiierung der) Abwicklung einer Bank zu trennen[607], dürfte daher mit Vorsicht zu genießen sein. Viel spricht dafür, zunächst die weitere ökonomische Debatte zum Aspekt der *reputational contagion* bzw. des *reputation management* abzuwarten, bevor daraus rechtswissenschaftliche und rechtspolitische Schlüsse zu ziehen sind.

Auch die Fokussierung auf persönliche Anreize beteiligter Behörden oder Behördenmitarbeiter, wie sie *Kane* und *Schöneberger* vornehmen, führt nicht zu einem allgemeingültigen Maßstab für die Strukturen der Bankenaufsicht.[608] Ihre Argumente basieren auf einer teils realitätsfernen Vorstellung von rein nutzenmaximierenden Beamten, die überholt sein dürfte. Beamte reagieren nicht (nur) auf ökonomische oder gar finanzielle Anreize. Auch ist fraglich, ob eine drohende Staatshaftung, von der Beamte in der Regel nicht persönlich betroffen sind, wirksame Anreize setzt. Tatsächlich ist das Tätigwerden von Behörden von einer Vielzahl von Faktoren abhängig: Politische Einflüsse,[609] Aufsichtskultur, individuelle Motive wie etwa persönliche Aufstiegsmöglichkeiten[610] und nicht zuletzt rechtsstaatliches Berufsethos dürften eine ebenso bedeutende Rolle spielen.

d) Zusammenfassung

Im Ergebnis lässt sich deshalb keine endgültige Aussage darüber treffen, ob die Kompetenz zur Einleitung von Abwicklungsmaßnahmen bei der Aufsichtsbehörde oder bei einer eigenständigen Abwicklungsbehörde konzentriert werden sollte. Im ersten Fall besteht insbesondere die Gefahr, dass die Abwicklung zu spät initiiert oder zu langsam durchgeführt wird. Im zweiten Fall muss die Abwicklungsbehörde an dem Wissen, dass die

---

606 Konzise dazu *Petersen/Towfigh*, in: Towfigh/Petersen, Ökonomische Methoden im Recht, § 1, Rn. 54.

607 *Morrison/L. White*, Journal of Financial Economics 110 (2013), 642, 656.

608 Ähnlich *Woll*, The Power of Inaction, S. 71f.

609 Zumindest dies erkennt auch *Schöneberger*, Bankenrestrukturierung und Bankenabwicklung in Deutschland und den USA, S. 238; siehe auch bezogen auf lateinamerikanische Länder, aber verallgemeinerbar *Glaessner/Mas*, The World Bank Research Observer 10 (1995), 53, 63f.

610 Vgl. zu den Anreizen von Mitarbeitern nationaler Aufsichtsbehörden, konstruktiv mit der EZB zusammenzuarbeiten, *Tröger*, European Business Organization Law Review 15 (2014), 449, 473ff.

Aufsichtsbehörde durch ihren ständigen Umgang mit den beaufsichtigten Banken generiert, partizipieren können, um nicht auf der Grundlage unzureichender Informationen zu agieren. Es liegt daher nahe, mehrere Behörden an der Initiierung zu beteiligen.[611] Eine Blockadeposition der Aufsichtsbehörde ist dabei aber wegen ihres Interessenkonflikts zu vermeiden.

2. Bestimmtheit der Eingriffsschwellen

Eng mit der Zuständigkeitsverteilung verknüpft ist die Schwierigkeit, geeignete materiell-rechtliche Maßstäbe aufzustellen, anhand derer sich bestimmen lässt, ob Abwicklungsmaßnahmen eingeleitet werden sollen. So stellt sich die Frage, ob dem *forbearance*-Problem möglicherweise durch die Festschreibung genauer, formaler Kriterien begegnet werden kann. Die behördlichen Entscheidungen im Rahmen von Bankenabwicklungen sind oft durch besonders große Beurteilungs- und Ermessensspielräume geprägt.[612] Die Frage, ob formale, harte Kriterien bei der Auslösung einer Abwicklung herangezogen werden sollen oder ob den Behörden große Beurteilungs- und Ermessensspielräume eingeräumt werden müssen, ist seit Jahrzehnten insbesondere in der ökonomischen Literatur umstritten.[613] Die Beurteilung dieser Frage hängt auch von dem wirtschaftspolitischen Vorverständnis ab.

a) Argumente für weiche Eingriffsschwellen

Einerseits mag in manchen Fällen ein zögerliches Einschreiten der Aufsichtsbehörden, ermöglicht durch „weiche“ Kriterien für die Einleitung von Abwicklungsmaßnahmen, sinnvoll sein. Mikroprudentiell betrachtet

---

611 Hierzu und zur Zuständigkeitsverteilung im Vereinigten Königreich und in den USA vgl. *Armour*, in: Moloney/Ferran/Payne, The Oxford Handbook of Financial Regulation, 453, 477f.

612 *Schöneberger*, Bankenrestrukturierung und Bankenabwicklung in Deutschland und den USA, 241f.

613 Zur US-amerikanischen Debatte siehe die Nachweise bei *Schöneberger*, Bankenrestrukturierung und Bankenabwicklung in Deutschland und den USA, S. 243; aus britischer Sicht *Goodhart*, in: Bruni/Llewellyn, The failure of Northern Rock, 157, 159ff.; kritisch zu negativen mittelfristigen Geschäftsentwicklungen als Eingriffsschwellen nach dem KredReorG *M. Hellwig*, in: P. S. Kenadjian, Too big to fail – brauchen wir ein Sonderinsolvenzrecht für Banken?, 35, 47.

kann die voreilige Zerschlagung oder Liquidierung einer Bank unnötigerweise Unternehmenswerte vernichten, wenn die Bank an sich einen positiven Fortführungswert aufweist.[614] Verschwindet eine Bank vom Markt, können aufgrund des Verlustes einer möglicherweise langjährigen Hausbankbeziehung auch auf Seiten der Realwirtschaft Wohlfahrtsverluste entstehen.[615] Auch die makroprudentielle Überlegung, voreilige Abwicklungen aufgrund harter Eingriffsschwellen könnten eine Finanzkrise überhaupt erst auslösen, spricht für regulatorische Beurteilungs- und Ermessensspielräume, um bei der Entscheidung die gesamtwirtschaftlichen Auswirkungen berücksichtigen zu können.[616]

Teilweise wird die Forderung nach großen Beurteilungs- und Ermessenspielräumen auch mit dem spieltheoretisch inspirierten Argument der *constructive ambiguity*[617] untermauert.[618] Ist die mit einer Abwicklungsmaßnahme möglicherweise verbundene staatliche Rettung einer Bank *ex ante* nicht eindeutig vorhersehbar, so bestehe ein Anreiz für die Einleger und Gläubiger, die Bank keine übermäßigen Risiken eingehen zu lassen und sie so gar nicht erst in die Nähe einer Abwicklung geraten zu lassen.[619] Zumindest die glaubhafte Versicherung, die „erste" ausfallende Bank werde nicht gerettet und lediglich eventuelle Folgeausfälle von Gläubigern würden aufgefangen, soll demnach einen starken Anreiz setzen, übermäßige Risiken zu vermeiden, da man mit der Gefahr, die „erste" Bank zu sein, rechnen müsse.[620] Problematisch ist freilich, dass die behördliche Versicherung, man werde zumindest die erste ausfallende Bank nicht stützen, nicht glaubhafter ist als die behördliche Versicherung, man werde

---

614 Vgl. zur insolvenzrechtlichen Betrachtung supra Dritter Teil, A. I. 1. a).

615 Vgl. *ESRB Advisory Scientific Committee*, Forbearance, resolution and deposit insurance, Ziff. 8ff.; *Dewatripont/Freixas*, Oxford Review of Economic Policy 27 (2011), 411, 415; vgl. auch *Davies*, Law and Financial Markets Review 8 (2014), 352, 354; vgl. auch schon supra Dritter Teil, A. I. 2. b).

616 *Schöneberger*, Bankenrestrukturierung und Bankenabwicklung in Deutschland und den USA, S. 243.

617 Zum (nicht eindeutig definierten) Begriff *Vollmer/Diemer*, Review of Economics 62 (2011), 139, 140.

618 Diese Debatte wird v.a. im Hinblick auf die Funktion von Zentralbanken als sog. *lender of last resort* (LOLR) geführt. Wegen der identischen Zielrichtung von LOLR-Funktion und Bankenabwicklung – Verhinderung einer systemischen Finanzkrise – sind die Argumentationsmuster m.E. teilweise übertragbar. Zu verschiedenen Modellen von *constructive ambiguity Vollmer/Diemer*, Review of Economics 62 (2011), 139; zur LOLR-Funktion vgl. grundlegend *Bagehot*, in: Goodhart/Illing, Financial Crises, Contagion, and the Lender of Last Resort, 47.

619 Vgl. ausführlich *Mishkin*, Journal of Banking & Finance 23 (1999), 675, 683.

620 *Mishkin*, Journal of Banking & Finance 23 (1999), 675, 683f.

überhaupt keine Bank stützen. Wenn der drohende volkswirtschaftliche Schaden ausreichend groß ist, dürften die Behörden unabhängig von vorherigen Äußerungen auch die erste ausfallende Bank retten.[621] Zudem haben Einleger und Gläubiger nur indirekte Möglichkeiten der Steuerung des Risikoprofils der Bank. Sofern sie aufgrund der *constructive ambiguity* einen Risikoaufschlag für die Bereitstellung von Kapital verlangen,[622] drückt dies die Profitabilität der Bank. Diese kann, auch wenn sie ein relativ sicheres Risikoprofil aufweist, diesen Umstand in der Regel dem Markt nicht friktionslos signalisieren.

b) Argumente für harte Eingriffsschwellen

Demgegenüber befürchten Anhänger eindeutiger, formalisierter Abwicklungsvoraussetzungen, dass „weiche" Kriterien die Einleitung von Abwicklungsmaßnahmen verzögern und die Krise dadurch unnötig verteuern.[623] Zudem ist bei „weichen" Kriterien für den Markt schwerer vorhersehbar, ob und zu welchem Zeitpunkt die Behörden eine Abwicklung einleiten. Dies kann wiederum dazu führen, dass Anleger Gelder von einer abwicklungsnahen Bank aus Vorsichtsgründen abziehen.[624] Möglicherweise verlangen Investoren außerdem umso eher einen Risikoaufschlag (und verteuern damit die Refinanzierung der Bank), je unbestimmter die Eingriffsschwellen für eine Abwicklung erscheinen.[625]

---

621 Dies sieht auch *Mishkin*, Journal of Banking & Finance 23 (1999), 675, 684, ohne weiter darauf einzugehen. Deshalb führen auch seine Folgeüberlegungen (Können Stakeholder die Bank so lange „über Wasser halten", bis sie die „zweite" ausfallende Bank in einer Finanzkrise ist?) nicht weiter. Kritisch zur *constructive ambiguity* auch *Schöneberger*, Bankenrestrukturierung und Bankenabwicklung in Deutschland und den USA, S. 244f.; ähnlich wie hier auch *Dewatripont/Freixas*, Oxford Review of Economic Policy 27 (2011), 411, 414, sowie *Woll*, The Power of Inaction, S. 72ff.

622 Dies vermuten *Conlon/Cotter*, Journal of Financial Stability 15 (2014), 257, 262.

623 *Cole/L. J. White*, Journal of Banking & Finance 80 (2017), 235, 237, nennen mehrere Gründe für diesen Effekt. Nächstliegend und hervorzuheben ist die Tatsache, dass sich typischerweise im Verlauf der Krise das Marktumfeld immer weiter verschlechtert und der Liquidationserlös für die Aktiva der abzuwickelnden Bank daher abnimmt.

624 Vgl. *Conlon/Cotter*, in: Castañeda/Mayes/Wood, European Banking Union, 78, 91–96, die jedoch zu dem Ergebnis kommen, dass eine belastbare quantitative Eingriffsschwelle nur schwer zu definieren ist.

625 So ausdrücklich *Conlon/Cotter*, Journal of Financial Stability 15 (2014), 257, 262.

Das zentrale Argument gegen einen weiten Beurteilungs- und Ermessensspielraum bei der Initiierung von Abwicklungsmaßnahmen ist jedoch die Befürchtung, dass politische Einflussnahme die zügige, entschiedene Abwicklung einer Bank verhindert.[626] Durch „weiche" Kriterien können „Zombie"-Banken mitunter auf unbestimmte Zeit „am Leben" gehalten werden.[627] Insbesondere in Aufsichtsstrukturen, in denen die Behörde, die für die Einleitung von Abwicklungsmaßnahmen zuständig ist, direkter politischer Kontrolle unterliegt, ist die Orientierung an politischen, nicht volkswirtschaftlichen Erwägungen kaum zu verhindern.

Dadurch drohen größere gesamtwirtschaftliche Flurschäden, als dies bei einer zügigen, entschiedenen Abwicklung der Fall wäre, denn Verzögerungstaktiken der Aufsichts- oder Abwicklungsbehörden tragen ihrerseits zur Verunsicherung der Märkte bei[628] und verzögern notwendige Marktbereinigungen.[629] Möglicherweise entfällt zudem der Anreiz für das Management einer Bank, frühzeitig vor der Erfüllung der (formalen) Eingriffskriterien Gegenmaßnahmen zu ergreifen. Insofern entsteht für das Management der Bank ein *moral hazard*[630], übermäßige Risiken einzugehen.[631]

c) PCA als Vorbild?

Die USA haben bereits nach der *savings and loan crisis* in den 1990er Jahren einen Versuch unternommen, ein System mit harten, klar definierten Eingriffsschwellen einzuführen. Als Reaktion auf das wahrgenommene Aufsichtsversagen führte der Bundesgesetzgeber in den USA im Zuge des *Federal Deposit Insurance Company Improvement Act* („*FDICIA*") ein

---

626 Vgl. *Dewatripont/Freixas*, Oxford Review of Economic Policy 27 (2011), 411, 432.

627 Begriff geprägt von *Kane*, Contemporary Economic Policy 5 (1987), 77.

628 *ESRB Advisory Scientific Committee,* Forbearance, resolution and deposit insurance, Ziff. 36.

629 So bezogen auf den deutschen Bankensektor *ESRB Advisory Scientific Committee,* Forbearance, resolution and deposit insurance, Ziff. 41f.; deutlich auch *Admati/M. Hellwig*, The Bankers' New Clothes, S. 171f.

630 Vgl. zum Begriff *Woll*, The Power of Inaction, S. 67ff.

631 *Čihák/Nier*, Harvard Business Law Review 2 (2012), 395, 407; *Krimminger*, Controlling Moral Hazard in Bank Resolutions: Comparative Policies & Considerations in System Design, S. 7; dagegen, mit zweifelhafter Begründung *Schöneberger*, Bankenrestrukturierung und Bankenabwicklung in Deutschland und den USA, S. 244.

abgestuftes, verpflichtendes Interventionsregime ein.[632] Die einzelnen zu treffenden Maßnahmen („*prompt corrective action*" – „*PCA*") hängen von dem Verhältnis von Eigenmittel zu (risikogewichteten) Gesamtaktiva („Kapitalquote") ab. Banken werden je nach Kapitalquote in fünf Kategorien unterteilt: „*well capitalized*", „*adequately capitalized*", „*undercapitalized*", „*significantly undercapitalized*" und „*critically undercapitalized*".[633] Letzteres liegt vor, wenn die Bank eine Kapitalquote von unter 2 % aufweist. Auf den unterschiedlichen Stufen steht der Aufsichtsbehörde ein abgestuftes, teilweise diskretionäres und teilweise verbindlich anzuwendendes Eingriffsinstrumentarium zur Verfügung. Insbesondere muss die Aufsichtsbehörde im Falle einer „kritischen Unterkapitalisierung" in der Regel innerhalb von 90 Tagen einen *conservator* oder einen *receiver* einsetzen, der die Kontrolle über die Bank übernimmt,[634] und somit die Bank abwickeln.

Die Wirksamkeit des PCA-Systems ist seit seiner Einführung Gegenstand einer andauernden Debatte.[635] Bereits früh wurde die Kritik geäußert, dass die Kapitalquoten, bei deren Unterschreitung die Aufsichtsbehörden zum Einschreiten verpflichtet sind, viel zu niedrig angesetzt seien.[636] Zudem dürfe man nicht – wie nach dem FDICIA vorgesehen – die Aufsichtsbehörden selbst mit der Festlegung der Eingriffsschwellen betrauen.[637] Zwar werde der Spielraum der Aufsichtsbehörden zugunsten präziser Kriterien durch FDICIA verengt, die Aufsichtsbehörden fänden aber dennoch Wege, auf Interventionen zu verzichten.[638]

In der Finanzkrise hat sich das Regime der PCA als weitgehend wirkungslos erwiesen. Die diskretionären Eingriffsbefugnisse wurden kaum

---

632 12 U.S.C. § 1831(o).

633 Siehe die Übersicht bei *Benston/Kaufman*, Journal of Economic Perspectives 11 (1997), 139, 147.

634 *Krimminger*, Controlling Moral Hazard in Bank Resolutions: Comparative Policies & Considerations in System Design, S. 8; s. ausführlich zu den PCA-Maßnahmen *OCC*, OCC Bulletin 2018–33.

635 S. etwa *Jones/King*, Journal of Banking & Finance 19 (1995), 491; *Dewatripont/Freixas*, Oxford Review of Economic Policy 27 (2011), 411, 421f.; sehr kritisch *Garcia*, Journal of Banking Regulation 11 (2010), 171.

636 *Jones/King*, Journal of Banking & Finance 19 (1995), 491, 500.

637 S. etwa *Benston/Kaufman*, Journal of Economic Perspectives 11 (1997), 139, 146ff. m. w. N.; s. auch *Kaufman*, Journal of Banking & Finance 19 (1995), 721.

638 S., auch zu weiteren Kritikpunkten, *Benston/Kaufman*, Journal of Economic Perspectives 11 (1997), 139, 152ff.; ähnlich, bezogen auf die Jahre 2007–2009 *Garcia*, Journal of Banking Regulation 11 (2010), 171, 180; dagegen, das PCA-System verteidigend, jedoch ohne auf die Wirksamkeit in der Finanzkrise einzugehen, *Beck/Coyle/Dewatripont/Freixas/Seabright*, Bailing out the Banks, S. 70.

angewandt, und die verpflichtenden Maßnahmen gegenüber Banken der Kategorie „*critically undercapitalized*" wurden hinausgezögert.[639] Viele Banken, die von der US-amerikanischen Einlagensicherungsbehörde *Federal Deposit Insurance Corporation* („*FDIC*") gerettet wurden, galten kurz zuvor noch als „gut kapitalisiert".[640] Die Eingriffsschwelle einer Kapitalquote von 2 %, unter der die Behörden zur Abwicklung gezwungen sind, basiert auf Buchwerten, die in der Finanzkrise der Marktentwicklung hinterherhinkten.[641] Sie hat daher nicht verhindern können, dass die US-amerikanische Einlagensicherung hohe Verluste tragen musste.

d) Zusammenfassug

Im Ergebnis ist festzuhalten, dass das System der PCA kein taugliches Vorbild für die Formulierung fester Eingriffsschwellen ist. Schon vor und auch im Gefolge der Finanzkrise hat es zwar auch konstruktive Gegenvorschläge gegeben.[642] Es dürfte jedoch auch weiterhin schwerfallen, eindeutige Finanzkennzahlen zu definieren, bei deren Erreichen bzw. Unterschreiten eine Abwicklung einzuleiten ist, ohne dass den Behörden ein Entscheidungsspielraum verbleibt.

Eindeutige Kriterien für die Einleitung von Abwicklungsmaßnahmen wären sicherlich wünschenswert. Universell passende und dennoch eindeutige, formale Kriterien konnten jedoch – das zeigt nicht zuletzt das Beispiel PCA – (noch) nicht entwickelt werden. Im Ergebnis laufen daher die meisten Abwicklungsregime auf gesetzgeberisch vorgegebene, ermessensleitende materielle Kriterien hinaus. Das Abwicklungsrecht muss einerseits die Gefahr von *regulatory forbearance* minimieren, ohne andererseits den

---

639 Siehe detailliert hierzu v.a. im Hinblick auf kleinere Banken *Garcia*, Journal of Banking Regulation 11 (2010), 171.

640 *Kuritzkes/Scott*, Financial Times vom 23.09.2009, https://www.ft.com/content/2ca160b0-a870-11de-9242-00144feabdc0; vgl. auch *Balla/Fessenden/Prescott/J. R. Walter*, Did Banking Reforms of the Early 1990s Fail?.; die oben beschriebene Bank IndyMac gab im letzten Quartalsbericht vor ihrem Zusammenbruch an, die Voraussetzungen für eine Einstufung als "well capitalized" weiterhin zu erfüllen, s. anschaulich *Eisenbeis/Kaufman*, in: Bruni/Llewellyn, The failure of Northern Rock, 73, 78.

641 Dies ist die wesentliche Kritik von *Cole/L. J. White*, Journal of Banking & Finance 80 (2017), 235, die daher eine andere Berechnungsmethode für die Kapitalquote vorschlagen.

642 S. etwa *Jones/King*, Journal of Banking & Finance 19 (1995), 491, 500ff.

Behörden die notwendige Flexibilität zu entziehen.[643] Es muss handhabbare Kriterien aufstellen, die die Ermessensentscheidung vorzeichnen und ein Mindestmaß an Vorhersehbarkeit garantieren, ohne die Behörden übermäßig zu binden.

3. Zeitliche Dimension von Abwicklungen

Viele staatliche Interventionen in der Finanzkrise dauerten von Freitagnachmittag nach dem Börsenschluss bis zum Sonntagabend, an dem die asiatischen Börsen wieder öffneten. Die Beteiligten waren gezwungen, unter hohem zeitlichen Druck teilweise unerprobte Maßnahmen zu entwickeln und umzusetzen.

a) Notwendigkeit der beschleunigten Abwicklung

Der Grund für diese Eile liegt auf der Hand: Sobald die Information, dass eine Bank in Schieflage geraten ist, öffentlich wird, haben alle Gläubiger mit kurzfristig fälligen Forderungen, also insbesondere Einleger, ein Interesse daran, diese so schnell wie möglich zu realisieren. Selbst wenn ein Gläubiger die Lage der Bank an sich positiver als die übrigen Marktteilnehmer einschätzt, wird er versuchen, seine Einlagen abzuziehen, um anderen Gläubigern zuvorzukommen. Denn allein schon durch deren Einlagenabzug gerät die Bank in Schieflage, unabhängig davon, ob das Geschäftsmodell an sich tragfähig ist. Diese vor allem von *Diamond* und *Dybvig*[644] herausgearbeitete Eigendynamik des *bank run* ist heute weitgehend anerkannt. Die auf diese Weise abfließende Liquidität kann die Bank sich in dieser Situation nicht auf dem Markt neu beschaffen.

Negative Informationen über die Lage einer Bank sind dabei nur schwer über einen längeren Zeitraum geheimzuhalten. Bei großen Abwicklungen können eine Vielzahl verschiedener Akteure beteiligt sein, etwa Behörden, Politiker, das Management der abzuwickelnden Bank, die (ggf. privatrechtlich organisierte) Einlagensicherung oder potenzielle Käufer der Bank. Je mehr Akteure jedoch beteiligt sind, desto schwieriger lässt sich

---

643 So auch *Krimminger*, Controlling Moral Hazard in Bank Resolutions: Comparative Policies & Considerations in System Design, S. 7f.

644 *Diamond/Dybvig*, Journal of Political Economy 91 (1983), 401; vgl. auch *Gleeson*, Legal Aspects of Bank Bail-Ins, S. 15f.

die notwendige Vertraulichkeit über einen längeren Zeitraum wahren. Je schneller die wesentlichen Entscheidungen der Abwicklung getroffen werden, desto geringer ist also das Risiko, dass Informationen in den Markt gelangen, die einen *bank run* auslösen. Die zeitkritische Natur von Bankenkrisen war von Beginn an ein wesentlicher Grund für die Herausbildung des Abwicklungsrechts als Sonderinsolvenzrecht für Banken, denn das ordentliche, in der Regel gerichtliche Insolvenzverfahren galt und gilt als zu langsam und schwerfällig in einer Finanzkrise.[645]

Dabei ist die Vorstellung, eine Abwicklung vollziehe sich an einem Wochenende, nicht vollständig zutreffend. Zwar kann die Krise einer Bank auch innerhalb weniger Stunden eskalieren.[646] Die Vorbereitung der „heißen Phase" des Abwicklungswochenendes bedarf jedoch in der Regel mehrerer Tage, wenn nicht Wochen. Oft kündigt sich die Krise auch durch teils monatelange, schnelle oder allmähliche Einlagenabflüsse an.[647] In den wenigen Stunden des Abwicklungswochenendes selbst sollen die wesentlichen (vorbereiteten) Entscheidungen getroffen werden. Die nachträgliche Umsetzung der Abwicklungsmaßnahmen kann hingegen länger dauern. Sie spielt für das Vertrauen der Märkte zunächst nur eine untergeordnete Rolle, solange die Abwicklungsmaßnahmen ein aus Sicht der meisten Marktteilnehmer tragfähiges Gesamtkonzept erkennen lassen.[648]

aa. Maßnahme zur Zeitgewinnung: Einlagensicherung

Der *self-fulfilling prophecy* des *bank run* wird im Wesentlichen mit dem seit vielen Jahrzehnten bekannten Instrument der Einlagensicherung be-

645 Ausführlich *Hüpkes*, in: International Monetary Fund, Current Developments in Monetary and Financial Law, Volume 3, 471, 478ff.; vgl. aus US-amerikanischer Sicht *Guynn*, Yale journal on regulation 29 (2012), 121, 137ff.

646 So verschärfte die Ankündigung der Deutschen Bank, der IKB eine wichtige Kreditlinie zu kündigen, deren Situation dramatisch und erzwang die Ankündigung einer Rettungsaktion innerhalb weniger Stunden.

647 So beispielsweise im Fall von IndyMac, vgl. supra Dritter Teil, B. I. 2.; anschaulich und detailliert zu Einlagenabflüssen insbesondere großer Einlagenkunden während der Finanzkrise in den USA *Rose*, Old-Fashioned Deposit Runs, 4–11.

648 Vgl. zum zeitlichen Ablauf des bail-in aus US-amerikanischer Sicht *Sommer*, Economic Policy Review 20 (2014), 207, 217ff., sowie zum zeitlichen Ablauf einer US-Abwicklung durch Fusion mit einem Wettbewerber *Loveland*, Journal of Financial Stability 25 (2016), 16, 20.

gegnet.[649] In verschiedenen Rechtsordnungen sind Einlagensicherungssysteme höchst unterschiedlich ausgestaltet. Allen Systemen ist gemein, dass durch die Garantie kurzfristig fälliger Verbindlichkeiten der Bank Einleger davon abgehalten werden sollen, Liquidität abzuziehen. Durch den Mechanismus kann also Zeit für die Abwicklungsmaßnahmen gewonnen werden. Sofern die Einlagen garantiert sind und der Garantiegeber das Vertrauen der Märkte genießt, besteht kein Grund, Einlagen abzuziehen. Historisch betrachtet haben Einlagensicherungssysteme *bank runs* zwar deutlich reduziert, jedoch nicht flächendeckend verhindern können. Zwar sind öffentlich sichtbare *bank runs*, bei denen Privatkunden massenhaft Bargeld in Bankfilialen und an Geldautomaten abheben, die Ausnahme. Einleger können ihre Einlagen jedoch nicht nur in Bargeld umwandeln, sondern auch durch die Flucht in sicherere Anlageformen, etwa Staatsanleihen oder Konten bei anderen Banken, abziehen. Aus Sicht der betroffenen Bank entspricht eine solche „Kapitalflucht" funktional einem *bank run*.

Einlagensicherungssysteme können *bank runs* nicht vollständig verhindern. Das kann einerseits an der mangelnden Bonität des Einlagensicherungssystems als Garantiegeber liegen, insbesondere wenn die Einlagensicherung hoheitlich organisiert und der dahinterstehende Staat hochverschuldet ist. Vor allem aber sind längst nicht alle kurzfristig fälligen Verbindlichkeiten als „Einlagen" von den Sicherungssystemen geschützt. So fallen kurzfristig fällige Geldmarktforderungen („*wholesale financing*") regelmäßig nicht in die Sicherungssysteme. Refinanziert sich eine Bank zu großen Teilen auf den Geldmärkten mittels solcher Instrumente, so wirkt die verweigerte Refinanzierung dieser Kredite wie ein *bank run*. Die Krise um die britische Northern Rock, in der den öffentlichkeitswirksamen Schlangen an den Geldautomaten ein „leiser *bank run*"[650] auf dem Interbankenmarkt vorausging, zeigt dies eindrucksvoll.[651] Außerdem haben Einlagensicherungssysteme in der Regel eine Obergrenze, bis zu der Einlagen garantiert werden. Für große Einlagengläubiger, etwa Unternehmen,

649 Grundlegend formalisiert von *Diamond/Dybvig*, Journal of Political Economy 91 (1983), 401, 413ff.; Überblick über den Stand der ökonomischen Forschung bei *Gurlit*, in: Assmann/Schütze/Buck-Heeb, Handbuch des Kapitalanlagerechts, § 26, Rn. 3 m.w.N.

650 Zum Begriff *Rose*, Old-Fashioned Deposit Runs, Fn. 33.

651 *Shin*, Journal of Economic Perspectives 23 (2009), 101, 102; *Mayes/Wood*, in: Bruni/Llewellyn, The failure of Northern Rock, 35, 37.

die bei einer Bank Konten für die monatliche Auszahlung von Gehältern unterhalten, spielen Einlagensicherungssysteme regelmäßig keine Rolle.[652]

Die Einlagensicherung hat also nur eine begrenzte Wirksamkeit. Um einen *bank run* zu verhindern, muss die Abwicklung zügig vonstattengehen. Daraus folgt die Notwendigkeit, das Abwicklungsrecht so auszugestalten, dass alle wesentlichen Entscheidungen in der kurzen Zeit eines Wochenendes gefällt werden können.

bb. Beispiele aus der Finanzkrise

Dieser Befund wird auch durch die Erfahrungen in der Finanzkrise untermauert. In den Jahren 2007 und 2008 gab es sowohl Beispiele für zügige als auch für „verschleppte" Abwicklungen. So kann die Rettung von IndyMac durch die amerikanische FDIC – trotz der missglückten öffentlichen Kommunikation zuvor – als positives Beispiel für eine solche Wochenendoperation dienen.[653]

Als Negativbeispiel kann dagegen die Rettung von Northern Rock herangezogen werden. Hier verzögerte sich das Einschreiten der zuständigen *tripartite authorities*. Von den ersten eindeutigen Krisenzeichen Anfang August 2007 bis zur Einigung auf eindeutig, auch in den Markt zur Beruhigung kommunizierbare Interventionsmaßnahmen Mitte September 2007 vergingen mehrere Wochen, in denen unterschiedliche Lösungsvorschläge diskutiert wurden, ohne dass eine Einigung erzielt werden konnte.[654] Die Verzögerung dauerte sogar so lange, dass das vermutlich wirkungsvolle erste Paket an Interventionsmaßnahmen wegen nach außen dringender Informationen und dem anschließenden ersten signifikanten öffentlichen *bank run* im Vereinigten Königreich seit dem 19. Jahrhundert bereits vor der Umsetzung überholt war. Dies führte dazu, dass die britische Regierung sich gezwungen sah, alle Einlagen der Bank mit Steuergeldern zu garantieren, um die weitere Ausbreitung der Panik zu verhindern. Wäre die Abwicklung innerhalb eines Wochenendes beschlossen, öffentlich

---

652 Ausführlich zu großen Einlagen, mit einem detaillierten historischen Überblick *Rose*, Old-Fashioned Deposit Runs.

653 *Eisenbeis/Kaufman*, in: Bruni/Llewellyn, The failure of Northern Rock, 73, 84, auch zur dafür notwendigen Ausgestaltung der Einlagensicherung.

654 Ausführlich *House of Commons Treasury Committee*, The run on the Rock, Volume I, S. 35ff.

kommuniziert und in Gang gesetzt worden, wäre die Krise um Northern Rock vermutlich deutlich glimpflicher verlaufen.[655]

b) Beschleunigungsmöglichkeiten

Wie aber kann die zügige Durchführung einer Abwicklung, idealerweise „über ein Wochenende", sichergestellt werden? Das Abwicklungsrecht muss hierfür einige Voraussetzungen erfüllen.

aa. Beschleunigung durch ausreichende Informationsgrundlage

Um eine schnelle Entscheidung herbeiführen zu können, muss die Abwicklungsbehörde über eine möglichst umfassende Informationsgrundlage verfügen.[656] Selbstverständlich ist jede Abwicklungsentscheidung von einer Reihe von Unsicherheiten geprägt: Die Bewertung der wirtschaftlichen Situation der abzuwickelnden Bank, die zukünftige Tragfähigkeit ihres Geschäftsmodells und die Reaktionen der Finanzmärkte auf die Ankündigung von Abwicklungsmaßnahmen sind schwer vorherzusagen.[657]

Zumindest aber hinsichtlich der finanziellen Situation der Bank zu Beginn der Abwicklung können sich die Behörden – entsprechende informationstechnische Vorkehrungen vorausgesetzt – ein realistisches Bild machen, wenn etwa die Liquiditätssituation taggleich den Behörden zugänglich gemacht wird. Sofern die Abwicklungszuständigkeit nicht bei der Aufsichtsbehörde konzentriert ist, ist hierfür der reibungslose Austausch von Informationen zwischen Aufsichts- und Abwicklungsbehörde notwen-

655 *Mayes/Wood*, in: Bliss/Kaufman, Financial Institutions and Markets, 75, 90f.

656 Ähnlich, aber im Hinblick auf materiell „richtige" Entscheidungen *Kowolik*, Das Bail-in-Instrument, S. 162f.; vgl. auch *Armour*, in: Moloney/Ferran/Payne, The Oxford Handbook of Financial Regulation, 453, 477f.

657 *Kowolik*, Das Bail-in-Instrument, S. 184f., geht davon aus, dass Abwicklungsbehörden und Aufsichtsbehörden aufgrund dieser Systemperspektive im Grunde dieselben Informationen benötigen und nennt dies „Anforderungsäquivalenz aufsichtsrechtlicher und abwicklungsrechtlicher Informationsordnung". Anzumerken ist jedoch, dass sich die jeweiligen Perspektiven der Abwicklungsbehörde und der Aufsichtsbehörde schon aufgrund der unterschiedlichen Zielsetzungen der Behördentätigkeit unterscheiden; vgl. zu den Abwicklungszielen supra Dritter Teil, A. II.

dig.[658] In der Regel dürften die Aufsichtsbehörden das genaueste Bild von der tatsächlichen Lage der Bank haben, sofern die Reportingpflichten nicht in gleicher Weise (und verbunden mit einer zusätzlichen *regulatory burden*) gegenüber den Abwicklungsbehörden bestehen. In diesem Fall darf die notwendigerweise mit Unsicherheiten behaftete Abwicklungsentscheidung nicht unnötigerweise durch Informations(austausch)defizite erschwert werden.

Das Abwicklungsrecht muss die gegebenenfalls bei verschiedenen Behörden vorhandenen Informationen für die Abwicklung nutzbar machen und darüber hinaus möglicherweise bestehende Informationsdefizite der Abwicklungsbehörde zu kompensieren versuchen.

bb. Beschleunigung durch Abwicklungsplanung

Der Abwicklungsprozess kann zudem möglicherweise durch eine entsprechende vorhergehende Abwicklungsplanung beschleunigt werden. Eine der zentralen Maßnahmen, die überall auf der Welt nach der Finanzkrise 2008/2009 schrittweise ergriffen wurden, ist die Verpflichtung, für große, systemrelevante Banken, einen solchen Plan für den Fall einer Abwicklung zu entwerfen. Diese auch „Bankentestament“ oder *living will* genannten Pläne sollen die Abwicklung erleichtern, indem vorab Abwicklungsstrategien formuliert werden. Teilweise werden Abwicklungspläne von den Banken selbst entworfen und von den Aufsichts- oder Abwicklungsbehörden genehmigt,[659] teilweise schreiben die Abwicklungsbehörden die Pläne selbst.[660] Die Pläne sind nicht verbindlich, sondern sollen nur als Anhaltspunkte oder Diskussionsgrundlage in Krisensituationen dienen.

Die Wirksamkeit von Abwicklungsplanung bei der Verhinderung oder Bewältigung von Bankenkrisen ist in der Praxis noch kaum erprobt und in der Literatur umstritten.[661] In der Tat lässt sich bezweifeln, dass die Ursachen und die Dynamik einer zukünftigen Bankenkrise so genau vorher-

---

658 Detailliert zum Informationsaustausch des SRB mit anderen Behörden innerhalb der EU *Kowolik*, Das Bail-in-Instrument, S. 164ff.

659 Dies gilt insbesondere in den USA, vgl. dazu, *Binder*, ZBB 2015, 153, 154.

660 Art. 10ff. BRRD.

661 Vgl. *Binder*, in: Castañeda/Mayes/Wood, European Banking Union, 129, der den Effekt der Sanierungs- und Abwicklungsplanung vor allem in den Möglichkeiten sieht, Umstrukturierungen bei den Banken zu erzwingen. Darüber hinaus dient die gemeinsame Entwicklung von Abwicklungsplänen durch mehrere Aufsichtsbehörden laut *Binder*, ZBB 2015, 153, 159, der Schaffung einer belast-

gesehen werden können, dass sich bereits im Vorfeld Gegenmaßnahmen entwickeln lassen. Zumindest dürfte es impraktikabel sein, Abwicklungsbehörden an die vorab entwickelten Abwicklungspläne zu binden. Andererseits verlieren die Pläne ihre Funktion, wenn das Abwicklungsrecht sie gänzlich außer Acht lässt. Daher dürfte den Plänen nicht die Funktion einer „Anleitung“, sondern eher einer „Ideensammlung“ zukommen.[662]

c) Zusammenfassung

Bankenkrisen entstehen nicht völlig überraschend aus dem Nichts, sie können sich aber innerhalb weniger Stunden dramatisch verschärfen und die Behörden zum Eingreifen zwingen. Das Abwicklungsrecht muss daher den eigentlichen Entscheidungsprozess, der in der Regel nur wenige Tage dauert, so schnell und effektiv wie möglich gestalten.

4. Vertraulichkeit und Krisenkommunikation

Eine weitere Anforderung an das Abwicklungsrecht hängt mit den genannten Erfordernissen klarer Zuständigkeitsregelungen und schneller Verfahren zusammen: Während der Vorbereitung der Abwicklung müssen die geplanten Maßnahmen geheim bleiben. Die notwendige Vertraulichkeit kann umso leichter gewahrt werden, je weniger Akteure am Verfahren beteiligt sind, und je kürzer der fragliche Zeitraum ist.

a) Theoretische Grundlegung

Das Erfordernis der Vertraulichkeit von Abwicklungsmaßnahmen bis zum Zeitpunkt der Bekanntgabe einer überzeugenden Strategie lässt sich einerseits theoretisch begründen. Es folgt im Wesentlichen aus der bereits angesprochenen Eigendynamik, die sich im Falle einer Bankenkrise entwickeln kann. Durchgestochene Informationen oder Gerüchte über die bevorstehende Abwicklung einer Bank (und die implizierte negative Prognose der

---

baren Informationsgrundlage sowie einer Vertrauensbasis für die Behördenzusammenarbeit in einer Krise.

662 Ähnlich *Binder*, ZBB 2015, 153, 159 („prozedurales, nicht [...] funktionales Funktionsverständnis der Sanierungs- und Abwicklungsplanung“).

Behörden) sorgen für Unsicherheit auf den Finanzmärkten. An der Werthaltigkeit der von der Bank gehaltenen Aktiva muss sich für die Eskalation einer Bankenkrise nichts verändert haben.[663]

Werden Vorbereitungen für eine Abwicklung gerüchteweise bekannt, so müssen einerseits- mikroprudentiell betrachtet – Anleger der Bank befürchten, dass die von ihnen gehaltenen Finanzinstrumente durch eine Abwicklungsanordnung herabgeschrieben oder auf andere Weise (etwa durch Aufspaltung der Bank) entwertet werden. Welche Abwicklungsmaßnahmen die Behörden letztlich wählen und welche Gläubiger in welchem Umfang betroffen sind, ist jedoch bis zuletzt nicht mit Sicherheit vorhersehbar.[664] Bei streng wirtschaftlicher Betrachtungsweise führt schon diese Unsicherheit allein zu einem Wertverlust aller Forderungen gegenüber der Bank und beschleunigt so die Abwärtsspirale der Bank.

Zudem führt die bloße Erwartung, andere Gläubiger würden ihre Forderungen gegenüber der Krisenbank fällig stellen, um der Abwicklung zuvorzukommen, dazu, dass jeder Gläubiger rationalerweise seine Forderung sofort geltend machen will und beispielsweise Einlagen abzieht. Es entwickelt sich ein *bank run*[665] allein aufgrund der erwarteten Abwicklung. Die Abwärtsspirale beschleunigt sich und zwingt wiederum die Abwicklungsbehörde zu schnellerem, möglicherweise schlechter vorbereitetem Eingreifen.

Darüber hinaus sind Banken auch häufig stark miteinander vernetzt. Aus diesem Grund kann unklar sein, welche Bank als Gläubigerin von der Schieflage einer anderen Bank betroffen ist und ob jene ihrerseits in Liquiditäts- oder Solvabilitätsprobleme gerät. Daher müssen auch Gläubiger von Gläubigern der abzuwickelnden Bank unter Umständen befürchten, dass ihr Schuldner in Zahlungsschwierigkeiten gerät. Auf diese Weise tragen

663 Dies zeigt auch die Krise von Northern Rock, die nicht durch die Qualität der vergebenen Kredite, sondern durch die Austrocknung ihrer Refinanzierungsmöglichkeiten verursacht wurde, vgl. *Onado*, in: Bruni/Llewellyn, The failure of Northern Rock, 99, 102; zum zugrundeliegenden Unterschied zwischen Solvenz und Liquidität s. *Woll*, The Power of Inaction, S. 78.

664 Hiervon ausgehend entwickeln etwa *Shapiro/Skeie*, Rev. Financ. Stud. 28 (2015), 2322 ein Modell, mit dem sie die Reaktion des Managements und der Einleger einer (zweiten) Bank auf die behördliche Abwicklungsentscheidung hinsichtlich einer (ersten) Krisenbank (Liquidation, Rekapitalisierung oder *forbearance*) vorhersagen. Die Behörde soll ihre Entscheidung bezüglich der „ersten" Bank auch im Hinblick auf die Erwartungen treffen, die sie bei dem Management und den Einlegern der zweiten Bank hervorruft (*reputation management*).

665 Diese Dynamik wurde erstmals grundlegend dargelegt von *Diamond/Dybvig*, Journal of Political Economy 91 (1983), 401.

(unvollständige) Informationen über eine bevorstehende Abwicklung zu einer allgemeinen Unsicherheit auf den Finanzmärkten bei.

b) Geheime Abwicklungen und Stigma-Effekt

Nach der Konzeption des Abwicklungsrechts wird die durch die Abwicklung restrukturierte Bank ganz oder teilweise fortgeführt. Mit der Bekanntgabe der Abwicklungsmaßnahme wird diese öffentlich, lediglich zuvor muss die Vertraulichkeit gewahrt sein. Hinsichtlich bestimmter staatlicher Stützungsmaßnahmen für Banken wird darüber hinaus diskutiert, ob nicht nur die Vorbereitung und Entscheidung während des Abwicklungswochenendes, sondern sogar die gesamte staatliche Intervention geheim gehalten werden soll. In der Finanzkrise standen die Behörden verschiedentlich vor dem Problem, dass Banken, die in Liquiditätsprobleme geraten waren, auch durch die Bereitstellung von Zentralbankliquidität nicht „über Wasser gehalten" werden konnten. Der (öffentlich sichtbare) *run* auf die Einlagen von Northern Rock wurde etwa überhaupt erst durch die Ankündigung einer Liquiditätshilfe durch die Bank of England ausgelöst.[666] Zu Beginn der Finanzkrise zögerten Banken teilweise, auf von den Zentralbanken zusätzlich bereitgestellte Liquidität zuzugreifen, da bei der Inanspruchnahme ein „Stigmatisierungseffekt" befürchtet wurde.

Die Problematik stellt sich nicht nur bei Zentralbankoperationen, sondern auch bei (vergleichbaren) staatlichen Interventionen, bei denen eine ausfallende Bank etwa durch Steuergelder oder aus dem Einlagensicherungsfonds rekapitalisiert wird. Zum Teil wird in der ökonomischen Literatur gefordert, solche staatlichen Interventionen müssten in bestimmten Fällen vollständig geheim gehalten werden, um nicht durch die öffentliche Abwicklung einer Bank das Vertrauen der Finanzmärkte in die Qualität der Aufsicht zu erschüttern. Deshalb müsse es möglich sein, Banken heimlich zu stützen. Dadurch werde die Reputation der Aufsichtsbehörde geschützt, was Wohlfahrtsvorteile bringe.[667] Das ist freilich nur durch Liquiditätsbereitstellung der Zentralbank oder höchstens durch die Stüt-

666 S. *House of Commons Treasury Committee*, The run on the Rock, Volume I, S. 86; zum Stigmatisierungseffekt während der Finanzkrise, die Reaktionen in Frankreich und Deutschland vergleichend, *Woll*, Gov. & oppos. 49 (2014), 426.

667 Dies ist einer der Vorschläge von *Morrison/L. White*, Journal of Financial Economics 110 (2013), 642.

zung ausnahmslos aller (auch der „gesunden") Banken,[668] nicht aber durch Abwicklungsmaßnahmen im engeren Sinne möglich. Der Vorschlag zielt daher vor allem auf eine großzügige Zentralbankunterstützung als *lender of last resort* ab.[669]. Dieser Aspekt soll jedoch hier nur am Rande erwähnt sein. Der Fokus dieser Untersuchung liegt auf dem behördlichen Entscheidungsprozess der Einleitung und Ausarbeitung behördlicher Abwicklungsmaßnahmen.

c) Empirische Beispiele

Abgesehen von der theoretischen Begründung lässt sich das Erfordernis, Vertraulichkeit vor und während der Abwicklung zu wahren, auch empirisch belegen.

Das Beispiel von Northern Rock zeigt dies eindrucksvoll. Die Verhandlungen über verschiedene denkbare Lösungen für die sich verschärfende Liquiditätskrise von Northern Rock zogen sich über Wochen. Die Vorbereitung der schließlich notwendig gewordenen großzügigen Liquiditätshilfen durch die Bank of England dauerte dann zwar nur einige Tage, konnte aber schlussendlich nicht mehr geheim gehalten werden. Dies führte unter anderem dazu, dass den Behörden die Hoheit über die öffentliche Kommunikation der Rettungsmaßnahmen verloren ging und diese zu noch weitergehenden und für die öffentliche Hand teureren Maßnahmen greifen mussten. Es herrscht heute im Wesentlichen Einigkeit darüber, dass die Indiskretionen hinsichtlich des ursprünglichen Plans der *tripartite authorities* die Rettungsmaßnahmen deutlich erschwert haben.[670]

Zudem gab es in den USA einen schwerwiegenden Fall, in dem die staatliche Intervention durch einen Bruch der Vertraulichkeit erschwert wurde: Die Krise von IndyMac[671] hat sich infolge der alarmierenden

668 So geschehen in den USA, s. *Woll*, The Power of Inaction, S. 88ff.

669 In der ökonomischen Literatur wird teilweise nicht zwischen einer Stützung durch die Zentralbank und einer Rekapitalisierung aus Steuermitteln oder dem Einlagensicherungsfonds unterschieden. So nehmen *Shapiro/Skeie*, Rev. Financ. Stud. 28 (2015), 2322, auf den Beitrag von *Morrison* und *L. White* Bezug, gehen in ihrem Modell aber von einer öffentlichen Abwicklung aus Steuermitteln aus.

670 S. *Milne/Wood*, in: Bliss/Kaufman, Financial Institutions and Markets, 3, 18; wenig diskutiert werden – soweit ersichtlich – dagegen Indiskretionen im Vorfeld der Abwicklung der spanischen Banco Popular durch das SRB im Jahr 2017; s. dazu *Véron*, Taking stock of the Single Resolution Board, S. 13.

671 S. supra Dritter Teil, B. I. 2.

öffentlichen Äußerung des Spitzenpolitikers Charles Schumer drastisch verschärft. In welchem Ausmaß der von Senator Schumer veröffentlichte Brief zur Krise von IndyMac beigetragen hat, lässt sich nicht abschließend klären. Das US-Finanzministerium geht davon aus, dass durch den Brief die Krise zwar beschleunigt worden sei, die Ursachen der Krise jedoch bei der Bank selbst gelegen hätten.[672] Die Aufsichtsbehörde OTS hingegen sah in dem veröffentlichten Schreiben des US-Senators den Hauptgrund für den anschließenden *bank run*.[673] Das Management von IndyMac beschuldigte ebenfalls Schumer, für die Verschlechterung der Liquidität verantwortlich zu sein.[674]

Sicherlich ist Charles Schumer nicht allein für die Krise von IndyMac verantwortlich. Hinzuweisen ist aber auf die besondere Stellung Schumers. Er war zum Zeitpunkt der Krise Mitglied des *Senate Banking Committee*. Inwiefern er dadurch über nicht öffentlich zugängliche Informationen verfügte, ist nicht bekannt. Es liegt jedoch nahe, dass Teile der Öffentlichkeit annahmen, dass Schumers Befürchtungen auf (noch) nicht bekannten Informationen beruhten. Diese Annahme könnte den *bank run* begünstigt haben.

Die Ereignisse um Northern Rock und IndyMac machen jedenfalls deutlich, dass Aufsichts- und Abwicklungsbehörden die Hoheit über die öffentliche Kommunikation behalten müssen, um Rettungsmaßnahmen vorbereiten und zum richtigen Zeitpunkt verkünden zu können.

d) Zusammenfassung

Sowohl die Reaktion der Gläubiger einer ausfallenden Bank als auch die dynamischen Ansteckungseffekte basieren ganz überwiegend auf asymmetrischen Informationen der Gläubiger bzw. übrigen Finanzmarktteilnehmer. Für die an der Abwicklung beteiligten Behörden stellt sich damit das Problem, den Informationsfluss vor und während einer Abwicklung „steuern“ zu müssen. Sobald ein hoheitliches Eingreifen in greifbare Nähe rückt, besteht ein hohes Interesse daran, die Finanzmärkte nicht durch

---

672 *Office of Inspector General,* Safety and Soundness: Material Loss Review of IndyMac Bank, FSB, S. 3.

673 *Office of Inspector General,* Safety and Soundness: Material Loss Review of IndyMac Bank, FSB, S. 31; *Moran-Bates,* North Carolina Banking Institute 13 (2009), 515, 535.

674 *Moran-Bates,* North Carolina Banking Institute 13 (2009), 515, 534; ähnlich auch *Rose,* Old-Fashioned Deposit Runs, S. 6f.

unkontrollierte Informationen zu beunruhigen, bis die wesentlichen Entscheidungen über die Abwicklung getroffen sind. Insofern muss das Abwicklungsrecht in dieser „heißen Phase“ der Abwicklung die Vertraulichkeit der Entscheidungsprozesse sicherstellen.

5. Obstruktionsmöglichkeiten und Rechtssicherheit

Entscheidend für das Gelingen der Abwicklung ist zudem die Frage, ob neben der Abwicklungsbehörde weitere öffentliche oder private Akteure in den Abwicklungsprozess eingreifen und diesen beeinflussen oder gar behindern können.

a) Obstruktionsmöglichkeiten anderer Behörden

Ist die Abwicklung eingeleitet, so stellt sich für die Abwicklungsbehörde die Frage, ob anderen Behörden Informations-, Anhörungs- oder Einspruchsrechte vor der endgültigen Abwicklungsentscheidung zukommen. Solche Beteiligungsrechte anderer Behörden als der Abwicklungsbehörde, etwa von Regierungen und von öffentlichen Stellen anderer (z.B. supranationaler oder föderaler) Rechtsordnungen, können aus verschiedenen Gründen bestehen. Je nachdem, wie es um die (verfassungs-)rechtliche Stellung der Abwicklungsbehörde und damit verbunden um ihre demokratische Legitimation bestellt ist, kann die Beteiligung weiterer Behörden etwa aus demokratisch-legitimatorischen Gründen geboten sein.

Problematisch ist dabei, dass der Abwicklungsprozess seinen Zweck kaum erfüllen kann, wenn er selbst Gegenstand einer langwierigen politischen Debatte wird, so hoch politisch und politisiert eine Abwicklungsentscheidung auch sein mag.[675] Dies gilt selbst dann, wenn die Debatte zwischen den Entscheidungsträgern vertraulich geführt wird. Informations-, Anhörungs- und Einspruchsrechte anderer Behörden können sich als Obstruktionspotenziale erweisen und das Abwicklungsverfahren durch Vetopositionen politisieren.

675 Die Rettung und Zerschlagung der Fortis-Gruppe ist ein anschauliches Beispiel für eine „politische“ staatliche Intervention. Während in den Fällen Northern Rock und IndyMac vor allem mehr oder weniger unabhängige Behörden die staatlichen Hauptakteure waren, verhandelten bei Fortis die Regierungen der beteiligten Staaten.

Insofern muss das Abwicklungsrecht eine Abwägungsaufgabe erfüllen: Die rechtsstaatlichen und demokratischen Anforderungen an die Beteiligung verschiedener Akteure am Entscheidungsprozess sind mit der ökonomischen Notwendigkeit, diesen schnell und effektiv zu gestalten, in Ausgleich zu bringen.

b) Obstruktionsmöglichkeiten der Anteilseigner

Etwas anders liegt es bei den Obstruktionsmöglichkeiten privater Akteure. Die Frage der nachträglichen (gerichtlichen) Überprüfung des rechtlichen und wirtschaftlichen Ergebnisses der Abwicklung nach der SRM-VO am Maßstab verfassungsrechtlicher und ähnlicher Garantien soll aus den oben genannten Gründen zwar ausgeklammert werden.[676] *Colorandi causa* sollen dennoch die Gefahren möglicher Blockadepositionen vor allem der Anteilseigner kurz skizziert werden. Um den Abwicklungsprozess im engeren Sinne effektiv zu gestalten, kommt es auf die Vermeidung solcher möglicher Blockadepositionen an.

aa. Verschiedene Instrumente der Abwicklung

Der „Instrumentenkasten" staatlicher Interventionen und damit die *lex artis* der Abwicklung hat sich im Verlauf der Finanzkrise und in den Folgejahren weiterentwickelt.[677] Dabei sind die zur Verfügung stehenden hoheitlichen Maßnahmen in zahlreichen Jurisdiktionen – teils aufgrund suprastaatlicher Vorgaben – größtenteils konvergiert.[678] Je nachdem, wel-

---

676 Siehe supra, Zweiter Teil, D. II.

677 *Armour*, in: Moloney/Ferran/Payne, The Oxford Handbook of Financial Regulation, 453, 460ff. unterscheidet zwischen *first-generation resolution mechanisms* und *second-generation resolution mechanisms*, wobei er jedoch die staatliche Rekapitalisierung und Kontrollübernahme, wie sie in Kontinentaleuropa vorgekommen ist, weitgehend ausblendet. Vgl. auch den Überblick über in der Finanzkrise zum Einsatz gekommene staatliche Interventionsinstrumente bei *Woll*, The Power of Inaction, S. 27ff. sowie den Überblick bei *Gordon/Ringe*, Columbia Law Review 115 (2015), 1297, 1333ff.

678 Vgl. die *Key Attributes of Effective Resolution Regimes for Financial Institutions*, supra Fn. 566, sowie den Bericht des FSB zum Stand der Umsetzung dieser *Key Attributes*, insbesondere Annex 1, abrufbar unter http://www.fsb.org/wp-content/uploads/P151118-1.pdf.

ches Mittel eingesetzt wird, unterscheiden sich die Obstruktionsmöglichkeiten der Eigentümer der Bank.

Zu Beginn der Finanzkrise wurden manche Banken dadurch gerettet, dass die jeweiligen (Aktien-)Gesellschaften Kapitalerhöhungen durchführten. Staaten überall auf der Welt beteiligten sich so auf privatrechtlichem Wege an „ihren" Banken.[679] Die häufig in diesem Zusammenhang genannten Begriffe der „Verstaatlichung" oder *nationalisation* meinen also keineswegs eine „Vergesellschaftung" der öffentlichen Aufgabe „Kreditversorgung", wie man sie ganz unbefangen verstehen könnte, sondern implizieren in der Regel eine massive finanzielle Unterstützung des Finanzsektors.

Durch solche Kapitalerhöhungen werden die Anteile der bisherigen Gesellschafter zwar verwässert. Tatsächlich gewinnt der einzelne Anteil trotz dieser Verwässerung durch die staatliche Intervention an sich wirtschaftlich an Wert, da dieser ohne staatliche Intervention in der Regel bei oder nahe Null liegen würde. Gleichwohl haben sich in der Finanzkrise verschiedentlich Aktionäre gegen die staatliche Beteiligung gewehrt. Der Grund hierfür liegt in dem Erpressungspotential, über das die Aktionäre in dieser Situation möglicherweise verfügen: Wenn die externen Kosten einer unkontrollierten Bankenpleite so hoch sind, dass der Staat sich zum Wohle der Volkswirtschaft zum Einschreiten genötigt sieht, so können sich die Aktionäre, möglicherweise sogar nur eine kleine Minderheit von Aktionären, ihre Blockadeposition „abkaufen" lassen.[680]

Auch andere Maßnahmen als die staatliche Rekapitalisierung oder mit dieser zusammen angewandte Eingriffe in die Organisationsstruktur der Bank zur Ermöglichung der Fortführung der Bank können auf den Widerstand insbesondere der Aktionäre stoßen. Nach einer Auslagerung von Kreditportfolien in sog. *bad banks* wird nur die dadurch von notleidenden Krediten entlastete „Restbank" als *good bank* fortgeführt.[681] Hiermit ver-

679 Zur Vereinbarkeit des hierfür geschaffenen „Staatsgesellschaftsrechts" mit dem Grundgesetz, s. *Gurlit*, NZG 2009, 601.

680 Vgl. im Hinblick auf das deutsche Aktienrecht, auch zu möglichen Konstruktionen einer Pflicht zur Zustimmung aufgrund verbandsrechtlicher Treuepflichten oder der Sozialbindung des Eigentums, *Krawinkel*, Grenzen der Aktionärsautonomie bei der Notrekapitalisierung systemrelevanter Banken, S. 123ff.; siehe auch die Begründung für das Restrukturierungsgesetz von 2010, BT-Drs. 17/3024, S. 61f.

681 Das Instrument der *bad bank* ist heute etwa in den europäischen Regelungen weiterhin als „Ausgliederung von Vermögenswerten" enthalten, vgl. supra Zweiter Teil, A. I. 3. c).

wandt ist die Etablierung eines Brückeninstituts,[682] bei dem der „saubere" Teil der Bank zur Fortführung und späteren Veräußerung in eine Zweckgesellschaft überführt und die „Rest-Bank" schrittweise liquidiert wird. Schließlich kann eine Bank – gegebenenfalls nach Anwendung anderer Abwicklungsinstrumente – auch vollständig an einen neuen Eigentümer übertragen werden.[683] Diesen drei im Laufe der Jahre aufgekommenen Abwicklungsinstrumenten ist gemeinsam, dass tiefgreifende Veränderungen an der Struktur der Bank vorgenommen werden. Entweder werden signifikante Teile der Bank dem Zugriff der Alteigentümer entzogen und auf einen neuen Rechtsträger übertragen (Brückeninstitut bzw. *bad bank*) oder die Bank wird sogar im Ganzen einem neuen Eigentümer übertragen.

Schließlich können – so der neue „Normalfall" des Bail-in – die Anteile der Eigentümer auch unabhängig von der Übertragung (von Teilen) der Bank auf einen neuen Rechtsträger herabgeschrieben werden. Heute soll die Rekapitalisierung einer vom Ausfall bedrohten Bank durch den Bail-in und damit zumindest durch die Heranziehung der Inhaber von Eigenkapital erfolgen. Das Interesse der Aktionäre, dies zu verhindern, liegt auf der Hand.

bb. Gesellschaftsrechtliche Rahmenbedingungen

Die gesellschaftsrechtlichen Rahmenbedingungen für die skizzierten Operationen unterscheiden sich in verschiedenen Rechtsordnungen erheblich. Während in den USA viele, auch grundlegende Unternehmensentscheidungen vom *board of directors* auch ohne Beteiligung der Aktionäre getroffen werden können, müssen in vielen europäischen Rechtsordnungen die Eigentümer etwa einer Kapitalerhöhung oder dem Verkauf wesentlicher Unternehmensteile grundsätzlich zustimmen.[684]

Zudem ist zu beachten, dass sich die Situation der Anteilseigner bei einer Bankenabwicklung durchaus von der eines regulären Insolvenzver-

---

682 Vgl. supra Zweiter Teil, A. I. 3. b).

683 Vgl. supra Zweiter Teil, A. I. 3. a); das Konzept ist in den USA jedoch schon seit Jahrzehnten erprobt, s. *Armour*, in: Moloney/Ferran/Payne, The Oxford Handbook of Financial Regulation, 453, 461.

684 S. mit Beispielen *Hüpkes*, Journal of Financial Regulation and Compliance 17 (2009), 277, 279f.; zu in der Finanzkrise 2008 durch § 7 FinStBG eingeführten Erleichterungen zugunsten des Staates hinsichtlich der erforderlichen Aktionärsmehrheit, der Einberufungsfrist, des Anfechtungsrechts der Minderheitsaktionäre und zum Squeeze-Out s. *Gurlit*, NZG 2009, 601, 602.

fahrens unterscheidet. Je nach Ausgang des Insolvenzverfahrens bzw. der Abwicklung verlieren zwar in beiden Fällen die Anteilseigner zumindest Teile ihrer Vermögenspositionen.[685] Die Haftungsreihenfolge unterscheidet sich im Grundsatz nicht zwischen den beiden Verfahren. Allerdings wird das Insolvenzverfahren regelmäßig erst dann initiiert, wenn das Eigenkapital (nahezu) aufgebraucht ist. Die Bankenabwicklung wird dagegen gerade „nach vorne" verlegt, um rechtzeitig Gegenmaßnahmen einleiten zu können. Insofern verschärft sich der Konflikt zwischen (in der Regel auch verfassungsrechtlich geschützten) Eigentumspositionen und dem öffentlichen Interesse an der haushaltsschonenden Bewältigung einer Bankenkrise.[686] Anteilseigner von Banken müssen Abwicklungsmaßnahmen möglicherweise schon bei einer „nur" unterkapitalisierten, aber gerade nicht insolventen Bank hinnehmen.

Jedenfalls alle Maßnahmen, die unmittelbar die Aktionärsstellung betreffen, bedürfen der Zustimmung der Aktionäre. Dies betrifft die Kapitalerhöhung mit entsprechender Verwässerung der Altanteile, die Übertragung der Eigentümerstellung auf einen Erwerber sowie die Herabschreibung oder Löschung der Kapitalanteile. Aber auch das Herauslösen einzelner Teile der Bank, entweder zur Fortführung (im Fall des Brückeninstituts) oder zur Liquidation (im Fall der *bad bank*), lösen in manchen Rechtsordnungen möglicherweise Zustimmungserfordernisse aus. Diese Zustimmungsrechte der Alteigentümer können gerichtlich durchgesetzt werden. Für die Zwecke des Abwicklungsverfahrens ist entscheidend, ob der Durchsetzungsmechanismus, etwa im Wege des Eilrechtsschutzes, die Abwicklung selbst verzögern oder verhindern kann. Es ist also Aufgabe des Abwicklungsrechts, die unterschiedlichen zur Verfügung stehenden Abwicklungsmaßnahmen in das jeweilige Gesellschaftsrecht, dem die Bank unterliegt, einzupassen. Sofern das Gesellschaftsrecht aus Zustimmungserfordernissen erwachsende Blockadepositionen vorsieht, müssen diese entschärft werden. Das Abwicklungsrecht muss das Obstruktionspotential der Eigentümer der Bank minimieren, indem es das Abwicklungsrecht in gegebenenfalls konfligierende gesellschaftsrechtliche Vorgaben einpasst.

---

685 Totalverluste der Anteilseigner dürften zwar in beiden Fällen den Regelfall darstellen, Ausnahmen sind jedoch möglich, etwa die Insolvenz des Autovermieters Hertz im Jahr 2020/2021, vgl. *Indap*, Financial Times vom 12.05.2021, https://www.ft.com/content/f41eac59-3404-4504-b698-b4ead8f149df.

686 Vgl. hierzu bezogen auf die BRRD *Hadjiemmanuil*, in: European Central Bank, ECB Legal Conference 2015, 225, 241ff.; *Binder*, European Business Organization Law Review 21 (2020), 453, hält Abwicklungsmaßnahmen für deutlich eingriffsintensiver als eine Liquidation nach dem Insolvenzrecht.

cc. Beispiele aus der Finanzkrise

Die Obstruktion durch Anteilseigner in einer Bankenkrise ist keine nur theoretische Gefahr.[687] So scheiterten etwa im Falle von Northern Rock nach wochenlangen Verhandlungen mit einem Käuferkonsortium alle marktbasierten Lösungen der Krise. Die Einschätzungen, weshalb trotz der Bemühungen der Behörden keine *private sector solution* erreicht wurde, gehen auseinander. Der Gouverneur der Bank of England betonte in der parlamentarischen Untersuchung, dass die Übernahme von Northern Rock durch eine andere Bank nicht ohne ein langwieriges Verfahren, unter Umständen mit mehreren Bietern, nach dem britischen *Takeover Code* hätte vollzogen werden können. Der Vorstandsvorsitzende von Northern Rock, Adam Applegarth, hatte diesen Lösungsweg optimistischer eingeschätzt.[688] Die gesellschafts- und kapitalmarktrechtlichen Rechtsunsicherheiten im Hinblick auf denkbare Obstruktionsmöglichkeiten der Aktionäre haben jedenfalls das staatliche Krisenmanagement erschwert.[689]

Auch der Beginn der Finanzkrise in Deutschland mit der Krise der IKB ist von der Auseinandersetzung zwischen den Behörden, die aus Sorge um die Finanzstabilität die IKB rekapitalisieren wollten, und deren (Minderheits-)Aktionären, die die Verwässerung ihrer Anteile nicht hinnehmen wollten, geprägt. Die monatelange Hängepartie wegen der Versuche, mit herkömmlichen aktienrechtlichen Mitteln eine Kapitalerhöhung durchzusetzen, haben die Krise verlängert und damit verschärft.[690]

Schließlich haben auch im Fall der vor allem in den Benelux-Staaten aktiven Bankengruppe Fortis manche Aktionäre die staatliche Intervention behindert. Nach der Aufspaltung der Fortis-Gruppe entlang nationalstaatlicher Grenzen versuchte der belgische Staat, „seinen" Teil an die französische Bankengruppe BNP Paribas zu verkaufen. Einige Aktionäre suchten

---

687 Vgl. zusätzlich zum Fall der Hypo Real Estate *Čihák/Nier*, Harvard Business Law Review 2 (2012), 395, 401f.

688 *House of Commons Treasury Committee,* The run on the Rock, Volume I, S. 52f. Eine andere Frage ist, wie ernsthaft andere Banken an der Übernahme von Northern Rock interessiert waren.

689 Vergleiche auch den Kommentar des Gouverneurs der Bank of England: „[T]he difficulty of reaching a reorganisation of Northern Rock, which is absolutely, desperately needed, is made much more difficult by the fact that the shareholders can block what seems to be a sensible discussion of reorganisation by the people who are financing the vast bulk of the balance sheet […]", zit. nach *House of Commons Treasury Committee,* The run on the Rock, Volume I, S. 82.

690 S. anschaulich *Krawinkel*, Grenzen der Aktionärsautonomie bei der Notrekapitalisierung systemrelevanter Banken, S. 146ff.

dies zu verhindern und erzielten zunächst vor dem Brüsseler Appellationshof einen Zwischenerfolg. Dieser urteilte, dass sowohl der Verkauf der Teile von Fortis an den niederländischen bzw. belgischen Staat als auch der anschließende Verkauf des „belgischen" Teils an BNP Paribas unwirksam seien, weil die Aktionäre nicht zugestimmt hatten. Erst im März 2009 konnten die beiden beteiligten Staaten und BNP Paribas den Aktionären nach mehreren Anläufen ihre Zustimmung „abkaufen".[691]

c) Zusammenfassung

Der Erfolg einer staatlichen Bankenabwicklung hängt demnach maßgebend davon ab, dass der Entscheidungsprozess nicht durch Anhörungs-, Zustimmungs- oder Einspruchsrechte Dritter, seien es staatliche oder private Akteure, verzögert oder gar blockiert wird. Im Folgenden liegt der Fokus, entsprechend der Eingrenzung der Untersuchung,[692] auf Obstruktionspotenzialen öffentlicher Stellen.

---

691 *Wiggins/Tente/Metrick*, European Banking Union C: Cross-Border Resolution-Fortis Group, S. 10; vgl. zudem, auch zur sich anschließenden politischen Krise in Belgien, die zu Rücktritten mehrerer Spitzenpolitiker führte, *Fassin/Gosselin*, Journal of Business Ethics 102 (2011), 169, 171.

692 S. supra Zweiter Teil, D. II.

Vierter Teil – Die Abwicklung nach der SRM-VO

Nachdem nunmehr die ökonomischen Zusammenhänge einer Bankenkrise, die in der SRM-VO positivierten legislatorischen Ziele und die daraus im Sinne einer effektiven Zielerreichung folgenden spezifischen Anforderungen an das Abwicklungsrecht skizziert sind, stellt sich die Frage, ob bzw. inwieweit das in der SRM-VO für diese Situation vorgesehene Verfahren in der Lage ist, diese Anforderungen zu erfüllen. Zu diesem Zweck soll das Abwicklungsverfahren erneut, unterteilt in die drei Phasen „Initialisierung", „Entscheidungsfindung" und „Umsetzung", in den Blick genommen werden.

A. Die Einleitung des Abwicklungsverfahrens

Die Entscheidung über die Initiierung einer Abwicklung ist wie gesehen von entscheidender Bedeutung. Klare Zuständigkeiten und gutes Timing sind die Grundlage einer erfolgreichen Abwicklung.

Zwar besteht kein klarer Konsens über die „richtige" Verteilung der Zuständigkeiten bei der Krisenintervention zwischen Bankaufsichts- und Bankabwicklungsbehörde und über die „richtige" Eingriffsschwelle. Die Untersuchung typischer Beispielsfälle und die theoretische Auseinandersetzung mit dem Phänomen der *forbearance* haben jedoch gezeigt, dass zu langes Abwarten und zu zögerliches Einschreiten die Finanzstabilität gefährden und im Ergebnis auch die Kosten der Krise vergrößern. Daraus ergibt sich für den SRM die Frage, welche Mittel die SRM-VO bereitstellt, um eine frühzeitige Einleitung der Abwicklung sicherzustellen.

I. Die Zuständigkeitsverteilung zwischen SRB und EZB

Kann die in der SRM-VO vorgesehene Zuständigkeitsverteilung für die „Bewertung", ob eine Bank als *failing or likely to fail* zu klassifizieren ist, eine rechtzeitige Abwicklung sicherstellen? Wie gesehen[693] erscheint eine ausschließliche Konzentration der Zuständigkeit für die Einleitung

693 S. supra Dritter Teil, B. II. 1.

der Abwicklung bei der Aufsichtsbehörde aus Gründen der *forbearance* zweifelhaft, die Initiierungskompetenz allein bei der Abwicklungsbehörde stößt jedoch auch auf Bedenken. Eine solche ausschließliche Konzentration der Zuständigkeit sieht Art. 18 Abs. 1 SRM-VO auch nicht vor. Die genaue Zuständigkeitsverteilung ergibt sich jedoch nicht zweifelsfrei aus dem Normtext.

Am ehesten kann dem Problem der *forbearance* mit einer „parallelen Zuständigkeit" von EZB und SRB begegnet werden. Mit „paralleler Zuständigkeit" ist im Folgenden gemeint, dass sowohl der EZB als auch dem SRB die Kompetenz zugesprochen wird, die Qualifizierung einer Bank als *failing or likely to fail* vorzunehmen, und zwar unabhängig voneinander und gegebenenfalls auch gegen den Willen der jeweils anderen Behörde. Im Folgenden soll gezeigt werden, dass die SRM-VO eine solche parallele Zuständigkeit zwar nicht explizit anordnet, aber auch nicht ausschließt (1.-4.). Eine „parallele Zuständigkeit" ist indes vorzugswürdig, weil sie am besten dazu geeignet ist, die Ziele der SRM-VO zu erreichen (5.).

1. Wortlaut und Erwägungsgründe

Zunächst stellt sich die Frage, ob der Wortlaut der SRM-VO eine solche Auslegung erlaubt. Art. 18 Abs. 1 SRM-VO regelt – neben den Voraussetzungen – die Zuständigkeit für die Initiierung der Abwicklung. Dabei steht fest, dass die EZB die „Bewertung" einer Bank als *failing or likely to fail* selbständig vornehmen darf, nachdem sie das SRB hierzu angehört hat. Dies folgt unzweifelhaft aus Art. 18 Abs. 1 UAbs. 2 Satz 1 SRM-VO. Schwieriger ist die Frage, ob und unter welchen Umständen das SRB eine solche „Bewertung" vornehmen darf. Darf sich das SRB der Ansicht der EZB, eine Bank sei (noch) nicht als *failing or likely to fail* zu qualifizieren, widersetzen und eigenständig die Abwicklung durch diese Qualifizierung einleiten?

Der Wortlaut des Art. 18 Abs. 1 UAbs. 2 Satz 2 SRM-VO ist hierzu uneindeutig. Der entscheidende Satz lautet: „Der Ausschuss [= SRB] darf in seiner Präsidiumssitzung eine solche Bewertung erst nach Unterrichtung der EZB über seine Absicht und nur dann vornehmen, wenn die EZB innerhalb von drei Kalendertagen nach Eingang der Unterrichtung die genannte Bewertung nicht vornimmt." Fest steht also, dass das SRB, wenn es die Abwicklung einleiten will, zunächst drei Tage abwarten muss. Zudem ist in diesem Verfahrensstadium immer die Präsidiumssitzung zuständig, unabhängig davon, welche Konfiguration des SRB schließlich über das

Abwicklungskonzept entscheidet. Der letzte Satzteil kann aber einerseits so verstanden werden, dass das SRB nur dann handeln darf, wenn die EZB auf die Unterrichtung des SRB innerhalb von drei Tagen nicht geantwortet hat. Nach diesem Verständnis dürfte das SRB nur bei *Untätigkeit* der EZB tätig werden. Andererseits kann aber auch gemeint sein, dass das SRB eigenständig (erneut) entscheiden darf, wenn die EZB die Qualifizierung als *failing or likely to fail* (= „genannte Bewertung") ablehnt und dies dem SRB auf dessen Anfrage hin mitteilt. Letztere Auffassung würde die Dreitagesfrist zu einer Art Anhörung der EZB machen, deren Ergebnis aber für das SRB nicht bindend wäre. Beide Auslegungen sind vom Gesetzeswortlaut umfasst.[694] Art. 18 Abs. 1 SRM-VO ist daher keine klare Vorgabe zu entnehmen, ob dem SRB ein starkes eigenes Initiierungsrecht zukommt.

Auch die Erwägungsgründe liefern keinen eindeutigen Hinweis. ErwGr 26 der SRM-VO lautet auszugsweise: „Die EZB in ihrer Rolle als Aufsichtsbehörde innerhalb des [SSM] und [das SRB] sollten in der Lage sein zu bewerten, ob ein Kreditinstitut ausfällt oder wahrscheinlich ausfällt und ob [alternative Maßnahmen zur Verfügung stehen]." Der Erwägungsgrund sagt nichts darüber aus, wie im Falle unterschiedlicher Ansichten von EZB und SRB über die Aussichten einer Bank zu verfahren ist.

2. Gesetzgebungsgeschichte

Der Hintergrund der offenen Formulierung des Art. 18 Abs. 1 UAbs. 2 Satz 2 SRM-VO wird klarer, wenn man die Gesetzgebungsgeschichte der Vorschrift in den Blick nimmt.[695] Die Frage, wer für die Initiierung der Abwicklung verantwortlich ist, war im Gesetzgebungsverfahren zur SRM-VO zwischen den beteiligten Unionsorganen umstritten.

---

694 Auch die englische und die französische Sprachfassung lassen dies offen. Die englische Sprachfassung lautet: „The Board, in its executive session, may make such an assessment only after informing the ECB of its intention and only if the ECB, within three calendar days of receipt of that information, does not make such an assessment." Die französische Sprachfassung lautet: „Le CRU, en session exécutive, ne peut réaliser une telle évaluation qu'après avoir informé la BCE de son intention et que si la BCE ne procède pas à cette évaluation dans les trois jours calendaires à compter de la réception de cette information."

695 Vgl. zum Gesetzgebungsverfahren auch *Gordon/Ringe*, Columbia Law Review 115 (2015), 1297, 1343ff.

a) Der Verordnungsentwurf der Kommission

Nach dem ursprünglichen Entwurf der Kommission[696] stand dem SRB eine etwas andere Rolle bei der Einleitung von Abwicklungsverfahren zu, als dies nunmehr unter der SRM-VO der Fall ist. Der Kommissionsentwurf sah – wenig überraschend – eine deutlich zentralere Rolle der Kommission bei der Abwicklung vor. Die Initiative für eine Abwicklung sollte jedoch von verschiedenen Behörden ausgehen können.

Einerseits stand auch nach dem Kommissionsentwurf der EZB eine Art abgeschwächtes Initiativrecht zu. Nach Art. 16 Abs. 1 SRM-VO-E sollten die EZB oder eine NRA der Kommission und dem SRB mitteilen, wenn sie zu der Einschätzung gelangt sind, dass eine Bank als *failing or likely to fail* anzusehen ist und alternative Maßnahmen nicht aussichtsreich sind. Das SRB sollte daraufhin die Voraussetzungen für eine Abwicklung prüfen und gegebenenfalls der Kommission die Abwicklung empfehlen, Art. 16 Abs. 2 und 5 SRM-VO-E. Nach dem Kommissionsentwurf sollte die Kommission sodann in einem an das SRB gerichteten Beschluss über den Rahmen für die Abwicklung entscheiden. Das SRB sollte innerhalb dieses Rahmens ein an die NRAs gerichtetes Abwicklungskonzept beschließen, Art. 16 Abs. 6 bis 8 SRM-VO-E, und so die von der Kommission beschlossene Abwicklung durchführen. Dabei ist zu betonen, dass nach dem Kommissionsentwurf der Anstoß für eine Abwicklung zwar von der EZB (oder einer NRA) ausgehen konnte, das SRB und die Kommission jedoch auch aus eigener Initiative handeln können sollten.[697] Eine über die Mitteilung nach Art. 16 Abs. 1 SRM-VO-E hinausgehende Rolle der EZB, insbesondere eine dreitägige Wartefrist des SRB, war im Entwurf nicht vorgesehen.

b) Die Änderungsvorschläge der EZB

Diese Ausgestaltung – mehrere mögliche Initiatoren, aber Letztentscheidung der Kommission – wird indes bereits durch die Erwägungsgründe

696 *Europäische Kommission*, Vorschlag für eine Verordnung des Europäischen Parlaments und des Rates zur Festlegung einheitlicher Vorschriften und eines einheitlichen Verfahrens für die Abwicklung von Kreditinstituten und bestimmten Wertpapierfirmen im Rahmen eines einheitlichen Abwicklungsmechanismus und eines einheitlichen Bankenabwicklungsfonds sowie zur Änderung der Verordnung (EU) Nr. 1093/2010 des Europäischen Parlaments und des Rates vom 10.7.2013, COM(2013) 520 final, im Folgenden „SRM-VO-E".

697 Art. 16 Abs. 2 und 6 SRM-VO-E.

des Verordnungsvorschlags selbst teilweise in Frage gestellt. In ErwGr 16 heißt es: „Die EZB ist in ihrer Rolle als Aufsichtsbehörde innerhalb des SSM am besten in der Lage zu prüfen, ob ein Kreditinstitut ausfällt oder auszufallen droht und ob nach vernünftigem Ermessen keine Aussicht besteht, dass der Ausfall des Instituts innerhalb eines angemessenen Zeitrahmens durch alternative Maßnahmen des privaten Sektors oder der Aufsichtsbehörden abgewendet werden kann.“ Vermutlich wollte die Kommission damit die Mitteilungspflicht der Aufsichtsbehörde EZB nach Art. 16 Abs. 1 SRM-VO-E an das SRB sachlich begründen. Die EZB griff die Formulierung in ihrer Stellungnahme im Gesetzgebungsverfahren[698] indes auf und begründete damit ihre Ansicht, am besten sei eine „alleinige Zuständigkeit“ der Aufsichtsbehörde für die Prüfung der Voraussetzungen *„failing or likely to fail“* und „alternative Maßnahmen“. Nach den Vorschlägen der EZB sollte die Aufsichtsbehörde die Bewertung hinsichtlich dieser beiden Abwicklungsvoraussetzungen vornehmen und das SRB und die Kommission hierüber informieren.[699] Das SRB sollte lediglich die „Vornahme einer solchen Prüfung“ verlangen können. Nur auf eine Mitteilung der EZB hin sollte dem SRB die Prüfung zufallen, ob der Ausfall der Bank durch Maßnahmen des privaten Sektors abgewendet werden könne und ob eine Abwicklung im öffentlichen Interesse erforderlich sei. In diesem Fall sollte nach dem Vorschlag der EZB das SRB der Kommission die Abwicklung empfehlen. Auch ohne eine solche Empfehlung des SRB sollte die Kommission nach der Vorstellung der EZB eine Bank abwickeln können, jedoch nur nachdem die EZB zuvor die Voraussetzungen *„failing or likely to fail“* und „keine Aussicht auf alternative Maßnahmen“ bejaht hat. Nach den Änderungsvorschlägen der EZB hätte also – ebenfalls wenig überraschend – die Initiierung der Abwicklung von Banken unter EZB-Aufsicht allein in der Hand der EZB gelegen. Eine Abwicklung „gegen“ die Aufsichtsbehörde EZB wäre nach diesem Vorschlag ausgeschlossen gewesen.[700]

---

698 Stellungnahme der Europäischen Zentralbank vom 6. November 2013, ABl. vom 11.4.2014, C 109, S. 2.

699 Änderungsvorschlag 6 in der Stellungnahme der Europäischen Zentralbank vom 6. November 2013, ABl. vom 11.4.2014, C 109, S. 2.

700 Noch weiter geht der Vorschlag von *Micossi/Bruzzone/Carmassi*, The new European Framework for Managing Bank Crises, S. 8. Danach sollte – wohl nach italienischem Vorbild – die gesamte Abwicklung in den Händen der EZB liegen. Skeptisch gegenüber dieser Option im Hinblick auf die Rechtsgrundlage des Art. 127 Abs. 6 AEUV *Zavvos/Kaltsouni*, in: Haentjens/Wessels, Research Handbook on Crisis Management in the Banking Sector, 117, 128.

c) Änderungen während des Trilogs

Der Kommissionsentwurf erfuhr während der Trilogverhandlungen erhebliche Änderungen. Auch die Frage, wer eine Abwicklung initiieren können sollte, war zwischen den beteiligten Gesetzgebungsorganen heftig umstritten.

aa. Die Position des Parlaments

Nach den Vorstellungen des Europäischen Parlaments sollten die im Kommissionsentwurf vorgesehenen Initiativrechte des SRB und der Kommission gestrichen und die Initialisierung der Abwicklung bei der EZB monopolisiert werden. Eine entsprechende Änderung des Art. 16 Abs. 2 und 6 SRM-VO-E findet sich sowohl in dem Bericht des Ausschusses für Wirtschaft und Währung[701] als auch in einer ersten Fassung der Abänderungen des Europäischen Parlaments nach Art. 294 Abs. 3 AEUV.[702] Nach dieser Fassung sollten das SRB (ebenso wie nationale Aufsichtsbehörden und NRAs) die EZB zwar zu einer Prüfung der Abwicklungsvoraussetzungen „*failing or likely to fail*" und „keine alternativen Maßnahmen" auffordern können. Das SRB sollte die Voraussetzungen der Abwicklung jedoch nur dann prüfen und einen Entwurf für einen Abwicklungsbeschluss (der Kommission) vorlegen, wenn die EZB diese ersten beiden Abwicklungsvoraussetzungen zuvor bejaht hat. Die Kommission sollte nur über einen Beschlussentwurf des SRB befinden und nicht aus eigener Initiative tätig werden können. Hinsichtlich der Monopolisierung der Kompetenz zur Initiierung der Abwicklung bei der EZB schloss sich das Parlament also weitgehend dem Vorschlag der EZB an. Dabei ist zu betonen, dass das Parlament das grundlegende Ziel verfolgte, den Abwicklungsprozess zu „entpolitisieren", indem möglichst viele Entscheidungen Unionsorganen

---

701 Bericht des Ausschusses für Wirtschaft und Währung sowie Stellungnahmen des Rechtsausschusses und des Ausschusses für konstitutionelle Fragen vom 20.12.2013 (A7–0478/2014).

702 Das Europäische Parlament nahm im Februar 2014 einen Änderungsantrag zu dem Verordnungsvorschlag (A7–0478/ 001–001), nicht jedoch die legislative Entschließung an, die den Standpunkt der Parlaments in erster Lesung (Art. 294 Abs. 3 AEUV) festgelegt hätte, da die Trilogverhandlungen noch nicht abgeschlossen waren. Die Abstimmung über die legislative Entschließung wurde nach Art. 57 Abs. 2 UAbs. 2 Satz 2 GO-EP vertagt und der Vorschlag an den federführenden Ausschuss zurücküberwiesen.

überantwortet und mitgliedstaatlicher Einflussnahme entzogen werden.[703] Da das Parlament die EZB als politisch „neutralere“ Behörde als das SRB ansah, sollte diese über die Initiierung entscheiden.[704]

bb. Die Position des Rates

Innerhalb des Rates hingegen war das Initiativrecht des SRB nicht umstritten.[705] Schon zu einem frühen Zeitpunkt zu Beginn der Trilogverhandlungen einigte sich der Rat jedoch darauf, das Initiativrecht der Kommission zu streichen.[706]

---

703 Vgl. etwa die Position des Parlaments während der Trilogverhandlungen hinsichtlich der Beteiligung des Rates bei der Abwicklung, sowie hinsichtlich der Rolle der NRAs bei der Aufstellung von Abwicklungsplänen im „Report“ der Ratspräsidentschaft vom 07.02.2014, Dokumentennummer 6187/14, Ziff. 14, 17, 21f. und 25.

704 Das Parlament trat dafür ein, dass das SRB grundsätzlich in seiner Präsidiumssitzung und damit „unpolitischer“ entscheidet, vgl. die Position des Parlaments im „Report“ der Ratspräsidentschaft vom 07.02.2014, Dokumentennummer 6187/14, Ziff. 17. Deutschland und andere Mitgliedstaaten bevorzugten dagegen eher ein „Kollegium“ nationaler Behörden – vergleichbar den ESAs, *Gordon/Ringe*, Columbia Law Review 115 (2015), 1297, 1344. So erklärt sich die Präferenz des Parlaments für die EZB als Initiatorin der Abwicklung. Vgl. auch *Micossi/Bruzzone/Carmassi*, The new European Framework for Managing Bank Crises, S. 7ff.

705 Die Verhandlungen innerhalb des Rates sind ausführlich dokumentiert, vgl. die Dokumente auf der Homepage des Rates zum Interinstitutionellen Dossier 2013/0253(COD).

706 Schon im ersten Kompromissvorschlag der Ratspräsidentschaft sollte die Kommission nur noch auf einen Beschlussentwurf des SRB hin handeln können, vgl. die Fassung des Art. 16 im „Partial Presidency compromise“ vom 26.09.2013, Dokumentennummer 14056/13. Umstritten war in der Folge vor allem das Verhältnis zwischen Kommission und SRB, etwa ob und unter welchen Umständen die Kommission Entwürfe des SRB für den dem Abwicklungskonzept des SRB vorgelagerten Abwicklungsrahmen zurückweisen darf, vgl. Art. 6 Abs. 6 des Verhandlungsstands vom 4.11.2013, Dokumentennummer 15503/13 und die Kritik hieran bei *Micossi/Bruzzone/Carmassi*, The new European Framework for Managing Bank Crises, S. 6f.

cc. Das Verhandlungsergebnis

Die unterschiedlichen Auffassungen zwischen Rat und Parlament zur Frage des Initiativrechts war einer unter vielen Streitpunkten.[707] Es liegt nahe, dass dieser Punkt in den letzten Tagen der Trilogverhandlungen, in denen der in Art. 18 SRM-VO festgehaltene Kompromiss erreicht wurde, zur „Verhandlungsmasse" zwischen den Gesetzgebungsinstitutionen wurde. Die komplexe Endfassung des Art. 18 Abs. 1 SRM-VO lässt sich jedenfalls nur als Ergebnis langwieriger Verhandlungen erklären. Die verabschiedete Fassung des Art. 18 Abs. 1 UAbs. 2 stellt letztlich einen politischen Formelkompromiss dar, der den Konflikt zwischen unterschiedlichen Auffassungen im Rat und im Parlament eher überdeckt als entscheidet. Weder das Parlament noch der Rat haben sich eindeutig durchgesetzt, beide Seiten haben in diesem Punkt einen Teilsieg errungen: Einerseits kann neben der EZB grundsätzlich auch das SRB eine Abwicklung einleiten. Andererseits muss es zunächst bei der EZB „anfragen", ob eine Bank nicht als *failing or likely to fail* zu qualifizieren ist. Auch die schließlich verabschiedete Formulierung des ErwGr 26 weicht deutlich von der Formulierung des ErwGr 16 der SRM-VO-E ab, wonach die EZB „am besten in der Lage sei", dies zu prüfen. Auch an dieser Änderung ist erkennbar, dass zwischen der EZB und dem SRB bei der Initiierung der Abwicklung keine „echte Hierarchie"[708] besteht.

Teilweise wird behauptet, das Parlament habe sich in diesem Punkt durchgesetzt.[709] Dem ist nur eingeschränkt zuzustimmen. Dem Parlament ging es vor allem darum, weitgehende Einflussmöglichkeiten der Mitgliedstaaten auf die Abwicklung zu vermeiden und diese so zu „entpolitisieren". Es hatte die Befürchtung, dass das SRB bei seinen Entscheidungen, insbesondere in der Plenarsitzung, „politischer" agieren würde als die EZB. Die Mitgliedstaaten bzw. deren Vertreter in der Plenarsitzung des SRB sollten die Initiierung einer Abwicklung durch die EZB nicht unterlaufen können, indem sie die „*failing or likely to fail*"-Qualifizierung revidierten. Aus diesem Grund wollte das Parlament die politisch „neutrale" EZB als Initiatorin festschreiben.

---

707 Vgl. die Liste der offenen Punkte kurz vor Abschluss der Trilogverhandlungen im „Report" der Ratspräsidentschaft vom 07.02.2014, Dokumentennummer 6187/14, Ziff. 27.

708 So aber *Busch*, in: Busch/Ferrarini, European Banking Union, 281, Rn. 9.103.

709 *Busch*, in: Busch/Ferrarini, European Banking Union, 281, Rn. 9.103.

Diese Gesetzgebungshistorie führt dazu, dass der schließlich gefundene Kompromiss die Frage, welche Behörde vorrangig für die *failing or likely to fail*-Bewertung zuständig ist, weitgehend der Praxis überlässt. Art. 18 Abs. 1 UAbs. 2 SRM-VO ist daher in besonderer Weise der Auslegung zugänglich ist.

3. Literaturstimmen

In den wenigen Beiträgen, die in der Wissenschaft und von Thinktanks zu dieser Frage veröffentlicht wurden, spielt die Auslegung des Art. 18 Abs. 1 UAbs. 2 SRM-VO meist nur eine untergeordnete Rolle. Soweit ersichtlich wird das Thema und insbesondere der entscheidende Unterschied in den Anreizstrukturen zwar gelegentlich gestreift,[710] die durchaus differierenden (Vor-)Verständnisse des Verhältnisses zwischen SRB und EZB jedoch nicht thematisiert.

Manche Kommentatoren gehen davon aus, dass die Einschätzung der EZB, eine Bank sei nicht *failing or likely to fail*, für das SRB bindend ist. So meint *Busch* unter Berufung auf einen Bericht des Nachrichtenportals „Bulletin Quotidien Europe“, dass sich das Parlament mit seiner Vorstellung einer klaren Hierarchie zwischen EZB und SRB durchgesetzt habe,[711] und impliziert damit eine Bindungswirkung der EZB-Bewertung für das SRB. Dem folgt *Benzing*, der explizit festhält, über eine „ausdrücklich verneinende EZB-Entscheidung“ könne sich das SRB „nicht hinwegsetzen“.[712] Ohne die Möglichkeit eines Konflikts zwischen der EZB und dem SRB herauszuarbeiten, wird zudem teilweise eine Vorrangstellung der EZB aufgrund ihres (behaupteten) Informationsvorsprungs postuliert[713]

710 Vgl. etwa die Erwähnung eines möglichen Interessenkonflikts bei *Zavvos/Kaltsouni*, in: Haentjens/Wessels, Research Handbook on Crisis Management in the Banking Sector, 117, 128 oder zur Möglichkeit von Meinungsverschiedenheiten zwischen Aufsichtsbehörde und Abwicklungsbehörde, allerdings im Rahmen der BRRD, *Binder*, in: Binder/Singh, Bank Resolution, 25, Rn. 2.42.

711 *Busch*, in: Busch/Ferrarini, European Banking Union, 281, Rn. 9.103; tatsächlich hat das Parlament vielmehr durchsetzen können, dass die *failing or likely to fail*-Entscheidung immer durch die „unpolitische“ Präsidiumssitzung des SRB erfolgt.

712 *Benzing*, in: Binder/Glos/Riepe, Handbuch Bankenaufsichtsrecht, § 14, Rn. 73; bemerkenswert ist, dass die EZB den Begriff „Decision“ aus Art. 288 AEUV vermeidet. *Benzing* folgend auch *Blaß*, Abwicklung von Banken, S. 285.

713 *Micossi/Bruzzone/Carmassi*, The new European Framework for Managing Bank Crises, S. 8; *Zavvos/Kaltsouni*, in: Haentjens/Wessels, Research Handbook on

oder die Parallelität des Entzugs der Bankerlaubnis durch die EZB nach Art. 14 SSM-VO durch die EZB mit der Einstufung als *failing or likely to fail* betont.[714]

Die Gegenposition geht – ohne weitere juristische Analyse – schlicht davon aus, dass das SRB durchaus als Gegengewicht zur EZB fungiert und auch gegen den Willen der EZB tätig werden kann.[715] Diese Auslegung stützt sich implizit auf die oben skizzierten unterschiedlichen Anreize von Aufsichts- und Abwicklungsbehörde. So deutet *Véron* an, dass die EZB in den wenigen Jahren der Existenz der Bankenunion bereits übermäßige *forbearance* geübt hat.[716] Ohne weiter auf Art. 18 Abs. 1 UAbs. 2 einzugehen, stützt *Véron* die Kompetenz des SRB zu einer der EZB widersprechenden Bewertung auf den Satzteil „on its own initiative" („von sich aus" in der deutschen Fassung) des Art. 18 Abs. 1 UAbs. 1 SRM-VO und diskutiert sodann, ob dem SRB die hierzu erforderlichen Informationen in ausreichendem Maße zur Verfügung stehen.[717] In ähnlicher Stoßrichtung argumentiert *Tornese*.[718] *Friedrich* geht ebenfalls von einem eigenständigen Recht des SRB zur Initiierung der Abwicklung aus, befürchtet jedoch gerade eine zu enge Kooperation von SRB und EZB auf der Arbeitsebene und eine daraus folgende abnehmende „Anreizisolierung" des SRB.[719] Auch *Lastra*, *Russo* und *Bodellini* gehen davon aus, dass das SRB auch gegen den Willen der EZB die Abwicklung einleiten kann. Sie begründen dies knapp mit der Notwendigkeit eines „reaktiven Systems" und beklagen die aus der Aufgabenteilung im SRM folgende Komplexität.[720]

Zusammenfassend ist festzustellen, dass die Frage, ob das SRB auch gegen den Willen der EZB eine Bank für *failing or likely to fail* erklären

---

Crisis Management in the Banking Sector, 117, 130 („central role" für die EZB und „supplementary role" für das SRB).

714 *Capolino*, in: Chiti/Santoro, The Palgrave Handbook of European Banking Union Law, 247, 254f.

715 Insbesondere *Véron*, Taking stock of the Single Resolution Board, S. 16f.; *Lastra/Russo/Bodellini*, Stock take of the SRB's activities over the past years, S. 10; *Friedrich*, Die novellierte Debt Governance für Banken in der Europäischen Union, S. 121; wohl auch *Božina Beroš*, JCMS 56 (2018), 646, 651.

716 *Véron*, Taking stock of the Single Resolution Board, S. 17.

717 *Véron*, Taking stock of the Single Resolution Board, S. 16f.

718 Mit Hinweis auf „supervisory forbearance" und einem Vergleich zur Regelung in Art. 32 Abs. 2 BRRD *Tornese*, in: Binder/Gortsos/Lackhoff/Ohler, Art. 18 SRMR, Rn. 33, 35.

719 *Friedrich*, Die novellierte Debt Governance für Banken in der Europäischen Union, S. 126f.

720 *Lastra/Russo/Bodellini*, Stock take of the SRB's activities over the past years, S. 10.

kann, kaum diskutiert wird. Eine herrschende Meinung in der Literatur ist nicht auszumachen.

4. Rechtsprechung

Für die Auslegung des Art. 18 Abs. 1 UAbs. 2 SRM-VO sind zudem einige Urteile europäischer Gerichte in Betracht zu ziehen, auch wenn deren Aussagekraft zur hier diskutierten Frage im Ergebnis gering ist. In allen bisherigen Anwendungsfällen des Art. 18 SRM-VO hat die EZB jeweils die Initiative ergriffen und die entsprechenden Banken als *failing or likely to fail* qualifiziert. Diese Einstufungen sind teilweise vor Europäischen Gerichten angefochten worden.[721] Zwar stimmten die EZB und das SRB in diesen Fällen hinsichtlich der Qualifzierung als *failing or likely to fail* überein. Gleichwohl finden sich in den bisher ergangenen Urteilen Aussagen zu der Rechtsnatur der in diesen Fällen positiven *failing or likely to fail*-Bewertung durch die EZB.

Bei der Abwicklung der lettischen Bank ABLV sandte die EZB am 23. Februar 2018 jeweils ein FOLTF-Assessment für die lettische Muttergesellschaft und eine luxemburgische Tochtergesellschaft an das SRB, nachdem sie das SRB zuvor angehört hatte. Dieses entschied daraufhin, dass eine Abwicklung nicht im öffentlichen Interesse liege. Sowohl die betroffenen Gesellschaften als auch Gesellschafter der ABLV-Bank erhoben daraufhin Nichtigkeitsklage nach Art. 263 AEUV vor dem EuG gegen die *failing or likely to fail*-Bewertung der EZB.

Das EuG entschied, dass die Nichtigkeitsklage unzulässig sei, da die *failing or likely to fail*-Bewertung kein tauglicher Klagegegenstand für eine Nichtigkeitsklage nach Art. 263 AEUV sei. Überprüfbar sind nur Handlungen, die darauf gerichtet sind, Rechtswirkungen nach außen zu erzeugen.[722] Bei der Prüfung, ob die *failing or likely to fail*-Bewertung eine solche Handlung ist, legt das EuG Art. 18 SRM-VO dahingehend aus, dass die EZB keine „Entscheidungsbefugnis" bei der Verabschiedung

721 EuG, Beschl. v. 6.5.2019, T-281/18 – ABLV Bank AS/EZB, sowie EuG, Beschl. v. 6.5.2019, T-283/19 – Bernis et al./EZB; überraschenderweise scheint die FOLTF-Bewertung der spanische Banco Popular nicht isoliert angefochten worden zu sein.

722 EuG, Beschl. v. 6.5.2019, T-281/18 – ABLV Bank AS/EZB, Rn. 29ff. sowie EuG, Beschl. v. 6.5.2019, T-283/19 – Bernis et al./EZB, Rn. 29ff.; s. hierzu grundlegend EuGH, Urt. v. 31.3.1971, Rs. 22/70, Rn. 38/42 sowie EuGH, Urt. v. 11 November 1981, C-60/81 – IBM/Kommission, Rn. 9.

eines Abwicklungskonzepts habe. Allein das SRB habe die Befugnis, festzustellen, ob die Voraussetzungen für eine Abwicklung einschließlich der Qualifizierung einer Bank als *failing or likely to fail* vorliegen. Die in Art. 18 Abs. 1 UAbs. 2 SRM-VO vorgesehene Handlung der EZB sei eine „bloße Bewertung", die das SRB in keiner Weise binde.[723] Die *failing or likely to fail*-Bewertung der EZB sei eine bloß vorbereitende Maßnahme, die als „tatsächliche Bewertung" in keiner Weise bindend sei.[724]

Dabei lässt das EuG unausgesprochen, ob die *failing or likely to fail*-Bewertung für *niemanden* bindend sei, sondern stellt nur fest, dass das SRB nicht daran gebunden ist. Das Gericht hat hierbei in erster Linie aus Rechtsschutzperspektive die möglichen Rechtswirkungen „nach außen" vor Augen. Die Ablehnung der Bindungswirkung führt zu einer aus Rechtsschutzgesichtspunkten sicher wünschenswerten Konzentration der gerichtlichen Überprüfung der Abwicklung auf das abschließende, als Beschluss im Sinne des Art. 288 AEUV gefasste Abwicklungskonzept.[725] Insofern ist das Urteil vor dem Hintergrund einer „Drittanfechtung" zu sehen. Darüber hinaus ist aber festzuhalten, dass das SRB an eine positive *failing or likely to fail*-Bewertung der EZB nach dieser Rechtsprechung explizit nicht gebunden ist. Dann spricht jedoch *vice versa* auch viel dafür, dass das SRB auch an eine negative *failing or likely to fail*-Bewertung nach einer Unterrichtung der EZB nach Art. 18 Abs. 1 UAbs. 2 Satz 2 SRM-VO nicht gebunden ist.

5. Zuständigkeitsverteilung im Lichte der Ziele und Gelingensbedingungen der Bankenabwicklung

Als Zwischenergebnis lässt sich festhalten: Der Wortlaut des Art. 18 Abs. 1 UAbs. 2 SRM-VO lässt die Frage, ob das SRB gegen den Willen der EZB eine Bank als *failing or likely to fail* qualifizieren kann, offen. Dies ist das Ergebnis eines politischen Kompromisses, der keine eindeutige Regelung vorsieht, sondern die Details der Zuständigkeitsverteilung der Praxis anheimstellt. In der Literatur hat sich bisher kein Konsens herauskristalli-

---

723 EuG, Beschl. v. 6.5.2019, T-281/18 – ABLV Bank AS/EZB, Rn. 34 sowie EuG, Beschl. v. 6.5.2019, T-283/19 – Bernis et al./EZB, Rn. 34.

724 EuG, Beschl. v. 6.5.2019, T-281/18 – ABLV Bank AS/EZB, Rn. 49 sowie EuG, Beschl. v. 6.5.2019, T-283/19 – Bernis et al./EZB, Rn. 49.

725 Die Konstellation ähnelt derjenigen des § 44a VwGO in der deutschen Rechtsordnung.

siert. Die Rechtsprechung der Europäischen Gerichte hat die Frage nicht abschließend entschieden. Damit kommen den teleologischen Überlegungen entscheidende Bedeutung zu.

a) Ziele und Gelingensbedingungen, insbesondere Anreizstrukturen

Als Ausgangspunkt der Auslegung dienen die in Art. 14 SRM-VO definierten Abwicklungsziele. Darin kommt zwar eine ganze Reihe von ökonomischen Überlegungen und Zusammenhängen zum Ausdruck. Der Gesetzgeber steckt damit aber – verständlicherweise – nur den äußeren Rahmen des Abwicklungsrechts ab. Genaue Aussagen über die Auslegung von Normen der SRM-VO, die die Zuständigkeitsverteilung bei einer Abwicklung regeln, können Art. 14 SRM-VO nicht unmittelbar entnommen werden.

Immerhin enthält jedoch Art. 14 Abs. 2 lit. b) SRM-VO einen Verweis auf den Topos „Finanzstabilität" und auf die beiden zentralen Aspekte des Ansteckungseffekts und der Marktdisziplin. Vor dem Hintergrund dieser beiden Aspekte muss zunächst in Erinnerung gerufen werden, dass es gute Gründe sowohl für die Initiierungszuständigkeit der Aufsichtsbehörde als auch für eine Initiierungszuständigkeit einer gesonderten Abwicklungsbehörde gibt.[726] Die beiden (typisierten) Behörden unterliegen unterschiedlichen Anreizen und Beschränkungen. Aufsichtsbehörden stehen im Verdacht, übermäßige *forbearance* zu üben. Abwicklungsbehörden bedürfen der Informationszulieferung aus der laufenden Aufsicht oder (aufwendiger) eigener Informationserhebungen.

b) Anreizstrukturen von EZB und SRB

Gewendet auf die EZB und das SRB bedeutet dies: Die EZB hat wenig Anreize, eine Bank für *failing or likely to fail* zu erklären. Sie würde dadurch ihrer eigenen Aufsichtstätigkeit ein schlechtes Zeugnis ausstellen. Bei einer Reihe von Banken, bei denen ein Abwicklungsverfahren im Raum stand, wird die EZB dafür kritisiert, dass sie die Anwendung des Abwicklungsregimes nicht eingeleitet,[727] sondern den parallel verlaufenden

---

726 S. supra Dritter Teil, B. II. 1. b) und c).

727 Vgl. in Bezug auf die venezianischen Banken Banca Popolare di Vicenza und Veneto Banca *Véron*, Taking stock of the Single Resolution Board, S. 17.

Verhandlungslösungen breiten Raum und „ausreichend" Zeit eingeräumt hat.

Die Anreizstruktur des SRB, tätig zu werden, liegt anders. Die Entscheidung über die Qualifizierung einer Bank als *failing or likely to fail* trifft immer die Präsidiumssitzung, also die „technischere" Entscheidungskonfiguration. Das Auswahlverfahren und die institutionelle Stellung der Mitglieder der Präsidiumssitzung[728] ist darauf ausgerichtet, eine von mitgliedstaatlichen Interessen unabhängige, unionale Perspektive zu ermöglichen. Zudem legt die SRM-VO erkennbar Wert auf die Reduzierung von *forbearance*. Vor allem das Verbot der Wiederwahl der Vollzeitmitglieder dürfte darauf abzielen, diesen eine für die Mitgliedstaaten unangenehme Entscheidung zu ermöglichen.

Ein eigenes Recht des SRB, auch gegen den Willen der EZB die Abwicklung zu initiieren, würde – selbst wenn es nicht angewandt wird – Druck auf die EZB ausüben, genau zu erklären, warum sie die Abwicklung (noch) nicht initiiert.[729] Das SRB selbst scheint sich dieser Dynamik bewusst zu sein. Auf den 2017 erhobenen Vorwurf des Europäischen Rechnungshofs, das SRB habe noch keine Regelungen für die Qualifizierung einer Bank als *failing or likely to fail* entwickelt,[730] antwortete es, diese Aufgabe des SRB sei eine wichtige Sicherung, um *forbearance* zu minimieren. Die primäre Verantwortung für die Initiierung liege aber bei der Aufsichtsbehörde.[731]

c) Ergebnis

Die EZB unterliegt bei der Initiierung einer Abwicklung einem deutlich stärkeren Interessenkonflikt als das SRB. Das SRB ist daher viel eher in der Lage, eine unabhängige Einschätzung der Abwicklungsreife einer Bank abzugeben. Daher muss sich das SRB – zum Zwecke einer zeitigen Einleitung der Abwicklung – auch gegen den (intern) erklärten Willen der EZB, anderen (Verhandlungs-)Lösungen noch Zeit einzuräumen und (noch) nicht in das Abwicklungsverfahren einzutreten, durchsetzen kön-

---

728 Zu beidem ausführlich supra, Zweiter Teil, A. II. 2. b).

729 Vgl. zum Initiierungsrecht der FDIC als deren Druckmittel gegenüber Aufsichtsbehörden *Véron,* Taking stock of the Single Resolution Board, S. 16f.

730 *Europäischer Rechnungshof,* Sonderbericht Nr. 23/2017, Rn. 141.

731 Antwort des *SRB* zu Ziffer 141, in: *Europäischer Rechnungshof,* Sonderbericht Nr. 23/2017.

nen. Beide Behörden müssen – so ist Art. 18 Abs. 1 UAbs. 2 richtigerweise zu verstehen – unabhängig voneinander die Abwicklung einleiten können. Legt man diese Auslegung zugrunde, so ermöglicht Art. 18 Abs. 1 UAbs. 2 SRM-VO eine frühzeitige, die *forbearance* minimierende Initiierung der Abwicklung.

II. Das Tatbestandsmerkmal „*failing or likely to fail*"

Eng mit der Frage nach der Zuständigkeitsverteilung verknüpft sind die materiellen Eingriffsschwellen, bei deren Erreichen die Abwicklung initiiert wird. Auf den ersten Blick handelt es sich bei dem Ausdruck *failing or likely to fail* um einen unbestimmten Terminus, der der ihn anwendenden Behörde einen weiten Spielraum einräumt. Daher stellt sich die Frage, ob diese Abwicklungsvoraussetzung so weich formuliert ist, dass sie ein Einfallstor für übermäßige *forbearance* darstellt. Die vier in Art. 18 Abs. 4 SRM-VO geregelten Fälle der Bewertung als *failing or likely to fail* sind im Hinblick hierauf zu untersuchen (1. bis 4.). Dabei sind auch die von der EBA hierzu erarbeiteten Leitlinien hinzuzuziehen.[732] Sodann kann ein – überwiegend negatives – Zwischenfazit gezogen werden (5.). Schließlich ist zu erwägen, ob durch die prozedurale Einfassung der *failing or likely to fail*-Bewertung, wie sie in den EBA-Leitlinien vorgesehen ist, den Bedenken begegnet werden kann (6.).

---

732 *European Banking Authority*, Guidelines on the interpretation of the different circumstances when an institution shall be considered as failing or likely to fail under Article 32(6) of Directive 2014/59/EU, EBA/GL/2015/07; *European Banking Authority*, Guidelines on the types of tests, reviews or exercises that may lead to support measures under Article 32(4)(d)(iii) of the Bank Recovery and Resolution Directive, EBA/GL/2014/09; vgl. hierzu supra Zweiter Teil, B. I. 2. b). Die deutsche Übersetzung der Leitlinien zu *failing or likely to fail* ist untauglich. Das zeigt sich schon an der von der englischen Fassung differierenden Nummerierung der Absätze, was eine simultane Verwendung beider Sprachfassungen, etwa zum Zwecke der Koordinierung der BaFin und des SRB, ausschließt. Für die Zwecke dieser Untersuchung werden die englischen Versionen der Leitlinien verwendet.

1. Anknüpfung an Zulassungsvoraussetzungen

Gemäß Art. 18 Abs. 4 UAbs. 1 lit. a) SRM-VO gilt eine Bank als *failing or likely to fail*, wenn sie die Anforderungen für eine dauerhafte Zulassung nach Art. 14 SSM-VO nicht mehr erfüllt in einer Weise, die den Entzug der Zulassung durch die EZB rechtfertigen würde, oder dies in „naher Zukunft" zu erwarten ist. Beispielhaft wird der Verlust des Eigenkapitals[733] genannt. Die Details dieser Abwicklungsvoraussetzung wurden, soweit ersichtlich, in der Literatur bisher kaum aufgearbeitet.[734]

Die Formulierung „an eine dauerhafte Zulassung geknüpfte Anforderungen" irritiert zunächst. Naheliegender wäre es gewesen, auf ein (in naher Zukunft drohendes) Vorliegen der Voraussetzungen für den Entzug der Zulassung abzustellen und damit erkennbar Bezug auf Art. 14 Abs. 5 SSM-VO zu nehmen, wonach die EZB die Zulassung einer Bank „in den im Unionsrecht festgelegten Fällen entziehen" kann.

Der Unterschied zwischen diesen beiden Formulierungen wird deutlich, wenn man bedenkt, dass die möglichen Gründe für den Entzug der Zulassung nach Art. 14 Abs. 5 SSM-VO in Art. 18 CRD IV genannt sind.[735] Art. 18 CRD IV führt eine ganze Reihe von Gründen für den Entzug der Zulassung auf. Laut Art. 18 lit. c) CRD IV ist einer dieser Gründe, dass das Institut die an die Zulassung geknüpften Voraussetzungen nicht mehr erfüllt – eben die Formulierung des Art. 18 Abs. 4 lit. a) SRM-VO. Daher stellt sich die Frage, ob nach Art. 18 Abs. 4 lit. a) SRM-VO eine Bank nur dann als *failing or likely to fail* qualifiziert werden soll, wenn ihre Zulassung aufgrund von Art. 18 lit. c) CRD IV entzogen werden könnte, nicht aber aufgrund einer der anderen Buchstaben dieser Vorschrift. Dies würde Art. 18 Abs. 4 lit. a) SRM-VO auf den Fall verengen, in dem die anfänglichen Voraussetzungen für die erstmalige Zulassung der Bank nicht (mehr) vorliegen,[736] und Verstöße gegen laufende Aufsichtsmaßnahmen ausnehmen.

---

733 Gemeint sind Eigenmittel, s. supra Fn. 230.

734 S. nur statt vieler *Friedrich*, Die novellierte Debt Governance für Banken in der Europäischen Union, S. 125; *Kowolik*, Das Bail-in-Instrument, S. 23; *Blaß*, Abwicklung von Banken, S. 283f.; sehr knapp auch *Tornese*, in: Binder/Gortsos/Lackhoff/Ohler, Art. 18 SRMR, Rn. 66; etwas detaillierter zur deutschen Umsetzung aber *Binder*, in: Binder/Glos/Riepe, Handbuch Bankenaufsichtsrecht, § 18, Rn. 40f.

735 *Gurlit*, in: Binder/Gortsos/Lackhoff/Ohler, Art. 14 SSMR, Rn. 5.

736 Hierzu zählen nach Art. 8 und Art. 10 bis 14 CRD IV insbesondere ein gewisses Startkapital, ein Geschäftsplan sowie zwei Leitungspersonen mit gutem

Eine solche Auslegung ist indes abzulehnen. Beabsichtigt ist ein Gleichlauf der Abwicklungsvoraussetzung des Art. 18 Abs. 4 lit. a) SRM-VO mit den Voraussetzungen für den Entzug der Zulassung nach Art. 18 CRD IV.[737] Dies lässt insbesondere das Wort „dauerhaft“ in Art. 18 Abs. 4 lit. a) SRM-VO erkennen. Dieses ist nicht im Sinne von „unbefristet“, sondern im Sinne von „andauernd“ oder „fortdauernd“ zu verstehen. Die Bank erfüllt dann fortdauernd die Voraussetzungen für die Zulassung, wenn die Voraussetzungen für einen Entzug der Zulassung nach Art. 18 lit. a) bis f) CRD IV nicht erfüllt sind. Dieses Verständnis entspricht auch den Formulierungen in der englischen[738] und der französischen[739] Sprachfassung. Die Formulierung in Art. 18 Abs. 4 lit. a) SRM-VO ist insofern missglückt.

a) Voraussetzungen für den Entzug der Zulassung nach Art. 18 CRD IV

Unter den Gründen für den Entzug der Zulassung dürfte vor allem Art. 18 lit. d) CRD IV von Bedeutung sein, nach dem die Zulassung wegen eines Verstoßes gegen Eigenmittelanforderungen, Großkreditanforderungen oder Liquiditätsanforderungen der CRR entzogen werden kann. Art. 18 lit. f) CRD IV nimmt zudem Bezug auf Art. 67 Abs. 1 CRD IV, in dem sanktionswürdige Verstöße gegen Vorschriften nicht nur der CRD IV, sondern auch „angrenzender“ Verordnungen und Richtlinien und insbesondere der CRR aufgeführt sind.[740]

Die Gründe für den Entzug der Zulassung nach Art. 18 CRD IV umfassen ein weites Spektrum an Verstößen. Sie bedürfen einer zumindest groben Kategorisierung. Zur besseren Handhabbarkeit hat die EBA – für die inhaltsgleiche Regelung der BRRD – die möglichen Verstöße in vier Fallgruppen unterteilt. Diese sind die Verletzung von Eigenmittelanforde-

---

Leumund und ausreichender Qualifikation, vgl. *Gurlit*, in: Binder/Gortsos/Lackhoff/Ohler, Art. 14 SSMR, Rn. 2f.

737 Ebenso, zur Parallelvorschrift des Art. 32 Abs. 4 BRRD, *Gleeson/Guynn*, Bank Resolution and Crisis Management, 9.10; wohl auch, ebenso zur Parallelvorschrift des Art. 32 Abs. 4 BRRD, *Singh/Douglas/Guynn*, in: Olivares-Caminal/Douglas/Guynn/Kornberg/Paterson/Singh, Debt Restructuring, 597, Rn. 9.33.

738 Der entscheidende Satzteil lautet: „[...] the requirements for continuing autorisation [...]".

739 Der entscheidende Satzteil lautet: „[...] les exigences qui conditionnent le maintien de l'agrément [...]".

740 *Gurlit*, in: Binder/Gortsos/Lackhoff/Ohler, Art. 14 SSMR, Rn. 6; *Lackhoff*, Single Supervisory Mechanism, Rn. 727.

rungen,[741] die Verletzung von Liquiditätsanforderungen,[742] Defizite in der Unternehmenssteuerung[743] und operative Defizite.[744]

Schon auf den ersten Blick ist ersichtlich, dass die Anknüpfungspunkte des Art. 18 Abs. 4 lit. b) und c) SRM-VO in den ersten beiden genannten Kategorien weitgehend aufgehen.[745] So sieht auch die EBA keine weitere eigenständige Bedeutung der Buchstaben b) und c).[746] Die Verletzung von Eigenmittelanforderungen oder Liquiditätsanforderungen dürfte der „Normalfall" des *failing or likely to fail* sein.[747] Auf sie soll aus Gründen der

---

741 *European Banking Authority,* Guidelines on the interpretation of the different circumstances when an institution shall be considered as failing or likely to fail under Article 32(6) of Directive 2014/59/EU, EBA/GL/2015/07, Rn. 19ff.

742 *European Banking Authority,* Guidelines on the interpretation of the different circumstances when an institution shall be considered as failing or likely to fail under Article 32(6) of Directive 2014/59/EU, EBA/GL/2015/07, Rn. 23ff.

743 Illustrativ *European Banking Authority,* Guidelines on the interpretation of the different circumstances when an institution shall be considered as failing or likely to fail under Article 32(6) of Directive 2014/59/EU, EBA/GL/2015/07, Rn. 28f.

744 *European Banking Authority,* Guidelines on the interpretation of the different circumstances when an institution shall be considered as failing or likely to fail under Article 32(6) of Directive 2014/59/EU, EBA/GL/2015/07, Rn. 30.

745 Noch weitergehend im Hinblick auf die Überschneidung von Überschuldung und Zahlungsunfähigkeit *Binder*, in: Binder/Glos/Riepe, Handbuch Bankenaufsichtsrecht, § 18, Rn. 42.

746 Vgl., für den Fall der Überschuldung die mangelnde Differenzierung zwischen Art. 32 Abs. 4 lit. a) und b) BRRD, *European Banking Authority,* Guidelines on the interpretation of the different circumstances when an institution shall be considered as failing or likely to fail under Article 32(6) of Directive 2014/59/EU, EBA/GL/2015/07, Rn. 22; hinsichtlich der Liquidität differenzieren die Leitlinien nicht zwischen Art. 32 Abs. 4 lit. a) und c) BRRD, vgl. *European Banking Authority,* Guidelines on the interpretation of the different circumstances when an institution shall be considered as failing or likely to fail under Article 32(6) of Directive 2014/59/EU, EBA/GL/2015/07, Rn. 23ff.

747 Vgl. die bisherigen FOLTF-Bewertungen der EZB. Bei der spanischen Banco Popular stützte sich die EZB auf die drohende Illiquidität nach Art. 18 Abs. 4 lit. c) SRM-VO, vgl. *European Central Bank*, 'Failing or Likely to Fail' Assessment of Banco Popular Español, 06. Juni 2017. Bei den italienischen Banca Popolare di Vicenza und Veneto Banca bewertete die EZB die Eigenmittel und die Liquidität der Banken, stützte sich bei der FOLTF-Bewertung aber auf den drohenden Entzug der Zulassung nach Art. 18 Abs. 4 lit. a) SRM-VO, vgl. *European Central Bank*, 'Failing or Likely to Fail' Assessment of Veneto Banca Società per Azioni, 23. Juni 2017, sowie *European Central Bank*, 'Failing or Likely to Fail' Assessment of Banca Popolare di Vicenza Società per Azioni, 23. Juni 2017. Bei PNB Banka diagnostizierte die EZB sowohl eine Unterbilanz also auch einen Verstoß gegen Obergrenzen für Großkredite und stützte die FOLTF-Bewertung

Übersichtlichkeit sogleich – unter dem Rubrum des Art. 18 Abs. 4 lit. b) bzw. lit. c) SRM-VO – einzeln näher eingegangen werden.

Andere Gründe für die Bejahung der Abwicklungsvoraussetzung des Art. 18 Abs. 4 lit. a) SRM-VO als Verletzungen der Eigenmittel- oder Liquiditätsanforderungen sind schwer denkbar. Defizite der Unternehmenssteuerung koinzidieren nämlich regelmäßig mit Kapital- und Liquiditätsproblemen.[748] Wenn eine Bank etwa in einen Geldwäscheskandal verwickelt ist und entsprechende organisatorische Defizite aufweist, so geht dies regelmäßig mit wirtschaftlichen Schwierigkeiten einher, die die Einhaltung der Eigenmittel- und Liquidationsanforderungen in Frage stellen.[749]

Der Streit, inwieweit die EZB berufen ist, auch aufgrund von Verstößen gegen autonome nationale Bestimmungen über organisatorische Anforderungen die Zulassung zu entziehen, verliert damit für die Frage der Einleitung von Abwicklungsmaßnahmen an Bedeutung. Darf die EZB etwa keine eigene Bewertung eines Verstoßes gegen autonome mitgliedstaatliche Geldwäscheregeln vornehmen, weil dies nicht in ihren Aufgabenbereich nach Art. 4 und 6 SSM-VO fällt,[750] so hindert dies praktisch die EZB nicht daran, eine in einen Geldwäscheskandal verwickelte Bank für *failing*

auf Art. 18 Abs. 4 lit. a) und b) SRM-VO, vgl. *European Central Bank*, 'Failing or Likely to Fail' Assessment of AS PNB Banka, 15. August 2019.

748 So die englische Sprachfassung von *European Banking Authority*, Guidelines on the interpretation of the different circumstances when an institution shall be considered as failing or likely to fail under Article 32(6) of Directive 2014/59/EU, EBA/GL/2015/07, Rn. 28. Die deutsche Übersetzung (dort Rn. 24) bringt diesen Aspekt nicht deutlich zum Ausdruck. Vgl. aber *Steck/Petrowsky*, Der Betrieb 2015, 1391, 1394, die bezweifeln, dass sich angesichts der Eingriffsmöglichkeiten der Aufsichtsbehörden eine Bestandsgefährdung aus Defiziten der Unternehmenssteuerung ergeben kann.

749 So zogen Einleger der lettischen Bank ABLV, nachdem ihr US-amerikanische Strafverfolgungsbehörden aufgrund von Geldwäschebedenken den Zugang zu US-amerikanischen Finanzmärkten versperrte, innerhalb kürzester Zeit in hohem Maße Einlagen ab. Die Beschaffung der nötigen Liquidität war der Bank versperrt, die EZB stützte ihre FOLTF-Bewertung entsprechend auf mangelnde Liquidität nach Art. 18 Abs. 4 lit. c) SRM-VO. Vgl. anschaulich *European Central Bank*, 'Failing or Likely to Fail' Assessment of ABLV Bank, AS, 23. Februar 2018, und *European Central Bank*, 'Failing or Likely to Fail' Assessment of ABLV Bank Luxembourg, SA, 23. Februar 2018.

750 So *Gurlit*, in: Binder/Gortsos/Lackhoff/Ohler, Art. 14 SSMR, Rn. 44; weitergehend *Lackhoff*, Single Supervisory Mechanism, Rn. 724; bemerkenswert ist, dass die EZB etwa bei der lettischen Bank PNB Banka ihr FOLTF-Assessment unter anderem auch auf einen Verstoß gegen lettisches Recht auf der Grundlage von Art. 18 lit. e) CRD IV stützt, vgl. *European Central Bank*, 'Failing or Likely to Fail' Assessment of AS PNB Banka, 15. August 2019.

or likely to fail zu erklären, weil der Geldwäscheskandal auch absehbare gravierende Folgen für die Einhaltung der prudentiellen Eigenmittel- und Liquiditätsanforderungen sowie der Anforderungen an die Unternehmenssteuerung zeitigt.

Einzig die von der EBA herausgearbeitete Fallgruppe der „Operativen Defizite" könnte zumindest theoretisch auch unabhängig von Kapital- oder Liquiditätsproblemen auftreten.[751] Die Angaben der EBA hierzu bleiben aber vage.[752] Naheliegend erscheinen etwa der Ausfall einer Bank aufgrund einer Cyberattacke.

b) Ermessen im unionsrechtlichen Sinne

Auch wenn die in Art. 18 CRD IV vorgesehenen Voraussetzungen für den Entzug der Zulassung vorliegen, muss die EZB nicht entsprechend handeln. Weder Art. 18 CRD IV noch Art. 14 Abs. 5 SSM-VO zwingen dazu. Der Entzug der Zulassung durch die EZB steht in deren Ermessen.[753] Ermessen im unionsrechtlichen Sinne ist dabei nicht mit der etablierten deutschen Figur des Ermessens gleichzusetzen.[754] Bisher ist kaum geklärt, welche Maßstäbe für die EZB bei der Ermessensausübung nach Art. 14 Abs. 5 SSM-VO gelten bzw. unter welchen Umständen ein „Ermessensfehler" vorliegt.[755] In Fällen, in denen EU-Organen ein weites Ermessen zukommt, überprüft der EuGH in der Regel nur die Fehlerkategorien *manifest error*, *misuse of power* und *clear excess in the bounds of discretion*.[756]

---

751 *European Banking Authority*, Guidelines on the interpretation of the different circumstances when an institution shall be considered as failing or likely to fail under Article 32(6) of Directive 2014/59/EU, EBA/GL/2015/07, Rn. 30.

752 Die EBA nennt insbesondere die Unfähigkeit der Bank „to any longer fulfil its obligations towards its creditors", die „inability to make or receive payments" und einen „loss of market and depositors confidence due to operational risks". Vgl. auch *Steck/Petrowsky*, Der Betrieb 2015, 1391.

753 *Gurlit*, in: Binder/Gortsos/Lackhoff/Ohler, Art. 14 SSMR, Rn. 6.

754 Instruktiv zum europarechtlichen Begriff des Ermessens, *Craig*, EU Administrative Law, S. 439ff.

755 Soweit ersichtlich hat der EuGH bisher in keinem gegen eine Entzugsentscheidung der EZB anhängigen Verfahren in der Sache entschieden, vgl. die Liste von *Smits/Della Negra*, The Banking Union and Union Courts, Stand 1. September 2021, abrufbar unter https://ebi-europa.eu/publications/eu-cases-or-jurisprudence/.

756 EuGH, Urt. v. 14. März 1973, Rs. 57/72 – Westzucker, Rn. 14; EuGH, Urt. v. 14. Januar 1997, C-169/95, Rn. 34.EuGH, Urt. v. 30. April 2019, C-611/17,

Erste Entscheidungen des EuGH und des EuG deuten darauf hin, dass Ermessenspielräume der EZB in ähnlicher Weise nur eingeschränkt überprüft werden.[757] Hinzu kommt der Verhältnismäßigkeitsgrundsatz, an den die EZB bei der Ausübung ihrer Aufsichtsaufgaben gemäß ErwGr 55 der SSM-VO gebunden ist.[758] Jedenfalls folgt daraus, dass die EZB mögliche mildere Mittel berücksichtigen muss.[759] Dies können insbesondere Aufsichtsmaßnahmen nach Art. 104 f. CRD IV und Art. 9 ff. SSM-VO sowie Maßnahmen der Frühintervention[760] sein.

Für die Einleitung des Abwicklungsverfahrens nach Art. 18 Abs. 4 lit. a) SRM-VO ist notwendig, aber auch hinreichend, dass der (in naher Zukunft drohende) Entzug der Erlaubnis gerechtfertigt wäre, dass also die absehbaren Umstände, unter denen die Voraussetzungen des Art. 18 CRD IV erfüllt wären, auch zu einer entsprechenden Ermessensausübung berechtigen würden. Wie schwerwiegend der (voraussichtliche) Verstoß gegen die Anforderungen an eine Zulassung sein muss, lässt sich abstrakt nicht bestimmen. Auch bei andauernden, durchaus schwerwiegenden Verstößen gegen die Eigenmittelanforderungen hat die EZB bisher lange Zeit von dem Entzug der Erlaubnis bzw. der Einleitung der Abwicklung abgesehen.[761]

Bereits hier lässt sich konstatieren, dass die Formulierung des Art. 18 Abs. 4 lit. a) SRM-VO der EZB und dem SRB in doppelter Hinsicht einen erheblichen Spielraum einräumt. Einerseits müssen die Voraussetzungen für die Entziehung der Zulassung noch nicht vorliegen. Insofern kann die failing or likely to fail-Bewertung nach vorne verlagert werden. Andererseits stünde auch bei Eintritt der Tatbestandsvoraussetzungen für die Entziehung der EZB noch Ermessen zu. Dies ermöglicht es, die failing

---

Rn. 27; zu diesen Kategorien von Ermessensfehlern und ihre Anwendung in verschiedenen Bereichen des Unionsrechts *Craig*, EU Administrative Law, S. 445ff.

757 EuGH, Urt. v. 8. Mai 2019, C-450/17 P – L-Bank; EuG, Urt. v. 13. Juli 2018, Rs. T-733/16, Rn. 69.

758 Zum Verhältnis von Verhältnismäßigkeit und *manifest error Craig, EU Administrative Law, S. 477.*

759 *Gurlit*, in: Binder/Gortsos/Lackhoff/Ohler, Art. 14 SSMR, Rn. 50.

760 Dies betonend *Binder*, in: Binder/Glos/Riepe, Handbuch Bankenaufsichtsrecht, § 18, Rn. 41; Zur Frühintervention supra Zweiter Teil, A. I. 2.

761 Vgl. nur die jahrelangen Verstöße gegen Aufsichtsanforderungen vor der Einleitung der Abwicklung bei *European Central Bank*, 'Failing or Likely to Fail' Assessment of AS PNB Banka, 15. August 2019, bei *European Central Bank*, 'Failing or Likely to Fail' Assessment of Banca Popolare di Vicenza Società per Azioni, 23. Juni 2017, und *European Central Bank*, 'Failing or Likely to Fail' Assessment of Veneto Banca Società per Azioni, 23. Juni 2017.

or likely to fail-Bewertung zeitlich nach hinten zu verlagern. Die Anknüpfung für die failing or likely to fail-Bewertung an einen gerechtfertigten, hypothetischen Entzug der Zulassung stellt daher ein überaus dehnbares Kriterium dar. Es handelt sich um eine denkbar „weiche" Eingriffsschwelle.

2. Verletzung von Eigenmittelanforderungen

Nähere Betrachtung verdient die Anknüpfung an die Eigenmittel bzw. die Solvenz der Bank. Wie gesehen, überschneiden sich hier die Voraussetzungen des Art. 18 Abs. 4 lit. a) und b) SRM-VO, denn eine überschuldete Bank verletzt immer auch die Eigenmittelanforderungen und damit die Voraussetzungen für die fortdauernde Zulassung. Die Verletzung von Eigenmittelanforderungen wird teilweise als die zentrale Voraussetzung für die Einleitung einer Abwicklung angesehen.[762]

Konzeptionell scheinen hier die deutlichen Parallelen zwischen überkommenen insolvenzrechtlichen Kategorien und dem Abwicklungsrecht auf. So vergleicht *Thole* den Begriff „Bestandsgefährdung", den die deutsche Umsetzung der BRRD für die *failing or likely to fail*-Bewertung verwendet, mit der insolvenzrechtlichen Kategorie der Überschuldung.[763] Im Vergleich zu einer Insolvenzeröffnung wegen Überschuldung nach § 19 InsO setzt das Abwicklungsverfahren indes zeitlich deutlich früher an.[764] Es dürfte den absoluten Extremfall darstellen, dass eine Bank nicht nur ihre Kapitalpuffer aufbraucht, sondern sogar negatives Eigenkapital aufweist, also *balance-sheet insolvent* wird.[765] Denkbar ist dies aber etwa in

762 *Schillig*, Resolution and Insolvency of Banks and Financial Institutions, Rn. 9.12.

763 Zu den Unterschieden zwischen Bestandsgefährdung und Überschuldung nach § 19 InsO *Thole*, ZBB 2016, 57, 58f.

764 Zu fixiert auf die insolvenzrechtlichen Maßstäbe daher *Thole*, ZBB 2016, 57, 58f.; Zurecht bezeichnet die *EBA* die Situation, in der die Verbindlichkeiten der Bank ihre Vermögensgegenstände übersteigen, als „Extremfall", *European Banking Authority*, Guidelines on the interpretation of the different circumstances when an institution shall be considered as failing or likely to fail under Article 32(6) of Directive 2014/59/EU, EBA/GL/2015/07, Rn. 22; gegen die insolvenzrechtliche Perspektive auch *Binder*, in: Binder/Glos/Riepe, Handbuch Bankenaufsichtsrecht, § 18, 39, 42f.

765 Deutlich *Gleeson/Guynn*, Bank Resolution and Crisis Management, 9.13; vgl. aber das offensichtliche Aufsichtsversagen, dokumentiert in *European Central Bank*, ‚Failing or Likely to Fail' Assessment of AS PNB Banka, 15. August 2019.

Fällen, in denen eine Bank im Zuge eines Rechtsverstoßes sich plötzlich einer das gesamte Eigenkapital aufzehrenden Rückforderung oder Schadensersatzforderung gegenübersieht.[766] Naheliegender ist, dass die Kreditengagements einer Bank von zunehmenden Zahlungsausfällen betroffen sind und die Bank in der Folge Abschreibungen und Rückstellungen vornehmen muss. Verschlechtert sich die Bilanz, so zeichnet sich allmählich eine Verletzung der Eigenmittelanforderungen ab.

Die Eigenmittelanforderungen an Banken ergeben sich zunächst aus Art. 92 ff. CRR. Danach müssen die Banken eine harte Kernkapitalquote von 4,5 %, eine (Gesamt-)Kernkapitalquote von 6,0 % und eine Gesamtkapitalquote von 8,0 % erfüllen. Eigenmittel sind die oben beschriebenen Instrumente des harten Kernkapitals (CET1), des zusätzlichen Kernkapitals (AT1) und des Ergänzungskapitals (T2). Der Nenner zur Berechnung dieser Quote ist der sogenannte „Gesamtrisikobetrag" nach Art. 92 Abs. 3 und 4 CRR.

$$Gesamtkapitalquote = \frac{Eigenmittel}{Gesamtrisikobetrag}$$

Problematisch an der Anknüpfung an eine zu erwartende Verletzung der Eigenmittelanforderungen ist zweierlei. Einerseits werden die als Eigenmittelanforderung notwendigen Kapitalquoten für jede Bank (auch) individuell festgesetzt. Die soeben genannten Vorgaben des Art. 92 CRR sind lediglich Mindestvorgaben. Im Rahmen einer individuellen Überprüfung der Bank, dem sogenannten SREP-Prozess nach Art. 97 ff. CRD IV bzw. Art. 4 Abs. 1 lit. f) SSM-VO,[767] erhalten die Banken individuelle Aufschläge auf ihre harten Kernkapitalquoten, die sogenannten *pillar two requirements*.[768] Die Aufsicht hat es also durch ihre Festlegung der zusätzlichen

766 Dies ist etwa im Fall der deutschen Tochtergesellschaft der kanadischen Maple Bank geschehen. Die Bank war in illegale sog. Cum-Ex-Steuergeschäfte verwickelt und sah sich plötzlich einer Rückforderung des Fiskus gegenüber, die das Eigenkapital überstieg. Die BaFin als zuständige Aufsichtsbehörde ordnete ein Moratorium an. Ein Abwicklungsverfahren wurde nicht eingeleitet, die Voraussetzung der „Bestandsgefährdung" (so die Diktion des SAG) hätte indes gemäß § 63 Abs. 1 Nr. 2 SAG vorgelegen. Vgl. hierzu die Pressemitteilung der BaFin vom 07.02.2016, abrufbar unter https://www.bafin.de/SharedDocs/Veroeffentlichungen/DE/Pressemitteilung/2016/pm_160207_maple.html.

767 Instruktiv zum SREP-Prozess *Schuster/Pitz*, ZBB 2016, 342.

768 Die Befugnis der EZB als Aufsichtsbehörde zur Anordnung zusätzlicher Eigenmittelanforderungen ergibt sich einerseits aus Art. 104 Abs. 1 lit. a), Abs. 2 CRD

Eigenmittelanforderung zu einem gewissen Grad selbst in der Hand, wie „nahe" eine Bank an einer Verletzung der Eigenmittelanforderungen steht. Auch nach der deutlichen Verschärfung der Eigenmittelanforderungen nach der Finanzkrise werden diese prominent als zu niedrig kritisiert.[769]

Daneben steht auch die Berechnung des im Nenner stehenden Gesamtrisikobetrags in der Kritik. Die Erfüllung der Gesamtkapitalquote (und ebenso die „Unterquoten" harte Kernkapitalquote und Kernkapitalquote) hängt ganz maßgeblich von dem Gesamtrisikobetrag ab. Dessen Ermittlung nach Art. 92 Abs. 3 CRR beruht u.a. maßgeblich auf dem Risiko, dass den einzelnen Kreditengagements der Bank zugewiesen wird.[770] Dieses „Kreditrisiko" kann entweder nach dem sogenannten „Standardansatz" oder, nach Genehmigung durch die Aufsichtsbehörde, nach internen Modellen der Bank berechnet werden.[771] Die Methoden zur Risikogewichtung von Kreditrisiken und insbesondere die internen Modelle sind Gegenstand anhaltender Diskussionen.[772] Werden die Ausfallrisiken von Kreditengagements zu optimistisch eingeschätzt, so verringert sich der ausgewiesene Gesamtrisikobetrag. In diesem Fall weist die Bank höhere Kapitalquoten auf, als dies bei einer „zutreffenden" Risikoermittlung der Fall wäre, die Kapitalquoten sind „unrealistisch hoch".

Ob die Bank die Eigenmittelanforderungen erfüllt, hängt also maßgeblich von der Anwendung von Modellen zur Berechnung der Geschäftsrisi-

---

IV bzw. dessen nationaler Umsetzung sowie unmittelbar aus Art. 16 Abs. 2 lit. a) SSM-VO. S. detailliert zu den Kapitalaufschlägen infolge des SREP-Prozesses *Schuster/Pitz*, ZBB 2016, 342, 346ff. Zusätzlich kann die Aufsichtsbehörde – als Instrument der „weichen" Steuerung – eine bloßen „Empfehlung" zusätzliches Kapital aussprechen, die sogenannte *pillar two guidance*.

769 Für Eigenkapitalquoten von 20–30 % prononciert *Admati/M. Hellwig*, The Bankers' New Clothes, S. 179ff.; gegen eine Erhöhung der Eigenmittelanforderungen im Wege des SREP-Prozesses aber *Schuster/Pitz*, ZBB 2016, 342, 350.

770 Vgl. Art. 92 Abs. 3 lit. a) und f) CRR. Instruktiv dazu *Admati/M. Hellwig*, The Bankers' New Clothes, S. 176f.

771 Art. 107 Abs. 1 CRR. Zukünftig soll nach Vorgaben des Basler Bankenausschusses („Basel IV") ein „Output Floor" gelten, wonach das nach internen Modellen ermittelte Risikogewicht zumindest 72,5 % des nach dem Standardansatz ermittelten Risikogewichts erreichen muss.

772 Deutlich („in practice, the weights are determined by a mixture of politics, tradition, genuine and make-believe science, and the banks' self-interest.") *Admati/M. Hellwig*, The Bankers' New Clothes, S. 183ff.; sehr kritisch insbesondere im Hinblick auf interne Modelle der Risikoberechnung auch *Schillig*, in: Haentjens/Wessels, Research Handbook on Crisis Management in the Banking Sector, 81, 87f.; s. auch *Tornese*, in: Binder/Gortsos/Lackhoff/Ohler, Art. 18 SRMR, Rn. 61.

ken, insbesondere des Kreditrisikos, ab. Zudem legt die Aufsichtsbehörde die Eigenmittelanforderungen für jede Bank individuell fest. Damit wird deutlich, dass die Verletzung von Eigenmittelanforderungen als objektive Eingriffsschwelle für die Zwecke der Abwicklung nur bedingt geeignet ist.

3. Verletzung der Liquiditätsanforderungen

Mangelnde Liquidität einer Bank stellt einen klassischen Fall einer Bankenkrise dar. Sie ist typischerweise Ergebnis überdurchschnittlicher Einlagenabflüsse infolge eines *bank run*. Insofern verwundert die Aufnahme der (drohenden) Illiquidität in die Liste der Abwicklungsvoraussetzungen nicht. Indes stellt sich in dieser Fallgruppe besonders die Frage, wie die zeitliche Vorverlagerung der Abwicklung vor den Eintritt der Zahlungsunfähigkeit gelingen kann. Wenn bereits signifikante Liquiditätsabflüsse zu beobachten sind, so ist die Krise in der Regel schon weit fortgeschritten.[773] Die staatliche Reaktion müsste in diesen Fällen binnen Stunden erfolgen. Damit steht den Behörden nicht mehr das im Abwicklungsrecht intendierte „Abwicklungswochenende" zur Verfügung, denn ein Abwarten bis zum Freitagabend erscheint im Falle eines sich entwickelnden *bank run* gerade nicht mehr möglich.

Auch die drohende Verletzung der regulatorischen Liquiditätsanforderungen geben den Behörden keinen rechtzeitigen Anlass, die Abwicklung zu initiieren. Diese Liquiditätsanforderungen umfassen die kurzfristige *liquidity coverage ratio* (LCR), nach der ausreichende Liquidität für eine einen Monat andauernde Liquiditätsbelastung vorhanden sein muss,[774] und die langfristige *net stable funding ratio* (NSFR), die das Ausmaß der Fristentransformation begrenzt.[775] Für die Beobachtung von Liquiditätskrisen ist jedoch auch die „kurzfristige" LCR kaum geeignet, denn sie fußt auf den zu erwartenden Liquiditätsabflüssen. Für eine Liquiditätskrise

---

773 Vgl. nur die Beispiele Northern Rock und IndyMac, supra Dritter Teil, B. I. 1. Und 2. Bei der spanischen Banco Popular führten zum Zeitpunkt der Initiierung der Abwicklung negative Presseberichte bereits zu signifikanten Einlagenabflüssen auch von Privatkunden, *Lehmann*, Cash outflows in crisis scenarios: do liquidity requirements and reporting obligations give the SRB sufficient time to react?, S. 5.

774 Näher zur LCR siehe *Hartmann-Wendels/Pfingsten/Weber*, Bankbetriebslehre, S. 425ff.

775 Näher zur Umsetzung im europäischen Recht *Gurlit*, WM 2020, 57, 61; siehe auch *Hartmann-Wendels/Pfingsten/Weber*, Bankbetriebslehre, S. 427f.

einer Bank sind jedoch gerade die unerwarteten Liquiditätsabflüsse charakteristisch.[776]

Die Anknüpfung an die (drohende) Illiquidität ist daher kaum geeignet, eine frühzeitige Abwicklung sicherzustellen. Im Gegenteil führt ein Abwarten, bis sich die Krise einer Bank zu einer echten Liquiditätskrise ausweitet, gerade zu vermeidbarem Zeitdruck in der Abwicklung, wie die Beispiele Banco Popular oder auch Northern Rock[777] zeigen. Insofern kommt eine Abwicklung, die an die (drohende) Illiquidität anknüpft, regelmäßig zu spät.

4. Anknüpfung an Beihilfen

Das Abwicklungsrecht schließt – entgegen mancher öffentlichen Behauptungen bei der Einführung – öffentliche Beihilfen für Banken keineswegs aus. Es erkennt die Möglichkeit, öffentliche Mittel zur Stützung von Banken zu verwenden, ausdrücklich an. Dies kommt im Begriff der „außerordentlichen finanzielle Unterstützung aus öffentlichen Mitteln" zum Ausdruck, deren Gewährung als vierter *failing or likely to fail*-Grund in Art. 18 Abs. 4 lit. d) SRM-VO grundsätzlich zur Einleitung der Abwicklung zwingt. Im Anwendungsbereich dieser Vorschrift sind letztlich nur mitgliedstaatliche Beihilfen denkbar, denn der Einsatz des SRF erfolgt gemäß Art. 76 SRM-VO nur „innerhalb des Abwicklungskonzepts", nicht als dessen Ausgangspunkt.

Inwiefern ist die Anknüpfung an die Gewährung mitgliedstaatlicher Beihilfen geeignet, eine frühzeitige Einleitung des Abwicklungsverfahrens sicherzustellen? Anders als die ersten drei *failing or likely to fail*-Gründe folgt dieser letzte normierte Grund nicht nur wirtschaftlichen Zusammenhängen, sondern enthält eine dezidiert politische Entscheidung – die Gewährung einer Beihilfe. Dieser politischen Entscheidung ist ein reaktives Element inhärent. Ohne vorhergehende Eskalation der wirtschaftlichen Schieflage der Bank dürften hoheitliche Stützungsmaßnahmen ausgeschlossen sein, zumal mitgliedstaatliche Bail-outs in der Regel höchst

---

776 Anschaulich mit dem Beispiel Banco Popular, die sich wenige Wochen vor der Abwicklung noch einer LCR von 146 %, deutlich über den damals gesetzlich geforderten 80 %, rühmten, *Lehmann*, Cash outflows in crisis scenarios: do liquidity requirements and reporting obligations give the SRB sufficient time to react?, S. 7f.

777 Dazu ausführlich supra, Dritter Teil, B. I. 1.

unpopulär sind. Anders als den ersten drei *failing or likely to fail*-Gründen liegt Art. 18 Abs. 4 lit. d) SRM-VO keine Prognoseentscheidung unter Unsicherheiten zugrunde.

Aus Sicht einer ex ante-Steuerung der Haftungsregeln mag die Möglichkeit eines Verlustausgleichs aus öffentlichen Mitteln verheerend sein.[778] Für die Zwecke einer an den Zielen und Gelingensbedingungen der Abwicklung orientierten Analyse ist hingegen zu konstatieren, dass der staatliche Bail-out nicht zwingend eine schädliche Verzögerung der Einleitung eines Abwicklungsverfahrens darstellt. Entscheidet sich ein Mitgliedstaat dafür, im Rahmen einer Abwicklung zusätzlich zu den dort eingesetzten Instrumenten Steuergelder zu mobilisieren, so sieht er sich *idealiter* gerade durch die drohende FOLTF-Einschätzung der Unionsbehörden dazu gezwungen, relativ frühzeitig eine „Lösung“ für die wirtschaftlichen Probleme einer Bank in die Wege zu leiten. Damit ist nicht ausgeschlossen, dass die „mitgliedstaatlich kontrollierte“ Initiation der Abwicklung nach Art. 18 Abs. 4 lit. d) SRM-VO gerade relativ frühzeitig ansetzt. Dies wäre positiv zu bewerten, auch wenn das materielle wirtschaftliche Ergebnis (gegebenenfalls sogar serieller) staatlicher Bail-outs sicherlich unbefriedigend ist.

5. Zwischenfazit

Inwiefern die komplexe Normierung der vier Fälle des *„failing or likely to fail“* geeignet ist, die Abwicklung frühzeitig zu initiieren, ist höchst zweifelhaft. Bei genauer Betrachtung zeigt sich, dass trotz des Umfangs der Regelung der Detailgrad der vier Fallgruppen des Art. 18 Abs. 4 SRM-VO eher gering ist. Zudem überschneiden sich die Fälle des Art. 18 Abs. 4 lit. b) und c) SRM-VO mit denen des Art. 18 Abs. 4 lit. a) SRM-VO so deutlich, dass an der Sinnhaftigkeit der erstgenannten gezweifelt werden kann. Eine Sonderstellung nimmt Art. 18 Abs. 4 lit. d) SRM-VO ein, der ein mitgliedstaatliches, politisches Element beinhaltet.

Insgesamt ist festzuhalten, dass die Eingriffsschwellen, die die SRM-VO für die Einleitung des Abwicklungsverfahrens vorsieht, eher „weich“ sind.[779] Sie ermöglichen der EZB und dem SRB eine weite Vorverlagerung der Abwicklung, sie entwickeln aber kaum normativen Druck, der Schief-

778 Das ist die Perspektive von *Friedrich*, Die novellierte Debt Governance für Banken in der Europäischen Union, S. 123ff.

779 Zu optimistisch daher *Binder*, in: Binder/Singh, Bank Resolution, 25, Rn. 2.42.

lage einer Bank frühzeitig zu begegnen. Allerdings ist auch zu beachten, dass bisher keine überzeugenden Kennzahlen, Indikatoren oder sonstige Vorgaben für frühzeitige „harte“ Eingriffsschwellen entwickelt werden konnten.

6. Die prozedurale Erfassung

Die skizzierten materiellen Voraussetzungen des Art. 18 Abs. 4 SRM-VO sind komplex, überschneiden sich teilweise und billigen den Behörden einen erheblichen Spielraum zu. Auch die Leitlinien der EBA sehen vor, dass die für die *failing or likely to fail*-Bewertung zuständige Behörde ein weites Ermessen hat und alle relevanten Umstände in die Entscheidung einbeziehen soll.[780] Dieses weite Ermessen soll in der Verwaltungspraxis gewissermaßen prozedural „eingefangen“ werden, indem die Ergebnisse des bereits erwähnten SREP-Verfahrens für die *failing or likely to fail*-Bewertung herangezogen werden. Die EBA geht in ihren Leitlinien davon aus, dass die Aufsichtsbehörde im Rahmen ihrer regelmäßigen intensiven SREP-Prüfung der Bank deren wirtschaftliche Schieflage gegebenenfalls erkennt, einen entsprechend schlechten „SREP-Score“ vergibt und die Abwicklung einleitet.[781] Daher stellt sich die Frage, inwiefern durch eine solche prozedurale Erfassung der (wirtschaftlichen) Situation der Bank eine informierte, zeitige FOLTF-Bewertung vorgenommen werden kann.

Einerseits wird die Einbeziehung der SREP-Ergebnisse weithin begrüßt.[782] Problematisch erscheint an der Hoffnung, im Rahmen der inten-

---

780 Deutlich *European Banking Authority*, Guidelines on the interpretation of the different circumstances when an institution shall be considered as failing or likely to fail under Article 32(6) of Directive 2014/59/EU, EBA/GL/2015/07, Rn. 7.

781 Die „Gesamtnoten“ im SREP-Verfahren können „1“ (Bestnote), „2“, „3“, „4“ oder „F“ betragen. Ein SREP-Score von „F“ bzw. ein SREP-Score von 4, sofern die Bank gegen daran anschließende Aufsichtsvorgaben oder Vorgaben der Frühintervention verstößt, soll zur Bewertung als *failing or likely to fail* führen, *European Banking Authority*, Guidelines on the interpretation of the different circumstances when an institution shall be considered as failing or likely to fail under Article 32(6) of Directive 2014/59/EU, EBA/GL/2015/07, Rn. 31ff.

782 *Véron*, Taking stock of the Single Resolution Board, S. 17; mit dem Hinweis, dies erhöhe die Rechtssicherheit, *Binder*, in: Binder/Glos/Riepe, Handbuch Bankenaufsichtsrecht, § 18, Rn. 39; *Tornese*, in: Binder/Gortsos/Lackhoff/Ohler, Art. 14 SRMR, Rn. 50; vorsichtig optimistisch auch *Friedrich*, Die novellierte Debt Governance für Banken in der Europäischen Union, S. 125f.

siven SREP-Prüfung werde die wirtschaftliche Schieflage „aufgedeckt" und die Abwicklung eingeleitet, jedoch, dass die SREP-Prüfung einschließlich der Vergabe eines „SREP-Score" nach den entsprechenden Leitlinien der EBA grundsätzlich periodisch einmal pro Jahr stattfindet.[783] Schlüsselindikatoren sollen immerhin quartalsweise geprüft werden.[784] Angesichts der Schnelligkeit, mit der sich eine Bankenkrise entwickeln, erscheinen diese Prüfabstände dennoch sehr lang. Insofern bleiben Zweifel, ob die prozedurale Integration der FOLTF-Bewertung in das SREP-Verfahren geeignet ist, zu einer rechtzeitigen Initiierung der Abwicklung beizutragen.

III. Primärrechtliche Spiegelung

Die beschriebenen Unsicherheiten und Spielräume bei der Anwendung des Tatbestandsmerkmals „failing or likely to fail" werfen die Frage auf, ob es primärrechtlich zulässig ist, die Entscheidung über die Initiierung der Abwicklung in einer parallelen Zuständigkeit sowohl dem SRB als auch der EZB zuzuweisen. Den Maßstab hierfür bildet die Leerverkaufsentscheidung. Zwei Teilaspekte lassen sich unterscheiden. Erstens ist fraglich, ob EU-Agenturen grundsätzlich die Möglichkeit eingeräumt werden kann, aus eigener Initiative und nicht auf Antrag eines Betroffenen oder auf Anweisung eines Organs der EU tätig zu werden (1.). Wird dies, wie hier, bejaht, stellt sich die Frage, welche Qualität die hierfür normierten Eingriffsschwellen aufweisen müssen (2.).

1. Zulässigkeit eigenständiger Entscheidungen von EU-Agenturen über ein Einschreiten

Führt man sich noch einmal die Leerverkaufsentscheidung vor Augen, so werden weitgehende Parallelen zwischen der dort entschiedenen und

783 *European Banking Authority,* Guidelines on common procedures and methodologies for the supervisory review and evaluation process (SREP) and supervisory stress testing – Consolidated version, EBA/GL/2014/13, Rn. 18. Die Aufsichtsbehörde kann die Frequenz jedoch auch erhöhen. Für kleinere Banken gelten größere Zeitabstände.

784 Dies gilt unabhängig von der Größe und Bedeutung der Bank, *European Banking Authority,* Guidelines on common procedures and methodologies for the supervisory review and evaluation process (SREP) and supervisory stress testing – Consolidated version, EBA/GL/2014/13, Rn. 44.

der vorliegenden Konstellation deutlich. Bei der vom EuGH entschiedenen Konstellation des Leerverkaufsverbots nach Art. 28 LeerverkaufsVO wird mit der ESMA allein eine EU-Agentur tätig. Die ESMA kann auf eigene Initiative hin einschreiten. Sie muss lediglich vor der Verhängung oder Verlängerung eines Leerverkaufsverbots das ESRB und die nach nationalem Recht zuständigen Behörden konsultieren (Art. 28 Abs. 4 LeerverkaufsVO), ohne jedoch mit diesen Behörden Einvernehmen herstellen zu müssen. Zudem muss die ESMA – außer in Eilfällen – die zuständigen nationalen Behörden im Sinne einer „Vorwarnung" 24 Stunden vor dem Einschreiten unterrichten, Art. 28 Abs. 5 und 6 LeerverkaufsVO. Auch hier sind keine Einspruchsrechte oder Streitschlichtungsmechanismen vorgesehen. Organe der EU sind überhaupt nicht involviert.[785] Der EuGH problematisiert diesen Teilaspekt der Kompetenz der ESMA – in deutscher Diktion „Entschließungsermessen" – nicht im Einzelnen. Die Möglichkeit des ESRB und der nationalen Behörden, im Vorfeld einer Entscheidung der ESMA Argumente vorzubringen und damit informellen Einfluss zu nehmen, ohne dass sich dies notwendigerweise entscheidend auf das Verhalten der ESMA auswirken muss, genügt dem EuGH. Er zieht diese beiden Verfahrenselemente im Gegenteil sogar als Indizien für die primärrechtliche Zulässigkeit der Leerverkaufsverbotsbefugnis der ESMA heran.

Ein entsprechendes Indiz liegt *mutatis mutandis* auch bei einer parallelen Zuständigkeit des SRB und der EZB für die Initiierung der Abwicklung vor. Das SRB muss auch nach dieser hier vertretenen Auslegung die EZB konsultieren und informieren und sogar drei Tage abwarten. Die Wartefrist gibt der EZB ausreichend Zeit und Gelegenheit, Meinungsverschiedenheiten mit dem SRB aufzuklären und sich gegebenenfalls auf zu erwartende Auswirkungen der „failing or likely to fail"-Bewertung auf den Finanzmärkten vorzubereiten. Insofern ist Art. 18 Abs. 1 SRM-VO sogar erheblich „organfreundlicher" als Art. 28 LeerverkaufsVO. Somit bestehen keine grundsätzlichen primärrechtlichen Bedenken gegen die Zuweisung eines solchen „Entschließungsermessens" an das SRB.

785 Dies unterscheidet Art. 28 LeerverkaufsVO von den strukturell eigentlich vergleichbaren Befugnissen der ESAs nach den jeweiligen Art. 18 der Gründungsverordnungen. Dessen jeweiliger Abs. 2 sieht einen Ratsbeschluss zur Aktivierung der Kriseninterventionskompetenz der jeweiligen ESA vor, näher *Schemmel*, Europäische Finanzmarktverwaltung, S. 317ff.; zu Recht skeptisch *Kämmerer*, NVwZ 2011, 1281, Fm. 31.

2. Hinreichende Bestimmtheit der materiellen Eingriffsvoraussetzungen

Ein Vergleich zwischen Art. 28 LeerverkaufsVO und Art. 18 Abs. 1 SRM-VO lässt sich auch hinsichtlich der materiellen Eingriffsschwellen anstellen. Die zentrale materielle Eingriffsvoraussetzung des Art. 28 Abs. 2 lit. a) LeerverkaufsVO („Bedrohung für die ordnungsgemäße Funktionsweise und die Integrität der Finanzmärkte oder die Stabilität des gesamten Finanzsystems oder eines Teils davon in der EU mit grenzübergreifenden Auswirkungen") ähnelt strukturell demjenigen des „failing or likely to fail" des Art. 18 Abs. 1 UAbs. 1 lit. a) SRM-VO.

Ein wesentlicher Unterschied besteht zwar darin, dass das Merkmal „failing or likely to fail" auf eine (einzelne) fallierende Bank bezogen ist, wohingegen die Formulierung in Art. 28 Abs. 2 lit. a) LeerverkaufsVO (immer) systemweite Gefährdungen impliziert. Angesichts der stets potentiell systemweiten Auswirkungen des Ausfalls einer Bank[786] und der generalklauselartigen und auch Einzelsegmente der Finanzmärkte umfassenden Ausgestaltung des Art. 28 Abs. 2 lit. a) LeerverkaufsVO fällt dieser Unterschied indes nicht ins Gewicht.

Die Beurteilung des Kriteriums „failing or likely to fail", wie es in Art. 18 Abs. 4 lit. a)-d) SRM-VO im Einzelnen spezifiziert ist, ist eine hochkomplexe und damit „technische" Angelegenheit. Immerhin ist die materielle Eingriffsschwelle des „failing or likely to fail" durch Leitlinien der EBA näher definiert[787] und insgesamt weit granularer und bestimmter normativ vorgezeichnet als die überaus grobkörnige Regelung des Art. 28 Abs. 2 lit. a) LeerverkaufsVO, ungeachtet der diese konkretisierenden Vorschrift des Art. 24 Abs. 3 der Delegierten Verordnung (EU) Nr. 918/2012. Im Ergebnis schließen beide Regelungen gewisse politische Spielräume nicht aus. Dies liegt in der Natur der Sache und wurde vom EuGH letztlich gebilligt.

Schließlich kommen beide Kompetenzen auch jeweils in Situationen zum Tragen, die einen Ausnahmecharakter aufweisen. Das vom EuGH in der Leerverkaufsentscheidung formulierte Indiz der „Ausnahmesituation" für die Zulässigkeit der Delegation auf EU-Agenturen ist damit erfüllt.

---

786 S. supra Dritter Teil, A. I. 2.

787 *European Banking Authority,* Guidelines on the interpretation of the different circumstances when an institution shall be considered as failing or likely to fail under Article 32(6) of Directive 2014/59/EU, EBA/GL/2015/07 ; *European Banking Authority,* Guidelines on the types of tests, reviews or exercises that may lead to support measures under Article 32(4)(d)(iii) of the Bank Recovery and Resolution Directive, EBA/GL/2014/09.

Auch dies spricht für die Zulässigkeit einer parallelen Zuständigkeit von EZB und SRB.

Die Voraussetzungen, unter denen dem SRB eine eigenständige Initiativkompetenz zukommt, sind im Ergebnis in ähnlicher Weise „Tatsachenbeurteilungen technischer Art“ wie die Voraussetzungen für ein Leerverkaufsverbot nach Art. 28 LeerverkaufsVO.

IV. Gesamtbewertung

Legt man die in der Leerverkaufsentscheidung formulierten Indizien zugrunde, so zeigt sich, dass es sich bei der Entscheidung über die Initiierung der Abwicklung um eine, in den Worten des EuGH, „eng umgrenzte Ausführungsbefugnis“ handelt. Es ist gerade das Ziel der SRM-VO, die staatliche Kriseninterventionen normativ vorzustrukturieren, dadurch zu entpolitisieren, und ein dezidiert administratives Verfahren dafür aufzubauen. Die Entscheidung, wann dieses Verfahren eingeleitet wird, kann primärrechtskonform einer EU-Agentur wie dem SRB zugewiesen werden.

Nach der Analyse der Regelungen zur Einleitung der Abwicklung ist eine wesentliche Schwäche des Abwicklungsrechtsregimes identifiziert: Es mangelt an klaren Kriterien, wann das Abwicklungsrecht zum Einsatz kommen soll.[788] Umso wichtiger ist es, dass zwei verschiedenen Behörden mit unterschiedlicher Anreizsituation eine parallele Zuständigkeit für die Einleitung des Abwicklungsverfahrens zukommt.

B. Entscheidungsfindungsverfahren

An die Einleitung des Abwicklungsverfahrens schließt sich die eigentliche Entscheidungsfindung an. Im Hinblick auf die Bedingungen für ein erfolgreiches Abwicklungsverfahren stellt sich die Frage, ob das Entscheidungsfindungsverfahren „glatt“ verlaufen kann. Sind die Zuständigkeiten für einzelne Teilentscheidungen innerhalb des komplexen Prozesses eindeutig zugewiesen? Ermöglicht das Abwicklungsverfahren eine schnelle Entscheidungsfindung? Droht ein „Tauziehen“, weil die beteiligten Behörden sich gegenseitig blockieren können und drohen Meinungsverschiedenheiten

---

788 Diese Schwäche zeigt sich nicht nur hier bei den Eingriffsschwellen, sondern auch bei der Bewertung des öffentlichen Interesses. Siehe dazu sogleich infra Vierter Teil, B. I. 1.

zwischen den beteiligten Behörden öffentlich ausgetragen zu werden?[789] Hierbei kommt es für die Zwecke dieser Untersuchung nicht darauf an, ob das Abwicklungsverfahren das materiellrechtlich „richtige" Ergebnis bringt. sondern darauf, ob der Verfahrensablauf für die Entscheidungsfindung im Sinne der definierten Gelingensbedingungen geeignet ist. Erneut soll das Abwicklungsverfahren für diese Zwecke in die Aspekte „Abbruch des Abwicklungsverfahrens" (I.), „Ermessensausübung" (II.) und „Finanzierung" (III.) unterteilt werden.

I. Abbruch des Abwicklungsverfahrens mangels öffentlichen Interesses

Das Abwicklungsverfahren kann nach der *failing or likely to fail*-Feststellung aus zwei Gründen abgebrochen werden. Wie erwähnt[790] kommt der Frage, ob alternative Maßnahmen nach Art. 18 Abs. 1 UAbs. 1 lit. b) SRM-VO möglich sind, jedoch eher theoretische Bedeutung zu. Der Fokus soll daher hier auf der Prüfung des öffentlichen Interesses gemäß Art. 18 Abs. 1 UAbs. 1 lit. c) SRM-VO liegen. Diese Weichenstellung ist im Hinblick auf die Abwicklungsziele und die für deren Erreichung erforderlichen Gelingensbedingungen zu untersuchen.

Dabei ist angesichts des Erkenntnisinteresses dieser Untersuchung nur am Rande auf den materiellen Maßstab für die Prüfung des öffentlichen Interesses einzugehen. Das Kriterium wird dafür kritisiert, einen Weg aus dem Abwicklungsrecht darzustellen.[791] Eine solche Option mag man im Hinblick auf die alternativen Krisenbewältigungsmechanismen, insbesondere das nationale Insolvenzrecht, und auf die möglicherweise von den Regelungen des Abwicklungsrechts abweichenden Folgen für die Verlusttragung für falsch halten. Die „richtige" Verlusttragung ist jedoch eine hier ausgeklammerte materiellrechtliche Frage, auf die es zudem keine allgemeingültige Antwort gibt. Im Folgenden soll daher im Hinblick auf das

789 Vgl. zu den Gelingensbedingungen supra Dritter Teil, B. II.

790 Siehe supra Zweiter Teil, B. II. 1. A).

791 *Friedrich* nennt dies (zusammen mit der vorbeugenden Rekapitalisierung) „Permeabilität des Abwicklungsrechts" und meint damit schlicht, dass das Abwicklungsrecht nicht zwingend zur Anwendung kommt, vgl. *Friedrich*, Die novellierte Debt Governance für Banken in der Europäischen Union, S. 127f.; treffender als der hier überstrapazierte Begriff „Permeabilität" ist der kurz darauf von *Friedrich* selbst verwendete Begriff der „Lücke im Bankenabwicklungsrecht", vgl. *Friedrich*, Die novellierte Debt Governance für Banken in der Europäischen Union, S. 131.

materielle Recht nur gezeigt werden, dass der Maßstab, nach dem sich das öffentliche Interesse beurteilt, außerordentlich schwammig ist (sogleich 1.) und die Anwendung des Abwicklungsrechts damit kaum vorgezeichnet ist. Außerdem ist die Rechtsfolge bei einer Verneinung des öffentlichen Interesses kurz zu beleuchten (2.).

Abgesehen von diesen materiellen Erwägungen fällt sodann jedoch ein Regelungsaspekt des Verfahrens für die Prüfung des öffentlichen Interesses ins Auge, der näherer Betrachtung bedarf: Das öffentliche Interesse unterliegt einer doppelten Prüfung durch mehrere Akteure (3.). Dieses Element der Prüfung des öffentlichen Interesses erscheint bei der Bewertung im Hinblick auf die Eignung des Abwicklungsverfahrens fragwürdig (4.).

1. Der materielle Maßstab für die Prüfung des „öffentlichen Interesses“

Der Maßstab für das öffentliche Interesse wird in Art. 18 Abs. 5 SRM-VO definiert. Die Vorschrift nimmt die Abwicklungsziele des Art. 14 Abs. 2 SRM-VO in den Blick und ordnet dann eine „Verhältnismäßigkeitsprüfung“ an, wobei als Vergleichsmaßstab die Liquidation der Bank in einem regulären Insolvenzverfahren heranzuziehen ist.

Die Details dieser „Verhältnismäßigkeitsprüfung“ ergeben sich nicht unmittelbar aus dem Verordnungstext. Art. 18 Abs. 5 SRM-VO und die Abwicklungsziele des Art. 14 Abs. 2 SRM-VO geben einen nur unscharfen Referenzpunkt für die eigentliche *public interest*-Prüfung her. Wie auch in anderen Anwendungsfeldern des Verhältnismäßigkeitsgrundsatzes im Unionsrecht hilft auch hier eine strikte Orientierung an der gewählten Formulierung nicht weiter (dazu sogleich a)). Letztlich lassen sich zwei Stoßrichtungen des Art. 18 Abs. 5 SRM-VO ausmachen: Einerseits soll – dem „ursprünglichen“ Verhältnismäßigkeitsgrundsatz entsprechend – der Eingriff in private (Gläubiger-)Rechte minimiert werden. Insofern beinhaltet Art. 18 Abs. 5 SRM-VO eine – wenn auch nur untergeordnete – *abwehrrechtliche Dimension* (b)). Andererseits bedeutet ein positiver *public interest*-Test aber auch, dass die Bewältigung der Krise einer Bank der nationalen Rechtsordnung entzogen und auf die europäische Ebene „gehoben“ wird. Dieser zweite Bedeutungsgehalt des Art. 18 Abs. 5 SRM-VO – die *kompetenzielle Dimension* – wird nur im Lichte des Primärrechts deutlich. Die Verhältnismäßigkeitsprüfung in Art. 18 Abs. 5 SRM-VO bezieht sich insofern auf den Verhältnismäßigkeitsgrundsatz des Art. 5 Abs. 4 EUV (dazu unten c)).

a) Die „Verhältnismäßigkeitsprüfung" und die Abwicklungsziele als Referenzpunkt

Der Wortlaut des Art. 18 Abs. 5 SRM-VO enthält auf den ersten Blick eigentlich zwei Prüfungsschritte: Die „Notwendigkeit" und die „Verhältnismäßigkeit" der Abwicklung im Hinblick auf die Abwicklungsziele.[792] Aus deutscher verwaltungsrechtlicher Perspektive wirken die Wörter „notwendig" und „verhältnismäßig" wie ein Teil der grundrechtlichen Verhältnismäßigkeitsprüfung, nämlich die zweite Stufe („Notwendigkeit" (=„Erforderlichkeit")) und dritte Stufe („Verhältnismäßigkeit im engeren Sinne"). Indes ist kein Grund ersichtlich, warum gerade die erste Stufe der Verhältnismäßigkeitsprüfung ausgeklammert werden sollte. Ein eng am Wortlaut anknüpfendes Verständnis kann Art. 18 Abs. 5 SRM-VO nicht zugrunde gelegt werden. Die Bezeichnung der einzelnen Stufen der Verhältnismäßigkeit, auch die Wörter „notwendig" und „verhältnismäßig", ist im Unionsrecht uneinheitlich.[793]

Bei bloßer Betrachtung des Wortlauts des Art. 18 Abs. 5 SRM-VO bleibt dementsprechend unklar, ob den Wörtern „notwendig" und „verhältnismäßig" klare und konsentierte Begriffsverständnisse zugrunde liegen. Zudem weichen die verschiedenen Sprachfassungen leicht voneinander ab. Die englische Sprachfassung ähnelt stark der deutschen Sprachfassung: „[...] a resolution action shall be treated as in the public interest if it is necessary for the achievement of, and is proportionate to one or more of the resolution objectives referred to in Article 14 [...]". Die französische Sprachfassung dagegen betont das Wort „nécessaire" und spricht wörtlich von „verhältnismäßigen Mitteln" der Abwicklung, nicht von einer Verhältnismäßigkeit der Abwicklung an sich: „[...] une mesure de résolution est considérée comme étant dans l'intérêt public si elle est nécessaire pour atteindre, par des moyens proportionnés, un ou plusieurs des objectifs de la résolution visés à l'article 14 [...]"

792 Die englische Sprachfassung spricht von „necessary" und „proportionate"; die französische Sprachfassung verwendet die Begriffe „nécessaire" und „proportionnées".

793 Ausführlich und illustrativ zur Struktur der unionsrechtlichen Verhältnismäßigkeitsprüfung *Koch*, Der Grundsatz der Verhältnismäßigkeit in der Rechtsprechung des Gerichtshofs der Europäischen Gemeinschaften, S. 198ff.; vgl. auch zu den drei Stufen der Verhältnismäßigkeitsprüfung im Unionsrecht, dort formuliert als „suitability", „necessity" und „proportionality *strictu sensu*", zusammenfassend *Harbo*, European Law Journal 16 (2010), 158, 165; abweichende Formulierung etwa bei *Trstenjak/Beysen*, EuR 2012, 265, 269.

Es liegt daher nahe, nicht am eher zufälligen Wortlaut der Vorschrift festzuhalten und stattdessen auf die hergebrachten Schritte der Verhältnismäßigkeitsprüfung zurückzugreifen. Diese umfassen in der Rechtsprechung des EuGH in der Regel die Schritte „Geeignetheit“ und „Erforderlichkeit“ sowie – teilweise – eine dritte Stufe der „Verhältnismäßigkeit im engeren Sinne“.[794] Die in Art. 18 Abs. 5 SRM-VO explizit angeordnete Prüfung der Notwendigkeit geht in der so verstandenen Verhältnismäßigkeitsprüfung auf. Wenn darin überhaupt ein eigener Bedeutungsgehalt gesehen werden kann, dann betont die in Art. 18 Abs. 5 SRM-VO in „notwendig“ und „verhältnismäßig“ aufgeteilte Verhältnismäßigkeitsprüfung die Dreistufigkeit der Prüfung, die in der Rechtsprechung des EuGH nicht selbstverständlich ist.[795]

Als Referenzpunkt einer so verstandenen Verhältnismäßigkeitsprüfung dienen die Abwicklungsziele des Art. 14 SRM-VO. Art. 18 Abs. 5 SRM-VO nimmt keine Gewichtung dieser Abwicklungsziele vor. Die Abwicklung muss lediglich „für das Erreichen eines oder mehrerer“ Ziele notwendig sein. Die Ziele verlaufen allerdings durchaus konträr zueinander.[796] Der zur Bewertung des öffentlichen Interesses berufene Rechtsanwender muss daher situativ entscheiden, ob in einem Abwicklungsfall etwa eher die beiden „Finanzstabilitätsziele“ des Art. 14 Abs. 2 lit. a) und b) SRM-VO eine herausgehobene Rolle spielen oder ob das Abwicklungsziel des Schutzes öffentlicher Mittel (Art. 14 Abs. 2 lit. c) SRM-VO) wichtiger erscheint, etwa um den *moral hazard* der Marktteilnehmer zu minimieren.[797] Aus diesem Grund ist mit der Bezugnahme auf die Abwicklungsziele für eine

794 Grundlegend EuGH, Urt. v. 17. Dezember 1970, Rs. 11/70 – Internationale Handelsgesellschaft; dazu *Tischbirek*, Die Verhältnismäßigkeitsprüfung, S. 89ff.; ähnlich auch die „Gebhard-Formel“ nach EuGH, Urt. v. 30. November 1995, Rs. 55/94 – Gebhard; aus neuerer Zeit etwa EuGH, Urt. v. 11. Dezember 2018, Rs. C493/17 – PSPP, Rn. 72; vgl., auch zur Kritik an der dritten Stufen der Verhältnismäßigkeit, *Harbo*, European Law Journal 16 (2010), 158, 165.

795 Näher zu dreistufigen Prüfung (bzw. – einschließlich des Zwecks – vierstufigen), insbesondere in der Rs. *Schräder*, *Tischbirek*, Die Verhältnismäßigkeitsprüfung, S. 99.

796 Vgl. supra Dritter Teil, A. II. 3.

797 A.A., wonach das öffentliche Interesse mit der Prüfung der „Systemrelevanz“ der Bank identisch ist, unter Berufung auf die inzwischen wieder geänderte abweichende deutsche Umsetzung, jedoch *Kowolik*, Das Bail-in-Instrument, S. 66ff.; diese Auslegung dürfte mit dem Wortlaut des Art. 18 Abs. 5 SRM-VO nicht vereinbar sein, denn der Gesetzgeber hat gerade nicht allein auf die beiden „Finanzstabilitätsziele“ des Art. 14 Abs. 2 lit. a) und b) SRM-VO Bezug genommen. Vgl. zudem ErwGr 58 SRM-VO.

anschließende Verhältnismäßigkeitsprüfung wenig gewonnen. Das SRB hat seine Verwaltungspraxis zwar in einem Papier zusammengefasst.[798] Dieses erhellt den vom SRB zugrundgelegten Prüfungsmaßstab jedoch kaum.

b) Die abwehrrechtliche Dimension des *public interest*-Tests

Die inhaltliche Ausgestaltung des *public interest*-Tests wird deutlicher, wenn man sich die Funktionen der Verhältnismäßigkeitsprüfung vor Augen führt. Kommt das Abwicklungsrecht infolge eines positiven *public interest*-Tests zur Anwendung, so müssen Eigentümer und Gläubiger der Bank mit Verlusten rechnen. Insofern greift das Abwicklungsrecht in private Eigentumsrechte ein. Die Verhältnismäßigkeitsprüfung durch den *public interest*-Test kann daher als eine Begrenzung dieses Eingriffs verstanden werden.[799] Diese Auslegung ergibt vor allem dann Sinn, wenn man davon ausgeht, dass mit der Abwicklung größere Eingriffe in die Eigentumsrechte einhergehen, als dies bei einem regulären Insolvenzverfahren der Fall ist, mithin mit den besonders schweren Eingriffen eine besondere Begründungslast der Abwicklung einhergeht.[800] Dies ist jedoch keineswegs zwangsläufig. Die Vorgabe, dass kein Gläubiger durch die Abwicklung schlechter gestellt werden darf als er im Falle der Liquidation in einem regulären Insolvenzverfahrens stünde – das „No Creditor Worse Off"-Prinzip – ist gerade eine zentrale Maxime des Abwicklungsrecht.[801] Es ist in Art. 15 Abs. 1 lit. g) SRM-VO normiert und durch den Entschädigungsmechanismus des Art. 76 Abs. 1 lit. e) SRM-VO abgesichert. Zudem kann das öffentliche Interesse insbesondere an Finanzstabilität in einem Abwicklungsverfahren gerade einschneidendere Eingriffe in Eigen-

798 *Single Resolution Board,* Public Interest Assessment : SRB Approach.

799 *Binder*, European Business Organization Law Review 21 (2020), 453 bezieht den *public interest*-Test wohl ausschließlich auf diese Funktion. Andeutungsweise, aber vage, auch *Single Resolution Board,* Public Interest Assessment: SRB Approach, Rn. 2; vgl. auch ErwGr 61 der SRM-VO. Allgemein zur Funktion des Verhältnismäßigkeitsprinzips bei Beschränkungen von (Unions-)Grundrechten *Trstenjak/Beysen*, EuR 2012, 265, 277ff.

800 So mit Verweis auf die unsichere nachträgliche Kompensation übermäßiger Gläubigerbeteiligung, den Ausschluss der Gläubiger bei der Entscheidungsfindung im Abwicklungsverfahren sowie eingeschränkte Rechtsschutzmöglichkeiten der Gläubiger *Binder*, European Business Organization Law Review 21 (2020), 453, 468.

801 Näher zum NCWO-Prinzip *Kowolik*, Das Bail-in-Instrument, S. 205ff.

tümer- und Gläubigerrechte rechtfertigen, als dies unter den Umständen eines regulären Insolvenzverfahrens denkbar wäre.[802] Insofern spielt die abwehrrechtliche Dimension des *public interest*-Test als freiheitsschützende Beschränkung staatlicher Maßnahmen nur eine untergeordnete Rolle.[803]

c) Art. 18 Abs. 5 SRM-VO als Ausformung des Verhältnismäßigkeitsgrundsatzes des Art. 5 Abs. 4 EUV

Größere Bedeutung kommt der Funktion der Verhältnismäßigkeitsprüfung des Art. 18 Abs. 5 SRM-VO als eine Beschränkung des Anwendungsbereichs der „europäischen Lösung" der Abwicklung gegenüber dem Normalfall des Insolvenzverfahrens nach nationalem Recht zu. Das unmittelbar anwendbare Unionsrecht kommt nur zur Anwendung, wenn das nationale Recht keine adäquate Antwort bietet. Mit der Einrichtung des SRM hat der Unionsgesetzgeber sich im Grundsatz für eine europäische Regelung entschieden, ohne deren Anwendung automatisch in jedem Einzelfall vorzusehen. Die Verhältnismäßigkeitsprüfung dient sodann vorrangig dem Zweck, die Anwendung der Abwicklungsregelungen der SRM-VO als begründungsbedürftige Abweichung von dem Normalfall der regulären Insolvenz nach nationalem Recht zu begrenzen.[804]

So verstanden nimmt Art. 18 Abs. 5 SRM-VO Bezug auf Art. 5 Abs. 4 EUV. Art. 5 Abs. 4 EUV normiert einen Teil der in Art. 5 Abs. 1 EUV verankerten europarechtlichen „Schrankentrias".[805] Das erste Element dieser „Trias" ist das Prinzip der begrenzten Einzelermächtigung, das in

802 Insofern ähnlich wie hier *Binder*, European Business Organization Law Review 21 (2020), 453, 464.

803 Insofern a.A. *Binder*, European Business Organization Law Review 21 (2020), 453, 471.

804 In ähnlicher Weise – ohne den Bezug zu Art. 5 Abs. 4 EUV jedoch explizit zu machen – wendet auch das SRB das *public interest assessment* in seinen bisherigen Entscheidungen an. Es vergleicht hierzu für jedes der in Art. 14 Abs. 2 SRM-VO geregelten Abwicklungsziele, ob diese durch die Anwendung des nationalen Insolvenzrechts in vergleichbarer Weise erfüllt werden können. Teilweise stellt das SRB sogar darauf ab, dass die Abwicklungsziele keinesfalls gefährdet seien und sich ein Vergleich zwischen Abwicklung und nationalem Insolvenzrecht somit erübrige. Wohl ähnlich wie hier, jedoch mit stärkerem Fokus auf den Schutz der Staatsfinanzen *Tornese*, in: Binder/Gortsos/Lackhoff/Ohler, Art. 18 SRMR, Rn. 85.

805 Begriff geprägt von *D. Merten*, vgl. den Nachweis bei *Trstenjak/Beysen*, EuR 2012, 265, 266.

Art. 5 Abs. 2 EUV normiert ist. Es stellt klar, dass die Europäische Union nicht über die sog. Kompetenz-Kompetenz verfügt.[806] In Fällen, in denen keine ausschließliche Unionskompetenz vorliegt, begrenzt das Subsidiaritätsprinzip des Art. 5 Abs. 3 EUV sodann die Tätigkeit der EU auf Fälle, in denen eine Aufgabe auf mitgliedstaatlicher Ebene nicht ausreichend erfüllt werden kann und die „Hochzonung" auf die europäische Ebene zu einer besseren Aufgabenerfüllung führt.[807] Im Zentrum des Subsidiaritätsprinzips steht die Frage nach der Notwendigkeit einer unionsrechtlichen legislativen Maßnahme.[808] Bei Erlass der SRM-VO hat der Unionsgesetzgeber die Subsidiarität geprüft und festgestellt, dass ohne die Einrichtung des SRM die Ziele der SRM-VO – Festlegung eines effizienten, effektiven einheitlichen europäischen Rahmens für die Abwicklung und Gewährleistung einer kohärenten Anwendung der Abwicklungsvorschriften – nicht ausreichend verwirklicht werden könnten.[809]

Das hier interessierende kompetenzrechtliche Verhältnismäßigkeitsprinzip des Art. 5 Abs. 4 EUV schließlich verlangt, dass die Unionsorgane bei der Ausübung der ihnen durch die SRM-VO übertragenen Kompetenzen im Einzelfall nicht übermäßig in die mitgliedstaatliche Autonomie eingreift.[810] Die drei Schritte können auch prägnant als Regelungen der „Kann-Frage", der „Ob-Frage" und der „Wie-Frage" der Unionskompetenzen aufgefasst werden.[811]

Das kompetenzrechtliche Verhältnismäßigkeitsprinzip schützt ebenso wie das Subsidiaritätsprinzip die mitgliedstaatliche Autonomie. Es dient nicht dem individuellen Freiheitsschutz.[812] In diesem Sinne ist Art. 18 Abs. 5 SRM-VO vorrangig zu verstehen.[813] Zwar wird das kompetenzrecht-

---

806 *Calliess*, in: Calliess/Ruffert, Art. 5 EUV, Rn. 7.

807 Ausführlich hierzu *Calliess*, in: Calliess/Ruffert, Art. 5 EUV, Rn. 27ff.

808 Dies zeigt insbesondere das Subsidiaritätsprotokoll zum AEUV („Protokoll (Nr. 2) über die Anwendung der Grundsätze der Subsidiarität und der Verhältnismäßigkeit"), das nur Legislativakte betrifft; vgl. aber auch etwa *Bast*, in: Grabitz/Hilf/Nettesheim, Art. 5 EUV, Rn. 53, der auch Verwaltungsfunktionen der Unionsorgane dem Subsidiaritätsprinzip unterwerfen will.

809 So die eher formelhafte Formulierung in ErwGr 122 der SRM-VO.

810 Ausführlich zum Hintergrund des kompetenzrechtlichen Verhältnismäßigkeitsgrundsatzes *Saurer*, JZ 69 (2014), 281; vgl. zusammenfassend auch *Trstenjak/Beysen*, EuR 2012, 265, 266.

811 *Calliess*, in: Calliess/Ruffert, Art. 5 EUV, Rn. 6.

812 Diese Unterscheidung wird klar herausgearbeitet von *Saurer*, JZ 69 (2014), 281.

813 Den Konflikt zwischen mitgliedstaatlicher Autonomie und der „Hochzonung" auf die europäische Ebene übersieht *Binder*, European Business Organization Law Review 21 (2020), 453, 465ff.

liche Verhältnismäßigkeitsprinzip in erster Linie im Zusammenhang mit der Ausübung einer Unionskompetenz durch Gesetzgebung diskutiert. Art. 18 Abs. 5 SRM-VO erweitert diesen Anwendungsbereich des Prinzips auf die individuelle Exekutiventscheidung, eine konkrete Bank abzuwickeln.

Dabei wirkt die Anordnung der Verhältnismäßigkeitsprüfung des Art. 18 Abs. 5 SRM-VO insofern klarstellend, als umstritten ist, ob Art. 5 Abs. 4 EUV auf Legislativakte beschränkt ist.[814] Art. 18 Abs. 5 SRM-VO konkretisiert und präzisiert den in Art. 5 Abs. 4 EUV geregelten Grundsatz der kompetenziellen Verhältnismäßigkeit. Die Vorschrift schützt also die mitgliedstaatliche Kompetenz, die Krise einer Bank mit eigenen, mitgliedstaatlichen Mitteln zu bewältigen. Die EU, hier in Gestalt des SRB, darf das Mittel der Abwicklung nur anwenden, wenn dies im konkreten Fall geeignet ist, die Ziele der Abwicklung zu erreichen, und dieses Mittel die hierzu erforderliche Einschränkung mitgliedstaatlicher Autonomie nicht übersteigt.[815] Der Befund, dass Art. 18 Abs. 5 SRM-VO nur einen kaum konturierten Maßstab für die Verhältnismäßigkeit bereit hält, gilt indes auch hier.

d) Zusammenfassung

Der *public interest*-Test des Art. 18 Abs. 5 SRM-VO gibt für die Entscheidung, ob mit dem Abwicklungsverfahren fortzufahren ist, nur einen schwammigen Maßstab vor. Hier zeigt sich erneut – wie schon bei den Kriterien für die Einleitung des Abwicklungsverfahrens – die grundlegende Schwäche des Abwicklungsrechts, dass darin nicht klar geregelt ist, wann es zur Anwendung kommt.[816] Immerhin wird die Anwendungsvoraussetzung „Öffentliches Interesse" möglicherweise durch eine einheitliche Verwaltungspraxis des SRB konkretisiert. Das SRB erwähnt in seiner diesbezüglichen Veröffentlichung zwar alle Abwicklungsziele, stellt sodann aber unter Loslösung vom Wortlaut des Art. 14 Abs. 2 SRM-VO vorwiegend auf

---

814 Vgl. zum Streitstand *Trstenjak/Beysen*, EuR 2012, 265, 267.

815 Allgemein zum Prüfungsmaßstab des EuGH *Calliess*, in: Calliess/Ruffert, Art. 5 EUV, Rn. 53; zur Frage, ob die dritte Stufe der Verhältnismäßigkeit ebenfalls geprüft wird, *Trstenjak/Beysen*, EuR 2012, 265, 269f.

816 Im Ergebnis ebenso *Friedrich*, Die novellierte Debt Governance für Banken in der Europäischen Union, S. 124.

Erwägungen der Finanzstabilität ab, ohne besonders konkret zu werden.[817] Praktisch läuft die Prüfung des öffentlichen Interesses damit wohl auf eine ad hoc-Beurteilung der Systemrelevanz hinaus. Dennoch ist der unklare gesetzliche Maßstab zu beklagen.

2. Rechtsfolge bei mangelndem öffentlichen Interesse

Vor den Änderungen durch die BRRD II erschienen auch die unterschiedlichen Rechtsfolgen problematisch, die für die beiden Varianten eines negativen *public interest assessment* in der SRM-VO geregelt sind. Für den Fall, dass das SRB das öffentliche Interesse verneint, ordnet die SRM-VO keine spezielle Rechtsfolge an. Die Liquidation nach nationalem Recht bildet nur den Vergleichsmaßstab des Art. 18 Abs. 5 SRM-VO, nicht aber die zwingende weitere Vorgehensweise. Wenn Kommission und Rat hingegen das öffentliche Interesse verneinen, muss die Bank gemäß Art. 18 Abs. 8 SRM-VO geordnet liquidiert werden. Diese Lücke schließt der 2020 eingefügte Art. 32b BRRD, wonach Banken, für die die Abwicklungsbehörde das öffentliche Interesse an der Abwicklung verneint, ebenfalls nach nationalem Recht geordnet liquidiert werden müssen.

Bei näherem Hinsehen zeigt sich, dass im Fall der „geordneten Liquidation" durch die SRM-VO bzw. die BRRD wenig vorgegeben ist. Die Liquidation ist in Art. 3 Abs. 1 Nr. 42 SRM-VO bzw. Art. 2 Abs. 1 Nr. 54 BRRD definiert als die „Veräußerung von Vermögenswerten" der Bank, wobei jedoch nicht klar wird, ob damit alle Vermögenswerte gemeint sind. Die Definition ist insofern vage. Insbesondere schließt eine Veräußerung von Vermögensgegenständen die teilweise Fortführung der Bank nicht aus.[818] Die Insolvenzverfahren nach nationalem Recht enden nicht zwingend in der vollständigen Liquidation der Bank. In der Regel sehen die nationalen Insolvenzrechtsordnungen vielmehr auch die Fortführung zumindest von Teilen des Unternehmens vor.[819] Zur Verlusttragung bzw.

---

817 *Single Resolution Board,* Public Interest Assessment: SRB Approach, Rn. 10ff.; ebenso *Asimakopoulos*, in: Hofmann/Pantazatou/Zaccaroni, The Metamorphosis of the European Economic Constitution, 279, 292.

818 Zweifelnd, aber im Ergebnis ebenso *Friedrich*, Die novellierte Debt Governance für Banken in der Europäischen Union, 128 mit Fn. 204; ähnlich auch *Binder*, European Business Organization Law Review 21 (2020), 453, Fn. 42.

819 Siehe die Studie im Auftrag der EU-Kommission von *Buckingham/Atanasova/Frazzani/Véron,* Study on the differences between bank insolvency laws and on their potential harmonisation, S. 37ff.

möglichen Entschädigung bestimmter Gläubiger sagt Art. 3 Abs. 1 Nr. 42 SRM-VO nichts. Es ist also auch im Falle des Art. 18 Abs. 8 SRM-VO nicht ausgeschlossen, dass zumindest Teile der Bank nach einem Insolvenzverfahren in veränderter Form fortgeführt werden.

3. Die zweifache Prüfung des öffentlichen Interesses

Wenn schon die materiellrechtliche Frage, wann bei einer Bank, die als *failing or likely to fail* qualifiziert wurde, ein „öffentliches Interesse" an der Abwicklung besteht, und zudem die Rechtsfolge im Falle eines negativen *public interest*-Test nur sehr unbestimmt geregelt sind, so ist das Verfahren, in dem dieses öffentliche Interesse geprüft wird, von umso größerer Bedeutung. Für das Gelingen der verfahrensmäßigen Krisenbewältigung spielt daher die prozedurale Ausgestaltung der Entscheidungsfindung hinsichtlich des „öffentlichen Interesses" eine wichtige Rolle.

Die erste Prüfung des öffentlichen Interesses an der Abwicklung einer Bank nimmt das SRB nach Art. 18 Abs. 1 UAbs. 1 lit. c) SRM-VO vor. Nur wenn das SRB zu dem Ergebnis kommt, dass das öffentliche Interesse vorliegt, schreitet das Abwicklungsverfahren mit der Festsetzung eines Abwicklungskonzepts voran. Zu einem späteren Zeitpunkt im Abwicklungsverfahren wird das Kriterium des „ öffentlichen Interesses" erneut überprüft, und zwar von der Kommission im Zusammenwirken mit dem Rat. Gemäß Art. 18 Abs. 7 UAbs. 3 lit. a) SRM-VO kann die Kommission nach der Übermittlung des Abwicklungskonzepts durch das SRB innerhalb von 12 Stunden dem Rat vorschlagen, das öffentliche Interesse an der Abwicklung zu verneinen. Zu einer Abwicklung kommt es also nur, wenn sowohl das SRB als auch die Kommission und/oder der Rat das öffentliche Interesse bejahen. Umgekehrt formuliert können das SRB alleine oder die Kommission und der Rat gemeinsam die Anwendung des Abwicklungsrechts verhindern.

4. Bewertung

Die Prüfung des öffentlichen Interesses, wie sie in Art. 18 SRM-VO geregelt ist, ist in vielfacher Hinsicht kritikwürdig. Schon vorab lässt sich festhalten, dass dieser Mechanismus geeignet erscheint, eine erfolgreiche Abwicklung zu torpedieren. Er schafft die Gefahr, dass sich wesentliche Akteure in einer Krisensituation widersprechen.

Schon der materielle Maßstab der Prüfung wirft Fragen auf. Versteht man die Prüfung des öffentlichen Interesses als eine *ad hoc*-Bewertung der Systemrelevanz der abzuwickelnden Bank, so ist nicht einsichtig, warum die beiden zentralen „Finanzstabilitätsziele“ des Art. 14 Abs. 2 lit. a) und b) SRM-VO nicht besonders erwähnt werden. Insofern entfernt sich das SRB vom Wortlaut des Art. 18 Abs. 5 SRM-VO, wenn es besonderes Augenmerk auf die Kontinuität kritischer Funktionen sowie auf Ansteckungseffekte legt.

Hinsichtlich der Verteilung der Zuständigkeiten lässt sich festhalten, dass zumindest eindeutig geregelt ist, welche Behörde oder welches Organ abschließend über das öffentliche Interesse entscheiden kann. Insofern lässt sich eine klare Zuständigkeitsverteilung konstatieren. Diese Zuständigkeitsverteilung ist jedoch unnötig komplex und anfällig für – möglicherweise auch öffentlich ausgetragene – Meinungsverschiedenheiten der Akteure. So dürfte eine von Kommission und Rat eingewandte Ablehnung des zuvor vom SRB bejahten öffentlichen Interesses das SRB düpieren. Der Glaubwürdigkeitsverlust des SRB durch einen solchen Vorgang liegt auf der Hand.[820] Umgekehrt ist auch eine Situation denkbar, in der die Kommission gegen die Anwendung des Abwicklungsrechts ist, der Rat sich diesem Einwand jedoch nicht anschließt. Auch hier wäre die Kommission düpiert – es würde der Eindruck entstehen, die Kommission als „neutrale“ Behörde habe sich nicht gegen den „politischen“ Rat durchsetzen können.[821]

Ein Dissens zwischen SRB, Kommission und Rat kann auch auf anderen als auf politischen Erwägungen, insbesondere auf unterschiedlichen materiellen Maßstäben für das „öffentliche Interesse“, beruhen. Die Möglichkeit differierender Maßstäbe bei der Bewertung des öffentlichen Interesses an der Abwicklung Bank ergeben sich aus dem wenig konturierten Maßstab des Art. 18 Abs. 5 SRM-VO. Unterstellt man, wie das SRB, dass der Kern der Prüfung eine *ad-hoc*-Beurteilung der „Systemrelevanz“ ist, so fällt das Fehlen eines wirtschaftswissenschaftlichen Konsenses über die Bewertung von Systemrelevanz besonders ins Gewicht. Prognoseschwierigkeiten kommen hinzu: Weder Ansteckungseffekte noch – bei einer isolier-

---

820 Allgemein zum institutionellen „Standing“ des SRB *Véron*, Taking stock of the Single Resolution Board; vgl. auch zum Verhältnis zwischen Kommission und SRB *Laprévote/Champsaur*, in: Laprévote/Gray/Cecco, Research Handbook on State Aid in the Banking Sector, 538, 545f.

821 Diese Politisierung gerade begrüßend *Tornese*, in: Binder/Gortsos/Lackhoff/Ohler, Art. 18 SRMR, Rn. 109.

ten Bankenkrise – der genaue Zusammenhang zwischen der Krise einer Bank und unmittelbaren volkswirtschaftlichen Schäden in der von dieser betroffenen Region sind genau vorherzusehen.

Aus der Möglichkeit unterschiedlicher materieller Maßstäbe für die Prüfung des öffentlichen Interesses folgt jedoch nicht, dass es eine Korrekturmöglichkeit der SRB-Entscheidung durch die Kommission und den Rat geben müsste. Der Gefahr, das SRB übersehe oder missachte bei der Bewertung des öffentlichen Interesses volkswirtschaftliche Auswirkungen oder auch politische Folgen etwa in einer besonders betroffenen Region, könnte man auch durch eine Pflicht begegnen, die Kommission, die Regierung des betroffenen Mitgliedstaats sowie die nationalen Aufsichts- und Abwicklungsbehörden vor der Festsetzung des Abwicklungskonzepts anzuhören.[822] Es ist jedenfalls nicht ersichtlich, dass der Kommission oder dem Rat etwa besonderes institutionelles Wissen zur Verfügung stünde, das sie befähigt, das öffentliche Interesse „besser" zu prüfen als das SRB.

An der Zuständigkeitsverteilung für die Prüfung des öffentlichen Interesses ist daher zu kritisieren, dass kein sachlicher Grund ersichtlich ist, inwiefern die Einbeziehung der Kommission und des Rates zur Entscheidungsfindung beitragen soll. Die zusätzliche Kontrolle der Entscheidung durch Kommission und Rat kann man nur als politischen Kompromiss begreifen, der zumindest eine begrenzte politische Einflussmöglichkeit auf die Abwicklung sichern sollte. Der Preis dafür ist die Möglichkeit eines (offenen) Dissenses zwischen mehreren beteiligten Unionsstellen.

Immerhin verhindert die in Art. 18 Abs. 7 UAbs. 5 SRM-VO geregelte starre Frist von 24 Stunden, dass diese denkbaren Meinungsverschiedenheiten zu einer Verzögerung des Abwicklungsverfahrens führen können. Die Tatsache, dass mehrere Behörden und Organe an der Entscheidung über das „öffentliche Interesse" beteiligt sind, gefährdet jedoch die Vertraulichkeit des Entscheidungsprozesses. So erscheint es nicht ausgeschlossen, dass – auch als probates Mittel im Aushandlungsprozess – Informationen innerhalb dieser 24 Stunden an die Öffentlichkeit durchgestochen werden.

822 Vertreter der Kommission und der EZB sowie der nationalen Abwicklungsbehörde nehmen gemäß Art. 43 Abs. 3 bzw. Art. 53 Abs. 2 bis 4 SRM-VO ohnehin als Beobachter an den Sitzungen des SRB in seiner Präsidiumssitzung teil. Dieses kann weitere Beobachter gemäß Art. 53 Abs. 1 UAbs. 3 SRM-VO einladen.

5. Primärrechtliche Notwendigkeit eines Vetorechts von Rat und Kommission?

Die mehrfache Prüfung des öffentlichen Interesses gibt Anlass zu den aufgezeigten Bedenken. Sie lässt sich auch nicht mit zwingenden primärrechtlichen Vorgaben rechtfertigen. Vor dem Hintergrund der Leerverkaufsentscheidung ist nicht ersichtlich, wozu es eine gemeinsame Kompetenz von Kommission und Rat zum Abbruch des Abwicklungsverfahrens braucht. Dabei lassen sich ähnliche Erwägungen wie bei der Frage der Initialisierung der Abwicklung durch das SRB anstellen. Einleitung und Abbruch des Abwicklungsverfahrens hängen sachlogisch eng zusammen. Beides ist eine Entscheidung über das „Ob“ der Abwicklung.

Zwar ist der Maßstab bei der Prüfung des öffentlichen Interesses weitaus weniger konturiert als derjenige des „failing or likely to fail“. Art. 18 Abs. 5 SRM-VO sieht aber immerhin eine – wenn auch schwammige – Legaldefinition des Maßstabs vor. Die überwiegenden Gründe sprechen daher dafür, die Prüfung des öffentlichen Interesses selbst, ebenso wie die Prüfung des Tatbestandsmerkmals „failing or likely to fail“, eher in die Kategorie der „eng umgrenzten Ausführungsbefugnisse“ als in die Kategorie „freies Ermessen“ einzuordnen, auch wenn die Entscheidung weniger eindeutig ausfällt als bei „failing or likely to fail“.

Für eine solche Einordnung spricht auch das Bemühen des Unionsgesetzgebers, die Entscheidung über des „Ob“ der Abwicklung zu entpolitisieren und gleichzeitig die aufgrund der Verschiedenartigkeit von Bankenkrisen notwendige Flexibilität zu wahren. Es soll sich gerade nicht um eine dezidiert politische Entscheidung handeln, die einer EU-Agentur nicht übertragen werden könnte.[823] Paradoxerweise unterläuft die Einbindung von Kommission und Rat sogar in gewissem Maß die „Technisierung“ der Entscheidung und entfernt diese unnötig von einer „Tatsachenbeurteilung technischer Art“. Würde man sie dem „technokratischen“ SRB überantworten, wäre dies ein Schritt in Richtung Primärrechtskonformität.

Immerhin hat das SRB begonnen, an einer konsistenten Verwaltungspraxis zu arbeiten[824] und orientiert sich vorrangig an dem Abwicklungsziel der Finanzstabilität. Wann eine Bank systemrelevant ist, ist danach zwar weiterhin *ad-hoc* zu entscheiden. Die zahlreichen Versuche, Systemrelevanz zu messen und systemrelevante Banken zu identifizieren,[825] insbe-

---

823 *Michel*, Institutionelles Gleichgewicht und EU-Agenturen, S. 134.

824 *Single Resolution Board,* Public Interest Assessment: SRB Approach.

825 S. o. Dritter Teil A. I. 2. a) aa.

sondere die Unterscheidung in G-SRI und A-SRI auf der Grundlage von Art. 131 CRD IV, können hierzu aber einen Beitrag leisten. Dagegen wird die Etablierung einer einheitlichen, vorhersehbaren und damit rechtssicheren Verwaltungspraxis durch die Einbindung der Kommission und des Rates konterkariert. Es ist widersinnig, eine spezialisierte EU-Agentur zu gründen, nur um diese sodann in jedem Einzelfall übergehen zu können. Hier muss nachträgliche gerichtliche Kontrolle genügen.

II. Ermessensausübung des SRB und Kontrolle der Kommission

Gemäß Art. 18 Abs. 7 UAbs. 2 SRM-VO kann die Kommission Einwände im Hinblick auf diejenigen Aspekte des Abwicklungskonzepts erheben, bei denen ein Ermessensspielraum besteht. Ergänzend kann die Kommission zudem gemäß Art. 18 Abs. 7 UAbs. 8 SRM-VO den Ausschluss bestimmter Verbindlichkeiten vom Bail-in verbieten oder Änderungen verlangen, wenn dieser nach dem Abwicklungskonzept nicht durch die übrigen Gläubiger, sondern durch einen Beitrag des SRF kompensiert werden soll. Im Hinblick auf die Implikationen dieser Kontrolle für das Gelingen der Abwicklung ist zunächst festzuhalten, dass lediglich zwei Institutionen – das SRB und die Kommission – beteiligt sind, was die Koordination zwischen SRB und Kommission vereinfacht (1.). Auch das Entscheidungsfindungsverfahren innerhalb der Kommission weist keine besonderen Schwierigkeiten auf (2.). Fragen wirft jedoch die Abgrenzung zwischen Ermessensaspekten, die in diesem Kontrollverfahren überprüft werden, und sonstigen Aspekten des Abwicklungskonzepts, die einer anderen oder gar keiner Kontrolle unterliegen, auf (3.). Schließlich soll das Verfahren, in dem die Ermessensausübung des SRB überprüft wird, einer abschließenden Bewertung unterzogen werden (4.).

1. Abänderungsrecht der Kommission

Die Kommission übt ihr Kontrollrecht mittels eines „Einwandes" aus, der gemäß Art. 18 Abs. 7 UAbs. 6 SRM-VO begründet werden muss. Dieser „Einwand" ist für das SRB verbindlich, da dieses das Abwicklungskonzept gemäß Art. 18 Abs. 7 UAbs. 7 SRM-VO entsprechend den angegebenen Gründe abändern muss. Obwohl in der Vorschrift nicht von einem Beschluss im Sinne des Art. 288 AEUV die Rede ist, spricht viel für diese Handlungsform, schließlich handelt es sich um eine verbindliche

Einzelentscheidung der Kommission.[826] Für das Verbot des Ausschlusses bestimmter Verbindlichkeiten vom Bail-in bzw. Änderungen daran nach Art. 18 Abs. 7 UAbs. 8 SRM-VO ist die Verpflichtung des SRB zur Änderung des Abwicklungskonzepts nicht ausdrücklich geregelt. Der Mechanismus gleicht sich aber im Übrigen, so dass die Änderungspflicht des SRB gemäß Art. 18 Abs. 7 UAbs. 7 SRM-VO analog anzuwenden ist.[827]

2. Entscheidungsfindungsverfahren innerhalb der Kommission

Das Entscheidungsfindungsverfahren, in dem die Kommission ihren Beschluss fasst, ist teilweise in den Verträgen, teilweise in der Geschäftsordnung der Kommission[828] geregelt. Die Kommission entscheidet dabei als Kollegialorgan mit Mehrheit ihrer Mitglieder, Art. 250 AEUV. Ein Beschluss kommt entweder im mündlichen Verfahren in einer in der Regel wöchentlich stattfindenden Sitzung oder im schriftlichen Verfahren zustande. Der enge Zeitrahmen einer Abwicklung wird die Beschlussfassung im Rahmen einer regulären wöchentlichen Sitzung in der Regel ausschließen. In Betracht kommt daher insbesondere das schriftliche Verfahren nach Art. 12 GO KOM. Danach müssen grundsätzlich zunächst die beteiligten Generaldirektionen – hier insbesondere der juristische Dienst der Kommission – dem schriftlichen Verfahren zustimmen. Sodann wird der Beschlussvorschlag an die Kommissionsmitglieder zusammen mit einer Frist zur Stellungnahme verschickt. Äußert kein Kommissar Vorbehalte gegen den Beschluss, so tritt dieser mit Ablauf der Frist in Kraft. Im Zuge der Finanzkrise wurde – im Zusammenhang mit der beihilfenrechtlichen Prüfung von Stützungsmaßnahmen – dieses schriftliche Verfahren teilweise abgekürzt. In der *urgent written procedure* kann die Einspruchsfrist auf unter 24 Stunden verkürzt werden. Hierzu müssen die Kabinettschefs der

---

826 Im bisher einzigen Anwendungsfall Banco Popular verwendete die Kommission für die Entscheidung, keine Einwände zu erheben, die Handlungsform des Beschlusses, s. Beschluss (EU) 2017/1246 der Kommission vom 7. Juni 2017 zur Billigung des Abwicklungskonzepts für Banco Popular Español S.A., ABl. vom 11.7.2017, L 178/15.

827 Ähnlich *Kowolik*, Das Bail-in-Instrument, S. 116.

828 Geschäftsordnung der Kommission [K(2000) 3614], ABl. vom 08.12.2000, L 308/26, zuletzt geändert durch Beschluss (EU, Euratom) 2020/555 der Kommission vom 22. April 2020 zur Änderung ihrer Geschäftsordnung, ABl. vom 22.4.2020, L 127I/1 (GO KOM).

Kommissare jeweils das Verfahren bestätigen.[829] Im Fall der spanische Banco Popular wurde der Kommissionsbeschluss über die Billigung des Abwicklungskonzepts in einem „Eilverfahren“ innerhalb weniger Stunden angenommen.[830]

Von entscheidender Bedeutung für eine schnelle Beschlussfassung der Kommission dürfte ihre vorherige Einbindung in die Strukturen des SRB sein. Das *memorandum of understanding* über die Zusammenarbeit von SRB und Kommission sieht hierfür vor, dass Beamte der Kommission auf der Arbeitsebene des SRB als Beobachter beteiligt sind,[831] die jeweiligen Beamten direkt miteinander kommunizieren[832] und die Kooperation bei der Verschärfung einer Krise schrittweise intensivieren[833].

3. Abgrenzungsschwierigkeiten hinsichtlich der zu überprüfenden Ermessensaspekte

Art. 18 Abs. 7 UAbs. 2 SRM-VO zählt die „Aspekte“ des Abwicklungskonzepts, für die das dort geregelte Kontrollrecht der Kommission gelten soll, nicht auf. Eindeutig in das Ermessen der Abwicklungsbehörde fällt die Auswahl der Abwicklungsinstrumente und die diesbezügliche Ausgestaltung des Abwicklungskonzepts. Art. 18 Abs. 7 UAbs. 2 SRM-VO ist insofern im Zusammenhang mit dem ersten Satzteil des Art. 18 Abs. 6 lit. b) SRM-VO zu lesen.

Art. 22 Abs. 3 bis 5 SRM-VO stellen zudem – ohne besonders spezifisch zu sein – allgemeine Anforderungen für die Auswahl der Abwicklungsinstrumente auf und nehmen dabei die Abwicklungsziele und -grundsätze der Art. 14 und 15 SRM-VO in Bezug. Dem SRB stehen damit bei der Auswahl der Abwicklungsinstrumente große Spielräume zur Verfügung.

829 So zumindest für die Beihilfenkontrolle *European Commission*, State Aid Manual of Procedures, Section 16 – 2. Ob dieses interne *Manual* noch aktuell ist, lässt sich nicht verifizieren.

830 Das SRB übermittelte das Abwicklungskonzept am 7. Juni 2017 um 5.13 Uhr an die Kommission, s. Beschluss (EU) 2017/1246) der Kommission vom 7. Juni 2017. Die Kommission nahm den billigenden Beschluss im Wege der *urgent written procedure* bereits vor der um 10.15 Uhr an diesem Tag beginnenden regulären Sitzung an, s. den protokollierten Bericht des EU-Kommissars *Dombrovskis*, Minutes of the 2215th meeting of the Commission held in Brussels (Berlaymont) on Wednesday 7 June 2017 (morning), PV(2017) 2215 final, S. 20.

831 Paragraph 5 des MoU-COM-SRB.

832 Paragraph 6 des MoU-COM-SRB.

833 Paragraph 8.3 des MoU-COM-SRB.

Diese erscheinen angesichts der sehr differierenden Umstände des Einzelfalls der Abwicklung auch sinnvoll. Nicht zuletzt spiegelt sich in diesem weiten Spielraum auch die Unbestimmtheit der in Art. 14 Abs. 2 SRM-VO normierten Abwicklungsziele wider.[834] Die Kommission muss bei ihrer Kontrolle des SRB-Vorschlags hinsichtlich der Auswahl der Abwicklungsinstrumente ebenfalls die Maßgaben der Art. 14, 15 und 22 SRM-VO beachten. Insofern übernimmt die Kommission hier die Funktion der Abwicklungsbehörde.

Problematisch im Hinblick auf die Gelingensbedingungen für das Abwicklungsverfahren könnte die Abgrenzung der unter den Einspruchsmechanismus des Art. 18 Abs. 7 UAbs. 2 SRM-VO fallenden „Aspekte" von anderen Teilen des Abwicklungskonzepts sein, die einem anderen Einspruchsmechanismus oder gar keiner Kontrolle unterliegen. Wenn nicht eindeutig feststeht, welche Teile des Abwicklungskonzeptes des SRB die Kommission abändern darf, ergibt sich Raum für Konflikte zwischen den beiden Behörden. Dies betrifft einerseits bereits das Herzstück des Abwicklungsrechts, den Bail-in (a)), andererseits das Verhältnis von Art. 18 Abs. 7 UAbs. 2 und Art. 18 Abs. 7 UAbs. 8 SRM-VO (b)).

a) Ausmaß des Bail-in

Zu den von der Kommission zu kontrollierenden Aspekten soll insbesondere auch die Festlegung der Höhe des Bail-in zählen.[835] Dies ist im Ergebnis zutreffend, im Hinblick auf die Details der Regelungen zum Bail-in jedoch nicht selbstverständlich. Das Ausmaß des Bail-in ist keine freie Entscheidung, sondern unterliegt bestimmten Anforderungen, die im Folgenden kurz vorgestellt werden.

aa. Bewertung als Grundlage

Grundlage für die Ermittlung der Höhe der notwendigen Rekapitalisierung durch den Bail-in ist eine Bewertung nach Art. 20 SRM-VO.[836] Im

---

834 S. zu diesen supra Dritter Teil, A. II.

835 *Benzing*, in: Binder/Glos/Riepe, Handbuch Bankenaufsichtsrecht, § 14, Fn. 104.

836 Die EBA nimmt an, dass Art. 20 SRM-VO (bzw. die Parallelvorschriften Art. 36 Abs. 4 und Art 76 BRRD) drei verschiedene Bewertungen vorsehen, s. *European Banking Authority*, Handbook on Valuation for Purposes of Resolution. Die

Wege der Bewertung wird die „Kapitallücke" bestimmt, die es im Wege des Bail-in zu schließen gilt.[837] Die Bewertung der Werthaltigkeit von Banken-Assets ist eine tatsächliche Feststellung. Auch tatsächliche Feststellungen, die komplexe und unter Umständen nicht eindeutig feststellbare Einschätzungen umfassen, können grundsätzlich dem unionsrechtlichen Ermessensbegriff unterfallen.[838]

Die Bewertung soll allerdings in der Regel von einem unabhängigen Dritten durchgeführt werden, Art. 20 Abs. 1 SRM-VO.[839] Möglich ist auch eine bloß vorläufige Bewertung, die zu einem späteren Zeitpunkt finalisiert wird, Art. 20 Abs. 10 und 11 SRM-VO. Auch eine vorläufige Bewertung berechtigt das SRB gemäß Art. 20 Abs. 13 SRM-VO zu Abwicklungsmaßnahmen. Das Ziel der Bewertung – auch der vorläufigen – ist die vollständige Ermittlung der Vermögenswerte und Verbindlichkeiten der Bank, Art. 20 Abs. 4 SRM-VO. Die Ermittlung der Kapitallücke unter Zeitdruck ist immer von Unsicherheiten behaftet. Deshalb sieht Art. 20 Abs. 10 UAbs. 2 SRM-VO vor, dass für zusätzliche Verluste ein Verlustpuffer eingeplant wird, der zu begründen ist.

Die Bewertung durch einen unabhängigen Dritten schließt einen eigenen Ermessensspielraum des SRB bei der Festlegung der Kapitallücke gerade aus.[840] Es handelt sich bei dieser Tatsachenermittlung nicht um eigene Feststellungen des SRB. Die Hinzuziehung eines unabhängigen Dritten soll auch in der Krisensituation eine möglichst unvoreingenommene Entscheidungsgrundlage ermöglichen. Zu erwägen wäre höchstens, ob der bei einer vorläufigen Bewertung hinzuzufügende Verlustpuffer im Ermessen

---

erste Bewertung diene zur Feststellung der Voraussetzungen für die Abwicklung. Die zweite Bewertung – um die es in diesem Abschnitt vorrangig geht – bestimme das Ausmaß der Kapitallücke, die (u.a.) durch den Bail-in geschlossen werden müsse. Schließlich sei nachträglich eine ex-post-Bewertung durchzuführen, um die Kompensation von übermäßig belasteten Gläubigern der Bank zu ermöglichen. Die Unterscheidung zwischen der ersten und zweiten Bewertung kommt in weder Art. 36 Abs. 4 noch in Art. 20 SRM-VO eindeutig zum Ausdruck. Siehe zum Ganzen auch *Groen,* Valuation reports in the context of banking resolution: What are the challenges, S. 8f.

837 Dies kommt insbesondere in Art. 20 Abs. 5 lit. c) und d) SRM-VO zum Ausdruck; s. auch *Gortsos*, in: Binder/Gortsos/Lackhoff/Ohler, Art. 20 SRMR, Rn. 24f.

838 Als „jurisdictional discretion" bezeichnet dies *Craig*, EU Administrative Law, S. 440.

839 Näher *Gortsos*, in: Binder/Gortsos/Lackhoff/Ohler, Art. 20 SRMR, Rn. 16f.

840 Hierfür spricht eindeutig der Wortlaut des Art. 20 Abs. 2 SRM-VO; s. auch *Gortsos*, in: Binder/Gortsos/Lackhoff/Ohler, Art. 20 SRMR, Rn. 20.

des SRB liegt. Der Wortlaut des Art. 20 Abs. 10 UAbs. 2 SRM-VO indes deutet darauf hin, dass derjenige, der die Bewertung vornimmt – im Regelfall also ein unabhängiger Dritter – den Verlustpuffer bestimmt.

Anders liegt es, wenn das SRB die vorläufige Bewertung selbst vornimmt. Dazu ist es berechtigt, wenn eine unabhängige Bewertung nicht möglich ist, Art. 20 Abs. 3 und 10 SRM-VO. Führt das SRB die Bewertung selbst durch, so unterliegt sie dabei der Kontrolle durch die Kommission nach Art. 18 Abs. 7 UAbs. 2 SRM-VO.

bb. Festsetzung der Höhe der Herabschreibung bzw. Umwandlung

Die im Wege der Herabschreibung bzw. Umwandlung von Eigenmitteln und Verbindlichkeiten zu schließende Kapitallücke ist zwar von der (unter Umständen vorläufigen) Bewertung nach Art. 20 SRM-VO abhängig. Die „Zielmarke" für die Rekapitalisierung und damit auch der tatsächliche Betrag der Herabschreibung bzw. Umwandlung steht jedoch nicht von vornherein fest, sondern wird von der Abwicklungsbehörde festgelegt. Er kann über die ermittelte Kapitallücke hinausgehen.

Die Höhe der Herabschreibung bzw. Umwandlung von Eigenmittelinstrumenten richtet sich nach Art. 21 Abs. 10 SRM-VO. CET1-Instrumente werden im Fall einer Abwicklung typischerweise vollständig herabgeschrieben, Art. 21 Abs. 10 lit. a) SRM-VO. Die Höhe der Herabschreibung bzw. Umwandlung von AT1-Instrumenten oder T2-Instrumenten hingegen erfolgt – sofern das Ausmaß der Kapitallücke nicht zu einer vollständigen Herabschreibung führt – gemäß Art. 21 Abs. 10 lit. b) und c) SRM-VO „in dem zur Verwirklichung der Abwicklungsziele nach Art. 14 erforderlichen Maß". Die Bezugnahme auf die allgemein gehaltenen Abwicklungsziele des Art. 14 SRM-VO räumt der Abwicklungsbehörde einen erheblichen Ermessensspielraum ein. Die zuvor notwendige Bewertung der Vermögenswerte und Verbindlichkeiten der Bank stellt gemäß Art. 21 Abs. 8 UAbs. 2 Satz 2 SRM-VO lediglich „die Grundlage" für das Ausmaß der Herabschreibung bzw. Umwandlung dar.[841]

Auch bei der Anwendung des eigentlichen Bail-in-Instruments stehen dem SRB Spielräume zur Verfügung. Zwar muss gemäß Art. 27 Abs. 13 UAbs. 1 SRM-VO der Betrag für das Bail-in-Instrument so gewählt werden, dass die harte Kernkapitalquote der Bank bzw. des Brückeninstituts, in

841 Vgl. hierzu auch *Witte*, in: Binder/Gortsos/Lackhoff/Ohler, Art. 21 SRMR, Rn. 29ff.

dem die Bank ganz oder teilweise fortgeführt wird, wiederhergestellt ist. Diese Vorgabe bezieht sich zweifellos auf die gemäß Art. 92 Abs. 1 lit. a) CRR erforderliche harte Kernkapitalquote und gegebenenfalls auf den Aufschlag des *pillar two requirement*.[842] Nach der einleitenden Formulierung des Art. 27 Abs. 13 UAbs. 1 SRM-VO „bewertet“[843] das SRB jedoch den dafür erforderlichen Betrag und muss sich daher nicht an das Ergebnis der Bewertung nach Art. 20 SRM-VO halten. Dies kommt in der englischen und der französischen Sprachfassung noch deutlicher als in der deutschen Sprachfassung zum Ausdruck,[844] die wohl nur versehentlich nicht die gleiche Formulierung wie Art. 21 Abs. 8 UAbs. 2 Satz 2 SRM-VO verwendet. Hinzu kommt ein „Marktvertrauenspuffer“ nach Art. 27 Abs. 13 UAbs. 2 Halbsatz 2 SRM-VO, dessen Höhe ebenfalls im Ermessen des SRB steht.

cc. Zusammenfassung

Im Ergebnis ist also festzuhalten, dass die Bewertung, aus der sich die zu schließende Kapitallücke der Bank ergibt, in der Regel nicht im Ermessen des SRB liegt und damit regelmäßig auch nicht der Kontrolle der Kommission nach Art. 18 Abs. 7 UAbs. 2 SRM-VO unterfällt. Das SRB setzt jedoch den Umfang des Bail-in auf dieser Grundlage eigenständig fest und unterliegt bei dieser Ermessensentscheidung der Kontrolle der Kommission.

---

842 Vgl. dazu supra Vierter Teil, A. II. 2.

843 Die englische Sprachversion lautet „The Board shall assess […]“; die französische Sprachversion lautet: „Le CRU évalue […]“. Mit „bewertet“ ist hier nicht die „Bewertung“ (engl. „valuation; franz. „valorisation“/“évaluation“) des Art. 20 SRM-VO gemeint, der sich auf den etablierten Begriff des Rechnungswesens bezieht.

844 Die englische („[…] on the basis of a valuation […]“) und die französische („[…] sur la base d'une valorisation […]“) Sprachfassung betonen, dass die Bewertung nach Art. 20 SRM-VO – wie in Art. 21 Abs. 8 UAbs. 2 Satz 2 SRM-VO – nur die Grundlage für die (eigenständige) Bewertung des SRB bildet. Dies kommt in der deutschen „Übersetzung“ nur unzureichend zum Ausdruck. Ähnlich („SRB's estimation“) auch *Hadjiemmanuil*, in: Binder/Gortsos/Lackhoff/Ohler, Art. 27 SRMR, Rn. 33.

b) Kontrolle der Ausnahme vom Bail-in

Daneben ist die Kontrollbefugnis der Kommission über die Ausnahme bestimmter Verbindlichkeiten vom Bail-in nach Art. 27 Abs. 5 SRM-VO speziell in Art. 18 Abs. 7 UAbs. 8 SRM-VO geregelt. Hier darf die Kommission – in ihrer Funktion als Wettbewerbsbehörde – zum Schutz der Integrität des Binnenmarktes die „Verschonung“ bestimmter Gläubiger verbieten.

Diese Sonderregel führt zu einer wenig nachvollziehbaren Aufspaltung der Entscheidung über das Ausmaß des Bail-in in zwei eigentlich nicht zu trennende Teile: Die Entscheidung des SRB, ob und in welcher Höhe der Bail-in angewandt wird, soll die Kommission im Hinblick auf die Abwicklungsziele überprüfen. Gerade zur Effektivierung der Abwicklungsziele können aber bestimmte Gläubiger vom Bail-in ausgenommen werden – insbesondere nach den Ausnahmegründen des Art. 27 Abs. 5 lit. b) und c) SRM-VO.[845] Diese Herausnahme soll die Kommission wiederum überprüfen, aber nicht dahingehend, ob dies den Abwicklungszielen dient, sondern ob die Herausnahme mit dem Grundsatz der gleichen Wettbewerbsbedingungen im Binnenmarkt vereinbar sind. Unklar bleibt danach, ob Art. 18 Abs. 7 UAbs. 8 SRM-VO als *lex specialis* zu Art. 18 Abs. 7 UAbs. 2 SRM-VO aufzufassen ist und die Kommission daher die Ermessensentscheidung des SRB über die Herausnahme bestimmter Gläubiger vom Bail-in *nur* im Hinblick auf die Binnenmarktkonformität, nicht aber auf ihre Notwendigkeit zur Erreichung der Abwicklungsziele kontrollieren darf.[846]

Art. 18 Abs. 7 UAbs. 8 SRM-VO erweist sich als Fremdkörper innerhalb des Abwicklungsverfahrens. Die beschriebene Unklarheit dürfte sich indes in der Praxis nicht negativ auf das Abwicklungsverfahren auswirken, denn es erscheint eher fernliegend, dass das SRB eine Korrektur des Abwicklungskonzepts durch die Kommission nach Art. 18 Abs. 7 UAbs. 8 SRM-VO mit dem Hinweis zurückweist, diese habe den falschen Prüfungsmaßstab angelegt.

---

845 S. hierzu supra Zweiter Teil, A. I. 3. d) dd. (2).

846 Dagegen, für eine überlappende Prüfung, wohl *Kowolik*, Das Bail-in-Instrument, S. 116.

4. Bewertung

Das beschriebene Verfahren und die skizzierten Abgrenzungsschwierigkeiten werfen die Frage auf, inwiefern die Ausgestaltung der Kontrolle der Ermessensausübung durch die Kommission und die Aufspaltung dieses Kontrollrechts geeignet sind, eine erfolgreiche Abwicklung zu begünstigen, bzw. ob die Kontrolle der Ermessensaspekte des Abwicklungskonzepts durch die Kommission die Bedingungen für eine erfolgreiche Abwicklung erfüllt.

Positiv ist zu bemerken, dass das Verfahren zügig ausgestaltet ist: Die Kommission hat 24 Stunden Zeit, ihre Einwände geltend zu machen. Für die bisher einzige (billigende) Entscheidung brauchte die Kommission sogar nur wenige Stunden – mutmaßlich aufgrund enger vorheriger Abstimmung.

Kritisch zu bewerten ist hingegen die Verteilung der Zuständigkeiten – insbesondere das Letztentscheidungsrecht über die Ausgestaltung der Abwicklung: Zwar ist der Kontrollmechanismus hinsichtlich des Ermessens weniger komplex – insbesondere mit nur zwei beteiligten Behörden – als die anderen Mitspracherechte im Entscheidungsprozess ausgestaltet. Zudem kommt in der Regelung klar zum Ausdruck, dass die Kommission das „letzte Wort" haben soll. Problematisch könnten aber Fälle sein, in denen sich SRB und Kommission nicht darüber einig sind, wie weit das Ermessen der Abwicklungsbehörde reicht. So ist es denkbar, dass die Kommission einen höheren oder niedrigeren Bail-in oder zumindest einen höheren oder niedrigeren Pufferzuschlag vornehmen will. Hierfür wäre es nützlich, wenn Art. 18 Abs. 7 UAbs. 2 SRM-VO die „Aspekte", die der Kontrolle der Kommission unterliegen, enumerativ aufzählen würde. *De lege lata* ist es theoretisch denkbar, dass das SRB einen Änderungsbeschluss der Kommission mit dem Hinweis, man sei an die Bewertung des unabhängigen Dritten gebunden, zurückweist.

Zu einem bloß „intrainstitutionellen" Konflikt innerhalb der Kommission dürfte das Zusammenspiel der Kontrollrechte nach Art. 18 Abs. 7 UAbs. 2 und UAbs. 8 SRM-VO führen. Hierbei ist nicht geklärt, inwiefern die wettbewerbsrechtlichen Fragen innerhalb der Kommission von der zuständigen DG FISMA „mitentschieden" werden, oder ob diese in den Zuständigkeitsbereich von DG COMP fallen.[847] Das Kontrollrecht der Kommission nach Art. 18 Abs. 7 UAbs. 8 SRM-VO zur Herausnahme

847 Zum Konsultationsverfahren bei Beteiligung mehrerer Generaldirektionen infra Vierter Teil, B. III. 2. a) aa.

bestimmter Gläubiger vom Bail-in mag notwendig sein, auch wenn es eher fernliegend ist, dass ausgerechnet die nicht-mitgliedstaatliche Behörde SRB bestimmten Gläubigergruppen ungerechtfertigte selektive Vorteile zukommen lässt. Es wäre jedoch sicherlich kohärenter, die Prüfung der Vereinbarkeit der Abwicklung mit dem Binnenmarkt im Beihilfeverfahren nach Art. 19 SRM-VO zu konzentrieren. Art. 18 Abs. 7 UAbs. 8 SRM-VO stellt einen Fremdkörper innerhalb des Entscheidungsfindungsverfahrens des Art. 18 Abs. 7 SRM-VO dar.

In der Gesamtschau ist die Gefahr, dass die Einspruchsmechanismen des Art. 18 Abs. 7 UAbs. 2 und UAbs. 8 SRM-VO dazu führen, dass zwei antagonistisch wirkende Behörden gegeneinander arbeiten oder sich gegenseitig blockieren, jedoch eher gering. Insofern ist dieser Teil des Entscheidungsfindungsverfahrens im Hinblick auf die Ziele und Gelingensbedingungen des Abwicklungsverfahrens vergleichsweise gelungen.

5. Primärrechtliche Notwendigkeit einer Letztentscheidungskompetenz der Kommission bezüglich der Ausgestaltung der Abwicklung?

Unabhängig von der Eignung der Ausgestaltung der Ermessenskontrolle stellt sich die Frage, ob die Kommission aus primärrechtlichen Gründen notwendigerweise das letzte Wort bei der Ermessensausübung, also dem „Wie“ der Abwicklung haben muss.

Auch hier ist zu konstatieren, dass die Entscheidung über das „Wie“ der Abwicklung in weiten Teilen „Technik“ ist. So sind die Instrumente „Unternehmensveräußerung“ und „Brückeninstitut“ im Prinzip komplexe M&A-Transaktionen per Hoheitsakt, die unter normalen Umständen Monate in Anspruch nehmen würden. Dabei können schwere (technische) Fehler begangen werden.[848] Der Umfang der Beteiligung von Anteilsinhabern und Gläubigern ist durch die Bewertungen durch unabhängige Dritte mit entsprechendem Sachverstand vorgezeichnet. Auf diese Sicherung kann das SRB nur im absoluten Ausnahmefall verzichten und die Bewertung selbst vornehmen, Art. 20 Abs. 3 und 10 SRM-VO.

---

848 Ein wesentlicher Kritikpunkt einiger der von der Abwicklung der Banco Popular betroffenen Gläubiger ist die nach ihrer Ansicht unprofessionelle Handhabung der Abwicklung durch das SRB, vgl. *Gore*, Reuters vom 07.06.2019, https://www.reuters.com/article/rushed-popular-resolution-casts-long-sha-idUSL8N23D2Z2.

Die einzige echte Ermessensentscheidung ist sodann die Ausnahme bestimmter Verbindlichkeiten vom Bail-in nach Art. 27 Abs. 5 SRM-VO. Für diesen Teil der Abwicklungsentscheidung gibt aber Art. 27 Abs. 5 SRM-VO wiederum selbst Voraussetzungen vor.[849] Diese werden zudem durch die DelVO (EU) 2016/860 weiter konkretisiert.[850] Dass diese Voraussetzungen auch nach der Konkretisierung mit unbestimmten Rechtsbegriffen operieren, führt nach der Leerverkaufsentscheidung per se nicht dazu, dass diese Entscheidung nicht von einer EU-Agentur wie dem SRB getroffen werden könnte.

Im Ergebnis trifft das SRB bei der Ausgestaltung der Abwicklung daher keine politische Entscheidung, sondern wendet das normativ so weit wie möglich vorstrukturierte Abwicklungsrecht an. Man kann insofern von einer „eng umgrenzten Ausführungsbefugnis“ sprechen. Für die Beteiligung der Kommission bei diesem Verfahrensschritt besteht aus primärrechtlicher Sicht somit kein Anlass.

III. Finanzierung der Abwicklung

Die Finanzierung der Abwicklung kann auf unterschiedliche Weise erfolgen, nämlich „endogen“ durch einen Bail-in, „exogen“ durch die Beteiligung des SRF, oder – nur fragmentarisch geregelt – durch mitgliedstaatliche Beihilfen. Die Finanzierungsstruktur der Abwicklung hängt – ebenso wie die Auswahl der Abwicklungsinstrumente – in hohem Maße vom Einzelfall ab. Zu untersuchen ist, ob das Verfahren, in dem über die Ausgestaltung der Finanzierung der Abwicklung entschieden wird, den Anforderungen an eine – gemessen an den Abwicklungszielen – gelungene Abwicklung genügt. Im Zentrum steht die Kontrolle der Entscheidung des SRB und ggf. der Mitgliedstaaten durch die Kommission und den Rat. Dabei soll im Folgenden die Kontrolle des Bail-in einschließlich einer möglichen Verwendung des SRF untersucht werden (1.). Sowohl der SRF-Einsatz als auch mögliche mitgliedstaatliche Beihilfen unterliegen zudem im Abwicklungsverfahren zusätzlich einer Beihilfenkontrolle (2.).

---

849 Ähnlich *Hadjiemmanuil*, in: Binder/Gortsos/Lackhoff/Ohler, Art. 27 SRMR, Rn. 114.

850 Detailliert dazu *Hadjiemmanuil*, in: Binder/Gortsos/Lackhoff/Ohler, Art. 27 SRMR, Rn. 116ff. Zu den Unzulänglichkeiten der DelVO (EU) 2016/860 s. supra Zweiter Teil, A. I. 3. d) dd. (2).

1. Bail-in und SRF

Das Leitbild des Abwicklungsrechts geht davon aus, dass ausreichend Eigenmittelinstrumente und berücksichtigungsfähige Verbindlichkeiten vorhanden sind, um die Bank mit einem Bail-in in einem Maß zu rekapitalisieren, das es erlaubt, die Geschäftstätigkeit – wenn auch möglicherweise nur in Teilen – fortzuführen. Stehen entsprechend diesem Leitbild ausreichend verlustabsorbierende Eigenmittelinstrumente und berücksichtigungsfähige Verbindlichkeiten zur Verfügung, so ist das Verfahren zur Festlegung des Bail-in relativ einfach ausgestaltet. Reicht der bloße Bail-in jedoch nicht aus, so führen komplexere Finanzierungsstrukturen auch zu einem deutlich komplexeren Abwicklungsverfahren. Im Folgenden sind die unterschiedlichen Ausgestaltungsvarianten, geordnet nach „Komplexitätsgrad“, im Hinblick auf den zugrundeliegenden Entscheidungsfindungsprozess zu untersuchen.

a) Bail-in lediglich hinsichtlich der Eigenmittel

Im Idealfall genügt ein „einfacher“ Bail-in. Die erste Verlusttragungsebene des Bail-in ist die Heranziehung der Inhaber von Eigenmittelinstrumenten nach Art. 21 SRM-VO. Die Herabschreibung und Umwandlung von Eigenmittelinstrumenten, insbesondere auch in Kombination mit einem anderen Abwicklungsinstrument, genügt möglicherweise schon zur Rekapitalisierung der Bank. Dies war der Fall bei der Abwicklung der spanischen Bank Banco Popular: Die CET1-Instrumente und die AT1-Instrumente wurden dort auf Null herabgeschrieben. Die T2-Instrumente wurden in (neue) Aktien umgewandelt. Diese neuen Aktien wurden für einen Euro an einen Konkurrenten verkauft. Der Erwerber erhielt also eine rekapitalisierte Bank.[851]

In diesem Szenario ist auch das Abwicklungsverfahren nicht übermäßig komplex. Das SRB legt hierbei auf Grundlage der Bewertung nach Art. 20 SRM-VO fest, dass die Eigenmittel herabgeschrieben bzw. umgewandelt werden und gegebenenfalls ein weiteres Abwicklungsinstrument angewandt wird, Art. 18 Abs. 6 lit. b) SRM-VO. Die Kommission kann das Abwicklungskonzept gemäß Art. 18 Abs. 7 UAbs. 2 SRM-VO billigen oder

851 Vgl. Art. 6.1 und 6.5 der Decision of the Single Resolution Board in its Executive Session of 7 June 2017, SRB/EES/2017/08.

Änderungen verlangen.[852] Im Fall von Banco Popular hat die Kommission den Vorschlag des SRB ohne Einwände gebilligt.

b) Anwendung des Bail-in-Instruments ohne SRF-Beteiligung

Komplizierter, aber immer noch handhabbar, wird der Entscheidungsfindungsprozess, wenn die bloße Herabschreibung der Eigenmittel nicht ausreicht, um die Bank zu rekapitalisieren, sondern auch berücksichtigungsfähige Verbindlichkeiten in Eigenkapital umgewandelt werden müssen, also das Bail-in-Instrument nach Art. 27 SRM-VO zur Anwendung kommt.[853]

Das Entscheidungsfindungsverfahren entspricht im Ausgangspunkt dem soeben beschriebenen. Darüber hinaus kann das SRB bestimmen, dass bestimmte Verbindlichkeiten vom Bail-in nach Art. 27 Abs. 5 SRM-VO ausgenommen sind. Die Herausnahme nach Art. 27 Abs. 5 SRM-VO ist eine Ermessensentscheidung, die der Kontrolle der Kommission nach Art. 18 Abs. 7 UAbs. 2 SRM-VO unterliegt. Auch die Entscheidung des SRB, dies nicht zu tun, ist eine Ermessensentscheidung, die die Kommission nach Art. 18 Abs. 7 UAbs. 2 SRM-VO kontrollieren und abändern kann. Ein möglicher Entscheidungsausgang ist also, dass die Kommission das SRB anweist, bestimmte Verbindlichkeiten bzw. Gläubiger vom Bail-in auszunehmen.

Ähnlich ist das Entscheidungsfindungsverfahren, wenn nach dem Vorschlag des SRB zwar bestimmte berücksichtigungsfähige Verbindlichkeiten vom Bail-in ausgenommen werden, der dadurch entstehende Fehlbetrag jedoch nach Art. 27 Abs. 5 UAbs. 2 SRM-VO auf die übrigen Inhaber berücksichtigungsfähiger Verbindlichkeiten verteilt wird. Auch diese Entscheidung ist eine Ermessensentscheidung, die der Kontrolle der Kommission nach Art. 18 Abs. 7 UAbs. 2 SRM-VO unterliegt.

---

852 Zur Frage, ob die Festsetzung des Umfangs der Herabschreibung bzw. Umwandlung von Eigenmitteln eine Ermessensentscheidung ist, die die Kommission gemäß Art. 18 Abs. 7 UAbs. 2 SRM-VO überprüfen kann, s. supra Vierter Teil, B. II. 3. a) bb.

853 Zur Frage, ob die Festlegung des Umfangs des Bail-in-Instruments eine Ermessensentscheidung ist, die die Kommission gemäß Art. 18 Abs. 7 UAbs. 2 SRM-VO überprüfen kann, supra Vierter Teil, B. II. 3. a) bb.

c) Anwendung des Bail-in-Instruments mit SRF-Beteiligung

Das Entscheidungsfindungsverfahren hinsichtlich der Finanzierung der Abwicklung gewinnt deutlich an Komplexität, wenn bei einer Ausnahme von der Anwendung des Bail-in-Instruments der entstehende Fehlbetrag nicht auf die anderen Gläubiger umgelegt wird, sondern durch einen Beitrag des SRF nach Art. 27 Abs. 6 bis 10 SRM-VO ausgeglichen wird. In diesem Fall kann die Kommission die Herausnahme – unter Wettbewerbsgesichtspunkten[854] – nach Art. 18 Abs. 7 UAbs. 8 SRM-VO verbieten.

Zusätzliche Komplexität ergibt sich bei einer Abänderung der Finanzierung des Bail-in durch die Kommission nach Art. 18 Abs. 7 UAbs. 8 SRM-VO aus der Tatsache, dass die Kommission nach dessen Wortlaut zwar die Privilegierung bestimmter Gläubiger verbieten kann. Fraglich ist jedoch, ob sie gleichermaßen die eigentlich untrennbar damit verbundene Reduktion des eingesetzten Betrags des SRF vornehmen kann. Eine „erhebliche" Änderung" des eingesetzten Betrags kann die Kommission nach dem Wortlaut nur nach Art. 18 Abs. 7 UAbs. 3 lit. b) SRM-VO im Einklang mit dem Rat verfügen. Denkbar ist also folgendes Szenario: Das SRB schlägt im Abwicklungskonzept vor, eine bestimmte Gläubigergruppe vom Bail-in auszunehmen und zur Kompensation dieser Herausnahme die abzuwickelnde Bank nach Art. 27 Abs. 6 i.V.m. Art. 76 Abs. 1 lit. f) SRM-VO mit Mitteln des SRF zu rekapitalisieren. Die Kommission verbietet die Ausnahme der Gläubiger vom Bail-in gemäß Art. 18 Abs. 7 UAbs. 8 SRM-VO und schlägt gleichzeitig dem Rat nach Art. 18 Abs. 7 UAbs. 3 lit. b) SRM-VO vor, den Einsatz des SRF entsprechend zu verringern. Möglicherweise entscheidet der Rat jedoch mit einfacher Mehrheit (Art. 18 Abs. 7 UAbs. 4 SRM-VO), dass der eingesetzte Betrag des SRF nicht abgeändert werden soll. Durch die Einbeziehung der zusätzlichen Verbindlichkeiten in den Bail-in und die gleichzeitig nicht verringerte Kompensation durch den SRF könnte es in dieser Situation zu einer Überrekapitalisierung der Bank kommen. Dieses sicherlich nicht gewollte Ergebnis zeigt die Folgen der Komplexität des Entscheidungsfindungsprozesses des Art. 18 Abs. 7 SRM-VO. Einen Ausweg stellt die vorherige

854 Dies ist eng mit der Beihilfenprüfung verknüpft, soll aber in einem separaten Prozess geschehen, so *Tornese*, in: Binder/Gortsos/Lackhoff/Ohler, Art. 18 SRMR, Rn. 112. Unklar bleibt in diesem Fall, ob die Kommission diesen Teil der Entscheidung auch dann abändern kann, wenn keine Wettbewerbsverzerrung droht, die Kompensation durch den SRF aber aufgrund der Abwicklungsziele und -grundsätze nicht geboten erscheint. Zum Problem der zu berücksichtigenden Ermessensgesichtspunkte supra Vierter Teil, B. II. 3. b).

beihilfenrechtliche Kontrolle nach Art. 19 SRM-VO dar. Die Kommission kann darin, ohne Beteiligung des Rates, die Inanspruchnahme des SRF von vornherein – bereits vor der Festlegung des eigentlichen Abwicklungskonzepts – begrenzen.[855] Hier zeigt sich erneut, wie systemfremd Art. 18 Abs. 7 UAbs. 8 SRM-VO im Abwicklungsverfahren ist.

d) Andere Einsatzmöglichkeiten des SRF

Abgesehen von der Kompensation der Herausnahme bestimmter Verbindlichkeiten vom Bail-in kann der SRF nach Art. 76 SRM-VO auch zu anderen Zwecken eingesetzt werden. In Betracht kommt insbesondere die Rekapitalisierung eines Brückeninstitutes nach Art. 76 Abs. 1 lit. d) SRM-VO oder eine Maßnahme zugunsten eines Erwerbers nach Art. 76 Abs. 2 SRM-VO.

Auch hier gilt, dass die Kommission eine Reduktion des eingesetzten Betrages auch vorab im Wege der Beihilfenkontrolle nach Art. 19 SRM-VO durchsetzen kann. Daher dürfte es sich bei der Änderung des eingesetzten Betrages nach Art. 18 Abs. 7 UAbs. 3 lit. b) SRM-VO immer um eine Erhöhung handeln. Das Verfahren mit Beteiligung des Rates dürfte ähnlich anfällig für eine Politisierung oder gar eine Blockade sein wie die Beteiligung des Rates bei der Entscheidung über das öffentliche Interesse an der Abwicklung nach lit. a).[856] So könnte es, sofern Kommission und Rat über eine Erhöhung des eingesetzten Betrags nicht einig sind, zu einem Aushandlungsprozess kommen. Dieser ist zeitlich begrenzt, jedoch durchaus anfällig für auch öffentlich ausgetragene Meinungsverschiedenheiten. Dies ist der Politisierung des Abwicklungsprozesses durch die Beteiligung des Rates geschuldet.

2. Beihilfenkontrolle

Jeder Einsatz des SRF sowie mitgliedstaatliche Beihilfen als Teil der Abwicklung unterliegen zudem der Beihilfenkontrolle. Für mitgliedstaatliche Beihilfen folgt dies unmittelbar aus Art. 107 AEUV. Für den Einsatz des

855 Art. 19 Abs. 3 UAbs. 5 SRM-VO.
856 Vgl. hierzu supra Vierter Teil, B. I. 4.

SRF folgt dies aus Art. 19 SRM-VO.[857] Diese Vorschrift koordiniert für beide Fälle die beihilfenrechtliche Kontrolle mit dem Abwicklungsverfahren. Für die Zwecke dieser Untersuchung stellt sich dabei die Frage, inwiefern die Beihilfenkontrolle und das Abwicklungsverfahren aufeinander abgestimmt sind bzw. ob Friktionen zwischen dem Abwicklungsverfahren und dem Beihilfenverfahren die Abwicklung gefährden können. Im Hinblick auf diese Fragestellung sollen im Folgenden die Zuständigkeitsverteilung (a)), die zu erwartende Verfahrensdauer (b)) sowie die Möglichkeiten zur Wahrung der Vertraulichkeit (c)) näher beleuchtet werden.

Das Beihilfenkontrollverfahren des Art. 19 für die Inanspruchnahme des SRF und der BVVO für mitgliedstaatliche Beihilfen ähneln sich sehr. Daher wird hier nicht zwischen diesen beiden Formen der Finanzierung der Abwicklung unterschieden. Hinzuweisen ist lediglich auf einen terminologischen Unterschied. Während Art. 19 Abs. 3 UAbs. 3 von einer „gründlichen Untersuchung“ spricht, verwendet Art. 6 BVVO den etablierten Begriff des „förmlichen Prüfverfahrens“.

a) Zuständigkeitsverteilung und Blockadepotential

Die Zuständigkeitsverteilung zwischen dem SRB, der Kommission und dem Rat ist im Hinblick auf die Beihilfenkontrolle zwar unmissverständlich geregelt: Ohne die beihilfenrechtliche Zustimmung der Kommission darf eine Abwicklung, die einen Einsatz des SRF oder eine mitgliedstaatliche Beihilfe beinhaltet, nicht vonstattengehen. Der Rat kann die Entscheidung der Kommission in – eher fernliegenden – Ausnahmefällen durch einstimmigen Beschluss ersetzen.[858] Gleichwohl ist nicht ausgeschlossen, dass sich Reibungspunkte innerhalb der Kommission (aa.) oder zwischen der Kommission und dem SRB (bb.) bzw. dem Rat (cc.) ergeben.

---

857 Vgl. zu Art. 19 SRM-VO allgemein *Bruzzone/Cassella/Micossi*, in: Laprévote/Gray/Cecco, Research Handbook on State Aid in the Banking Sector, 505, 533f., sowie *Iftinchi*, in: Laprévote/Gray/Cecco, Research Handbook on State Aid in the Banking Sector, 54, 77.

858 Art. 19 Abs. 10 SRM-VO für den Einsatz des SRF; Art. 108 Abs. 2 UAbs. 3 und 4 AEUV für mitgliedstaatliche Beihilfen.

aa. Entscheidungsfindungsverfahren der Kommission

Problematisch könnte einerseits die interne Zuständigkeitsverteilung der Kommission sein. Der Verweis in Art. 19 Abs. 1 UAbs. 2 SRM-VO auf Art. 3 Abs. 3 BRRD führt zu einer Aufspaltung der Zuständigkeiten innerhalb der Kommission.[859] Dort ist für die Beschlussfassung im Rahmen des Abwicklungsverfahrens nach Art. 18 SRM-VO die Generaldirektion Finanzstabilität, Finanzdienstleistungen und Kapitalmarktunion (DG FISMA) zuständig. Das Beihilfeverfahren nach Art. 19 SRM-VO bzw. Art. 108 AEUV führt hingegen die Generaldirektion Wettbewerb (DG COMP). Ohne einen positiven oder an Bedingungen geknüpften Beschluss der Kommission darf das SRB das Abwicklungskonzept nicht festlegen, Art. 18 Abs. 6 lit. c) i.V.m. Art. 19 Abs. 1 SRM-VO. Inwiefern kann dies zu einer Verzögerung oder Blockade der Entscheidung führen?

Für das Entscheidungsfindungsverfahren der Kommission gilt das oben Gesagte.[860] Auch für die beihilfenrechtliche Bewertung bedarf es eines mit der Mehrheit der Mitglieder gefassten Beschlusses. Weder die fachlich zuständige DG COMP noch derjenige Kommissar, dem die politische Leitung dieser Generaldirektion zukommt, kann den Beihilfenbeschluss selbständig fassen. Vielmehr stimmen die zuständigen Beamten die Beschlussentwürfe mit den anderen beteiligten Stellen ab, Art. 23 GO KOM. Für die Zwecke des Beihilfeverfahrens hat die Kommission dies in einem State Aid Manual of Procedures konkretisiert.[861] Diese sogenannte *interservice consultation* schließt, weil es sich um einen Beschluss im Sinne des Art. 288 AEUV handelt, jedenfalls den juristischen Dienst ein, Art. 23 Abs. 4 GO KOM. Die *interservice consultation* dient der Herstellung eines Konsenses zwischen der ansonsten federführenden DG FISMA und DG COMP, bevor es zu einer Abstimmung im Kommissarskollegium kommt.

Eine Koordination verschiedener Abteilungen der Kommission ist in vielen Bereichen des Unionsrechts nötig und üblich.[862] Bedenken hinsichtlich divergierender Ansichten innerhalb der Kommissionsdienststellen und damit der Gefahr einer Entscheidungsverzögerung sind dennoch nicht *a priori* von der Hand zu weisen. Die DG COMP ist nach ihrem

---

859 *Bruzzone/Cassella/Micossi*, in: Laprévote/Gray/Cecco, Research Handbook on State Aid in the Banking Sector, 505, 533; zum Hintergrund *Tornese*, in: Binder/Gortsos/Lackhoff/Ohler, Art. 18 SRMR, Rn. 103.

860 S. supra Vierter Teil, B. II. 2.

861 *European Commission*, State Aid Manual of Procedures. Ob dieses interne *Manual* noch aktuell ist, lässt sich nicht verifizieren.

862 Vgl. nur Art. 23 Abs. 1 und 2 GO KOM.

Selbstverständnis eine Marktwächterbehörde[863], wohingegen das *mission statement* der DG FISMA als Ziel vor allem die Finanzstabilität und den Schutz von Sparern und Investoren nennt.[864]

bb. Koordination der Kommission mit dem Rat

Die Beihilfenkontrolle steht in einem – im Wortlaut der Art. 18 und 19 SRM-VO nur bedingt zum Ausdruck kommenden – engen Zusammenhang mit der Entscheidung über die Höhe des eingesetzten Betrages des SRF nach Art. 18 Abs. 7 UAbs. 3 lit. b) SRM-VO. Zwar kann die Kommission nach dieser Vorschrift die Höhe des eingesetzten Betrags nur zusammen mit dem Rat abändern. Die vorhergehende Beihilfenkontrolle nach Art. 18 Abs. 6 lit. c) i.V.m. Art. 19 Abs. 1 und 3 SRM-VO führt jedoch zu einer eigenständigen Reduktionsmöglichkeit der Kommission. Ein Ergebnis des Beihilfeverfahrens kann nämlich die Genehmigung des SRF-Einsatzes unter einer Bedingung sein, Art 19 Abs. 3 UAbs. 5 Satz 2 SRM-VO. Aufgrund dieser Begrenzungsmöglichkeit der Kommission auch ohne Einverständnis des Rates dürfte es bei der Abänderung des Betrages nach Art. 18 Abs. 7 UAbs. 3 lit. b) SRM-VO ausschließlich um die Ausweitung des Einsatzes des SRF gehen. Sollte also das SRB einen zu „sparsamen“ Einsatz des SRF vorschlagen, kann die Kommission diesen nicht auf eigene Faust ausweiten, sondern muss das Einverständnis des Rates einholen, der in diesem Fall mit einfacher Mehrheit entscheidet. Hier erscheint es – wie bei allen Entscheidungen nach Art. 18 Abs. 7 UAbs. 3 SRM-VO[865] – denkbar, dass sich der Rat einem Vorschlag der Kommission zur Erhöhung der Inanspruchnahme des SRF nicht anschließt und die beiden Organe sich (auch öffentlich) widersprechen.

---

863 Vgl. das Zitat des damaligen Generaldirektors der DG COMP *Laitenberger* bei *Laprévote/Champsaur*, in: Laprévote/Gray/Cecco, Research Handbook on State Aid in the Banking Sector, 538, 548f.

864 Vgl. das *mission statement* auf der Homepage der DG FISMA, abrufbar unter https://ec.europa.eu/info/departments/financial-stability-financial-services-and-capital-markets-union/mission-statement-financial-stability-financial-services-and-capital-markets-union_en.

865 Vgl. auch supra Vierter Teil, B. I. 4. und Vierter Teil, B. III. 1. d).

cc. Koordination der Kommission mit dem SRB

Differenzen über die Binnenmarktkonformität der Inanspruchnahme des SRF bzw. einer staatlichen Beihilfe können sich auch zwischen dem SRB und der Kommission ergeben. Die SRM-VO geht von einer erstaunlich geringen Koordination der nach Art. 19 Abs. 1 UAbs. 2 SRM-VO i.V.m. Art. 3 Abs. 3 BRRD für die beihilfenrechtliche Prüfung zuständigen DG COMP mit dem SRB aus.[866] Zwar nimmt die Kommission als Beobachterin gemäß Art. 43 Abs. 3 SRM-VO an den Sitzungen des SRB teil. Zumindest nach der Ausgestaltung dieser Kooperation durch das *memorandum of understanding* zwischen dem SRB und der Kommission betrifft dies jedoch nur die Zusammenarbeit zwischen der DG FISMA und dem SRB.[867] Soll die für die Genehmigung der vom SRB avisierten Inanspruchnahme des Fonds bzw. der mitgliedstaatlichen Beihilfe zuständige Stelle der Kommission bereits frühzeitig und informell auf eine binnenmarktkonforme Ausgestaltung durch das SRB hinwirken können, so ist diese auf eine entsprechende Einflussnahme der „benachbarten" DG FISMA angewiesen.

Problematisch wäre eine mangelnde Koordination zumindest dann, wenn dies zur Einleitung einer gründlichen Untersuchung bzw. eines förmlichen Prüfverfahrens führen würde. Schon die Veröffentlichung eines Beschlusses über die Einleitung im Amtsblatt der Europäischen Union[868] dürfte zu erheblichen Verwerfungen führen, dokumentiert dies doch ein Zerwürfnis zwischen an entscheidender Stelle beteiligten Akteuren – der Kommission auf der einen und dem SRB bzw. einem Mitgliedstaat auf der anderen Seite.

dd. Bewertung

Die Involvierung der DG COMP zusätzlich zur DG FISMA kann zu zusätzlichem Koordinationsbedarf führen, zumal die Zwecke des Beihilfenrechts nicht per se automatisch kongruent mit denen des Abwicklungsrechts sind.[869] Das Beihilfenrecht gründet auf dem Gedanken des level

866 Ähnlich *Laprévote/Champsaur*, in: Laprévote/Gray/Cecco, Research Handbook on State Aid in the Banking Sector, 538, 544f.

867 Bemerkenswerterweise ist das MoU-COM-SRB nach dessen Paragraph 2 auf das Verfahren nach Art. 19 SRM-VO gerade nicht anwendbar.

868 Art. 19 Abs. 3 UAbs. 3 Satz 2 SRM-VO; Art. 32 Abs. 2 BVVO.

869 Vgl. *Laprévote/Champsaur*, in: Laprévote/Gray/Cecco, Research Handbook on State Aid in the Banking Sector, 538, 542.

playing field. Durch die Verhinderung staatlicher Beihilfen sollen Unternehmen nicht mit einem Wettbewerbsvorteil auf dem europäischen Binnenmarkt auftreten können. Bei der Abwicklung geht es nur sekundär um die Verhinderung von Verzerrungen des Binnenmarktes (vgl. Art. 14 Abs. 2 lit. b) SRM-VO). Insofern ist es durchaus denkbar, dass DG FISMA und DG COMP zu unterschiedlichen Auffassungen hinsichtlich der Ausgestaltung der Abwicklung kommen. Indes dürften dennoch keine schwerwiegenden Blockaden des Entscheidungsfindungsprozesses drohen. Die Abstimmung der Fachbehörden untereinander dürften die Konsensbildung ermöglichen.

b) Verfahrensdauer

Das Beihilfenverfahren muss abgeschlossen sein, bevor das Abwicklungsverfahren abgeschlossen werden kann. Schon bei der unbefangenen Lektüre des Art. 19 Abs. 3 SRM-VO drängen sich indes Zweifel auf, ob der Zeitrahmen eines Beihilfenverfahrens nicht ungeeignet ist für die akute Krisenintervention im Rahmen einer Abwicklung. Das Verfahren des Art. 19 Abs. 3 SRM-VO ist demjenigen der BVVO nachgebildet. Insofern ist zwischen der vorläufigen Untersuchung nach Art. 19 Abs. 3 UAbs. 2 SRM-VO bzw. Art. 4 BVVO einerseits und der gründlichen Untersuchung nach Art. 19 Abs. 3 UAbs. 3 SRM-VO bzw. dem förmlichen Prüfverfahren nach Art. 6 BVVO andererseits zu differenzieren.

Die vorläufige Untersuchung sieht lediglich vor, dass die Kommission formlos weitere Informationen anfordern kann. Bei einer Inanspruchnahme des SRF ergibt sich dies aus Art. 19 Abs. 3 UAbs. 2 Satz 1 und 4 SRM-VO, bei einer mitgliedstaatlichen Beihilfe aus Art. 5 BVVO. Mangels Anhörungsrechten Dritter, die regelmäßig eine Fristsetzung erfordern, kann die vorläufige Untersuchung zügig abgeschlossen werden.

Leitet die Kommission hingegen eine gründliche Untersuchung bzw. ein förmliches Prüfverfahren ein, so dürfte das Beihilfenverfahren zu einer signifikanten Verschleppung der Abwicklung führen. Zudem sieht die gründliche Untersuchung bzw. das förmliche Prüfverfahren weitreichende Stellungnahmemöglichkeiten für verschiedene Dritte vor. Nach Art. 19 Abs. 3 UAbs. 3 Satz 3 SRM-VO dürfen sich das SRB, ein Mitgliedstaat oder ein Konkurrent innerhalb einer von der Kommission bestimmten Frist äußern. Art. 6 BVVO sieht vergleichbare Stellungnahmemöglichkeiten vor. Es erscheint ausgeschlossen, dass eine solches unter Umständen wochen-

oder monatelanges Tauziehen geeignet ist, die akute Krisensituation einer Bank zu bewältigen.[870]

Schließlich ist aber positiv anzumerken, dass das Beihilfeverfahren relativ frühzeitig ansetzen kann.[871] Insbesondere steht die SRM-VO einer (informellen) Befassung der DG COMP schon vor der Qualifizierung einer Bank als *failing or likely to fail* nicht entgegen. Insofern kann zumindest die eher formlose vorläufige Untersuchung über die Binnenmarktkonformität der Inanspruchnahme des SRF bzw. einer mitgliedstaatlichen Beihilfe adäquat mit dem Abwicklungsverfahren koordiniert werden. Die Einleitung einer gründlichen Untersuchung bzw. eines förmlichen Prüfverfahrens indes ist mit dem Zeitrahmen einer Abwicklung unvereinbar.

c) Vertraulichkeit

Die vorläufige Untersuchung ebenso wie die gründliche Untersuchung bzw. das förmliche Prüfverfahren münden in einen Beschluss über die Vereinbarkeit mit dem Binnenmarkt,[872] der im Amtsblatt der Europäischen Union veröffentlicht wird. Bis zu diesem Zeitpunkt indes kann das Verfahren weitgehend vertraulich geführt werden. Im Hinblick auf die gründliche Untersuchung bzw. das förmliche Prüfverfahren ist hingegen anzumerken, dass – zusätzlich zu den beschriebenen Fallstricken – auch die Vertraulichkeit der einzelnen Positionen der beteiligten Akteure sowie der Zwischenergebnisse in dem informellen Abstimmungsprozess umso weniger gewährleistet werden kann, je länger sich diese zeitlich erstrecken. Der Beschluss über die Einleitung der gründlichen Untersuchung bzw. des förmlichen Prüfverfahrens ist im Amtsblatt der Europäischen Union zu veröffentlichen.[873] Damit kann in diesem Fall keinesfalls die Vertraulichkeit gewahrt bleiben.

---

870 Kritisch zu möglichen Verzögerungen auch *Grünewald/Gortsos*, in: Binder/Gortsos/Lackhoff/Ohler, Art. 19 SRMR, Rn. 3, 16.

871 *Grünewald/Gortsos*, in: Binder/Gortsos/Lackhoff/Ohler, Art. 19 SRMR, Rn. 3.

872 Art. 19 Abs. 3 UAbs. 5 SRM-VO bzw. Art. 4 Abs. 3 BVVO.

873 Art. 19 Abs. 3 UAbs. 3 Satz 2 SRM-VO bzw. Art. 4 Abs. 4 BVVO.

3. Bewertung

Das Entscheidungsverfahren für die Finanzierung der Abwicklung ist mit den vielen Einspruchs- und Verzögerungsmöglichkeiten überaus komplex geraten. Sofern weder Mittel des SRF noch mitgliedstaatliche Beihilfen eingesetzt werden, erscheint eine straffe, zügige und vertrauliche Entscheidungsfindung möglich. Sobald jedoch die Finanzierung durch den Bail-in nicht ausreicht, bedarf es größerer Abstimmungen zwischen dem SRB und der Kommission und gegebenenfalls innerhalb der Kommission. Hierbei besteht die Gefahr, dass die Kommission als Marktwächterbehörde in Konflikt gerät mit dem eher an Finanzstabilität orientierten SRB bzw. den Mitgliedstaaten und auf eine Reduktion der eingesetzten öffentlichen Mittel dringt. Da das Beihilfenverfahren zeitlich nicht begrenzt ist und vor der Abwicklung abgeschlossen sein muss, droht hier eine deutliche Verzögerung. Besser wäre es daher, die Frage der Finanzierung der Abwicklung in die Entscheidung über die Abwicklung zu integrieren.

Genügt der vom SRB vorgeschlagene Einsatz des SRF nach Ansicht der Kommission dagegen nicht, muss zudem der Rat befasst werden – es droht eine Politisierung des Prozesses, der jedoch immerhin zeitlich stark begrenzt ist.

4. Primärrechtliche Notwendigkeit der Einbeziehung von Kommission und Rat bei Finanzierungsfragen?

Die Beihilfenkontrolle von mitgliedstaatlichen Beihilfen ist primärrechtlich geboten. Das folgt zwar nicht aus der *Meroni*-Rechtsprechung, aber aus Art. 107 ff. AEUV. Sodann ist es konsistent, dass Art. 19 SRM-VO auch die Zuwendungen aus dem SRF materiell dem Beihilfenregime unterwirft, denn Wettbewerbsverzerrungen sind durch übermäßige Zuwendungen aus dem SRF ebenso möglich wie durch mitgliedstaatliche Beihilfen. Zudem kann so ein Ungleichgewicht zwischen Teilnehmern der Bankenunion und anderen Mitgliedstaaten vermieden werden. Das ist zwar primärrechtlich nicht notwendig, der Gleichlauf ist aber politisch gewollt und sinnvoll.

Nicht überzeugend ist dagegen die primärrechtlich nicht gebotene Beteiligung des Rates. Diese ist zum einen rudimentär und kann daher die Finanzierung der Abwicklung nicht zu einer echten politischen (und politisch zu entscheidenden) Frage machen. Andererseits irritiert das politische Gewicht des Rates, weil es unnötigerweise den Anschein der politischen Entscheidung weckt. Sofern man die Mitgliedstaaten an der Entscheidung über den Einsatz des SRF beteiligen will, genügt sicherlich die Ausweitung der SRB-Konfiguration auf die Plenarsitzung nach Art. 55 Abs. 1 lit. c) und d) SRM-VO. Diese stellen sicher, dass die Plenarsitzung (und damit Vertreter der Mitgliedstaaten) entscheidet, wenn der SRF mit mehr als fünf Milliarden Euro in Anspruch genommen wird.

C. Umsetzung des Abwicklungskonzepts

Nach Abschluss des Entscheidungsfindungsverfahrens richtet das SRB das Abwicklungskonzept, einen Beschluss im Sinne des Art. 288 AEUV, an die NRA, Art. 18 Abs. 9 Satz 2 SRM-VO. In den Normen über die Umsetzung des Abwicklungskonzepts kommt eine klare Hierarchie zwischen dem SRB und den NRA zum Ausdruck. Letztere sind verpflichtet, das Abwicklungskonzept umzusetzen, wie sich aus Art. 29 Abs. 1 SRM-VO ergibt. Im Abwicklungskonzept sind alle materiellen Entscheidungen getroffen, Art. 23 Abs. 1 UAbs. 1 SRM-VO. Der NRA kommt kein eigener Entscheidungsspielraum zu.[874] Sie ist bloße Vollzugshelferin.

Dennoch ist nicht auszuschließen, dass die Interessen und Ziele der NRA bei der Abwicklung nicht gleichgerichtet mit denjenigen des SRB sind.[875] Immerhin ist der NRA-Vertreter in der Präsidiumssitzung des SRB zwar beteiligt, aber gerade nicht stimmberechtigt. Daher ist die Frage nach denkbaren Verzögerungs- und Obstruktionsmöglichkeiten berechtigt. Das SRB ist für eine schnelle und reibungslose Umsetzung auf die NRA angewiesen, denn die Abwicklungsmaßnahmen entfalten erst durch die Anwendung der Abwicklungsbefugnisse durch die NRA rechtliche Wirkung gegenüber der Bank, ihren Eigentümern und Gläubigern. Auf Vertraulichkeit kommt es indes in dieser Phase der Abwicklung nicht mehr an. Dem SRB stehen für die Sicherstellung einer schnellen und reibungslosen Umsetzung ein Weisungsrecht gegenüber der NRA (I.) und ein Selbsteintrittsrecht (II.), die jeweils gesondert zu bewerten sind.

---

874 Dennoch einen legitimierenden Effekt der NRA-Umsetzung anerkennend *Asimakopoulos*, in: Hofmann/Pantazatou/Zaccaroni, The Metamorphosis of the European Economic Constitution, 279, 290; einen Effizienzgewinn sieht *Tornese*, in: Binder/Gortsos/Lackhoff/Ohler, Art. 23 SRMR, Rn. 7.

875 *Véron*, Taking stock of the Single Resolution Board, S. 20.

I. Einzelweisungen nach Art. 28 Abs. 2 SRM-VO

Die Hierarchie zwischen SRB und NRA kommt einerseits in der engmaschigen Überwachung der NRA durch das SRB bei der Durchführung des Abwicklungskonzepts nach Art. 28 Abs. 1 SRM-VO, andererseits in dem Weisungsrecht des SRB nach Art. 28 Abs. 2 SRM-VO zum Ausdruck.

Das SRB kann Einzelweisungen an die NRA gemäß Art. 28 Abs. 2 jederzeit erteilen. Es kann also auch nach Abschluss des eigentlichen Abwicklungsverfahrens unmittelbar „nachsteuern".[876] Allerdings steht das Weisungsrecht in Zusammenhang mit den umfangreichen Berichtspflichten der NRA gegenüber dem SRB nach Art. 28 Abs. 1 SRM-VO. Zwar ist der Satzteil „Auf der Grundlage der bereitgestellten Informationen" nicht als Tatbestandsvoraussetzung für eine Weisung nach Art. 28 Abs. 2 SRM-VO zu verstehen.[877] Allerdings dürfte das SRB zumindest teilweise auf eine ausreichende Informationsversorgung durch die NRA angewiesen sein.[878] Es erscheint nicht ausgeschlossen, dass eine NRA durch die zögerliche Weitergabe von Informationen die Ausübung des Weisungsrechts durch das SRB zu beeinträchtigen sucht.[879]

II. Selbsteintrittsrecht nach Art. 29 Abs. 2 SRM-VO

Die zweite „Eskalationsstufe" nach der Weisung nach Art. 28 Abs. 2 SRM-VO stellt das Selbsteintrittsrecht nach Art. 29 Abs. 2 bis 4 SRM-VO dar. Auch hierin kommt das Hierarchieverhältnis zwischen SRB und NRA zum Ausdruck.

Das SRB darf selbst tätig werden, wenn die NRA einen Beschluss des SRB nicht durchgeführt oder nicht eingehalten hat oder ihn so durchgeführt hat, dass die Abwicklungsziele gemäß Art. 14 SRM-VO oder die effiziente Umsetzung des Abwicklungskonzepts gefährdet sind. Letzteres ist angesichts der Unbestimmtheit der Abwicklungsziele nach Art. 14 SRM-VO selbst eine relativ unbestimmte Voraussetzung.

---

876 Hierzu und auch zu den Grenzen der „Nachsteuerung" *Hadjiemmanuil*, in: Binder/Gortsos/Lackhoff/Ohler, Art. 28 SRMR, Rn. 14.

877 *Hadjiemmanuil*, in: Binder/Gortsos/Lackhoff/Ohler, Art. 28 SRMR, Rn. 12.

878 *Hadjiemmanuil*, in: Binder/Gortsos/Lackhoff/Ohler, Art. 28 SRMR, Rn. 7.

879 Ähnlich *Asimakopoulos*, in: Hofmann/Pantazatou/Zaccaroni, The Metamorphosis of the European Economic Constitution, 279, 291.

Insofern liegen die rechtlichen Hürden für das Selbsteintrittsrecht nicht besonders hoch. Dieses ist jedoch in zweifacher Hinsicht beschränkt. Erstens muss das SRB gemäß Art. 29 Abs. 2 UAbs. 3 SRM-VO die NRA zunächst über den beabsichtigten Selbsteintritt informieren. In der Regel ist dabei eine „Wartefrist" von 24 Stunden einzuhalten, die jedoch auch verkürzt werden kann, Art. 29 Abs. 2 UAbs. 4 SRM-VO. Zweitens ist das Selbsteintrittsrecht in seinem Umfang begrenzt. Es umfasst nur Anweisungen an die abzuwickelnde Bank, nicht aber an Dritte und insbesondere nicht an Eigentümer und Gläubiger der Bank. Das SRB kann also die Herabschreibung und Umwandlung von Eigenmitteln und bail-in-fähigen Verbindlichkeiten nicht selbst bewirken.[880] Damit bleiben die Befugnisse des SRB entscheidend hinter denjenigen der NRA nach Art. 63 ff. BRRD zurück. Weigert sich die NRA, der Weisung nach Art. 28 Abs. 2 SRM-VO nachzukommen oder den Beschluss nach Art. 29 Abs. 2 SRM-VO einzuhalten (Art. 29 Abs. 4 SRM-VO), so bleibt angesichts dieser eingeschränkten eigenen Handlungsmöglichkeiten des SRB nur noch die Einleitung eines Vertragsverletzungsverfahrens nach Art. 258 AEUV.

III. Bewertung

Das Hierarchieverhältnis zwischen SRB und NRA bei der Umsetzung des Abwicklungskonzepts kommt so eindeutig in den Regelungen der SRM-VO zum Ausdruck, dass Kompetenzkonflikte in diesem Stadium eigentlich nicht zu erwarten sind. Dennoch ist festzuhalten, dass die SRM-VO zwar eine eindeutige Aufgabenverteilung bei der Umsetzun,g des beschlossenen Abwicklungskonzepts vorsieht. Sie gibt dem SRB jedoch nur begrenzte Möglichkeiten, dieses Abwicklungskonzept notfalls selbst durchzusetzen. Das SRB ist auf die Kooperation der NRA angewiesen.[881] Kooperiert diese nicht oder nur teilweise, so drohen Verzögerungen und Friktionen, die den Erfolg der Abwicklung gefährden können.[882]

---

880 Ungenau daher *Asimakopoulos*, in: Hofmann/Pantazatou/Zaccaroni, The Metamorphosis of the European Economic Constitution, 279, 288. Das SRB wendet nur die SRM-VO, nicht die nationale Umsetzungsgesetzgebung zur BRRD an, *Hadjiemmanuil*, in: Binder/Gortsos/Lackhoff/Ohler, Art. 29 SRMR, Rn. 39.

881 Als „principal-agent problem" bezeichnet dies *Hadjiemmanuil*, in: Binder/Gortsos/Lackhoff/Ohler, Art. 28 SRMR, Rn. 1.

882 Für eine weitere Zentralisierung der Abwicklungszuständigkeit bei dem SRB und die Abschaffung der NRAs *Véron*, Taking stock of the Single Resolution Board, S. 20.

IV. Primärrechtliche Notwendigkeit mitgliedstaatlicher Umsetzung?

Dass das Abwicklungskonzept zunächst nur ein an die jeweiligen NRAs gerichteter Beschluss ist, verwundert. Dass das Primärrecht eine solche „Zwischenschaltung" der NRAs fordert, ist nicht ersichtlich. Möglich wären auch – ähnlich den Leerverkaufsverboten der ESMA nach Art. 28 LeerverkaufVO – an Marktteilnehmer gerichtete Beschlüsse des SRB. Die NRAs unterliegen ohnehin den Weisungen des SRB, so dass ihre Beteiligung im Grunde ein reiner Formalismus ist.

Möglicherweise erhofft sich der Unionsgesetzgeber damit einen Legitimationsgewinn,[883] der freilich schwer zu erkennen ist. Im Gegenteil: Werden nationale Behörden ohne jeden eigenen Handlungsspielraum als bloße „Boten" europäischer Institutionen tätig, delegitimiert dies die Entscheidung eher und macht sie jedenfalls nicht „bürgernäher". Dies zeigt sich auch an den Friktionen, zu denen es bei einer inhaltsgleichen Umsetzung eines unionsrechtlichen Beschlusses durch eine nationale Behörde kommen kann. Ein anschauliches Beispiel liefert die Festsetzung der Beiträge zum SRF für das erste Beitragsjahr 2016. Die inzwischen mit der BaFin zusammengelegte Bundesanstalt für Finanzmarktstabilisierung hat dort den die Beiträge festsetzenden Beschluss des SRB in Verwaltungsakte „übersetzt" und diese, mit Rechtsbehelfsbelehrung versehen, an die jeweiligen beitragspflichtigen Banken versandt. Einige Banken erhoben – wohl auch aufgrund der Rechtsmittelbelehrung – zunächst nur Widerspruch nach § 68 VwGO gegen die Verwaltungsakte nach nationalem Recht, und erst etwa ein halbes Jahr später auch Nichtigkeitsklagen zum EuG gemäß Art. 86 SRM-VO i.V.m. Art. 263 AEUV. Sie rügten u.a. eine falsche Berechnung der Beiträge. Das EuG wies die Klagen jedoch als offensichtlich verspätet zurück.[884] Die Banken hätten innerhalb von zwei Monaten unmittelbar gegen den Beschluss des SRB klagen müssen. Auch wenn solche Friktionen als Anlaufschwierigkeiten angesehen werden können, zeigt sich, dass durch eine nur scheinbare Einbindung nationaler Behörden wenig gewonnen ist.

---

883 Von einem Effizienzgewinn hingegen ausgehend *Tornese*, in: Binder/Gortsos/Lackhoff/Ohler, Art. 18 SRMR, Rn. 114.

884 EuG, Beschluss v. 19. November 2018, Rs. T-14/17; EuG, Beschluss v. 19. November 2018, Rs. T-42/17.

Fünfter Teil – Schlussbetrachtung und Zusammenfassung in Thesen

Die Untersuchung hat gezeigt, dass das Abwicklungsverfahren nach Art. 18 SRM-VO an einigen Mängeln leidet. Aus den Wirkungszusammenhängen von Bankenkrisen folgen bestimmte Anforderungen an die Entscheidungsverfahren hoheitlicher Kriseninterventionen. Diese Anforderungen hält das Verfahren nach Art. 18 SRM-VO in großen Teilen nicht ein. Möglicherweise ist dies der Grund, warum in den ersten Jahren nach Inkrafttreten der SRM-VO kaum von ihr Gebrauch gemacht wurde. Die Praxis hat, wenn es zu einer Krise kam, bisher meistens *ad hoc* Lösungen außerhalb des Abwicklungsrechts gesucht und gefunden. Ob dies allein oder überwiegend an den einzelnen Dysfunktionalitäten des Abwicklungsrechts liegt, oder ob andere Gründe hierfür den Ausschlag geben, ist eine naheliegende Folgefrage, denn die umfangreichen Reformen des Finanzmarktaufsichtsrechts nach der Finanzkrise 2008 haben immerhin – so ein verbreitetes Urteil während der Coronakrise 2020/21 und eine naheliegende Hypothese – die Widerstandsfähigkeit der Banken in Europa insgesamt deutlich erhöht und damit die Notwendigkeit von Bankenabwicklungen reduziert. Der Wissensstand nach dieser Untersuchung lässt sich wie folgt zusammenfassen:

Erster Teil – Einführung

1. *Forschungsstand*: Das Bankenabwicklungsrecht ist rechtswissenschaftlich bisher kaum analysiert worden. Immerhin finden sich jedoch in der deutschsprachigen Literatur vergleichende Analysen, eine detaillierte Beschreibung des zentralen Abwicklungsinstruments „Bail-in“ und eine dezidiert wirtschaftswissenschaftliche Analyse. In der englischsprachigen Literatur gibt es einige Gesamtdarstellungen.
2. *Begrifflichkeiten*: Als analytischer Begriff, der von einzelnen spezifisch ausgeformten Rechtsbegriffen wie „Kreditinstitut“ oder „CRR-Kreditinstitut“ abstrahiert, bietet sich der allgemeinsprachliche Begriff „Bank“ an. Dieser ist rechtstechnisch nicht belegt.
3. *Methodik*: Die vorliegende Arbeit zielt auf einen interdisziplinären, insbesondere wirtschaftswissenschaftlich informierten Ansatz ab. Wirtschaftwissenschaftliche Erkenntnisse werden nicht normativ, insbeson-

dere nicht für Vorschläge *de lege ferenda*, sondern deskriptiv analytisch verwendet.

Zweiter Teil – Annäherung an den Untersuchungsgegenstand

4. *Rechtsrahmen*: Das Bankenabwicklungsrecht ist vorwiegend in einer Bankenabwicklungsrichtlinie (BRRD) und einer Verordnung über den einheitlichen Bankenabwicklungsmechanismus (SRM-VO) geregelt.
5. *Materielles Abwicklungsrecht und Zentralisierung*: Während die BRRD für alle EU-Mitgliedstaaten ein einheitliches Bankenabwicklungsrecht vorschreibt, zentralisiert die SRM-VO das anzuwendende Verfahren bei einer europäischen Behörde, dem Single Resolution Board (SRB). Das Single Resolution Board verfügt über einen Bankenabwicklungsfonds (SRF).
6. *Prävention*: Das Bankenabwicklungsrecht sieht präventive Instrumente (Sanierungsplanung, Abwicklungsplanung, MREL-Festsetzungen, Frühzeitiges Eingreifen) vor. Dies überschneiden sich teilweise mit bankaufsichtlichen Eingriffsbefugnissen.
7. *Abwicklungsinstrumente*: Die eigentlichen Abwicklungsinstrumente sind die Unternehmensveräußerung, das Brückeninstitut, die Ausgliederung von Vermögenswerten („Bad Banks“) und der Bail-in, welcher das Herzstück des Abwicklungsrechts darstellt.
8. *Aufgabenverteilung im SRM*: Die Zuständigkeitsverteilung zwischen SRB und NRAs ähnelt derjenigen von EZB und NCA im SSM. Im SRB bestehen zwei verschiedene Entscheidungskonfigurationen, die Plenarsitzung und die Präsidiumssitzung.
9. *Verlusttragung im SRM*: Im Fall einer Bankenabwicklung im SRM kommen grundsätzlich drei Möglichkeiten der Verlusttragung in Betracht: Bail-in, SRF oder mitgliedstaatliche Beihilfen.
10. *Einteilung des Abwicklungsverfahrens*: Das Verfahren nach Art. 18 SRM-VO kann in die Abschnitte „Einleitung“, „Entscheidungsfindung“ und „Umsetzung“ unterteilt werden.
11. *Einleitung des Abwicklungsverfahrens*: Zuständig für die Einleitung des Abwicklungsverfahrens sind die EZB und das SRB. Das Verfahren wird bei einem (wahrscheinlichen) Ausfall einer Bank („Failing or likely to fail“) eingeleitet.
12. *Entscheidungsfindungsverfahren*: Während des Verfahrens kann dieses mangels öffentlichen Interesses abgebrochen werden. Bei der Ausgestaltung und Finanzierung der Abwicklung können zahlreiche Behörden auf Grundlage unklarer Tatbestände Einfluss nehmen.

13. *Umsetzung des Abwicklungskonzepts*: Das Abwicklungskonzept wird durch die NRA unter Aufsicht des SRB umgesetzt.
14. *Primärrechtlicher Hintergrund*: Die Meroni-Entscheidung und vor allem die Leerverkaufsentscheidung bilden den primärrechtlichen Hintergrund für die Befugnisübertragungen und Zuständigkeitsverteilung innerhalb des SRM. Zulässig ist eine Befugnisübertragung auf eine EU-Agentur in der Regel, wenn es um „Tatsachenbeurteilung technischer Art" geht.

Dritter Teil – Ziele und Gelingensbedingungen der Bankenabwicklung

15. *Ziele der Bankenabwicklung*: Das Abwicklungsverfahren muss anhand der Ziele der Bankenabwicklung bewertet werden.
16. *Sonderinsolvenzrecht*: Im Gegensatz zum allgemeinen Unternehmensinsolvenzrecht steht nicht Schuldnerschutz und Gläubigerbefriedigung stehen bei der Bankenabwicklung die Vermeidung von Ansteckungseffekten und von negativen Auswirkungen auf die Realwirtschaft im Vordergrund.
17. *Normierte Abwicklungsziele*: Diese Überlegungen finden ihren Niederschlag in den normierten Abwicklungszielen in Art. 14 Abs. 2 SRM-VO.
18. *Gelingensbedingungen der Bankenabwicklung*: Aus diesen Zielen folgen bestimmte Anforderungen für das Verfahrensdesign einer Bankenabwicklung.
19. *Beispiele*: Diese Anforderungen lassen sich u.a. an den Beispielen Northern Rock, IndyMac, Fortis und IKB exemplifizieren. Bei den Krisen dieser Banken lassen sich Zeitdruck, Informationslücken, Kommunikationspannen und gegenseitige Blockaden der Beteiligten aufzeigen.
20. *Anforderungen an Zuständigkeitsverteilung*: Aus diesen Überlegungen folgt, dass die Zuständigkeiten möglichst eindeutig verteilt sein müssen. Taugliche Eingriffsschwellen zu definieren, fällt schwer.
21. *Zeitliche Dimension*: Da Bankenkrisen sich innerhalb kürzester Zeit extrem zuspitzen können, müssen Abwicklungen sehr schnell erfolgen (können).
22. *Kommunikation und Obstruktion*: Aus ähnlichen Gründen müssen die beteiligten Behörden vor und während einer Abwicklung die Kommunikation und den Informationsfluss steuern können. Auch Obstruktionsmöglichkeiten müssen so weit wie möglich ausgeschlossen sein.

Vierter Teil – Die Abwicklung nach der SRM-VO

23. *Zuständigkeitsverteilung zwischen EZB und SRM*: Die EZB unterliegt aufgrund ihrer Eigenschaft als Aufsichtsbehörde einem Interessenkonflikt bei der Einleitung von Abwicklungsverfahren. Daher sollten EZB und SRB unabhängig voneinander ermächtigt sein, die Abwicklung einzuleiten.
24. *Normierung von ‚Failing or likely to fail'*: Die in Art. 18 SRM-VO normierten Eingriffsschwellen ermöglichen eine rechtzeitige Abwicklung, erlauben den Behörden aber auch große Spielräume für Verzögerungen.
25. *Primärrechtliche Zulässigkeit*: Die Initiierung einer Abwicklung durch eine EU-Agentur ist zulässig, weil es sich um Tatsachenbeurteilungen technischer Art handelt.
26. *Abbruch mangels öffentlichen Interesses*: Der gesetzliche Maßstab, wann ein öffentliches Interesse an einer Abwicklung besteht, ist aufgrund einer unklaren Verwendung des Instruments der Verhältnismäßigkeitsprüfung unklar. Richtigerweise wird hierdurch die Zuständigkeitskonzentration auf europäischer Ebene kontrolliert.
27. *Zweifache Prüfung*: Potenziell schädlich und primärrechtlich überflüssig ist die zweifache Prüfung des öffentlichen Interesses durch SRB, Kommission und Rat.
28. *Ermessensausübung in der Abwicklung*: Auch die Ermessensausübung durch das SRB und die Kontrolle durch die Kommission ist eine primärrechtlich nicht notwendige Doppelung, die die Abwicklung torpedieren kann.
29. *Entscheidung über Finanzierung der Abwicklung*: Nur wenn weder der SRF noch mitgliedstaatliche Beihilfen eingesetzt werden, ist ein adäquater Entscheidungsprozess sichergestellt, da bei einem Einsatz des SRF auch die Kommission und ggf. der Rat beteiligt werden. Zudem kann das Beihilfeverfahren die Abwicklung verzögern. Das Beihilfeverfahren ist jedoch primärrechtlich notwendig und sinnvoll.
30. *Umsetzung der Abwicklungsentscheidung*: Kompetenzkonflikte zwischen SRB und NRA sind hier eher unwahrscheinlich. Die Zwischenebene der NRAs bietet aber keine Vorteile und ist primärrechtlich nicht geboten.

Literaturverzeichnis

Admati, Anat R./Hellwig, Martin, The Bankers' New Clothes. What's Wrong with Banking and What to Do about It, Princeton, NJ 2013.

Adolff, Johannes/Häller, Jan, Bail-in im Lichte des EU-Bankenpakets: Das Zusammenspiel von MREL, TLAC und TLOF, ZBB 2019, 369–378.

Ahnert, Toni/Georg, Co-Pierre, Information contagion and systemic risk, Journal of Financial Stability 35 (2018), 159–171.

Alexander, Kern, Rebuilding International Financial Regulation and Basel III, ZBB 2011, 337–344.

Allen, Franklin/Gale, Douglas, Financial Contagion, Journal of Political Economy 108 (2000), 1–33.

Allen, Franklin/Gale, Douglas, Introduction, in: Franklin Allen, Douglas Gale (Hrsg.), Financial Crises, Cheltenham 2008, S. ix–xxvii.

Armour, John, Making Bank Resolution Credible, in: Niamh Moloney, Eilís Ferran, Jennifer Payne (Hrsg.), The Oxford Handbook of Financial Regulation, Oxford 2015, S. 453–486.

Asimakopoulos, Ioannis G., The Single Resolution Board as a new form of economic governance, in: Herwig C. H. Hofmann, Katerina Pantazatou, Giovanni Zaccaroni (Hrsg.), The Metamorphosis of the European Economic Constitution, Cheltenham 2019, S. 279–300.

Assmann, Heinz-Dieter/Schneider, Uwe H./Mülbert, Peter O. (Hrsg.), Wertpapierhandelsrecht. Kommentar WpHG MAR PRIIP MiFIR Leerverkaufs-VO EMIR, 7. Aufl., Köln 2019.

Ayotte, Kenneth, Bankruptcy and Entrepreneurship: The Value of a Fresh Start, Journal of Law, Economics, and Organization 23 (2006), 161–185.

Ayotte, Kenneth/Skeel, David A., Bankruptcy or Bailouts?, The Journal of Corporation Law 35 (2010), 469–498.

Babis, Valia, European Bank Recovery and Resolution Directive: Recovery Proceedings for Cross-Border Banking Groups, European Business Law Review 25 (2014), 459–480.

Bagehot, Walter, A General View of Lombard Street (excerpts), in: Charles A. E. Goodhart, Gerhard Illing (Hrsg.), Financial Crises, Contagion, and the Lender of Last Resort. A Reader, Oxford 2002, S. 47–72.

Balla, Eliana/Fessenden, Helen/Prescott, Edward Simpson/Walter, John R., Did Banking Reforms of the Early 1990s Fail? Lessons from Comparing Two Banking Crises, Economic Brief EB15-06, Juni 2015, https://fraser.stlouisfed.org/files/docs/historical/frbrich/econbrief/frbrich_eb_15-06.pdf.

Bandt, Olivier de/Hartmann, Philipp, Systemic Risk in Banking: A Survey, in: Charles A. E. Goodhart, Gerhard Illing (Hrsg.), Financial Crises, Contagion, and the Lender of Last Resort. A Reader, Oxford 2002, S. 249–297.

Barnichon, Regis/Matthes, Christian/Ziegenbein, Alexander, The Financial Crisis at 10: Will We Ever Recover?, FRBSF Economic Letter 2018–19, August 2018, https://www.frbsf.org/economic-research/files/el2018-19.pdf.

Basel Committee on Banking Supervision, Global systemically important banks: revised assessment methodology and the higher loss absorbency requirement, Juli 2018, https://www.bis.org/bcbs/publ/d445.pdf.

Basel Committee on Banking Supervision, Report and Recommendations of the Cross-border Bank Resolution Group, März 2010, https://www.bis.org/publ/bcbs169.pdf.

Bauer-Weiler, Denise/Struckmann, Jan, § 16 Frühzeitiges aufsichtsrechtliches Eingreifen, in: Jens-Hinrich Binder, Alexander Glos, Jan Riepe (Hrsg.), Handbuch Bankenaufsichtsrecht, 2. Auflage, Köln 2020.

Beck, Thorsten/Coyle, Diane/Dewatripont, Mathias/Freixas, Xavier/Seabright, Paul, Bailing out the Banks. Reconsiling Stability and Competition, London 2010.

Benoit, Sylvain/Colliard, Jean-Edouard/Hurlin, Christophe/Pérignon, Christophe, Where the Risks Lie: A Survey on Systemic Risk, Review of Finance 21 (2017), 109–152.

Benston, George J./Kaufman, George G., FDICIA after five years, Journal of Economic Perspectives 11 (1997), 139–158.

Benzing, Markus, § 14 Institutioneller Rahmen: SRM, SRB und nationale Abwicklungsbehörden, in: Jens-Hinrich Binder, Alexander Glos, Jan Riepe (Hrsg.), Handbuch Bankenaufsichtsrecht, 2. Auflage, Köln 2020.

Binder, Jens-Hinrich, § 18 Insolvenzbewältigung bei systemrelevanten Banken, in: Jens-Hinrich Binder, Alexander Glos, Jan Riepe (Hrsg.), Handbuch Bankenaufsichtsrecht, 2. Auflage, Köln 2020.

Binder, Jens-Hinrich, Bankeninsolvenzen im Spannungsfeld zwischen Bankaufsichts- und Insolvenzrecht. Regelungsziele, Anwendungsprobleme und Reformansätze, dargestellt am Beispiel des deutschen und des englischen Rechts, Berlin 2005.

Binder, Jens-Hinrich, Gleichung mit (zu?) vielen Unbekannten. Nachhaltige Bankenstrukturen durch Sanierungs- und Abwicklungsplanung?, ZBB 2015, 153–212.

Binder, Jens-Hinrich, Komplexitätsbewältigung durch Verwaltungsverfahren? Krisenbewältigung und Krisenprävention nach der EU-Bankensanierungs- und -abwicklungsrichtlinie, ZHR 179 (2015), 83–133.

Binder, Jens-Hinrich, Proportionality at the Resolution Stage. Calibration of Resolution Measures and the Public Interest Test, European Business Organization Law Review 21 (2020), 453–474.

Binder, Jens-Hinrich, Resolution planning and structural bank reform within the banking union, in: Juan E. Castañeda, David G. Mayes, Geoffrey Wood (Hrsg.), European Banking Union. Prospects and challenges, Abingdon, UK, New York, NY 2016, S. 129–155.

Binder, Jens-Hinrich, Resolution: Concepts, Requirements, and Tools, in: Jens-Hinrich Binder, Dalvinder Singh (Hrsg.), Bank Resolution. The European Regime, Oxford 2016, S. 25–59.

Binder, Jens-Hinrich, Systemkrisenbewältigung durch Bankenabwicklung? Aktuelle Bemerkungen zu unrealistischen Erwartungen, ZBB 2017, 57–71.

Binder, Jens-Hinrich/Gortsos, Christos V., The European Banking Union. A compendium, München, Oxford, Baden-Baden 2016.

Binder, Jens-Hinrich/Gortsos, Christos V./Lackhoff, Klaus/Ohler, Christoph (Hrsg.), European Banking Union Brussels Commentary, Baden-Baden 2022.

Blaß, Robin, Abwicklung von Banken. Eine Untersuchung der Entstehung und der Funktionsweise des einheitlichen Abwicklungsmechanismus innerhalb der Europäischen Bankenunion, Baden-Baden 2019.

Bliesener, Dirk H., Legal Problems of Bail-ins under the EU's proposed Recovery and Resolution Directive, in: Andreas Dombret, Patrick Kenadjian (Hrsg.), The Bank Recovery and Resolution Directive. Europe's Solution for « Too Big To Fail »?, Berlin 2013, S. 189–227.

Bliss, Robert R./Kaufman, George G., U.S. Corporate and Bank Insolvency Regimes: A Comparison and Evaluation, Virginia Law & Business Review 2 (2007), 143–177.

Boos, Karl-Heinz/Fischer, Reinfrid/Schulte-Mattler, Hermann (Hrsg.), KWG, CRR-VO. Kommentar zu Kreditwesengesetz, VO (EU) Nr. 575/2013 (CRR) und Ausführungsvorschriften, 5. Aufl., München 2016.

Boot, Arnoud W. A./Thakor, Anjan V., Self-Interested Bank Regulation, The American Economic Review 83 (1993), 206–212.

Bornemann, Alexander, Der lange Weg der Insolvenzrechtsharmonisierung. Zur Richtlinie (EU) 2019/1023 des Europäischen Parlaments und des Rates v. 20.6.2019, NZI-Beilage 2019, 6–8.

Božina Beroš, Marta, Some Reflections on the Governance Framework of the Single Resolution Board, JCMS 56 (2018), 646–655.

Brescia Morra, Concetta, The New European Union Framework for Banking Crisis Management: Rules versus Discretion, ECFR 2019, 349–380.

Bruzzone, Ginevra/Cassella, Miriam/Micossi, Stefano, The new regulatory framework for bank resolution, in: François-Charles Laprévote, Joanna Gray, Francesco de Cecco (Hrsg.), Research Handbook on State Aid in the Banking Sector, Cheltenham 2017, S. 505–537.

Buckingham, Sophie/Atanasova, Svetlana/Frazzani, Simona/Véron, Nicolas, Study on the differences between bank insolvency laws and on their potential harmonisation. Final report, November 2019, https://ec.europa.eu/info/sites/default/files/business_economy_euro/banking_and_finance/documents/191106-study-bank-insolvency_en.pdf.

Bunte, Hermann-Josef/Poelzig, Dörte, § 128. Die Aufsicht über staatliche Beihilfen (Art. 107 ff. AEUV), in: Hermann-Josef Bunte, Ellenberger, Jürgen (Hrsg.), Bankrechts-Handbuch, 6. Auflage, München 2022.

Busch, Danny, Governance of the Single Resolution Mechanism, in: Danny Busch, Guido Ferrarini (Hrsg.), European Banking Union, Oxford 2015, S. 281–335.

Calliess, Christian/Ruffert, Matthias (Hrsg.), EUV/AEUV. Das Verfassungsrecht der Europäischen Union mit Europäischer Grundrechtecharta: Kommentar, 6. Aufl., München 2022.

Calliess, Christian/Schoenfleisch, Christopher, Die Bankenunion, der ESM und die Rekapitalisierung von Banken. Europa- und verfassungsrechtliche Fragen, JZ 70 (2015), 113–121.

Calomiris, Charles W./Gorton, Gary, The Origins of Banking Panics: Models, Facts, and Bank Regulation, in: R. Glenn Hubbard (Hrsg.), Financial Markets and Financial Crises, Chicago 1991, S. 109–174.

Calvo, Daniel/Crisanto, Juan Carlos/Hohl, Stefan/Gutiérrez, Oscar Pascual, Financial supervisory architecture. what has changed after the crisis?, Financial Stability Institute, FSI Insights on policy implementation 8, April 2018, https://www.bis.org/fsi/publ/insights8.pdf.

Cannas, Giuseppina/Cariboni, Jessica/Kazemi Veisari, Laleh/Pagano, Andrea, Updated estimates of EU eligible and covered deposits, 2015, https://publications.jrc.ec.europa.eu/repository/handle/JRC99780.

Capolino, Olina, The Single Resolution Mechanism: Authorities and Proceedings, in: Mario P. Chiti, Vittorio Santoro (Hrsg.), The Palgrave Handbook of European Banking Union Law, Cham, CH 2019, S. 247–270.

Cichy, Patrick/Buchmüller, Patrik/Igl, Andreas, § 15 Sanierungs- und Abwicklungsplanung, in: Jens-Hinrich Binder, Alexander Glos, Jan Riepe (Hrsg.), Handbuch Bankenaufsichtsrecht, 2. Auflage, Köln 2020.

Čihák, Martin/Nier, Erlend, The Need for Special Resolution Regimes for Financial Institutions. The Case of the European Union, Harvard Business Law Review 2 (2012), 395–434.

Cole, Rebel A./White, Lawrence J., When time is not on our side: The costs of regulatory forbearance in the closure of insolvent banks, Journal of Banking & Finance 80 (2017), 235–249.

Congressional Research Service, Who Regulates Whom? An Overview of the U.S. Financial Regulatory Framework, CRS Report No. R44918, März 2020, https://crsreports.congress.gov/product/pdf/R/R44918.

Conlon, Thomas/Cotter, John, Anatomy of a bail-in, Journal of Financial Stability 15 (2014), 257–263.

Conlon, Thomas/Cotter, John, Euro area bank resolution and bail-in. Intervention, triggers and writedowns, in: Juan E. Castañeda, David G. Mayes, Geoffrey Wood (Hrsg.), European Banking Union. Prospects and challenges, Abingdon, UK, New York, NY 2016, S. 78–99.

Craig, Paul, EU Administrative Law, 3. Aufl., Oxford 2018.

Dauses, Manfred A., Die Rolle des Europäischen Gerichtshofes als Verfassungsgericht der Europäischen Union, Integration 17 (1994), 215–229.

Davies, Alan, Bank resolution in the UK: creating a culture of early intervention, Law and Financial Markets Review 8 (2014), 352–360.

Degennaro, Ramon P./Thomson, James B., Capital forbearance and thrifts: Examining the costs of regulatory gambling, Journal of Financial Services Research 10 (1996), 199–211.

Demertzis, Maria/Gonçalves Raposo, Inês/Hüttl, Pia/Wolff, Guntram, How to provide liquidity to banks after resolution in Europe's banking union. Banking Union Scrutiny, November 2018, https://www.bruegel.org/wp-content/uploads/2018/11/IPOL_IDA2018624422_EN.pdf.

Deutsche Bundesbank, Finanzstabilitätsbericht 2017, https://www.bundesbank.de/resource/blob/665554/56c6d0e3ee21c4acb4824ca6f1f5d295/mL/2017-finanzstabilitaetsbericht-data.pdf.

Deutsche Bundesbank, Monatsbericht Juni 2014. Die neuen europäischen Regeln zur Sanierung und Abwicklung von Kreditinstituten, https://www.bundesbank.de/resource/blob/652134/f9108ad039dbeec1d0aa30db7717eb48/mL/2014-06-monatsbericht-data.pdf.

Dewatripont, Mathias/Freixas, Xavier, Bank resolution: a framework for the assessment of regulatory intervention, Oxford Review of Economic Policy 27 (2011), 411–436.

Dewatripont, Mathias/Rochet, Jean-Charles, The treatment of distressed banks, Financial Stability Review 2009, 65–74.

Diamond, Douglas W./Dybvig, Philip H., Bank Runs, Deposit Insurance, and Liquidity, Journal of Political Economy 91 (1983), 401–419.

Dombret, Andreas, Are banks different – do we need special rules for bank resolution?, in: Patrick S. Kenadjian (Hrsg.), Too big to fail – brauchen wir ein Sonderinsolvenzrecht für Banken?, Berlin 2012, S. 27–34.

Eidenmüller, Horst, Comparative Corporate Insolvency Law, in: Jeffrey N. Gordon, Wolf-Georg Ringe (Hrsg.), The Oxford Handbook of Corporate Law and Governance, Oxford 2018, S. 1003–1036.

Eisenbeis, Robert A./Kaufman, George G., Lessons from the Demise of the UK's Northern Rock and the U.S.'s Countrywide and Indymac, in: Franco Bruni, David T. Llewellyn (Hrsg.), The failure of Northern Rock. A multi-dimensional case study, Wien 2009, S. 73–96.

ESRB Advisory Scientific Committee, Forbearance, resolution and deposit insurance, Reports of the Advisory Scientific Committee, Juli 2012, https://www.esrb.europa.eu/pub/pdf/asc/Reports_ASC_1_1207.pdf.

EU Economic and Financial Committee, Report on financial crisis management. ECF/ECFIN/251/01-EN-Final, Economic Paper 156, Juli 2001, https://ec.europa.eu/economy_finance/publications/pages/publication908_en.pdf.

Europäische Kommission, Management Plan 2019. DG Financial Stability, Financial Services and Capital Markets Union, https://ec.europa.eu/info/sites/default/files/management-plan-fisma-2019_en.pdf.

Europäischer Rechnungshof, Sonderbericht Nr. 23/2017. Einheitlicher Abwicklungsausschuss: Erste Schritte auf dem anspruchsvollen Weg zur Bankenunion sind getan, es ist jedoch noch ein weiter Weg bis zum Ziel, Dezember 2017, https://www.eca.europa.eu/Lists/ECADocuments/SR17_23/SR_SRB-BU_DE.pdf.

European Banking Authority, Guidelines for the identification of global systemically important institutions (G-SIIs), EBA/GL/2020/14, 04.11.2020.

European Banking Authority, Guidelines on common procedures and methodologies for the supervisory review and evaluation process (SREP) and supervisory stress testing – Consolidated version, EBA/GL/2014/13, 19.07.2018.

European Banking Authority, Guidelines on the interpretation of the different circumstances when an institution shall be considered as failing or likely to fail under Article 32(6) of Directive 2014/59/EU, EBA/GL/2015/07, 06.08.2015.

European Banking Authority, Guidelines on the types of tests, reviews or exercises that may lead to support measures under Article 32(4)(d)(iii) of the Bank Recovery and Resolution Directive, EBA/GL/2014/09, 22.09.2014.

European Banking Authority, Handbook on Valuation for Purposes of Resolution, Februar 2019, https://www.eba.europa.eu/sites/default/documents/files/documents/10180/2613666/9f0772ea-a052-49e5-86ce-64c157adff10/Valuation%20Handbook.pdf.

European Banking Authority, Technical advice on the delegated acts on critical functions and core business lines, EBA/Op/2015/05, 06.03.2015.

European Central Bank, Financial Stability Review, November 2018, https://www.ecb.europa.eu/pub/pdf/fsr/ecb.fsr201811.en.pdf.

European Commission, State Aid Manual of Procedures. Internal DG Competition working documents on procedures for the application of Articles 107 and 108 TFEU, Luxembourg, https://ec.europa.eu/competition/state_aid/studies_reports/sa_manproc_en.pdf.

Fassin, Yves/Gosselin, Derrick, The Collapse of a European Bank in the Financial Crisis: An Analysis from Stakeholder and Ethical Perspectives, Journal of Business Ethics 102 (2011), 169–191.

FDIC, Study on Core Deposits and Brokered Deposits, 2011, https://www.fdic.gov/regulations/reform/coredeposit-study.pdf.

Fehr, Benedikt, Rhineland Funding, Frankfurter Allgemeine Zeitung vom 03.08.2007, https://www.faz.net/aktuell/wirtschaft/die-krise-5-rhineland-funding-1461984.html.

Feldstein, Martin, The Risk of Economic Crisis: Introduction, in: Martin Feldstein (Hrsg.), The Risk of Economic Crisis, Chicago 1991, S. 1–18.

Financial Stability Board, 2021 list of global systemically important banks (G-SIBs), November 2021, https://www.fsb.org/wp-content/uploads/P161118-1.pdf.

Fleischer, Holger, Financial Crisis and Directors' Liability on Trial: The Case of the Dusseldorf IKB Bank, European Company Law 12 (2015), 69–78.

Freitag, Robert, Grundfragen der Richtlinie über präventive Restrukturierungsrahmen und ihrer Umsetzung in das deutsche Recht, ZIP 2019, 541–552.

Freixas, Xavier/Giannini, Curzio/Hoggarth, Glenn/Soussa, Farouk, Lender of Last Resort: A Review of the Literature, in: Charles A. E. Goodhart, Gerhard Illing (Hrsg.), Financial Crises, Contagion, and the Lender of Last Resort. A Reader, Oxford 2002, S. 27–53.

Friedrich, Alexander, Die novellierte Debt Governance für Banken in der Europäischen Union, Tübingen 2019.

Garcia, Gillian G. H., Failing prompt corrective action, Journal of Banking Regulation 11 (2010), 171–190.

Gardella, Anna, Bail-in and the Financing of Resolution within the SRM Framework, in: Danny Busch, Guido Ferrarini (Hrsg.), European Banking Union, Oxford 2015, S. 373–407.

Gardella, Anna, Bail-in and the two dimensions of burden-sharing, in: European Central Bank (Hrsg.), ECB Legal Conference 2015. From Monetary Union to Banking Union, on the way to Capital Markets Union, Frankfurt am Main 2015, S. 205–224.

Gärditz, Klaus F., Glaubwürdigkeitsprobleme im Unionsverfassungsrecht, EuZW 2020, 505–508.

Glaessner, Thomas/Mas, Ignacio, Incentives and the Resolution of Bank Distress, The World Bank Research Observer 10 (1995), 53–73.

Gleeson, Simon, Legal Aspects of Bank Bail-Ins, LSE Financial Markets Group Paper Series Special Paper 205, Januar 2012, https://ssrn.com/abstract=3730912.

Gleeson, Simon, The Single Resolution Mechanism and the EU crisis management tools, in: Gianni Lo Schiavo (Hrsg.), The European Banking Union and the Role of Law, Cheltenham 2019, S. 216–237.

Gleeson, Simon/Guynn, Randall D., Bank Resolution and Crisis Management. Law and Practice, Oxford 2016.

Gondert, Frank, Antragsrecht zur Eröffnung von Bankinsolvenzverfahren. zugleich zum Verhältnis von §§ 46b Abs. 1 Satz 4 KWG, 312 Abs. 1 VAG, 21 Abs. 4 Satz 4 ZAG, 43 Abs. 1 KAGB zu § 111i Abs. 2 StPO, WM 2018, 845–850.

Goodhart, Charles A. E., The Regulatory Response to the Financial Crisis, in: Franco Bruni, David T. Llewellyn (Hrsg.), The failure of Northern Rock. A multi-dimensional case study, Wien 2009, S. 157–171.

Gordon, Jeffrey N./Muller, Christopher, Avoiding Eight-Alarm Fires in the Political Economy of Systemic Risk Management, ECGI Working Paper Series in Finance 277/2010, März 2010, https://ssrn.com/abstract=1553880.

Gordon, Jeffrey N./Ringe, Wolf-Georg, Bank Resolution in the European Banking Union. A Transatlantic Perspective on what it would take, Columbia Law Review 115 (2015), 1297–1369.

Gore, Gareth, Rushed Popular resolution casts long shadow over Europe's banks, Reuters vom 07.06.2019, https://www.reuters.com/article/rushed-popular-resolution-casts-long-sha-idUSL8N23D2Z2.

Gorton, Gary, Misunderstanding financial crises. Why we don't see them coming, Oxford 2012.

Gorton, Gary/Metrick, Andrew, Securitized banking and the run on repo, Journal of Financial Economics 104 (2012), 425–451.

Gortsos, Christos V., A poisonous (?) mix: Bail-out of credit institutions combined with bail-in of their liabilities under the BRRD. The use of ‚government financial stabilisation tools‘ (GFSTs), November 2016, https://ssrn.com/abstract=2876508.

Grabitz, Eberhard/Hilf, Meinhard/Nettesheim, Martin (Hrsg.), Das Recht der Europäischen Union, München 76. Ergänzungslieferung – Stand Mai 2022.

Gray, Joanna/Cecco, Francesco de, Competition, stability and moral hazard: the tension between financial regulation and State aid control, in: François-Charles Laprévote, Joanna Gray, Francesco de Cecco (Hrsg.), Research Handbook on State Aid in the Banking Sector, Cheltenham 2017, S. 20–53.

Groeben, Hans von der/Schwarze, Jürgen/Hatje, Armin (Hrsg.), Europäisches Unionsrecht. Vertrag über die Europäische Union – Vertrag über die Arbeitsweise der Europäischen Union – Charta der Grundrechte der Europäischen Union, 7. Aufl., Baden-Baden 2015.

Groen, Willem Pieter de, Valuation reports in the context of banking resolution: What are the challenges. Banking Union Scrutiny, Juni 2018, https://www.europarl.europa.eu/RegData/etudes/IDAN/2018/624418/IPOL_IDA(2018)624418_EN.pdf.

Gruber, Urs Peter, Das StaRUG: Auftakt zu einer deutsch-französischen Vereinheitlichung?, NZI 2021, 249–255.

Grünewald, Seraina Neva, The Resolution of Cross-Border Banking Crises in the European Union. A Legal Study from the Perspective of Burden Sharing, Alphen aan den Rijn 2014.

Günther, Marcus, Systemrelevanz von Finanzinstituten, WM 2010, 825–831.

Gurlit, Elke, § 26 Einlagensicherung und Anlegerentschädigung, in: Heinz-Dieter Assmann, Rolf A. Schütze, Petra Buck-Heeb (Hrsg.), Handbuch des Kapitalanlagerechts, 5., neu bearbeitete Auflage, München 2020.

Gurlit, Elke, Die Entwicklung des Banken- und Kapitalmarktaufsichtsrechts seit 2017 – Teil I -, WM 2020, 57–75.

Gurlit, Elke, Die Entwicklung des Banken- und Kapitalmarktaufsichtsrechts seit 2017 – Teil II -, WM 2020, 105–115.

Gurlit, Elke, Finanzmarktstabilisierung und Eigentumsgarantie, NZG 2009, 601–607.

Gurlit, Elke, Handlungsformen der Finanzmarktaufsicht, ZHR 177 (2013), 862–902.

Guynn, Randall D., Are Bailouts Inevitable?, Yale journal on regulation 29 (2012), 121–154.

Hadjiemmanuil, Christos, Bank stakeholders' mandatory contribution to resolution financing: principle and ambiguities of bail-in, in: European Central Bank (Hrsg.), ECB Legal Conference 2015. From Monetary Union to Banking Union, on the way to Capital Markets Union, Frankfurt am Main 2015, S. 225–248.

Hamalainen, Paul, Fallout from the credit squeeze and Northern Rock crises: Incentives, transparency and implications for the role of Market discipline, in: Franco Bruni, David T. Llewellyn (Hrsg.), The failure of Northern Rock. A multi-dimensional case study, Wien 2009, S. 51–69.

Harbo, Tor-Inge, The Function of the Proportionality Principle in EU Law, European Law Journal 16 (2010), 158–185.

Hartmann-Wendels, Thomas/Pfingsten, Andreas/Weber, Martin, Bankbetriebslehre, 7. Aufl., Berlin 2019.

Heese, Michael, Die Funktion des Insolvenzrechts im Wettbewerb der Rechtsordnungen, JZ 73 (2018), 179–191.

Hellwig, Jan F., Verlustausgleich und Risikotragung. Schuldrechtliches Risikokapital und der bankaufsichtsrechtliche Eigenmittelbegriff, Tübingen 2019.

Hellwig, Martin, The Problem of Bank Resolution Remains Unsolved: A Critique of the German Bank Restructuring Law, in: Patrick S. Kenadjian (Hrsg.), Too big to fail – brauchen wir ein Sonderinsolvenzrecht für Banken?, Berlin 2012, S. 35–62.

Herdegen, Matthias, Der Verordnungsvorschlag der EU-Kommission zur Schaffung eines Europäischen Einlagensicherungssystems: Würdigung aus europa- und staatsrechtlicher Sicht. Teil II, WM 2016, 1905–1911.

House of Commons Treasury Committee, The run on the Rock. Fifth Report of Session 2007–08, Januar 2008, https://publications.parliament.uk/pa/cm200708/cmselect/cmtreasy/56/56i.pdf.

Huber, Kilian, Disentangling the Effects of a Banking Crisis: Evidence from German Firms and Counties, The American Economic Review 108 (2018), 868–898.

Hübner, Leonhard/Leunert, Steven, Sanierung und Abwicklung von Banken nach SAG und SRM-VO, ZIP 2015, 2259–2265.

Huertas, Thomas F., Resolution Requires Reform, in: Patrick S. Kenadjian (Hrsg.), Too big to fail – brauchen wir ein Sonderinsolvenzrecht für Banken?, Berlin 2012, S. 63–84.

Hüpkes, Eva, Insolvency: Why a Special Regime for Banks?, in: International Monetary Fund (Hrsg.), Current Developments in Monetary and Financial Law, Volume 3, Washington, D.C 2005, S. 471–513.

Hüpkes, Eva, Special bank resolution and shareholders' rights: balancing competing interests, Journal of Financial Regulation and Compliance 17 (2009), 277–301.

Iftinchi, Violeta, State aid and the financial sector: the evolution of the legal framework of State aid law, in: François-Charles Laprévote, Joanna Gray, Francesco de Cecco (Hrsg.), Research Handbook on State Aid in the Banking Sector, Cheltenham 2017, S. 54–84.

Indap, Sujeet, Hertz shareholders win big in bankruptcy auction, Financial Times vom 12.05.2021, https://www.ft.com/content/f41eac59-3404-4504-b698-b4ead8f149df.

Jones, David S./King, Kathleen Kuester, The implementation of prompt corrective action: An assessment, Journal of Banking & Finance 19 (1995), 491–510.

Kämmerer, Jörn-Axel, Das neue Europäische Finanzaufsichtssystem (ESFS) – Modell für eine europäisierte Verwaltungsarchitektur?, NVwZ 2011, 1281–1287.

Kane, Edward J., Changing incentives facing financial-services regulators, Journal of Financial Services Research 2 (1989), 265–274.

Kane, Edward J., Dangers of Capital Forbearance. The Case of the FSLIC and Zombie S&Ls, Contemporary Economic Policy 5 (1987), 77–83.

Kaufhold, Ann-Katrin, § 14 Finanz- und Börsenaufsicht, in: Reiner Schmidt, Ferdinand Wollenschläger (Hrsg.), Kompendium Öffentliches Wirtschaftsrecht, 5. Auflage, Berlin 2019, S. 697–737.

Kaufhold, Ann-Katrin, Finanzaufsicht als Aufsicht über Beziehungen, ZVglRWiss 116 (2017), 151–161.

Kaufhold, Ann-Katrin, Systemaufsicht. Anforderungen an die Ausgestaltung einer Aufsicht zur Abwehr systemischer Risiken – entwickelt am Beispiel der Finanzaufsicht, Tübingen 2016.

Kaufman, George G., FDICIA and bank capital, Journal of Banking & Finance 19 (1995), 721–722.

Kleftouri, Nikoletta, European Union Bank Resolution Framework: can the objective of financial stability ensure consistency in resolution authorities' decisions?, ERA Forum 18 (2017), 263–279.

Kleinow, Jacob, Systemrelevante Finanzinstitute, Wiesbaden 2016.

Klupsch, Tobias/Schulz, Patrick, Der Vorschlag der EU-Kommission für eine Richtlinie zu präventiven Restrukturierungsrahmen, EuZW 2017, 85–90.

Koch, Oliver, Der Grundsatz der Verhältnismäßigkeit in der Rechtsprechung des Gerichtshofs der Europäischen Gemeinschaften, Berlin 2003.

Kohtamäki, Natalia, Die ESMA darf Leervkäufe regeln, EuR 2014, 321–333.

Korch, Stefan, Insolvenzrecht und Marktgesetze. Eine Standortbestimmung im Angesicht des EU-Kommissionsvorschlags für einen präventiven Restrukturierungsrahmen, ZHR 2018, 440–482.

Kowolik, Roman André, Das Bail-in-Instrument. Hoheitlich angeordnete Gläubigerhaftung bei der Abwicklung systemrelevanter Banken, Tübingen 2018.

Krawinkel, Arne Christian, Grenzen der Aktionärsautonomie bei der Notrekapitalisierung systemrelevanter Banken. Ein Plädoyer für die Wiedereinführung eines gesetzlich genehmigten Kapitals im Bankensektor, Tübingen 2015.

Krimminger, Michael, Controlling Moral Hazard in Bank Resolutions: Comparative Policies & Considerations in System Design, Juli 2006, https://ssrn.com/abstract=1123224.

Kudrna, Zdenek, Cross-Border Resolution of Failed Banks in the European Union after the Crisis. Business as Usual, Journal of Common Market Studies 50 (2012), 283–299.

Kuritzkes, Andrew/Scott, Hal, Markets are the best judge of bank capital, Financial Times vom 23.09.2009, https://www.ft.com/content/2ca160b0-a870-11de-9242-00144feabdc0.

La Porta, Rafael/Lopez-de-Silanes, Florencio, Creditor Protection and Bankruptcy Law Reform, in: Stijn Claessens, Simeon Djankov, Ashoka Mody (Hrsg.), Resolution of Financial Distress. An International Perspective on the Design of Bankruptcy Laws, Washington, DC 2001, S. 65–90.

Lackhoff, Klaus, Single Supervisory Mechanism. European Banking Supervision by the SSM; A Practitioner's Guide, München u.a. 2017.

Lackhoff, Klaus/Yoo, Emilie/Bauerfeind, Tobias, Einführung in die Ratio und Funktionsweise der Abwicklungsregeln für Banken, WM 2019, 1677–1688.

Laprévote, François-Charles/Champsaur, Amélie, Hand in hand or parallel paths? Reflections on the future coexistence of State aid control and bank resolution in the EU, in: François-Charles Laprévote, Joanna Gray, Francesco de Cecco (Hrsg.), Research Handbook on State Aid in the Banking Sector, Cheltenham 2017, S. 538–573.

Lastra, Rosa M., Systemic risk, SIFIs and financial stability, Capital Markets Law Journal 6 (2011), 197–213.

Lastra, Rosa M./Russo, Costanza/Bodellini, Marco, Stock take of the SRB's activities over the past years. What to improve and focus on?, März 2019, https://www.europarl.europa.eu/RegData/etudes/STUD/2019/634392/IPOL_STU(2019)634392_EN.pdf.

Lehmann, Alexander, Cash outflows in crisis scenarios: do liquidity requirements and reporting obligations give the SRB sufficient time to react? Banking Union Scrutiny, April 2018, https://euagenda.eu/upload/publications/untitled-140325-ea.pdf.

Llewellyn, David T., The Northern Rock Crisis. A Multidimensional Problem Waiting to Happen, in: Robert R. Bliss, George G. Kaufman (Hrsg.), Financial Institutions and Markets. 2007–2008 – The Year of Crisis, Basingstoke 2009, S. 101–128.

Loveland, Robert, How prompt was regulatory corrective action during the financial crisis?, Journal of Financial Stability 25 (2016), 16–36.

Manger-Nestler, Cornelia, B. II. Institutionell-organisatorische Aspekte des Einheitlichen Abwicklungsmechanismus, in: Uwe Jahn, Christian Schmitt, Bernd Geier (Hrsg.), Bankensanierung und -abwicklung. Handbuch, München 2016.

Marinč, Matej/Vlahu, Razvan, The Economics of Bank Bankruptcy Law, Heidelberg u.a. 2012.

Mayes, David G./Wood, Geoffrey, Lessons from the Northern Rock Episode, in: Robert R. Bliss, George G. Kaufman (Hrsg.), Financial Institutions and Markets. 2007–2008 – The Year of Crisis, Basingstoke 2009, S. 75–99.

Mayes, David G./Wood, Geoffrey, The Northern Rock Crisis in the UK, in: Franco Bruni, David T. Llewellyn (Hrsg.), The failure of Northern Rock. A multi-dimensional case study, Wien 2009, S. 35–47.

Mersch, Yves, The limits of central bank financing in resolution. Speech at the IMFS Distinguished Lecture Series, Goethe Universität Frankfurt a. M., 30 January 2018, EuZW 2018, 349–352.

Michel, Katja, Institutionelles Gleichgewicht und EU-Agenturen. Eine Analyse unter besonderer Berücksichtigung der European Banking Authority, Berlin 2015.

Micossi, Stefano/Bruzzone, Ginevra/Carmassi, Jacopo, The new European Framework for Managing Bank Crises, CEPS policy brief 304, Brussels November 2013, https://www.ceps.eu/ceps-publications/new-european-framework-managing-bank-crises/.

Milne, Alistair/Wood, Geoffrey, "Oh What a Fall Was There". Northern Rock in 2007, in: Robert R. Bliss, George G. Kaufman (Hrsg.), Financial Institutions and Markets. 2007–2008 – The Year of Crisis, Basingstoke 2009, S. 3–23.

Milne, Alistair/Wood, Geoffrey, Shattered on the Rock? British financial stability from 1866 to 2007, Journal of Banking Regulation 10 (2009), 89–127.

Mishkin, Frederic S., Financial consolidation: Dangers and opportunities, Journal of Banking & Finance 23 (1999), 675–691.

Mistrulli, Paolo Emilio, Assessing financial contagion in the interbank market: Maximum entropy versus observed interbank lending patterns, Journal of Banking & Finance 35 (2011), 1114–1127.

Möllers, Christoph, § 3 Methoden, in: Wolfgang Hoffmann-Riem, Eberhard Schmidt-Aßmann, Andreas Voßkuhle (Hrsg.), Grundlagen des Verwaltungsrechts. Band I Methoden Maßstäbe Aufgaben Organisation, 2. Auflage, München 2012.

Möllers, Christoph, Transnationale Behördenkooperation. Verfassungs- und völkerrechtliche Probleme transnationaler administrativer Standardsetzung, ZaöRV 65 (2005), 351–390.

Moran-Bates, Jason, The Decline and Fall of IndyMac. How Deteriorating Economic Conditions, Inadequate Responses to those Conditions, and the Senior Senator from New York Caused One of the Largest Bank Failures in United States History, North Carolina Banking Institute 13 (2009), 515–540.

Morrison, Alan D./White, Lucy, Reputational contagion and optimal regulatory forbearance, Journal of Financial Economics 110 (2013), 642–658.

Mucciarelli, Federico M., Not Just Efficiency: Insolvency Law in the EU and Its Political Dimension, European Business Organization Law Review 14 (2013), 175–200.

Mülbert, Peter O., Systemrelevanz, in: Ulrich Burgard, Walther Hadding, Peter O. Mülbert, Michael Nietsch, Reinhard Welter (Hrsg.), Festschrift für Uwe H. Schneider. Zum 70. Geburtstag, Köln 2011, S. 855–872.

Münchener Kommentar zur Insolvenzordnung, 4. Aufl., hrsg. von Rolf Stürner, Horst Eidenmüller, Heinrich Schoppmeyer, München 2021.

OCC, OCC Bulletin 2018–33, U.S. Department of the Treasury, September 2018, https://www.occ.treas.gov/news-issuances/bulletins/2018/bulletin-2018-33.html#.

Office of Inspector General, Safety and Soundness: Material Loss Review of IndyMac Bank, FSB. Audit Report, United States Department of the Treasury OIG-09-032, Dezember 2009, https://oig.treasury.gov/sites/oig/files/Documents/oig09032.pdf.

Ohler, Christoph, Internationale Regulierung im Bereich der Finanzmarktaufsicht, in: Christoph Möllers, Andreas Voßkuhle, Christian Walter (Hrsg.), Internationales Verwaltungsrecht. Eine Analyse anhand von Referenzgebieten, Tübingen 2007, S. 259–278.

Ohler, Christoph, Übertragung von Rechtsetzungsbefugnissen auf die ESMA, Anmerkung zu EuGH, Urt. v. 22. Januar 2014, Rs. C-270/12, JZ 69 (2014), 249–252.

Onado, Marco, Northern Rock: Just the tip of the Iceberg, in: Franco Bruni, David T. Llewellyn (Hrsg.), The failure of Northern Rock. A multi-dimensional case study, Wien 2009, S. 99–113.

Orator, Andreas, Möglichkeiten und Grenzen der Einrichtung von Unionsagenturen, Tübingen 2017.

Paulus, Christoph G., Der Wandel von einem gläubigerzentrierten zu einem schuldnerzentrierten Sanierungsansatz unter dem StaRUG, NZI-Beilage 2021, 9–11.

Paulus, Christoph G., Die Ratio Legis der Richtlinie. Zur Richtlinie (EU) 2019/1023 des Europäischen Parlaments und des Rates v. 20.6.2019, NZI-Beilage 2019, 8–10.

Paulus, Christoph G., Entstehende und verlorene Verbindungslinien zu unseren Nachbarn, EuZW 2021, 238–241.

Paulus, Christoph G., Historische Betrachtungen zur Restschuldbefreiung des Schuldners, ZInsO 2019, 1153–1156.

Pechstein, Matthias/Nowak, Carsten/Häde, Ulrich (Hrsg.), Frankfurter Kommentar, Tübingen 2017.

Petersen, Niels/Towfigh, Emanuel V., § 1 Ökonomik in der Rechtswissenschaft, in: Emanuel V. Towfigh, Niels Petersen (Hrsg.), Ökonomische Methoden im Recht. Eine Einführung für Juristen, 2., überarbeitete und aktualisierte Auflage, Tübingen 2017.

Philippon, Thomas/Salord, Aude, Bail-ins and Bank Resolution in Europe. A Progress Report, Genf, London 2017.

Quigley, Conor, State Aid and the Financial Crisis, in: Wolf-Georg Ringe, Peter M. Huber (Hrsg.), Legal Challenges in the Global Financial Crisis. Bail-outs, the Euro and Regulation, Oxford, Portland, OR 2014, S. 131–148.

Randell, Charles, Triggers for Bank Resolution, in: Patrick S. Kenadjian (Hrsg.), Too big to fail – brauchen wir ein Sonderinsolvenzrecht für Banken?, Berlin 2012, S. 105–125.

Rose, Jonathan D., Old-Fashioned Deposit Runs, Board of Governors of the Federal Reserve System, Finance and Economics Discussion Series 2015–111, November 2015, https://www.federalreserve.gov/econresdata/feds/2015/files/2015111pap.pdf.

Saurer, Johannes, Der kompetenzrechtliche Verhältnismäßigkeitsgrundsatz im Recht der Europäischen Union, JZ 69 (2014), 281–286.

Saurer, Johannes, Die Errichtung von Europäischen Agenturen auf Grundlage der Binnenmarktharmonisierungskompetenz des Art. 114 AEUV, DÖV 2014, 549–555.

Schemmel, Jakob, Europäische Finanzmarktverwaltung. Dogmatik und Legitimation der Handlungsinstrumente von EBA, EIOPA und ESMA, Tübingen 2018.

Schillig, Michael, Resolution and Insolvency of Banks and Financial Institutions, Oxford 2016.

Schillig, Michael, The EU resolution toolbox, in: Matthias Haentjens, Bob Wessels (Hrsg.), Research Handbook on Crisis Management in the Banking Sector, Cheltenham 2015, S. 81–102.

Schnabl, Gunter/Siemon, Klaus, Die EU-Insolvenzrichtlinie zu vorinsolvenzlichen Verfahren aus ordnungspolitischer Perspektive, NZI-Beilage 2018, 913–919.

Scholtes, Brigitte, Flashback: When the financial crisis hit Germany, Deutsche Welle vom 28.07.2017, https://p.dw.com/p/2hAVH.

Schöneberger, Dominik, Bankenrestrukturierung und Bankenabwicklung in Deutschland und den USA, Berlin 2018.

Schüle, Adolf, Marktinterventionen der Hohen Behörde und finanzielle Einrichtung, ZaöRV 19 (1958), 464–482.

Schuster, Gunnar/Pitz, Sebastian, SREP capital ratios and due process, ZBB 2016, 342–353.

Shapiro, Joel/Skeie, David, Information Management in Banking Crises, Rev. Financ. Stud. 28 (2015), 2322–2363.

Shin, Hyun Song, Reflections on Northern Rock: The Bank Run that Heralded the Global Financial Crisis, Journal of Economic Perspectives 23 (2009), 101–119.

Simensen, Ivar, On Europe: IKB bail-out faces criticism, Financial Times vom 03.08.2007, https://www.ft.com/content/38cadc06-41e1-11dc-8328-0000779fd2ac.

Singh, Dalvinder, Recovery and Resolution Planning. Reconfiguring Financial Regulation and Supervision, in: Jens-Hinrich Binder, Dalvinder Singh (Hrsg.), Bank Resolution. The European Regime, Oxford 2016, S. 1–24.

Singh, Dalvinder/Douglas, John/Guynn, Randall D., 9. European Bank Resolution Regime, in: Rodrigo Olivares-Caminal, John Douglas, Randall D. Guynn, Alan Kornberg, Sarah Paterson, Dalvinder Singh (Hrsg.), Debt Restructuring, Second edition, Oxford 2016, S. 597–636.

Single Resolution Board, Critical Functions: SRB Approach. Critical Functions: SRB Approach in 2017 and Next Steps, 2017.

Single Resolution Board, Public Interest Assessment: SRB Approach, 2019.

Sjöberg, Gustaf, Banking Special Resolution Regimes as a Governance Tool, in: Wolf-Georg Ringe, Peter M. Huber (Hrsg.), Legal Challenges in the Global Financial Crisis. Bail-outs, the Euro and Regulation, Oxford, Portland, OR 2014, S. 187–207.

Sölter, Nicolas, Rechtsgrundlagen europäischer Agenturen im Verhältnis vertikaler Gewaltenteilung, Tübingen 2016.

Sommer, Joseph H., Why Bail-In? And How!, Economic Policy Review 20 (2014), 207–228.

Steck, Andreas/Petrowsky, Janis, Neue Voraussetzungen für die Abwicklung von Banken. Die Bestandsgefährdung als Ausgangspunkt für Abwicklungsmaßnahmen unter dem neuen Bankenabwicklungsrecht, Der Betrieb 2015, 1391–1397.

Stiefmüller, Christian M., Chapter 4: The Maintenance of Critical Functions as a Key Resolution Objective, in: World Bank Group (Hrsg.), Understanding Bank Recovery and Resolution in the EU. A Guidebook to the BRRD, Washington, DC 2017, S. 35–42.

Stiglitz, Joseph E., Bankruptcy Laws: Basic Economic Principles, in: Stijn Claessens, Simeon Djankov, Ashoka Mody (Hrsg.), Resolution of Financial Distress. An International Perspective on the Design of Bankruptcy Laws, Washington, DC 2001, S. 1–23.

Stöcker, Otmar, Pfandbriefe und Gedeckte Bankschuldverschreibungen (Teil 1). Auf dem Weg zur Harmonisierung von Covered Bonds in Europa, EuZW 2018, 565–572.

Stöcker, Otmar, Pfandbriefe und Gedeckte Bankschuldverschreibungen (Teil 2). Auf dem Weg zur Harmonisierung von Covered Bonds in Europa, EuZW 2018, 617–624.

Thole, Christoph, Bankenabwicklung nach dem SAG, ZBB 2016, 57–67.

Tischbirek, Alexander, Die Verhältnismäßigkeitsprüfung. Methodenmigration zwischen öffentlichem Recht und Privatrecht, Tübingen 2017.

Tröger, Tobias H., The Single Supervisory Mechanism — Panacea or Quack Banking Regulation?, European Business Organization Law Review 15 (2014), 449–497.

Tröger, Tobias H., Zu kompliziert, um zu funktionieren – Eine kritische Bewertung des Bail-in-Instruments im europäischen Recht der Bankenabwicklung, ZBB 2018, 20–42.

Tröger, Tobias H./Scheibenpflug, Philipp, Zum Nutzen der Rechtsökonomik für die Rechtswissenschaft, Ad Legendum 2017, 273–280.

Trstenjak, Verica/Beysen, Erwin, Das Prinzip der Verhältnismäßigkeit in der Unionsrechtsordnung, EuR 2012, 265–285.

van Aaken, Anne, Transnationales Kooperationsrecht nationaler Aufsichtsbehörden als Antwort auf die Herausforderung globalisierter Finanzmärkte, in: Christoph Möllers, Andreas Voßkuhle, Christian Walter (Hrsg.), Internationales Verwaltungsrecht. Eine Analyse anhand von Referenzgebieten, Tübingen 2007, S. 219–257.

Véron, Nicolas, Taking stock of the Single Resolution Board. Banking Union Scrutiny, März 2019, https://www.bruegel.org/wp-content/uploads/2019/04/IPOL_IDA2019634393_EN.pdf.

Vollmer, Uwe/Diemer, Michael, Bankenrettung, „constructive ambiguity“ und moralisches Risiko, Review of Economics 62 (2011), 139–159.

Voßkuhle, Andreas, § 1 Neue Verwaltungsrechtswissenschaft, in: Wolfgang Hoffmann-Riem, Eberhard Schmidt-Aßmann, Andreas Voßkuhle (Hrsg.), Grundlagen des Verwaltungsrechts. Band I Methoden Maßstäbe Aufgaben Organisation, 2. Auflage, München 2012.

Voßkuhle, Andreas, Verwaltungsdogmatik und Rechtstatsachenforschung. Eine Problemskizze, VerwArch 85 (1994), 567–585.

Wellerdt, Alexander, Bail-in statt Bail-out – Das Zusammenwirken von MREL, TLAC und TLOF, WM 2020, 1856–1862.

Westbrook, Jay L., Systemic Corporate Distress: A Legal Perspective, in: Stijn Claessens, Simeon Djankov, Ashoka Mody (Hrsg.), Resolution of Financial Distress. An International Perspective on the Design of Bankruptcy Laws, Washington, DC 2001, S. 47–64.

White, Lawrence J., The Savings and Loan Debacle. A Perspective from the Early Twenty-First Century, in: James R. Barth, Susanne Trimbath, Glenn Yago (Hrsg.), The Savings and Loan Crisis. Lessons from a Regulatory Failure, Norwell 2004, S. 15–30.

White, Michelle J., Bankruptcy Procedures in Countries Undergoing Financial Crises, in: Stijn Claessens, Simeon Djankov, Ashoka Mody (Hrsg.), Resolution of Financial Distress. An International Perspective on the Design of Bankruptcy Laws, Washington, DC 2001, S. 25–45.

Wiggins, Rosalind Z./Tente, Natalia/Metrick, Andrew, European Banking Union C: Cross-Border Resolution-Fortis Group. Yale Program on Financial Stability Case Study 2014–5C-V1, November 2014, http://som.yale.edu/sites/default/files/files/001-2014-5C-V1-EuropeanBanking-C-REVA.pdf.

Wojcik, Karl-Philipp, Bail-in in the Banking Union, Common Market Law Review 53 (2016), 91–138.

Wojcik, Karl-Philipp, Die Feststellung der Nichtverfügbarkeit von Einlagen durch die Bankaufsichtsbehörde im Syste der Einlagensicherung im Lichte des Urt.s des EuGH in der Rs. C-571/16 – Kantarev = WM 2019, 156, WM 2019, 1046–1055.

Wolfers, Benedikt/Voland, Thomas, § 21 Die Bankenabgabe im Rahmen des Single Resolution Mechanism, in: Jens-Hinrich Binder, Alexander Glos, Jan Riepe (Hrsg.), Handbuch Bankenaufsichtsrecht, 2. Auflage, Köln 2020.

Woll, Cornelia, Bank Rescue Schemes in Continental Europe: The Power of Collective Inaction, Gov. & oppos. 49 (2014), 426–451.

Woll, Cornelia, The Power of Inaction. Bank Bailouts in Comparison, Ithaca, NY 2014.

Zagouras, Georgios, § 109. EU-Bankenunion, in: Hermann-Josef Bunte, Jürgen Ellenberger (Hrsg.), Bankrechts-Handbuch, 6. Auflage, München 2022.

Zavvos, George S./Kaltsouni, Stella, The Single Resolution Mechanism in the European Banking Union: Legal foundation, governance structure and financing, in: Matthias Haentjens, Bob Wessels (Hrsg.), Research Handbook on Crisis Management in the Banking Sector, Cheltenham 2015, S. 117–149.